幼儿教育心理学

(修订版)

林泳海 著

商务印书馆

图书在版编目(CIP)数据

幼儿教育心理学/林泳海著. —修订版. —北京：商务印书馆，2011(2020.8重印)
ISBN 978-7-100-07662-3

Ⅰ.①幼… Ⅱ.①林… Ⅲ.①学前教育—教育心理学—教材 Ⅳ.①G44

中国版本图书馆 CIP 数据核字(2011)第 018197 号

权利保留，侵权必究。

幼儿教育心理学
（修订版）
林泳海 著

商务印书馆出版
（北京王府井大街36号 邮政编码100710）
商务印书馆发行
北京市白帆印务有限公司印刷
ISBN 978-7-100-07662-3

2011年6月第1版　　开本 880×1230 1/32
2020年8月北京第4次印刷　印张 22⅛
定价：51.00元

目　　录

前言 …………………………………………………………… 1

第一编　导论

第一章　幼儿教育心理学概述 …………………………………… 9
　　第一节　教学与教学决策 ……………………………………… 9
　　第二节　教育心理学研究的历史和问题 ……………………… 17
　　第三节　幼儿教育心理学的学科性质 ………………………… 28
　　第四节　幼儿教育心理学的内容与研究方法 ………………… 33

第二章　学习与幼儿学习 ………………………………………… 47
　　第一节　一般学习概述 ………………………………………… 47
　　第二节　幼儿学习 ……………………………………………… 58

第二编　心理发展、个别差异

第三章　皮亚杰认知发展理论及幼儿教育指导 ………………… 67
　　第一节　皮亚杰关于认知发展的基本观点 …………………… 67
　　第二节　皮亚杰认知发展理论的幼儿教育指导 ……………… 76

第四章　社会性发展及幼儿教育指导 …………………………… 83

第一节　埃里克森关于儿童社会性发展的理论 ………… 83
　　第二节　社会化及幼儿社会性学习 ………………………… 87
　　第三节　幼儿性别角色的发展及教育指导 ………………… 92
　　第四节　幼儿亲社会行为的发展及教育指导 ……………… 96

第五章　自我发展及幼儿教育指导 ……………………………… 101
　　第一节　自我与自我研究的历史 …………………………… 101
　　第二节　自我发展的理论及幼儿教育指导 ………………… 109
　　第三节　自我概念中的自尊及幼儿自尊的教育指导 …… 118

第六章　个别差异、群体差异及幼儿教育指导 ………………… 127
　　第一节　智力与人格的个别差异及幼儿教育指导 ……… 127
　　第二节　学习方式的个别差异及幼儿教育指导 ………… 138
　　第三节　群体差异及幼儿多元文化教育 ………………… 144

第七章　学习障碍及幼儿教育指导 ……………………………… 160
　　第一节　儿童学习障碍的概述 ……………………………… 160
　　第二节　儿童学习障碍的特性及其表现 ………………… 166
　　第三节　学习障碍的病因及诊断 …………………………… 169
　　第四节　学习障碍儿童的干预及教育指导 ……………… 172

第三编　学习理论

第八章　行为主义学习理论 ……………………………………… 187
　　第一节　早期刺激—反应学习理论 ………………………… 187
　　第二节　格思里和赫尔的学习理论 ………………………… 193

第三节　斯金纳的操作条件反射学习理论……………… 199

第九章　认知学习理论…………………………………………… 207
　　第一节　布鲁纳的学习理论……………………………… 207
　　第二节　奥苏伯尔的学习理论…………………………… 215
　　第三节　认知建构主义学习理论………………………… 221

第十章　格式塔心理学的学习理论…………………………… 228
　　第一节　格式塔心理学的学习理论……………………… 228
　　第二节　格式塔心理学的一个分支：勒温认知—场学习
　　　　　　理论……………………………………………… 235

第十一章　人本主义学习理论………………………………… 239
　　第一节　马斯洛的学习理论……………………………… 240
　　第二节　罗杰斯的学习理论……………………………… 243

第十二章　折衷主义学习理论………………………………… 249
　　第一节　托尔曼的认知—期待学习理论………………… 249
　　第二节　班杜拉的社会学习理论………………………… 250

第十三章　学习动机理论及幼儿教育指导…………………… 258
　　第一节　动机与学习动机………………………………… 258
　　第二节　学习动机理论…………………………………… 260
　　第三节　幼儿动机发展及教育指导……………………… 271

第十四章 学习迁移及幼儿教育指导 …… 277
第一节 迁移与迁移分类 …… 277
第二节 学习迁移的理论 …… 278
第三节 幼儿学习迁移的教育指导 …… 285

第四编 不同领域、不同学科的学习

第十五章 幼儿动作技能学习及教育指导 …… 293
第一节 动作技能的概述 …… 293
第二节 幼儿动作发展和动作技能学习的理论基础 …… 300
第三节 幼儿动作技能的学习过程 …… 303
第四节 幼儿动作技能学习的教育指导 …… 307
第五节 幼儿动作技能发展及学习的价值 …… 313

第十六章 知识分类及幼儿教育指导 …… 320
第一节 陈述性知识的表征 …… 321
第二节 陈述性知识的获得、提取及幼儿教育指导 …… 329
第三节 程序性知识的表征、获得及幼儿教育指导 …… 336

第十七章 幼儿知觉学习及教育指导 …… 341
第一节 知觉学习 …… 341
第二节 注意与知觉的模式识别 …… 346
第三节 幼儿知觉学习的教育指导 …… 351

第十八章 幼儿概念、原理学习及教育指导 …… 361
第一节 幼儿概念学习及教育指导 …… 361

第二节　幼儿原理学习与教育指导……………………… 367

第十九章　幼儿问题解决及教育指导……………………… 372
　　第一节　问题解决概述…………………………………… 372
　　第二节　问题解决过程…………………………………… 375
　　第三节　幼儿问题解决的影响因素及教育指导………… 380

第二十章　幼儿学习策略及教育指导……………………… 384
　　第一节　幼儿学习策略概述……………………………… 384
　　第二节　幼儿的三大学习策略…………………………… 389
　　第三节　幼儿学习策略的培养…………………………… 392

第二十一章　幼儿创造性学习及教育指导………………… 400
　　第一节　创造性概述……………………………………… 400
　　第二节　影响创造性的六大因素………………………… 404
　　第三节　幼儿创造性测验及教育指导…………………… 414

第二十二章　幼儿情商发展及教育指导…………………… 422
　　第一节　情商及情商的理论……………………………… 422
　　第二节　幼儿情商发展的特点…………………………… 428
　　第三节　幼儿情商的教育指导…………………………… 432

第二十三章　幼儿阅读、书写及教育指导………………… 437
　　第一节　阅读心理及幼儿阅读教育指导………………… 437
　　第二节　字词学习的因素及幼儿识字教育指导………… 444

第三节　早期书写及书写教育指导……………………… 453

第二十四章　幼儿双语认知及教育指导………………………… 463
　　　第一节　双语含义和双语认知的理论基础………………… 463
　　　第二节　幼儿双语学习的价值和特点……………………… 470
　　　第三节　幼儿双语教育指导………………………………… 474

第二十五章　幼儿数学认知及教育指导………………………… 480
　　　第一节　幼儿数学概念的认知及教育指导………………… 480
　　　第二节　幼儿计数和运算的基本技能及教育指导………… 492
　　　第三节　幼儿计算和解决问题的策略及教育指导………… 502

第二十六章　幼儿科学认知及教育指导………………………… 512
　　　第一节　幼儿科学教育的认知基础………………………… 512
　　　第二节　幼儿科学教育指导………………………………… 518

第二十七章　幼儿绘画心理及教育指导………………………… 535
　　　第一节　幼儿绘画的心理特点……………………………… 535
　　　第二节　绘画促进幼儿空间能力与创造力的发展………… 549

第二十八章　幼儿音乐心理及教育指导………………………… 559
　　　第一节　幼儿音乐心理概述………………………………… 559
　　　第二节　幼儿音乐心理发展及音乐欣赏…………………… 565
　　　第三节　幼儿的音乐教育指导……………………………… 569

第二十九章　幼儿道德心理及教育指导 …………… 581
第一节　道德与道德教育 ………………………… 581
第二节　儿童道德发展的理论 …………………… 584
第三节　幼儿道德心理及教育指导 ……………… 590

第五编　教学原理

第三十章　教学目标、学习任务及幼儿教育活动设计 ……… 605
第一节　教学目标陈述 …………………………… 605
第二节　学习任务分析 …………………………… 609
第三节　幼儿教育活动设计、指导 ……………… 612

第三十一章　幼儿活动室管理心理及环境设计 …… 623
第一节　活动室管理心理概述 …………………… 623
第二节　活动室的群体管理心理 ………………… 626
第三节　活动室常规的管理心理 ………………… 634
第四节　幼儿活动室教学环境设计 ……………… 638

第三十二章　技术及幼儿教育 ……………………… 643
第一节　技术与幼儿教育技术 …………………… 644
第二节　技术在幼儿教育中的心理价值与教学价值 …… 646
第三节　技术在幼儿教育中的运用 ……………… 650

第三十三章　幼儿教育的评价 ……………………… 658
第一节　从传统测验走向真实性评价 …………… 658
第二节　幼儿教育的测验与评价 ………………… 663

第三十四章 师幼互动及专家型幼儿教师的成长……………… 673
  第一节 师幼互动………………………………………… 673
  第二节 有关教师特征及期望效应的研究……………… 681
  第三节 幼儿专家型教师的成长………………………… 684

前　　言

　　幼儿教育心理学是学前教育领域一门新兴学科,是幼儿教育与心理科学结合、幼儿教育走向科学化的产物,是运用心理学原理探索幼儿学习与教育规律的一门心理学的应用学科。

　　学习问题是教育心理学发展一百余年以来研究者一直关注的核心,最终研究者对学习有了一个基本认识:学习是一个知识的建构过程,学习依赖于已获得的认知结构,学习与其发生的情境具有高度的一致性。对幼儿学习原理的认识程度,是制约幼儿教育水平的关键因素。为此,提高人们对幼儿学习问题的研究兴趣,加深对幼儿学习原理的认知与理解,是幼儿教育通往科学化的必经途径。

　　作为一门新兴学科,近些年各高等院校的学前专业陆续开设了这门课程,并作为一门主干课程。在各种幼儿教师的培训、职后学历教育中大多也开设了这门课程。国家自学考试委员会已将这门学科列为学前教育专业本科学生的必修主干课程之一。目前,我国学前教育专业的发展十分需要这样一类的专业基础教材或教学参考书。可以说,这样一本教材的出现是适应专业发展、课程走向专业化的时代产物。

　　本书的基本内容是在讲授幼儿教育心理学这门课的基础上,逐步完善而形成的。讲授对象分别是:上海职后学历教育"三结合"学员,华东师范大学1999级、2000级学前专业本科生以及新加坡 Frobel College 2002 级学员,华东师范大学网络教育学院 2002 年秋、2003 年春、2003 年秋三届专升本学员,以及广西师范大学 2009、2010 届学前专业本科生。2007 年始,上海师范大学学前教育系方均君博士选用本书作为教材,并提出了建设意见。与同行和学员的交流讨论,不仅为本书增加了营养,也加速了本书撰写的进程。受惠于大家的集体智慧,经过深思熟虑和长期教学研究的多次修正和验证,使本书在学术着眼点、内容的系统性和科学性方面都有了较大改进。

编写本书的宗旨

1. 激发学员对幼儿学习问题的研究兴趣,愿意从新的角度尝试用心理学的原理和技术,了解、探索幼儿学习的内涵。

2. 结合理论学习与讨论,从宏观上把握学习的含义,体会人类学习的复杂性和幼儿学习的特殊性。

3. 清醒认识到幼儿学习所涉及的众多领域、不同学科,体会幼儿学习的情境性、适宜条件和内在规律;结合个人的经验和教学实践,学员能充分理解学习理论、学习原理和教学原理在幼儿各领域、各科目的学习实际中广泛的应用价值。

4. 提高学员的理论水平和提升教学的有效性,热爱孩子,使幼儿教师最终成长为专家型幼儿教师,实现作为一名幼儿教师的个人的崇高理想和社会价值。

本书的基本框架

导论:讨论学科的历史、问题、性质、内容和研究方法,对这门学科有一个整体把握;讨论学习的过程、影响学习的因素以及幼儿学习的含义、种类、模式和幼儿学习活动的特点,了解幼儿学习的特殊性,提高将学习原理运用于指导教学实践的自觉性和高度责任感。

心理发展、个别差异和群体差异:儿童年龄特点和个别差异为幼儿教育提供了依据。本编探索了儿童的认知发展、社会性发展及教育,以及儿童在智力、个性等差异和学习困难儿童的心理与教育问题。

学习理论:对学习规律和学习条件进行系统阐述,从而为课程与教学奠定理论基础。这些理论有:行为主义的学习理论、认知学习理论、格式塔心理学学习理论、人本主义心理学的学习理论和折衷主义学习理论。最后介绍学习动机理论和学习迁移理论。

不同领域、不同学科的学习:本编探讨幼儿心理各个领域以及不同学科的学习问题,包括动作、知识、知觉、概念、问题解决、学习策略、创造力和情商八个领域以及阅读、双语、数学、科学、绘画、音乐、品德七个学科方面的学习问题。

教学原理:本编探讨教学心理,如何制定幼儿教育目标、分析学习任务、活动设计与指导、活动室的管理、技术及幼儿教育、教学评价问题,最后介绍师幼互动和专家型幼儿教师的成长。

本书的特点

1. 尝试把教育心理学的基本原理应用于幼儿的学习与教学,在每一领域、每一学科的学习过程中都关注幼儿的发展特点、学习特点以及有效的教育指导,尽可能体现出内容的简明扼要和系统性。

2. 为尝试建立较独立的幼儿教育心理学这门新学科,围绕幼儿的学习与教育问题，吸收认知心理学等学科的最新研究技术和成果（如涉及认知加工的"知觉学习"），吸收现代教育科学的思潮和理论（如作为社会发展、态度与品德发展基础的"自我发展"），力争理解幼儿学习实质以及寻求有效教育技术和方法，尽可能体现出本书的学术性和实际的应用价值。

3. 本书的每一章包括名言、正文、问题与思考、术语及定义，均力图提供丰富而有用的知识资源，尽可能让学员学习起来比较便当并感到有趣。

感谢

我的师长李季湄教授的治学精神是我学习的榜样，她的《幼儿教育心理学提纲》深深影响着我对本书的早期构思，她多年研究幼儿教育心理学的问题，有许多真知灼见。

我的导师张必隐教授，曾作为中国心理学会教育心理专业委员会主任，多年从事学习心理学研究，一直关心涉及幼儿教育的心理学基础问题，鼓励我作这方面的尝试。

我的益友良师王振宇教授，早年读他的《儿童心理学》等著作获益匪浅，近年有幸与王老师共事并结下忘年之交。拜读了他的《儿童心理发展理论》，其儿童哲学观无不影响自己对儿童教育与发展问题的思考方式。

我的领导和前辈朱家雄教授，作为学前教育研究所所长，多年来一直关心我的学术成长，并为本书的出版写推荐信，他的生物学学术背景和关于心理卫生、美术教育和幼儿园课程等涉及多种学科的著述与思想，以及作为一位资深学者的进取精神，三十年来一直深深地影响着我。

感谢华东师范大学学前与特教学院方俊明院长、汪海萍书记、系主任华爱华教授,培训部主任施燕教授,也感谢院系里的同事和友人,我的成果的每一步,都离不开与他们的交流与学习。

感谢多年来与我在研究中合作的一线幼儿园的园长:上海市普陀区宜川一村幼儿园崔同花、沈毅敏、王惠琴;上海市普陀区白玉幼儿园李庆南、王娴婷;南京军区上海实验幼儿园高爱民;上海普陀区童星幼儿园章晓霞;上海闸北区安庆幼儿园钱莹臻、贺蓉;上海闸北区北站幼儿园周燕云;上海市委机关幼儿园沈智敏;上海普陀区美墅幼儿园董琼;浙江省衢州市安居幼儿园曾一飞;浙江省舟山市八一幼儿园陆秋红;山东泰山幼儿园单光耘;山东东滨州实验幼儿园冯艳红;广西壮族自治区直属机关第二幼儿园唐华;广东湛江师范学院幼儿园李晓红;广东湛江市第三幼儿园李凤英;上海宝山区盘古幼儿园李京媛;上海宝山区小主人幼儿园杨玉芬;上海松江区文翔幼儿园钱玲华、胡慧萍、曹琪。在与园长们课题合作过程中,有许多思想和重要观点来自于她们。

在本书的思考与撰写、材料收集与整理过程中,得到何红丽、金莉、朱文佳、李琳、郑海燕、朱丽芳、钱琼、姚炳辉、任培晓等同学的具体帮助。徐宝良、闵兰斌、张海霞、康晓霞、刘秀环、曹亚萍、李艳菊、温婷婷为本书的撰写和后期修改付出了劳动。华东师范大学出版社施煜文女士提出了很好的意见。在此表示感谢。

此次修订新加内容第六章第三节、第十六章、第二十章、第二十四章、第二十六章、第二十七章、第二十八章、第三十二章的撰写和资料整理分别得到李璐、王玲玉、张茜、吴艺霞、王勇、刘登强、刘雍江、李琳、李静、张宝安等同学的大力协助。最后由张茜、王玲玉协助统稿。在此一并表示谢意。

特别感谢商务印书馆的王兰萍女士、洪霞女士为本书的框架、内容和一些有争议的问题提出了很好的修改意见,为本书的出版、再版付出了艰辛的劳动。

　　本书引用、参考大量的国内外文献,在此对所有有关的著作或文章的原作者表示最诚挚的感谢。

　　由于本人学识浅陋、时间仓促,书中难免出现各种错误和不当之处,恳请各位专家、同行和广大读者批评指正,对此万分感谢。

林泳海

旧版于上海华东师范大学田家炳教育书院 903 室

2005 年 9 月 9 日

新版于鲁东大学(东校区)小黄山一号办公楼 305 室

2011 年 2 月 15 日

第一编　导论

教学是复杂的,它需要教师有能力分析快速的教学变化,与儿童互动,并能迅速应付教学中出现的诸多问题。成功的教学不仅需要了解儿童心理发展特点、学习与教学理论、动机以及课堂活动的管理,还要知道如何评价儿童的学习。

有一个调换位子的事例:王建平是幼儿园大班老师,她发现,自从楠楠小朋友因爱说话被调换到后面的位子后就变得不太专心,有些异样。以前楠楠在前面位置上曾得到老师许多额外的关注,他现在是否仍得到相同的关注呢?或许楠楠看不到前面的教学演示,或许听不清楚老师的讲话。对此,王老师非常关切,希望楠楠回到正确轨道上来。

就如同王建平老师调换位子的事例,在规划教学环境时,同样应该考虑到友谊、同伴压力,以及社会攻击等因素。

如果教师具有很高的同情心、热情,能很好理解教材、理解儿童学习特点,那么就能对儿童发展产生正面影响。学习幼儿教育心理学,能够提高教师的教育理论水平,最终可以成长为专家教师。加涅(Gagn,1963)提出"人人皆为理论家"的观念,强调学习教育心理学理论的重要性。

本编第一章主要讨论幼儿教育心理学这门学科（包括教育心理学）的历史、问题、性质、内容和研究方法，对这门学科做一整体介绍。第二章主要讨论学习的过程、影响学习的因素以及幼儿学习的含义、种类、模式和幼儿学习活动的特点，了解幼儿学习的特殊性。

第一章 幼儿教育心理学概述

世界的未来取决于未来高质量的教育,在我看来,有助于教育质量改善的一种方式就是基于科学研究成果,而非主观臆想或随波逐流来改革教育实践。

——迈耶

第一节 教学与教学决策

一、教学的内涵

(一)教学是科学还是艺术?

教学是科学还是艺术?这个问题教育界争论已久。[①] 如果是艺术,就需要天赋、灵感、直觉和创造性,这些都是不可言传的;如果是科学,就得掌握某些知识和技能,这些都只能通过学习来获得。总之,关于这个问题主要有以下三种意见:

1. 教学艺术论者坚信,好的教师是天生而不是后天造就的,认为行为的基础是直觉;

2. 教学科学论者认为,有效的教学基础是教学科学,教师能从教学科学中学到有效的教学行为;

---

① 参见陈琦、刘儒德主编:《当代教育心理学》,北京师范大学出版社1997年版,第1—2页。

3. 大多数人则采取折衷态度,认为教学既是科学又是艺术,且是思想。

(二)教学:四变量、三过程

1. 教学四变量

大凡教学,无非涉及四个主要变量,即教什么(内容)、教谁(儿童)、谁在教(教师)和在哪里教(教学环境),搞清楚这四个变量是教学成功的关键。

(1)教学内容

教学内容是传递信息的主要部分,是教学的客体,教学内容主要反映在教材中。内容具有合理的知识结构,既适合于儿童学习,也利于儿童的思维发展。

教学内容分布于不同学科(按科学知识分类)之中,而人之发展又包括认知、情感、意志、人格不同方面,加上教育之不同目标包括德、智、体、美、劳等。教学内容的选择必须考虑很多因素。

(2)儿童特点

在教学中儿童特点是最活跃、最丰富多彩的变量,在教学过程中极为重要。不同年龄阶段儿童特点不同,同一年龄阶段儿童也不同,同一个儿童在学习各方面发展也不平衡,个别差异是普遍的。

(3)教师特点

教师在教学中是起主导作用的变量。一个好教师应具备以下特点:

A. 教师要了解教材知识结构。

B. 教师要理解儿童的学习特点。

C. 教师知道如何把知识传授给儿童。

D. 教师本人也善于学习,是一个好的学习者。

E. 教师同时也要善于反思。

F. 教师要成为儿童的好榜样。

(4) 教学环境

教学环境是教学发生的场所,包括硬件(物质环境)和软件(心理环境)两部分:

A. 硬件,包括教学媒体、学校的物质环境、教室的布置、室内温度等。在硬件教学环境中,教学媒体是最重要的一项。它是教学内容的载体,是教师与儿童之间传递信息的工具,包括实物、教具、口头语、书本、录音、录像、电视、计算机等。它影响着教学内容的呈现方式和质量,对教学、儿童学习产生深远的影响。

B. 软件,指心理环境,包括班风、校风、舆论、同学之间、师生之间关系等。

2. 教学三过程

教学过程包括儿童学、教师教和对教学反思三个方面:

(1) 学习过程,指儿童获得知识、技能和道德规范的过程。

(2) 教学过程,指教师以有效方法把知识传授给儿童,并引导儿童建构自己知识的过程。

(3) 评价反思过程,指对学习与教学效果进行的测量、评价和反思。这对改进教学很重要,也是从一名普通教员成长为一名专家教师所必需的条件。

以上三过程可表现出以下关联特点:学与教可独立,可结合;学与教互动,学、教与评价、反思也互动。

二、教学决策

(一) 教学成功基于科学的教学决策

以下几个例子可为教学决策提供有价值的信息。

1. 行动地带

亚当斯和比德尔(Adams and Biddle,1970)提出了行动地带(action zone)这个概念,即教室前排居中的座位和直接顺着教室中间通道延伸的座位,这些地方的儿童比其他人能够得到更多班级活动参与的机会。[1]

2. 提问的等待时间

莱威(Rowe,1969)发现,教师在提出一个问题后,会花比较多的时间等待能力强的儿童来回答,而对于能力低的儿童来说等待时间则较短、缺乏耐心。

3. 关于赞美

"赞美总是最好的",这句话对吗？布卢非(Brophy,1981)认为赞美的时机和质量比频率更重要。教师还必须考虑到儿童对赞美的解释方式,对于同样的教师或行为,不同儿童会有不同的反应(Mccaslin,1990)。关于赞美问题的复杂性表明,教师必须不断思考,并做出正确、合适的决策。

(二)教学决策的概念和模式

教学决策,是指达到好的教学效果而采取的方针、思路,具体地说,就是指如何呈现教材,如何安排教学进度,期待什么样的反应,要花多少时间等。教学决策对教学成功来说是十分关键的。一般教学决策模式(见图1-1):

---

[1] 参见 T. L. Good & J. E. Brophy:《当代教育心理学》,(台湾)五南图书出版公司1999年版,第9页。

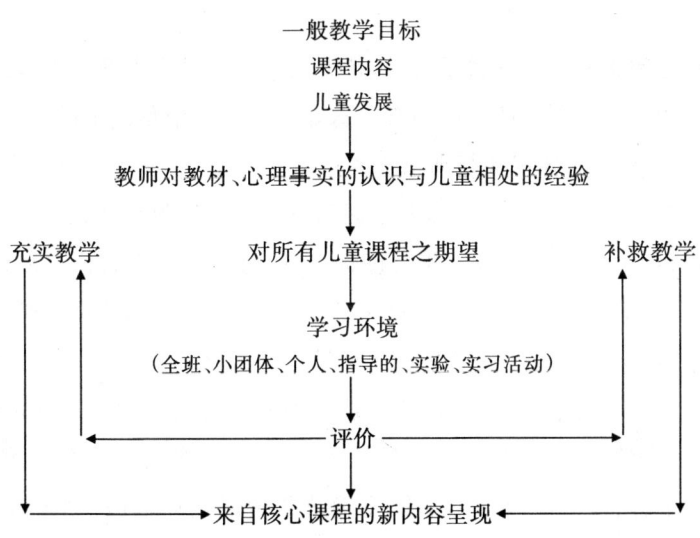

图 1-1：一般教学决策模式

资料来源：T. L. Good & J. E. Brophy, "Teaching the Lesson", in R. Slavin(ed.), *School and Classroom Organization*, Hillsdale, NJ: Lawrence Erlbraum, 1988。

(三)教学决策的实施

1. 提倡个人的精心计划

教学方式及其效果对每个教师来说是不同的。教学方式可以生搬硬套吗？有一个概念叫做结构上的精心计划(structural elaboration)，是指将某一种具体的教学方式策动其他教师使用。如对高年级儿童采取的教学方式用在低年级孩子身上，或城市中的某种有效教学方式应用在乡村地区的学校中，这种情况的教学决策经常是失败的。①

---

① 参见 T. L. Good & J. E. Brophy:《当代教育心理学》，(台湾)五南图书出版公司 1999 年版，第 9—10 页。

个人的精心计划(personal elaboration)是指针对个人的、激发明智和思考周密的教学行动,帮助教师了解教室中的行为、动机以及造成儿童预期改变的因素。这在教学决策中是值得提倡的。

2. 教材的知识和行动系统的知识都需要

在教学决策中,教师需要把握两类知识:(1)教材的知识(subject-matter knowledge),指对理解、呈现内容所需要的特定知识;(2)行动系统知识(action system knowledge),指课程的计划、课时进度的决策、对教材以及对儿童学习方式之间差异方面把握的技能。教学决策失败,一种情况是有些教师对教材内容缺乏足够的知识(教材的知识)而导致教学的失败,另一种情况是有些教师虽然了解教材,但因为不了解儿童及儿童所处环境(行动系统知识)而导致失败。对于成功教学来说,这两种知识都是需要的。

3. 理解不同情况下的儿童

(1)儿童的僵化预期:功亏一篑

如儿童不喜欢或无法完成某项数学作业,可能会使他避免让自己专注在新的数学作业上,形成一种僵化预期;而对于这次作业,儿童如果努力的话,或许能顺利完成,就会避免功亏一篑。这种情况教师与儿童可能都会受骗,儿童认为自己对数学是不感兴趣的,教师也会停止使用新的方法让儿童对数学变得明白易懂。这种情况也会使教师在决策上失误。

(2)影响儿童的负面因素

A. 社会。虽然学校是相当稳定的、可以预测的情境,但儿童却生活在一个无法预知的社会环境里。20世纪90年代,美国1300万青少年儿童中的一半,正承担着学业失败的严重危险(Convington,1993)。在某些贫民区学校中,儿童因同伴暴力和毒品过量吸食致死的人数比率与美国人在越南战争中死亡的比率差不多。① 在网吧、游戏房、迪厅等场所，青少年居多，对儿童影响是多方面的，有好的，也有中的、差的。社会的挑战，像贫穷、无家可归、同伴的负面影响、少女怀孕、青少年暴力、反社会、青少年自杀等，皆是引起人们深思的问题。

B. 家庭。家庭的消极影响，如单亲家庭、对子女学习没有兴趣、专制（无安全感、孤独、社交恐惧、恍惚）、纵容（自私、情绪激动、过分依赖）；当然，有权威的家庭（安全、自信、善于社交）除外。为此所采取的对策是，教师在课堂教学中应尊重儿童、与儿童建立感情、培养儿童自我约束的技能。

(3) 社会团体压力

A. 外表看起来不错的压力。儿童的团体或班集体对一个人所扮演的角色施加压力，会使教师很难对个别儿童展开实质的、开放式的对话。霍尔特（Holt,1964）描述了儿童在课堂上采取避免失败的策略（self-defeating strategy）。许多依赖型的儿童观察教师就像红绿灯一样，如果教师微笑、点头或显示任何同意的方式，他们答案会变得比较热烈和放松，声音较大，速度较快。如果教师表现出不满意的非语言行为，儿童就变为思考的动作，皱起眉头，做出"让我想想"的姿态，甚至拒绝对教师回应。

B. 儿童的掩饰策略：让我再考虑一下。儿童会利用难以计数的策略，或像过去考试各种作弊类似的把戏，来掩饰自己知识的缺

---

① M. Convington, K. Teel & A. Parecki(1993), *Address Achievement Motivation among African-American Students: A Collaborative Attempt to Apply Theory to Practice*, Paper Presented at the Annual Meeting of the American Educational Research Association, April, Atlanta, GA.

乏。为团体而表现的压力最终使儿童采取适得其反的无效策略。这种"让我再考虑一下"的策略,有时具有暂时的效果,因为教师感受到必须采取行动的压力或因儿童无法回答而觉得自己也陷入了困境。从长远看,这种策略儿童获益甚少。

C. 印象装饰(impression management):自败的行为模式。社会压力使儿童花很多时间放在印象装饰上。如上课表现出倾听老师的样子,尝试使自己外表看起来不错,或者形成一种习得无助感(learned helpless)的自败行为模式。这种情况会误导老师,以致对儿童行为的解释变得困难起来。

4. 把握教室中教学层面的特点

(1) 多重面向。有许多不同的任务或事件发生在教室中(Doley,1986)[①]:需要对监督、评价等方面工作进行记录,一件小事会产生多重结果。如等候几秒钟让甲儿童回答问题,或许可以支持甲儿童的动机,却降低了乙儿童想要回答问题的兴趣。

(2) 同时性。有许多事件会在同一时间发生在教室中。在讨论中,既要协助改善儿童回答问题,又要监督未做出反应儿童的理解信号。

(3) 即时性。教室事件的步调是很快的。赛博(Sieber,1979)发现,教师每小时评价儿童平均为16次,或是一天87次。

(4) 不可预测的、公开的教室气氛。有些事件是不可能预测的,儿童能凭借师生之间的互动,推断教师对某些儿童是否偏爱等。

---

① 参见 T. L. Good & J. E. Brophy:《当代教育心理学》,(台湾)五南图书出版公司1999年版,第24—26页。

(5)一个班的历史。一个班级会有几个星期或数月相聚,因此会形成共同的规范和协定。过去发生事件的处理方式会影响到以后班风的形成。

第二节 教育心理学研究的历史和问题

幼儿教育心理学作为教育心理学的分支学科,要从理论、实验及实践的发展高度来理解它,就必须搞清楚教育心理学发展的历史。近三百年来,哲学家、教育家、心理学家从多种角度对儿童学习、教育、教学阐述了各种见解,做了大量的理论与实验研究,构成了幼儿教育心理学这门学科的基本内容。

一、教育心理学的孕育期(1700—1900年)

(一)欧洲:教育心理学的孕育

18世纪和19世纪初,当时教育家的教育主张流露出一些朴素的心理学思想。最主要的人物是:法国的卢梭、瑞士的裴斯塔洛齐、德国的赫尔巴特和福禄贝尔。

1. 卢梭(1712—1718)在《爱弥尔》(*Emile*)一书中,强调儿童自己会有所发现,教师不应替儿童思考,主张自然主义或浪漫主义教育。

2. 裴斯塔洛齐(1746—1827),反对背诵课文和机械记忆,认为教育应重视发展,学校应充满爱、友善、理解的气氛。

3. 赫尔巴特(1776—1841),作为教育学家之父,是第一位给自己的教育理论提出心理学依据的人。作为一位杰出的哲学家,他代替了康德在大学的位子。他提出统觉(进入意识的观念)和统觉团(使观念有意识并为整体同化)的概念,并提出著名的五段教育法——准备、呈现、联系和比较、概括或抽象、实际应用,作为一种科学的教育方法,受到世人普遍欢迎。①

4. 福禄贝尔,作为幼儿园运动的倡导者,强调活动是所有教育的根本,并为儿童活动设计了一套玩具,即恩物。

5. 另外,影响英国教育心理学的思想有两方面:一是观念联想的思想(洛克提出的);二是官能的心理学(faculty psychology)(苏格兰哲学家提出的),在教育中表现为形式训练说,即人的心智(mind)是由各种感官构成的,每一种感官都可以通过练习来培养,就像肌肉通过练习使力量增强一样。形式训练说只重视形式,而不重视学科的内容,于是被后来的共同要素说所代替。

(二)美国:欧洲教育思想的传播

欧洲的教育思想在19世纪传到了美洲大陆,对于教育心理学有贡献的四个代表人物是:

1. 哈里斯(Halris,1835—1909),美国19世纪最著名的教育家,是黑格尔的得意门生,但他特别欣赏赫尔巴特的教育思想。他认为,教育不应强调多看、多听、多操作事物,而应强调认识这些事物。1898年他写了《教育心理学基础》,对美国学校教育产生了深远影响。

2. 帕克(F.W. Parker,1837—1902),与哈里斯齐名,曾提出"昆西计划",摒弃传统的课程及刻板的教学方法,主张教师围绕一个中心来安排相互联系的学习科目,强调社会活动及创造性的自我表现。后来,他创办私立芝加哥帕克中学,一直延续至今。

3. 霍尔(G. S. Hall,1844—1924),是一位儿童心理学家,他

---

① 参见吴庆麟:《教育心理学》,人民教育出版社1999年版,第1—2页。

留德返回美国后,于1882年创办了第一个心理学实验室。其最主要的兴趣就是研究儿童,被称为"儿童研究运动之父",也是"美国儿童心理学之父"。他于1891年创办了第一份儿童和教育心理学刊物《教育学研究》,并于1892年创办了美国心理学会,任第一任会长。他是美国心理学的先行者,编制了近二百种问卷,对教育心理学的产生做出了贡献。

4. 詹姆士(W. James),作为机能心理学的奠基人,强调把心理学实验与课堂教学融为一体。1899年他写了《同教师谈话》(Talks to Teacher)一书,强调心理科学应与教学艺术相结合。

二、教育心理学的初创期(1900—1920年)

(一)促使教育心理学诞生的三位学者

1. 杜威

杜威是一位哲学心理学家,年仅25岁时就写了著名的论文"新心理学"(1884)。作为进步主义的倡导者,他于1896年创立实验学校,主张学校应与社会生活联系,教育重点应从课本、教师转移到儿童,强调做中学。

1905年,因受卡特尔的赏识,杜威去哥伦比亚大学任教育哲学教授。后来发表一系列著作:《学校与社会》、《明日的学校》、《民主主义与教育》等。当时,卡特尔弟子桑代克也在哥伦比亚大学,与杜威不同,桑代克走的是教育中的科学运动之路。

2. 桑代克

桑代克是典型的教育心理学家,人们称之为"教育心理学之父"。他研究动物学习。1903年出版了《教育心理学》,这是西方第一本以教育心理学命名的专著。该书分为三部分:一是人类的本性;二是学习心理;三是个别差异及其原因。后来他与武德沃斯合作研究,提出了学习迁移的共同要素说。

桑代克对教育实验的贡献表现在两方面:一是用自己的学习理论来改进当时的教学;二是开发了一系列测量儿童学习的量表,如阅读量表、书写量表、作文量表和绘画量表等。在他看来,凡是存在之物,均以一定的量而存在(whatever exists, exists in some amount)。

总之,桑代克是联结主义,提倡教育研究中的科学运动;杜威则为实用主义,提倡教育中的进步运动。两位心理学家的理论有不同之处:(1)在人的行为本质认识上,二者不同。桑代克认为,无论低级行为还是高级行为都归结为联系的形成;而杜威反对把人的行为看成一种人为的科学结构,反对把人的行为进行人为的分析和简化,应该通过有机体适应环境的意义来研究行为。(2)在对待心理学及其应用关系的认识上也不同。桑代克不仅重视实验科学的方法,也重视使用测量方法,认为各种做法都应建立在数据基础之上;而杜威则认为,从科学向实践转化是一项长期的工作。

可以说,建立一门教育心理学,不仅需要桑代克的实验与理论风格,同时也需要与杜威的进步思想框架结合起来,而他们各自只做到这份工作的一半。教育心理学的创建既需要杜威,也需要桑代克。

3. 贾德

贾德(C. H. Judd)获得冯特名下的博士殊荣,但他在教育心理学初创时的贡献被人为地冲淡或忽略了。人们仅知道他在迁移理论中有一席之地。实际上在那个时代,他呼吁研究学习的高级心理过程是很有远见的。

在贾德看来,当冯特对语言及社会心理学研究初露端倪时,詹姆士统治了美国人的思想。后来,行为主义成为美国人的一项革新,这些美国心理学家对德国的祖根不再感兴趣,带有异国特色的德国心理学思想被冷落了。如果当时能容忍多种学术思想的存在,并由此引发人们对高级心理过程更热情的探讨,像贾德所强调的那样,或许教育心理学的历史会重写。

(二)格式塔心理学的观点和精神分析的观点

当桑代克联结主义和杜威机能主义心理观点还不足以解决教育理论的冲突时,曾有人指望从格式塔(Gestalt)心理学去寻找出路,像"顿悟"、"理解"等术语又回到了教育心理学。哈特曼(Hartmann,1942)根据格式塔心理学观点写了一本《教育心理学》,凡事都可用顿悟来解释:一个女孩总是学不会游泳,突然一天顿悟了,能游出50米。当然这种极端的看法引起了其他心理学家的反感。在20世纪三四十年代,教育心理学没有得到格式塔心理学的帮助。直到20世纪70年代后,关于思维和问题的研究才再次受到计算模拟专家(认知心理家)的赞赏。①

关于精神分析的观点,在19世纪30年代是流行的,但很少在教育心理学中引用。虽然精神分析对于强调教育应适应儿童需要带来一些启示,但似乎并未给教育心理学进展带来新的出路。

三、教育心理学的发展期(1920—1950年)

(一)教育心理学受到关注

在杜威和桑代克对于教育实践研究的推动下,教育心理学不断向前发展。心理科学与教育实践休戚与共的风气维持了一个较短的时间,之后心理学和教育学因各自有其优先考虑的事情而分

---

① 参见吴庆麟:《教育心理学》,人民教育出版社1999年版,第11—12页。

道扬镳了。直到第二次世界大战这段时间,当时心理学迫切希望成为一门自然科学,以便使其跻身硬科学之林。为此,心理学家纷纷走进实验室,贯彻技术路线,以求理论建树;而教育心理学家则更多地关心师资培训、教学法和课程改革。

(二)教育心理学的内容变化

从 1926 年华生对三本《教育心理学》教材概括为起点,到 1956 年盖斯(Gates)对 83 本教材概括为终点,教育心理学内容发生了一些变化:一是对脑神经系统关注下降,取而代之是对人格、心理健康和无意识动机等的关注;二是对学习理论及测量的兴趣依旧不变,对发展心理学日益看重,但对学科心理学的关注呈现下降趋势。

这时期教育心理学的发展体现在以下几个方面:

1. 心理学吸收了儿童心理学和心理测验方面的研究成果。

2. 精神分析理论得到广泛流传,儿童个性、社会适应及心理卫生等问题也写进了教育心理学的教材中。

3. 行为主义和格式塔学派对动物学习的研究成果反映在教育心理学中。

4. 程序教学和教学机器的兴起,丰富了教育心理学的内容。

5. 维果茨基把其在 20 世纪 30 年代提出的文化发展论和内化说,写进了他的《教育心理学》一书。

四、教育心理学的新发展:教学心理学的兴起(1960—1970 年)

(一)认知革命运动

20 世纪 60 年代后,美国兴起一场认知革命(cognitive revolution)运动。早期行为主义心理学家不满内省心理学家,反对把自我报告的内容作为行为研究对象,认为只有直接观察到的刺激—反应联结的研究,才能使心理学成为一门真正的科学。但行为主义这种停留在人的行为水平上的分析,不足以解释人的高级认知活动,现在该轮到认知心理学家对行为主义进行革命了。这是心理学史上的一个有趣事件。

另外,苏联1957年卫星上天,促使美国政府对传统教育进行改革,客观上也促进了这场认知革命运动。

(二)教育心理学发展的主要表现

1. 新技术对教育心理学的影响

新教学技术包括:视听辅助手段、教学机器和计算机辅助教学(CAI)。出现了与新技术相关的研究,包括:怎样使电视传递信息引起儿童主动反应而不是被动接受? 语音实验室如何在外语教学中发挥作用?

2. 程序教学

斯金纳(1958)在《科学》杂志上发表"教学机器"一文,程序教学赢得了人们空前的关注。所谓程序教学,指设置在机器中的教学安排,是通过一些小步子的程序来获取特定的学习目标,并通过反馈而得到强化。

哈加德(Hilgard,1996)认为,程序教学和计算机辅助教学等新技术至少给教育心理学带来三方面的成果[1]:(1)这类技术为个别化教学、诊断性教学及获得儿童进步情况的精确记录,开启了各种可能性;(2)新技术所研究的是实际教学情境,教材都来自课堂,

---

[1] E. R. Hilgard(1996),"Perspectives on Educational Psychology", *Educational Psychology Review*,8,pp.419-431.

而不是实验室人为的材料;(3)一些技术性问题相当难处理,又相当吸引人的兴趣。一些心理学家热衷于教育技术这项工作。

3. 适应个别差异的教学改革

教师在处理儿童个别差异的方法上,采取的措施往往是升级、留级或跳级。由于年龄上的差异,这种做法不利于儿童的发展。有人就提出了社会性促进(social promotion)概念,意指让同龄伙伴在一起相处,有助于这些在身体上或发展上相似的儿童得到自然的发展。20世纪30年代提出的能力分组或同质分组的方案(homogeneous group),此时受到了批评。

斯金纳的好友和追随者凯利(Keller F.S.)提出了个别化教育法,要求教师转变自己的角色,给每一位儿童以更多的责任心。另外,布鲁姆的掌握学习(master learning)原理也提倡个别化教学。

4. 教育心理学的繁荣

20世纪60年代至70年代初,教育心理学的发展以加涅出版的《教学心理学》为标志,强调教育心理学为教学实际服务。这个时期发生的一些重要事件为:(1)布鲁纳发起的结构课程改革运动;(2)罗杰斯人本主义心理学的教育主张,强调以儿童为中心,尊重儿童;(3)计算机辅助教学(CAI)的研究,探索儿童在多媒体环境下的学习特点;(4)奥苏伯尔的同化学习理论的主张;(5)班杜拉的社会学习理论的提出。

5. 教学心理学的研究

尽管教育心理学的研究有所收获,但依然未能令人满意。有人怀疑斯金纳的程序教学,其目标分解得如此详细,难道这是教育最终达到的目标?从20世纪70年代开始,早期认同行为主义的心理学家开始接受认知学派的观点。他们纷纷走出实验室,转向对教学过程的分析与研究。

加涅(1969)在《心理学年度评论》杂志上评述了他的研究工作。到1981年,认知教学心理学已盛行起来。这个情景似乎又回到了20世纪初,由杜威和桑代克建立的教育学与心理学的友好关系。但今非昔比,现在的教学理论和实践研究是在对更高级的人的认识活动基础上得到新的统一。从1970到1980年教学心理学的研究重点表现为:一是对儿童在不同学科领域获得各种胜任能力所做的分析;二是对学与教的干预条件和干预活动所做的种种探索。如:儿童的知识是怎样组织起来的?不同学科的问题表征对问题解决的作用,认知策略、自我调控对解决问题的影响。

(三)苏联教育心理学的发展

苏联教育心理学发展是在走自己的道路,其表现为:

1. 教育日益与发展心理学相结合,开展了许多针对儿童发展的实验研究。如:赞可夫教学与发展的实验研究持续了15年之久,提出了教学的高难度、高速度、注重原理学习等原则。

2. 发展了巴甫洛夫的条件反射理论,出现了列昂节夫和加里培林的学习活动理论,这不同于西方的学习理论。

3. 重视人际关系在儿童发展中的作用。

4. 重视教育方法论和具体研究方法的探讨,提倡自然实验法。

可以说,苏联高科技发展之所以处于世界领先地位,与其重视基础教育理论研究、教育心理学理论研究是分不开的。

五、教育心理学的完善期(1980年至今)

(一)教育心理学发展完善的表现特点

布鲁纳在1994年美国教育心理会议上总结了十几年的研究成果,认为教育心理学发展进入完善期,表现为四个特点①:

1. 主动性(agency),研究如何使儿童主动参与教学过程,如何对自身活动做更多的控制。

2. 反思性(reflection),指从内部理解所学内容的意义。

3. 合作性(cooperation),重视在一定情境下组织起来一起学习,如同伴辅导、合作学习和交互学习等。

4. 重视社会文化(culture)对学习的影响。

总之,这个时期出现了不同流派、不同文化之间融合的趋势:教育心理学流派的分歧越来越小,一方面,认知理论和行为主义理论相互吸收对方合理的东西;另一方面,东西方心理学相互吸收,如维果茨基的思想在西方受到了重视。

(二)近些年的新动向

随着信息技术科学变化和网络时代的到来,教育心理学越来越受到人们的重视。

1. 从加涅到安德森

自20世纪60年代中期到90年代以来,加涅揭示了各类学习的种种内外条件,引发出教学设计中应当贯穿的各个原理。涉及知识(言语信息)、能力(智慧技能)、创造性(问题解决)、学会学习(认知策略),以及态度、品质学习的条件等。加涅多领域的探索,并非他独自一人完成,而是体现了一位著名学者博采众长来建立自己的学说体系的能力。如以下方面的分析:(1)在知识获得问题

---

① 参见陈琦、刘儒德主编:《当代教育心理学》,北京师范大学出版社1997年版,第15—16页。

上,他吸收了奥苏伯尔的有意义学习的概念;(2)在低级到高级学习排序中吸收了行为主义的刺激—反应的联结理论;(3)不同层次之间学习的联系,吸收了达尔文的进化论思想,高一级学习的可能性隐含于低级学习的结果中。

而认知心理学家安德森关于知识分类、知识表征和知识获得等内容被吸收进教育心理学中。如果说加涅的工作多涉及一些个别概念或规则的学习,就好像是学习怎样学会弹奏单个音符,那么安德森的工作则像是把这些音符连贯起来,弹奏出一曲动听的音乐。

2. 皮亚杰理论的新发展

20世纪80年代中期后,凯斯(Robbie Case)对皮亚杰智慧发展理论进行了修正,认为教学可以根据儿童认知发展的复杂程度来设计。

3. 认知心理学的发展

认知心理学家对于各科教学,如阅读、写作、数学、自然科学等认知与教学研究也有新的研究成果,丰富了教育心理学。

(三)教育心理学在我国的发展

新中国成立后,主要以学习苏联教育心理学为主。20世纪80年代后,潘菽撰写了《教育心理学》。以后,北京师范大学冯忠良、章志光、张必隐教授,华东师范大学邵瑞珍、皮连生、吴庆麟教授,都撰写过有关的《教育心理学》专著。最近的教育心理学著作多以介绍西方理论为主。

第三节 幼儿教育心理学的学科性质

一、幼儿教育心理学的学科界定

(一)幼儿教育心理学属于心理学还是教育学?

幼儿教育心理学研究的核心是幼儿学习心理和幼儿教学心理,为突出其心理学之研究基础的现实性和重要性,我们可以肯定地把幼儿教育心理学纳入到心理学的学科范畴。

(二)幼儿教育心理学属于幼儿心理学还是幼儿教育学?

幼儿教育心理学所涉及的内容和问题与幼儿教育学有很多相同之处,但二者着眼点又有所不同。前者所涉及的是教学问题的心理学依据及回答为什么的问题。至于幼儿教育心理学与幼儿心理学的关系,幼儿心理学所探讨的幼儿心理发展的年龄特点和规律,本身就是教育教学的依据,所以像"认知发展与教育"、"社会发展与教育"等章节本身就取自幼儿心理学。幼儿心理学偏重的是发展,而幼儿教育心理学偏重的是学习的心理基础与发展的促进训练。二者相同之处为:都涉及研究的深层次,可相互借鉴、相互提携,使幼儿最大限度地学习,最大程度地发展。

总之,幼儿教育心理学≠幼儿心理学,幼儿教育心理学≠幼儿教育学,另外,幼儿教育心理学≠幼儿园课程或学科教学法。幼儿教育心理学不是简单地属于幼儿心理学或幼儿教育学的问题。

(三)幼儿教育心理学与教育心理学的异同

1. 二者的相同之处

两个学科所涉及的基本体系、基本原理、基本内容是一样的,只是侧重点有所不同而已。幼儿教育心理学更加关注的是学前阶段儿童的学习与教学问题。幼儿教育心理学属于教育心理学的一个分支,可以类比于幼儿心理学对儿童心理学,幼儿教育学对教育学的关系。

2. 二者的不同之处

一是产生的时间不同。教育心理学如果是以桑代克《教育心理学》一书出版的时间1903年算起,距今有百年的历史,而幼儿教育心理学的产生只是近几年的事,是由于高等师范院校学前教育系开设这门课程的需要而产生的。国家自学考试委员会在学前专业(本科)开设这门课程,曹中平教授主编了我国第一本以《幼儿教育心理学》(出版时间为2001年)命名的自考教材。当然按时间,应以20世纪80年代的日本译著《幼儿教育心理学》为最早。① 二是成熟程度不同。教育心理学从1980年以后已经进入完善期。这门学科完善的标志是:教育心理学理论的分歧越来越小,与教育实践的结合越来越紧密了。教育心理学已走向成熟。相比较而言,幼儿教育心理学尚处于幼稚阶段,还没有形成独立的学科体系,或者更多依赖于教育心理学的基本框架。所以说,幼儿教育心理学≠教育心理学。

二、幼儿教育心理学的学科性质

幼儿教育心理学是一门独立学科,还是上述五门学科之大杂烩?衡量一门学科是否独立,有两个问题必须考虑:一是这门学科是否有独特的研究对象;二是它是否有独立的研究方法。幼儿教育心理学的研究对象是幼儿学习与幼儿教学,它有独特性或特殊性吗?

---

① 参见若井邦夫等:《幼儿教育心理学》,丁祖莲译,(台湾)五洲出版社1987年版。

(一)幼儿学习的特殊性

1. 幼儿学习不同于动物学习

幼儿学习,特别是较小婴儿的条件反射学习可类似于动物之学习。但幼儿学习不同于动物学习,表现出语言、数字方面的优势。特别不同的是,人类婴儿学习有无限潜能。

2. 幼儿学习不同于但可类比于原始人学习

幼儿学习可类比于原始人类、古代人类的学习,就像复演说所讲。原始人运用符号、绘画、思维、推理、解决问题等诸多方面表现出低水平,类似于幼儿阶段的学习特点。借用早期人类文明进化时的思维方式、工具和学习方法,可帮助理解和促进人类儿童初始阶段的学习。

3. 幼儿学习不同于小学生学习

幼儿学习不同于小学生的学习方式,幼儿学习表现出动作、工具、语言的外显性等特点。另外,幼儿自身年龄上也有一个时间跨度,婴儿学习与幼儿学习有很大不同,口头语言产生前后、文字掌握前后,儿童表现出不同的学习方式。

(二)幼儿教学的特殊性

1. 幼儿教学表现出非正规性

幼儿之教育具有与大年龄儿童教育不同的地方。幼儿教育的对象是六七岁以前的年幼儿童。由于属非正规义务教育,因此对教学本身的要求在形式上比较宽松,教学时间、课程、教材等没有什么严格的规定和要求。

2. 幼儿教学目标重在幼儿发展

幼儿教学目标更多的是发展幼儿,而不是塑造幼儿。

幼儿的行为发展不够成熟,思维处于较低水平,需要成人更多教导。为了爱护孩子,因此理应塑造他;但随着科学文明发展,更多人支持让孩子成为他自己,因此发展幼儿便成为重点。这里的深层意思是,更多的不只是传授知识,而是让幼儿在能力和个性多方面的、全面发展。

3. 幼儿教学特殊性的具体表现

(1)以过程教学模式为主

儿童教学模式常见的有两种:

一是目标模式。中小学教育更多采用此种模式,这是行为主义的教育观点,学习是有系统、可以预测的,课程是达成目标的手段;可以预期儿童的学习成果,重视儿童能学到什么;教学过程是确定目标,任务分析,达到学习目标和评价。教师是学习的主导者。[①]

二是过程模式。幼儿教学提倡这种过程教学模式,这是进步主义的教育观点,表现为:

A. 强调知识是由经验获得,自己发现的;

B. 经验是教育过程的核心;

C. 儿童的兴趣、能力和经验是教育的起点;

D. 教学环境的安排,赋予儿童自由创造的机会;

E. 强调幼儿个人内在的心智、情绪、社会、生理经验,而非按成人的健康、音乐、语文、科学、数学等来分类;

F. 强调教学目标可随时根据孩子的兴趣而改变;

G. 评价不重视在事先设定的详细目标,也不重视量化;

H. 教育环境鼓励幼儿自由选择、自由探索;

I. 气氛是开放式的、非正式的;

---

① 参见朱家雄:《幼儿园课程》,华东师范大学出版社2003年版,第133—139页。

J．教师的角色是环境的安排者、观察者、促进者、研究者和学习者。

(2)幼儿的教材范围更广

教材是幼儿教学的一个要素。使用教材过程中,强调师幼互动、幼幼之间互动,与中小学的教材也有很大不同。幼儿的教材包括：

A．游戏(game),其三个特性:控制、冲突和结束。

B．作业本,倾向于个别活动,具有训练方面的作用。允许幼儿用少量的时间和材料去练习。

C．操作物(manipulatives),让幼儿在操作中学习。

D．媒体(media),通过录音机、电视、录像机、计算机等学习。

(3)幼儿学习即活动

幼儿的学习,即活动,即生活,即游戏,是一种人际的交互作用。对于幼儿学习活动的设计,要考虑：

A．活动是否符合孩子的年龄；

B．活动是否适合于孩子的背景经验；

C．活动能否引起他们的兴趣；

D．活动过程能否最大程度促进其发展；

E．活动是否是可操作的、可行的。

(4)建立良好的人际关系在幼儿教学中很重要

温暖、同情心是促进幼儿适应幼儿园的有效方法(Truax & Tatum,1966),也是幼儿教学的一项基本要求。另外,家长可以参与到幼儿园教学与生活中去。幼儿教育鼓励家长到教室中去,协助教师做事情,指导幼儿学习,对课程提出意见等。①

---

① 参见张翠娥:《幼儿教材教法》,(台湾)心理出版社1998年版,第29—32页。

(5)幼儿教学方案有特殊性

与小学不同,对幼儿教学方案有以下几点要求:

A. 为孩子安排的活动要适合于其发展(developmentally appropriate)。如果课程太难,就像把孩子推到深水去一样,会使他们害怕水,即使能做到也会害怕。

B. 自我选择与教师引导之间寻求平衡,鼓励幼儿自己选择有兴趣的探索活动。

C. 好的教学方案应有丰富的内容。在幼儿活动中,能体现出身体我、情绪我、社会我、创作我和认知我。

D. 具有适合于每个孩子的课程,每个孩子依据自己的速度来学习。

E. 教学方案具有稳定性、规则性和多样性,表现为:幼儿需要有不同的经验;提供给幼儿学习的材料应有难有易;避免单调的疲劳,幼儿一天的步调要有所改变,幼儿的各种经验必须保持平衡。

从以上分析可知,幼儿教育心理学在某种程度上有一个大约固定的、相对独特的研究对象,这是这门学科能够独立的重要基础。下面将从研究内容和研究方法两方面进一步寻找标志这门学科独立的证据。

第四节 幼儿教育心理学的内容与研究方法

一、幼儿教育心理学的内容

(一)内容的组成

本教材共分五编:

第一编为幼儿教育心理学基本概况,包括学科的性质、内容、方法和历史,以及介绍学习与幼儿学习、教学的基本含义。

第二编为心理发展、个别差异与群体差异及幼儿教育指导。心理发展包括认知发展、社会性发展和自我发展;个别差异、群体差异的原理及幼儿学习困难指导。

第三编为基本学习原理,包括各种派别的学习理论及迁移理论和动机理论。

第四编介绍不同领域、不同学科教学原理,包括动作技能学习、知识分类、知觉学习、概念原理学习、问题解决学习、学习策略、创造性学习、情商教育,以及数学、阅读、双语、科学、绘画、音乐和品德学习及教育指导。

第五编为幼儿学习的教学原理,包括教学目标分析、教学活动设计、活动室管理、测量与评价、技术与幼儿教育、师幼互动和专家幼儿教师的成长。

近些年,教育心理学在内容上理应包括德育、学科教育等,但随着其内容发生变化,越来越突出教与学的基本原理,于是就变为教学心理学(或学与教心理学);另外内容上越来越重视认知心理学方面的研究成果,于是出现了认知教学心理学。这是教育心理学近来的变化趋向,也影响到幼儿教育心理学这门学科的内容建构。

(二)突出幼儿教育心理学学科的独立性

幼儿教育心理学如何体现出自己的特色?本教材尝试做一些改进:

1. 吸收教育心理学中基本原理和基本理论精粹,像学习理论、动机理论、迁移理论、教学过程设计原理等,并尽可能联系幼儿教育实际。

2. 突出发展心理与教育、个别差异、群体差异与教育中所涉及的早期儿童的部分,增加涉及幼儿的自尊、情商、创造力、社会化等心理与教育,真正落到幼儿阶段上,对幼儿教育实践有所启示。

3. 增加涉及幼儿学科教育的章节,如幼儿阅读、双语、幼儿数学、科学、音乐、绘画、品德等学科所涉及的基本学习特点及教学问题,并提升到心理学研究的高度。增加对师幼互动问题论述的章节。

4. 强化从研究角度,审视幼儿的活动设计与指导、活动室管理、幼儿教育技术、幼儿教育测量与评价等教学问题。

二、研究方法

(一)心理学研究的几个有趣的观点

1. 心理学研究要与庸医骗术作斗争

精神分析学的理论就含有非科学成分(Eysenck,1985)。新的研究成果证实了行为治疗效果胜过精神分析法。在弗洛伊德的著作里,真的不新,新的不真。就像天文学家脱离占星术、化学脱离炼金术,心理学必须与非科学、反科学的理论和实践作斗争。

2. 心理学研究学者年龄较大做得较好

科学先产生了物理学,接着是化学、生物学,心理学是最后诞生的。与这个顺序一致,数学家、物理学家在年轻时做得最好,化学家年龄稍大一点,生物学家更大一点,心理学和其他社会科学家则年龄越大做得越好。可以说,研究幼儿教育心理学也应是常年积累,不可急于求成。

3. 研究心理学并非易事

心理学研究的是人类自身。人难有自知之明。这里有一个逻辑,就是人永远也研究不透自己,不单是指人自身大脑就是一个宇宙,而是人自身也在进化与发展,研究只可以接近它,永远不能到达它。另外,人研究自己就像自己揪着自己的头发称重量一样,这是不可能的事。

(二)幼儿教育心理学的研究方法

研究方法作为一门学科的精神和根本,对一门学科的发展来说是极为关键的。

1. 研究方法在教育心理学内容中逐步被删除

在早期的教育心理学著作中都有关于研究方法部分的章节,但在近些年,这部分内容在许多教材中都被删去了。这里有两方面的原因:(1)教育、心理科学研究方法已经自成体系,形成了独立的学科;(2)在心理学中,实验心理学、儿童心理学皆论述有关研究方法的问题,而教育科学中,学科教育学、教育测量学、教育评价都涉及研究方法。教育、心理研究方法多具有普遍性,为避免重复,教育心理学中方法部分就不再出现。

2. 幼儿教育心理学研究方法层次定位

幼儿教育心理学研究处于哪个层次?从自然科学到人文科学或从理论科学到应用科学,依次为:哲学、科学、心理学、幼儿心理学、幼儿教育心理学、幼儿教育学、教育学、教学法。幼儿教育心理学处在中间位置,其具体的研究方法既有偏于自然科学的实验法,又有偏于文科的历史文献法、调查法,而且很多研究问题来自于教育现实。

对于幼儿教育心理学问题的有价值研究来说,既应有现实的理论基础,经过严密思考,提问理论假设,类似于哲学家的思辨,又应有科学的研究技术、手段和方法,对假设进行验证,类似于科学家的实证。看来,研究方法不是孤立的、枯燥的,只有骨头,而应是有血、有肉、有灵魂的。

幼儿教育心理学研究教师教和幼儿学，涉及个人的、环境的、互动的等诸多因素，达到一个深层的研究是不容易的，需要多种学科的综合知识和采用各种研究方法。

3．描述法与实验法

幼儿教育心理学研究方法大致分二类：一是描述法，包括观察法、调查法、文献法、测验法等；二是实验法，包括自然实验法和实验室实验法。

教育心理学家使用的多种研究方法大都归属于这两类。

(1)早期行为主义桑代克、斯金纳等使用的是实验室实验法。

(2)皮亚杰使用的是临床法、观察与口头报告。

(3)班杜拉使用的是现场观察法、实验室实验法。

(4)赞可夫使用的是教育实验法。

(5)维果茨基使用的是描述法、文献法、思辨法。

(6)认知心理学家现在使用的科学技术和方法，包括脑科学成像技术、计算机模拟和口头报告等。

4．两个新方法

教育心理研究多年来强调科学化、客观主义研究，忽略内省的方法。下面介绍的两种新方法值得借鉴。

(1)过程—产品法

过程—产品研究法，寻求教师行为与儿童成绩之间的关系(S-R)。这种方法明显的特点，就是试图以相关法来寻求建立因果关系。为提高研究水平，对大量数据采用多元分析法，超越了对特定情境中特定教师研究的局限性。例如，有研究者(Fraser,1991)对8000个过程—产品的比较研究，确定了影响认知、情感和行为学习的因素；这些因素分为三大组：一是儿童资源，包括能力（测验成绩）、发展水平和动机；二是教学，包括儿童投入学习的时间量、教学经验的质量；三是心理环境，包括家庭课程、小组士气、同伴影响以及合适的娱乐时间。①

（2）以解释性定义为中心的研究方法

以解释性定义为中心的研究方法被称为后实证主义的方法，当然也有人诽谤其为非科学。它与过程—产品研究相反，强调儿童学习是一种理解的、质的转换过程，而不是简单的信息积累。教学不再被认为是一种提供指导的方法，而是一种促进新的理解的方法。这种研究方法所关注的：一是强调动机在学习中起关键作用，从关注内驱力、强化，到关注个体认知参与决策过程；二是强调自我引导学习（self-directed learning）的重要性；三是重视数学、科学教学的情境认知，强调对教师作为反思性实践者的观念。

当然，如果把以上这两种研究方法联姻，也许是值得提倡的。

三、幼儿教育心理学研究方法问题的思考

如何用新的研究方法和思路来提升幼儿教育心理学学科水平呢？下面从不同方面论述这个问题。

（一）研究的基本问题与回顾

1. 幼儿教育心理学研究的基本问题

（1）人是如何学习的？

（2）婴儿、幼儿与成人学习有何不同？

（3）人与动物学习有何不同？

---

① 参见 Kurt Pawlik & Mark R. Rosenzweig：《国际心理学手册》，张厚粲译，华东师范大学出版社 2002 年版，第 670—672 页。

(4)幼儿学习的个别差异何在?

(5)学习的东西有多少是由文化塑造的?

(6)学习方式中哪些更关键或更重要?

(7)学习是否存在无师自通?

(8)好的教师是如何形成的?

(9)不同时期心理学家对上述问题以何种不同方式进行研究的?

2. 研究的路线

历史上教育心理研究大约有两个重点:(1)早期学习心理学家试图建立一种通用的、适合于整个种类发展的学习理论;(2)对教学理论、教学实践感兴趣。

3. 研究重点的演变

从时间来看,早期研究注重个体的学习过程,后期注重文化背景的重要性。这个演变过程包括:

(1)詹姆士、杜威强调以相互影响来概括学习。

(2)斯金纳强调环境决定论。

(3)认知理论家关心学习的内部反应。

(4)维果茨基又回到相互作用论,强调社会文化对学习的影响。

4. 研究的两难问题及解决途径

教育心理研究有理论与实践两难问题:一是偏理论实验,则脱离了教学实践;二是偏教学实践,则无理论和实验支持。具体表现为:

(1)缺乏理论与实践的统一性。事实上,教育心理学的很多研究往往缺乏心理学的深度,特别是难以找到一贯的线索,把各种研究连起来。奥苏伯尔,作为一个从事教育心理学研究非常严肃的教育心理学家,批评说,教育心理研究似乎是肤浅的、缺乏消化的、没有条理的,是把学习理论、发展心理学、社会心理学、测量等以及以儿童为中心的教育串在一起的混合物。

(2)教育心理研究迷失了方向。20世纪六七十年代大量研究表明,教育心理研究迷失了方向。主流心理学强调实证主义,采用实验研究搜集了很多的证据,但这种理智、客观的假说并不适应个别教育观念。

解决以上两难问题的途径在哪里？古德(Good,1977)提出一种现实主义的方法,认为成功教学研究的关键,是把理论概念整合到适应特定的儿童群体学习需要的教学策略中。为了解决教育心理学研究中的问题,以下例子就是很好的途径[①]:

一是英国一个研究小组在重视教学法基础的多元性和跨学科性研究的同时,强调心理学的核心地位,提出了一个教学复杂系统的框架,即社会互动模型。

二是为了让教育一线的人(教师、父母、儿童)懂得心理学,于是出现了学校心理学。学校心理学者被称为心理教育家、心理咨询师、辅导者等。学校心理学作为非理论性的专业学科,往往以一种无效方式扮演救火队角色来医治教育系统的病症,或者被嘲讽为一个分散教育资源的守门员。当然,这也是一种解决理论与实践脱节问题很好的途径。

总之,以往教育心理学被看做深奥的、学术化的学科,常常与

---

① T. L. Good & J. E. Brophy(1977), *Educational Psychology: A Realistic Approach*, New York: Holt, Rinehart and Winston.

教师、学习者在实际教育情境中面临的实际问题相脱节,为此,在幼儿教育心理学研究中应特别值得关注。

(二)教育心理学研究的国际性观点——东西方、全球的文化融合

1．美国和西欧

美欧在教育心理研究上采用自然科学的方法,强调实证主义的倾向;受美欧文化的影响,教育心理研究具有与正规教育相联系的某种美德,强调自由主义、理性道德以及个人自治。

2．东方

教育心理研究根植于中国的儒家哲学,具有东方集体主义的传统。儿童的学习成绩与文化哲学传统有关,表现为:

(1)在儒家哲学看来,个人的成就是精神美德的一种形式,这种成就依靠个人努力、家庭和朋友的支持而获得。

(2)扩展了个人努力的概念,包括个人归属团体的责任感。

3．巴西

强调学校文化背景的重要性,巴西街头数学家就是一个例证。这些儿童在自然环境、文化环境中获得的数学能力远超过在学校里的正规教育。

4．东非

有研究者(Serpel,1993)认为,以欧洲为中心的学习性质、数据化测验、教育目标等,推广用于东非赞比亚农村地区是不适宜的,甚至会严重误导,表明与文化背景相联系和理解教育的重要性。总之,教育心理学研究的人类化、社会化、本土化是重要的。

四、历史对幼儿教育心理学研究方法的启示

20世纪初距今一百年来学习理论的发展,对幼儿教育心理学

的研究方法有重要启示。

(一)科学实验心理学是方向:早期的探索和新的发展

早期的教育心理研究提出的一些假设、涉及的问题,在使用新的研究技术的前提下会有新生,如:

1. 早期的动物心理、学习研究,行为主义和格式塔心理学都做了有益尝试,开创了学习研究的科学范试,包括后来出现习性学等。

2. 赫尔的心理学研究的数字化倾向,虽然其道路最后越来越窄,以致最后走上了绝路,但仍然预示着一种未来的期盼,也许等计算网络学、神经生理学突破以后会重新有用武之地,到那时学习复杂性的难题将被彻底解决。

3. 拓扑心理学用物理空间来说明心理行为的发生和规律,把物理学、拓扑学的概念引入心理学也不失为一种全新的理念,这种颇具魅力的理论以后仍旧会再生。

研究技术与方法的新发展,以生物学、神经科学的自然科学方法对学习机制的研究,采用新技术,包括非侵入性成像技术,如正电子放射层 X 线摄影术(PET)、功能性核磁共振成像术(fMRI),可直接观察到人的大脑内部的学习过程,认知科学和神经科学为早期经验对学习影响提供证据;[①]以人类学、儿童生态学、文化比较、语言学为方向的人文科学的研究方法,或者说两者之结合构成认知科学的研究方法,必将为幼儿学习与教学的研究带来根本性的革命。

---

① 参见 Von Glaserfeld, K.J. Gergen & R. J. Spiro:《人是如何学习的》,程可拉等译,华东师范大学出版社 2002 年版,第 130—131 页。

(二)思辨研究方法仍有生命力和前景

从杜威实用主义到后现代主义,从行为主义、精神分析到人本主义,从认知理论到建构主义、多元智能理论,这些理论发展无不对幼儿教育心理学研究产生重要的影响。科学哲学、教育哲学、文化心理学的思辨研究方法仍有生命力和前景。

心理分析理论、心理治疗经验被应用于教学就是很好的例子。典型的代表是埃里克森和罗杰斯。前者提出社会性发展理论,强调心理发展与文化冲突的关系;后者倡导人本主义教学理论,强调课堂气氛,尊重儿童,无条件关注。另外,洛扎诺夫暗示教学法在世界上也有影响,这种教学法潜伏着心理学的原理。

(三)新皮亚杰学派对认知发展的研究

自从皮亚杰于1980年逝世后,他的理论发展并未停止。新皮亚杰心理学家对于智力的探索一直在继续,这些成果必将大大丰富幼儿教育心理学。

1. 史登堡(Sternberg,1986)提出了三元智能理论,即情境理论、经验理论和成分理论。

2. 凯斯(Case,1985)研究提出了重要的观点[①]:一是心理加工空间包括储存空间和操作空间。个体认知发展意味着储存空间增大,而操作空间缩小。二是强调认知发展的可能性。三是认知发展有四个阶段:感觉运动、表象性操作、逻辑转换和形式转换。

3. 克莱贺、华莱恩认为概括能力是认知发展机制。

4. 西格勒(Siegler,1986)认为,人类认知适应性行为,其机制

---

① 参见顾明远、孟繁华:《国际教育新理念》,海南出版社2001年版,第340—353页。

是选择策略的使用。儿童不是使用一种固定的策略,而是交替使用多种策略,在时间上对策略调整。

(四)心理学理论与学校教育相结合

心理学理论与幼儿教育相结合是幼儿教育心理学发展的出路,这是有百年教育心理学发展经验的启示。认知心理学理论与实际教学改革相结合,导致在20世纪五六十年代的繁荣与百花齐放,出现了大量的理论:螺旋式课程理论(布鲁纳)、教学与发展的理论(赞可夫)、同化学习理论(奥苏贝尔)、累积学习理论(加涅)、社会学习理论(班杜拉)、掌握学习理论(布鲁姆)、程序教学理论(斯金纳)、最优化教学理论(巴班斯基)等。像巴班斯基的最优化理论,以系统论、控制论和管理科学的方法处理教育教学问题,开阔了教育心理学研究的视野;教学最优化的效果、质量和时间精力的双重标准极具现实意义。

(五)走向统一:进入一个真实的历史发展

20世纪100年,教育心理学研究一个突出的问题就是,理论、实验与实践三者之间缺乏统一性,这是一个必须解决的根本问题。要使教育心理研究深化下去,使幼儿教育心理学作为一门独立的学科生存下去,就必须解决这一问题。这里有两点可以讨论:

1. 冯特的预言

心理学先锋冯特预言,心理学应被看做文化科学的代表,而不是自然科学的代表。把幼儿教育心理学从客观科学王国中排除出来,置于一个真实的世界中。即:

(1)21世纪教育心理发展的出发点是,在教育过程影响下,人是如何以及为什么会以某种方式思维和行动的。

(2)教师是调节者,其任务是教幼儿如何进行有效思维及如何学会学习。

(3)教育必须是参与式的、批判的、受学者约束的、民主的、对话的、多文化的、研究定向的、活动性的、情感性的(Freire & Faundex,1989)。

2. 詹姆士的预言

詹姆士(James,1899)在《对教师谈话》中提出的一个观点显然被人们遗忘了。他说:"如果你认为,心理学作为关于心理学规律的科学可以演绎和确定的,可以立即用课堂教学的程序、模式或方法,那你就大错特错了。心理学是一门科学,教学是一门艺术,科学永远不可能直接从自身中产生艺术。"总之,幼儿教育心理学的研究必须走向理论、实验与实践的统一。

问题与思考

1. 教学是科学还是艺术?
2. 如何做好教学决策?
3. 教育心理学在 20 世纪六七十年代发展的主要表现是什么?
4. 幼儿教育心理学是一门独立学科吗?
5. 如何运用新的研究方法和思路来提升幼儿教育心理学的学科水平?
6. 一百年来学习理论的发展对幼儿教育心理学的研究方法有何启示?

术语及定义

教学媒体:教学内容的载体,是教师与儿童之间传递信息的工具,包括:实物、教具、口头语、书本、录音、录像、电视以及计算机等。

行动地带:在教室前排居中的座位和直接顺着中间通道延伸的座位,这些地方的儿童比其他人得到更多班级活动参与的机会。

教学决策:达到好的教学效果而采取的方针、思路,具体说就是如何呈现教材、如何安排教学进度、期待什么样的反应、要花多少时间等。

行动系统知识:有关课程计划、课时进度决策、对教材以及对儿童学习方式差异把握方面的技能和知识。

认知革命:20世纪60年代在美国兴起的一场反对行为主义、强调研究人的高级认知活动的心理学运动。

社会性促进:让同伴一起相处,有助于这些在身体上或发展上相似的儿童得到自然发展。

过程—产品研究法:寻求教师行为与儿童成绩之间关系(S-R)的一种研究方法,它试图以相关法来寻求建立因果关系。

教学最优化:巴班斯基提出的概念,以系统论、控制论和管理科学的方法处理教育教学问题,认为最优化的教学应满足效果、质量和时间精力的双重标准。

第二章　学习与幼儿学习

> 如果我不得不把教育心理学还原为一条原理的话,影响学习最重要的因素是学习者已经知道了什么。
>
> ——奥苏贝尔

第一节　一般学习概述

一、学习的定义

按照学习主体不同,学习可包括动物学习、婴儿学习、幼儿学习、成人学习、原始人学习、机器人学习等,下面介绍人类学习、儿童学习的特点以及学习的心理学定义。

（一）人类学习的特点

学习不是人类所独有,动物身上也存在学习现象,但人类学习与动物学习是有根本区别的。那么人类学习的特点是什么？

1. 人类学习是在劳动等社会实践活动中掌握个体和社会经验的过程。

2. 人类学习是以语言交际为中介掌握人类历史经验的过程。

3. 人类学习是有目的、自觉、积极主动的过程。

（二）儿童学习的特点

就人类的学习而言,儿童学习与成人学习也不同。那么儿童在学校里进行的学习有什么特点呢？

1. 儿童学习是一种特殊的认知活动,既需要学习间接经验,也需获得直接经验。

2. 儿童的学习是在教师的指导下,通过学校教育获得知识。

3. 儿童的学习是为参与未来的生活实践做准备的,也是一种社会化过程。

儿童学习从内容来说包括很多方面,如学习动作技能(学跳绳、学舞蹈、学手工)、学习艺术(学绘画、学音乐)、学习科学、学习读写、学习品德等。

(三)学习的心理学定义

学习问题是教育心理研究中最核心的问题。心理学一般认为,学习是人和动物在生活中通过实践训练而由经验引起的相对持久的心理变化过程。

学习的这个定义包括四个要点[①]:

1. 学习是人和动物所共有的心理现象。

2. 学习必须是由经验引起学习者的某种变化。

3. 学习所引起的变化不是先天性的反应倾向或成熟导致的,而是后天所习得的。

4. 学习必须是通过练习和训练而引起的,能保持一定时间的某种变化。

二、学习过程的模式

只了解学习的基本特点和含义是不够的,还应对学习的内在过程、学习机制做进一步考察。下面介绍几个主要模式或理论。

---

① 参见皮连生主编:《学与教的心理学》,华东师范大学出版社1997年版,第93—94页。

(一)我国古代学习过程模式

乔炳臣和潘丽娟提出了一个我国古代学习模式,认为:

1. 学习结构有两条主线

一条是围绕智力因素展开的,包括学、思、习、行活动。这些活动又可分为博学、审问、慎思、明辨、时习、笃行六个分阶段,前四个分阶段都要与时习直接发生联系,促进学习及时达到巩固记忆、熟练技能、开发智力的目的,为笃行奠定基础。

另一条是围绕非智力因素展开的,包括情、意为主的心理条件对知行统一的过程产生影响作用。

2. 学习过程是一个活动过程

这一模式把学习过程视为一项极其复杂而又完整的活动过程,并建立在人的全部心理活动基础之上。这一结构模式的层次纵横交错:

(1)横向:由知到行,分五个层次,体现着由简到繁再到简的认识过程,反映了由约到博再到约的博约结合的学习规律;

(2)纵向:由学到思,分博学、审问、慎思、明辨四个层次分阶段,体现着学习是一个由表及里、由浅入深、由学到思即从感性认识到理性认识的逐步深入发展的过程。

从学习内容看,由时习到笃行,既学习知识又学习道德规范。从学习过程的整体看,反映出知能相因、德业相辅两大学习规律。

(二)前苏联学习过程的环状结构理论

列昂节夫认为,人的学习过程是一个环状结构。[①] 由三个基

---

① 参见曹中平主编:《幼儿教育心理学》,辽宁师范大学出版社2002年版,第48—49页。

本过程构成：

1. 定向环节，指出活动开始于外界环境的刺激作用。

2. 行动环节，是紧接定向环节的动作而来的，在定向环节的调节支配下发生。其作用是新的定向会付诸实施，对动作的对象施加影响。

3. 反馈环节，是执行环节动作结果的回归式内导系统，它可以提供内反馈信息（指来自机体效应器官活动所发生的动觉刺激）和外反馈信息（指来自机体效应器官活动所引起的现实变化）。

（三）儿童学习的生成模式

维特罗克（1991）认为，人的学习是主动地构建对输入信息的解释，人们在生成所知觉事物的意义时，总是与其以前的经验相结合。他认为，学习生成包括四个成分：生成、动机、注意和先前经验。学习生成是指新知识的内在联系（文内联系）和新知识与旧有的经验联系（文外联系）；动机是指积极生成两种联系的愿望；注意是指引生成过程方向的因素；先前的知识经验包括已有的概念、反省认知、抽象知识和具体经验。

（四）学习与记忆的信息加工模型

加涅提出了一个较为完整和系统的学习与记忆的信息加工模型。学习是由加工、预期、执行控制三个系统协调活动的过程：

1. 加工系统

加工系统又称操作系统，它由受纳器、感觉登记器、工作记忆、长时记忆、反应生成器和反应器构成。

2. 执行控制系统

执行控制系统对整个加工系统进行调节和控制。对信息加工具有内在调节控制能力，加涅称之为认知策略。

3．预期系统

预期系统是信息加工过程中的动机系统。它与执行控制系统一样，不包括在完整的信息加工过程中，但对加工过程起定向作用。其预期的事项通常是儿童期望达到的目标，即为学习的动机。如果预期目标成功实现，就会令学习者感到满足、愉快，从而能增强学习的信心，使儿童更加努力地投入到下一个学习活动中去。

三、学习的分类

作为复杂的学习过程，不仅范围广，而且学习形式也多样。对学习分类的了解，有助于教师了解幼儿学习的特点、有效组织教学。

(一)加涅的分类理论

加涅是一个受过严格行为主义训练的心理学家，他几乎终身从事学习分类的研究工作。

1．水平分类

根据学习活动的复杂性程度学习由低级到高级分为八个水平：

(1)信号学习：即巴甫洛夫的经典条件反射，它是有机体学会对某个信号刺激的概括性反应。

(2)刺激反应学习：桑代克的刺激与反应的联结学习，它是学习者学会对某个刺激获得准确反应的过程。

(3)连锁学习：运动联想学习，它是一系列刺激与动作的联合。

(4)言语联想学习：是语言单位的连接。

(5)辨别学习：即学会对许多貌似相同但实质不同的刺激做出识别反应。

(6)概念学习：在对刺激进行分类时对事物抽象特征的反应。

(7)原理学习:概念的连锁学习,它使个人能用一类行动对一类刺激做出反应。

(8)问题解决学习:它是原理学习的自然扩展,发生在学习者的内部。

2.学习结果分类

根据儿童学习结果把学习分为:

(1)言语信息,指能陈述或用语言文字表达的知识。其知识用来回答世界是什么,其能力要求主要是记忆。

(2)智慧技能,指运用符号办事的能力。这里知识是用来回答怎么办的,对儿童的能力要求主要是理解和运用概念和规则,进行逻辑推理。

(3)认知策略,指个体对自身的认知加工过程进行内部调节与控制的能力,它是儿童学会如何学习的核心部分。

(4)动作技能,指习得的、用来协调自身肌肉活动的能力。

(5)态度,指习得的并能决定个人行为选择的内部状态。

这五种学习又分为三个领域,前三种学习结果属于认知领域;第四种学习结果属于动作技能领域;第五种学习结果属于情感领域。加涅的学习结果分类理论得到全世界的普遍认可。

(二)布鲁姆的教育目标分类理论

布鲁姆(S. Bloom)认为,教育目标也是学习的结果,因此他把学习分为认知学习、情感学习和技能学习三大领域。[①] 认知学习由低级到高级分为认知、领会、运用、分析、综合和评价六个水平

---

① 参见曹中平主编:《幼儿教育心理学》,辽宁师范大学出版社2002年版,第55—57页。

不同的目标,具体分析如下:

1. 认知,指对先前学习过材料的记忆。

2. 领会,指对材料意义的把握。

3. 运用,指能将习得的材料应用于新的具体情境。

4. 分析,指能将整体材料分解成其构成成分并理解组织结构。

5. 综合,指将部分组成新的整体,包括把一些思想重新组合成一种新的完整的思想,产生新的结构。

6. 评价,指对材料进行价值判断的能力。

(三)奥苏伯尔的知识学习分类理论

奥苏伯尔按两个维度对学习进行分类,一是根据学习方式把学习分为接受学习和发现学习;二是按照学习内容和学习者与原知识的关系把学习分为机械学习和意义学习。他认为接受学习可以是机械的,也可以是有意义的。

奥苏伯尔强调意义学习的重要性,把意义学习分为三类:

1. 符号学习

符号学习也称代表性学习,是指学习单个符号或一组符号所代表的事物和意义。符号学习的内容主要是词汇,掌握词的形音义的关系。

2. 概念学习

概念学习分两种情况,一是概念形成,即用某种符号概括同类事物的共同本质特征的过程。概念形成就是掌握区别于他类事物的关键本质特征。二是概念同化,即以定义的方式直接向学习者呈现同类事物的本质特征。

3. 命题学习

命题学习是学习若干概念组成的句子的意义,通过句子来理解各个概念的含义及其结构关系。新命题与原有观念之间存在三种关系,即下位关系、上位关系和并列结合关系。弄清这些关系对于学习新的命题来说是十分重要的。

(四)我国心理学家潘菽的学习分类

潘菽主编的《教育心理学》是依据学习内容来对学习进行分类的:

1. 知识的学习。

2. 动作技能的学习。

3. 智慧技能的学习。

4. 道德品质和行为规范的学习。

这种学习分类比较适合我国教学的实际情况。

四、儿童学习的影响因素:近期研究

(一)儿童自身的发展潜力影响其学习效果

1. 特惠领域[①]

儿童会主动地了解周围的世界,对语言(最明显)、生物、物理、因果关系和数字、数学等领域有学习上的偏爱。

2. 儿童是无知的,但并不愚笨

儿童缺乏知识,但具有利用他们理解的知识进行推理的能力。如一婴儿喝奶烫了嘴,以后就一定要大人先喝他才会喝。

3. 元认知

儿童很早就发展了自己的元认知学习能力。这种元认知能力

---

① 参见 Von Glaserfeld, K.J. Gergen & R. J. Spiro:《人是如何学习的》,程可拉等译,华东师范大学出版社2002年版,第94—117页。

使他们能够有计划地监控成功的学习,以及修正错误。如一个两岁儿童看到玩具藏在某地方,当实验者把玩具移走后,他会在原地寻找。儿童持续在附近找,仿佛确信玩具在此。

4. 儿童是问题解决者

儿童因好奇而产生困惑问题,他们愿意寻求挑战,坚持不懈。成功和理解对他们来说是自我激励。有的幼儿是恐龙专家,因为他们已掌握关于恐龙分类的因果关系,认识制约他们关于恐龙的推理。

当然,儿童天生的学习潜在能力需要加以引导才能挖掘出来。早期能力有赖于催化和调教。成人在激发儿童好奇心和增强儿童坚持性方面起关键作用,包括引导注意力、组织经验、支持和鼓励、调整信息的复杂程度和难度。

(二)迁移

迁移影响儿童学习的因素涉及以下八个方面的问题:

1. 学习需要的知识基础,必须达到支撑迁移的初始学习的一个最低限度。对复杂的学科知识的学习,必须需要一定时间,使学习准备达到儿童理解学习的最低程度。

2. 花更多的时间用于学习并不足以确保学习的有效性。熟练掌握确实需要时间,但知道如何学习是最重要的。"有准备的练习"这个概念,强调儿童控制自己学习的重要性,寻求反馈,积极评价其学习策略和当前的理解水平。

3. 理解学习比起死记硬背来说更能促进迁移。

4. 在多元情境而非在单一情境中学到的知识更有利于灵活的迁移。当知识在多元情境中呈现时,人们更能汲取概念的相关特征,能更灵活地表现适应面广的知识。

5. 如果儿童学会从练习中提取潜在的主题和原理,那么他们便可以概括时间、地点、原因和方法,灵活地应用其知识来解决问题。

6. 学习迁移是一个积极过程。学习迁移的评价不能仅用一次迁移测验来进行评价;而是应放在学习对后继学习的影响上。如当学习新的领域时速度加快了,即表现在掌握新的信息的能力上。

7. 所有学习都来自以往的经验。即使最初步的学习也来自先前经验和以往学习。与一个特定学习任务有关的知识不会自动地在学习中被激活。有效的教学是将儿童已有的知识与教师所定学习目标之间建立联系的桥梁。

8. 日常情境中的知识会阻碍儿童后继的学习,会把人的思维引入错误的方向。如,以日常计数为基础的算术知识很难理解,2/3和3/2有什么不同;日常经验的假设也使人们难以理解物理概念,像一块石头要比一片叶子落得快些,而在真空条件下是不存在快慢的。教师要试图改变孩子的错误观念。

(三)学科相关知识

学科相关知识对学习的影响,表现为以下方面:

1. 相关知识可以帮助儿童用便于记忆的方法来组织信息。

2. 学习者并不总是把他们拥有的知识与新的学习任务联系在一起。可用的知识和惰性知识(组织不良的知识)之间是有差异的。

3. 相关的知识有助于儿童超越给定的信息,去思考问题的表征,去从事推理活动,去收集各种相关信息,形成结论。

4. 知识对行为表现的影响是通过影响儿童对问题和情境表

征来实现的。对同一问题的不同表征会使问题变得容易。

5. 专家对复杂问题的表征靠的是组织良好的知识结构。

6. 不同领域的知识具有不同的组织特点。要深入地把握某个领域,就必须了解这个学科的相关知识,以及了解该学科更宽泛的结构化知识。

7. 有才能的学习者和解决问题者能监控和调节自己的学习过程,必要时能改变自己的学习策略。

8. 工具和社会规范有利于日常才能的形成。社会规范允许人们在特定情况中完成某项任务,而人们经常不能在其他情境中完成此任务。工具对儿童来说具有固定性,要跳出框框来看问题。

(四)新技术

1. 新技术对儿童学习影响的弊与利

新技术对儿童学习的负面影响表现在,新技术并不能保证学习有效,甚至会阻碍学习。如,为文稿过多选取字体、色彩等形式,并未花更多的时间修改内容,或者,更有甚者在电脑上写文章,禁不住聊天室的诱惑等。

新技术对课程学习的正面影响表现在,一方面为创建学习环境和挖掘新潜力提供了机遇,扩展了古老但仍有用的技术,如书籍、黑板及收音机;另一方面把激动人心的、基于真实世界的问题引入课堂,把科学、教学领域的工作实践引入课堂。

2. 新技术对儿童学习影响的两个特点

特点之一:交互性。例如,像在天文学、鸟类学、语言艺术等领域,通过技术把儿童、同伴、专业人员联系在一起。如,通过GLOBE计划(改善环境的全球性观察与学习的计划),在超过34个国家的2000多所学校里,成千上万的儿童(从幼儿到12年级)

采集有关环境的数据(Lawless & Coppola,1996),包括大气、水和陆地植被。数据都提交给 GLOBE 数据档案库,儿童们都使用此数据进行分析,表现出极大的兴趣。① 网络将全球儿童连接在一起形成一个学习者共同体。

特点之二:支架和工具。新技术可以延伸人类能力和拓展支持学习的社交环境,为学习提供支架。以学习者、知识、评价和共同体为中心,为促进学习进行软件开发,为共同有效学习提供了一个平台或工具。

第二节 幼儿学习

一、幼儿学习的层次和种类

(一)婴幼儿学习的层次

1. 婴儿的学习

从发展看,幼儿学习从 3 岁以后算起。而在此前婴儿的学习可以分为三个层次:

(1)习惯化:指婴儿接受一种引起选择性定向反应的刺激,由于重复或不断地接受刺激,而导致不再对该刺激产生反应的现象。相反,去习惯化,是指经过一段时间,当这种刺激出现时婴儿又会对该刺激产生反应。

(2)经典或工具性条件反射学习,或刺激—反应联结学习,类似于信号学习。

---

① 参见 Von Glaserfeld, K. J. Gergen & R. J. Spiro:《人是如何学习的》,程可拉等译,华东师范大学出版社 2002 年版,第 229—250 页。

(3)语言的掌握或概念的学习。如婴儿学会了最简单的分类。

这一分类反映了婴儿学习从低级到高级、从简单到复杂的发展过程。

2. 幼儿的学习

幼儿学习的发展不仅表现在学习内容上不断深化,而且反映在学习方式的复杂化。一般说来,幼儿的学习方式是由单纯联合学习或机械学习向中介性联合学习过渡。根据发展幼儿学习可分为三个层次:(1)辨别学习;(2)概念学习;(3)解决问题学习。

(二)幼儿的学习种类

1. 按学习内容分类

(1)技能学习:指幼儿通过练习掌握动作或智力技能的活动过程。

(2)概念学习:指幼儿获得概念一般意义的过程,即掌握概念的本质属性,并将具有共性的同一类事物以语词来加以概括。

(3)创造性学习:指幼儿发挥主体性和能动性,进行自我建构、自我发现的学习,如幼儿在探索性游戏中获得认知发展。

(4)社会性学习:指幼儿在活动中获得社会性经验并改变其行为的过程,如幼儿学会待人接物。

2. 按学习方式分类

(1)发现学习和接受学习

发现学习是由学习者通过亲自参与、独立思考、独立探索去发现知识。接受学习是指学习者通过教师讲授方式来学习知识。在实际教学中,幼儿这两种学习方式都是存在的。

(2)言语学习和操作学习

言语学习指主要借助于言语交流,通过意义理解获取知识。

操作学习指主要借助于实物操作,通过动作内化获取知识。这两种学习方式对于幼儿发展来说都是重要的。

(3)关系中的学习

关系中的学习,指幼儿个体在与他人游戏、交流、合作、冲突等联系中获得知识,包括同伴游戏中的学习、交往学习、合作学习和冲突中的学习。

二、幼儿学习的基本活动模式及特点

(一)操作学习及其种类

幼儿学习的基本活动模式是操作学习。[①] 操作学习是一个复杂的认识过程,它既包括以操作为方法和手段的操作性学习,又包括以操作为目的和内容的操作本身的学习。根据学习的主要目的,操作学习分为:

1. 探究性操作学习。这类学习目的是培养和提高儿童操作学习兴趣,使儿童善于发现问题并积极思考,从而锻炼其思维和感知能力。

2. 形成性操作学习。这类学习主要目的是掌握知识、技能及培养分析综合、分类概括和理解等能力。

3. 强化性操作学习。该类学习以动作技能的巩固和掌握为主要目的,带有训练性质。

4. 模仿性操作学习。这类学习是由演示、观察和再现等系列操作环节组成。

5. 创造性操作学习。这类学习是依靠想象,将经验进行创造

---

① 参见曹中平主编:《幼儿教育心理学》,辽宁师范大学出版社2002年版,第117—121页。

性运用。

(二)幼儿操作学习的特点

与言语学习相比,幼儿操作学习有哪些特点呢?

1. 在学习方式上,言语学习通过语词理解,是言语—经验学习,语言为学习的载体;操作学习是以内、外部动作来获得经验的学习,即动作—经验学习,动作是学习的载体。

2. 在学习内容上,操作学习的知识、技能是言语学习所无法获得的。

3. 在学习过程和结果上,言语学习中幼儿既是学习活动的主体,又是教学活动的对象,因而有一定的被动性,言语学习的结果是获得他人的间接经验;而操作学习的过程是以幼儿为主体的活动,结果是获得主体的经验。

当然,随幼儿年龄增长,思维抽象水平的提高,言语学习也就越来越重要。

三、幼儿学习活动的实质

(一)游戏是幼儿学习基本的形式

对于幼儿来说,游戏不仅是一种玩耍,也是一种学习、工作和生活。游戏是幼儿基于内在动机的选择,没有固定模式的主动参与活动的快乐过程。幼儿通过各类游戏,不仅可以发展动作技能、语言能力、解决问题能力以及想象力和创造力,而且游戏使幼儿度过最快乐的时光。在游戏中可以使他们了解个人与环境的关系、舒畅情绪、促进情感和社会性的发展。

游戏与学习是相辅相成的,甚至是互为一体的。从某种程度上讲,儿童的游戏就是一种隐性学习。另外,游戏是一种学习的策略和学习的手段。

(二)幼儿学习是在生活和交往中进行的

杜威认为,教育即生活,教育不能脱离生活,更不能与生活隔离开来。现代社会对儿童学习的要求,不仅要主动学习,还要学会学习,有良好的自学能力,甚至要终身学习。幼儿时期的学习是终身学习的起始阶段,培养幼儿的学习能力和学习习惯是至关重要的。

(三)幼儿学习强调真实经验和主动参与

幼儿是在主动与环境中各种因素相互作用过程中学习和发展的。幼儿的课程应该以真实的现实为基础。在幼儿一日生活中,无论是教师指导的活动,还是幼儿自由活动,都尽可能地给予幼儿动手操作、直接观察和实验的机会,让他们获得亲身的经历和体会,并能用自己的话说出事情发生的过程,这样的学习对幼儿来说才是有意义的。

(四)幼儿学习需要教学的促进

幼儿园教学是教师和幼儿共同的活动,是教师有目的、有计划地根据教育要求、教学大纲,以丰富的教育内容和活泼、生动的组织形式,引导幼儿积极、主动地参与学习的活动。

幼儿园教学活动具有活动性、游戏性、综合性的特点。在教学活动过程中,教师可以最大限度地利用各种因素使幼儿得到全面、和谐的发展。

问题与思考

1. 加涅的学习与记忆模型是什么?
2. 如何理解加涅的学习分类理论?
3. 幼儿操作学习的特点是什么?

4. 影响儿童学习的因素有哪些？
5. 从宏观上说幼儿学习活动的实质是什么？

术语及定义

学习：人和动物在生活中通过实践训练而由经验引起的相对持久的心理变化过程。

智慧技能：运用符号办事的能力，包括理解和运用概念和规则、进行逻辑推理。

认知策略：个体对自身的认知加工过程进行内部调节与控制的能力。

动作技能：个体习得的、用来协调自身肌肉活动的能力。

态度：习得的并能决定个人行为选择的内部状态。

特惠领域：儿童会主动地了解周围的世界，对语言（最明显）、生物、物理、因果关系和数字、数学等有学习上的偏爱的领域。

元认知：个体能够有计划地监控成功学习以及修正错误的认知。

习惯化：婴儿接受一种引起选择性定向反应的刺激，由于重复或不断地接受刺激，而导致不再对该刺激产生反应的现象。

操作学习：一个复杂的认识过程，它既包括以操作为方法和手段的操作性学习，又包括以操作为目的和内容的操作本身的学习。

第二编　心理发展、个别差异

从纵向看,儿童从出生到长大成人在心理上发生很多变化,每个阶段呈现出不同的心理特点,这些方面的理论成为幼儿教育指导的依据。本编第三、四、五章分别探索了儿童的认知发展、社会性发展和自我的发展。从横向来看,儿童在智力、个性等方面存在个别差异,教育中的因材施教必须以此为依据,第六章讨论个别差异与群体差异及幼儿教育指导的问题,第七章探讨学习困难儿童的心理与教育问题。

第三章　皮亚杰认知发展理论及幼儿教育指导

> 儿童是天生的科学家，他们通过对自己假设的验证来发现世界是如何运作的。
>
> ——皮亚杰

皮亚杰(Jean Piaget, 1896—1980)是当代瑞士著名的儿童心理学家和教育家，在儿童心理学方面的成就和影响是令世人注目的。从20世纪20年代起，皮亚杰就以独创的方法从事儿童心理研究，是儿童认知与智慧发展理论的创立者，也是对儿童心理进行系统研究的第一人。他的认知发展理论对儿童教育具有深远的影响。

第一节　皮亚杰关于认知发展的基本观点

一、认知发展的机制

皮亚杰认为，智慧的本质是适应，是同化与顺应之间的平衡。皮亚杰提出的以下概念可以帮助我们理解儿童认知发展的机制：

(一)图式(schema)：指个体用来以认识周围世界的基本模式。它由个体在遗传基础上学得的各种经验、意识、概念等所整合,构成一个与外在现实世界相对应的抽象认知结构,储存在记忆之中。当个体遇到外界刺激情境时,他就使用这一结构去核对、了解和认识环境。

(二)适应(adaptation):是指生物体的保存与维持,即个体与环境之间达成平衡状态,是指认知图式因环境的限制而主动改变的心理历程。而个体在适应环境的过程中会产生两种心理历程:

1. 同化(assimilation):指把新的知识归入到先前已学会的一些相同概念中。

2. 顺应(accommodation):指个体遇到新情境时,即有的图式无法适应新环境事物特征时,必须改变自己既有的图式以符合环境的需求,以获得平衡。

(三)平衡:是指外界信息与主体现有认知结构差距过大,主体就通过忽略刺激的方式或改变已有的认知结构,重新回到原有的平衡状态或建立新的平衡状态。平衡是认知发展中的一个核心因素和动机状态的生物驱力。①

(四)建构:包括两方面,一是向内协调主体动作,通过反省形成逻辑数理概念;二是向外组织外部信息,使认知结构的发展转化为现实。

(五)转换:是从一个认知结构向更高的认知结构发展,它涉及认知发展的机制。

二、认知发展从动作到运算前两个阶段

(一)0至2岁感知运动阶段:从反射动作到智慧动作

---

① R. M. Duncan(1995),"Piaget and Vygotsky Revisited: Dialogue or Assimilation?", *Developmental Review*, 15, pp. 427-458.

皮亚杰认为,思维起源于动作,动作是思维的起点。儿童在最初两年中其动作发展表现为:

1. 0至1月,儿童具有先天反射能力,表现出泛同化现象:如儿童吸吮,吮奶头还吸手指、被角、脚丫,整个世界都可以吸吮。

2. 1至4月,儿童形成基本习惯,表现出循环反应,即动作的重复,没有目的性。

3. 4至10月,儿童形成循环反应,能重复其偶然做出的动作。如,他能立即多次摇动拨浪鼓,试图采用同样方法达到不同的效果,是智慧的萌芽状态。

4. 10至11月,儿童循环反应的协调与应用,产生了智慧,活动或动作有了目的。

5. 11至12月,儿童能利用新手段达到目的。

6. 12至18月,儿童能进行表象思维,能用表象来解决问题。皮亚杰曾观察其不到1岁的女儿:她面临一只微开的火柴盒,里面有一个顶针。当她用尽方法都未能打开火柴盒,便停止动作,细心观察情况,小嘴巴一张一合好几次,然后突然把手插到盒子里,成功地打开火柴盒,取得了顶针。儿童的顿悟来得如此之快,好像突然改变了结构。

儿童在感知运动阶段获得的最大成就是具有了客体永久性。这是儿童自我中心状态第一次解除,是第一次去中心化的最大成就,皮亚杰重视儿童这个成就,称之为"哥白尼式的革命"。在感知运动阶段,儿童智慧成长突出地表现在三方面:(1)逐渐形成物体客体永久性(不是守恒)的意识,这与婴儿语言和记忆的发展有关。(2)在稳定性客体永久性认知格式建立的同时,儿童的空间—时间组织也达到一定水平。因为儿童在寻找物体时,必须在空间上定位来找到它。又由于这种定位总是遵循一定的顺序发生的,所以儿童又同时建构了时间的连续性。(3)出现了因果性认识的萌芽,这与客体永久性意识的建立以及时空组织的水平密不可分。当儿童能运用一系列协调的动作实现某个目的(如拉枕头取玩具)时,这就意味着因果性认识已经产生了。

(二)2至6或7岁前运算阶段

1. 象征性功能

动作内化经历了第一阶段,儿童的动作越来越内化,产生了智力的内部形式,表象思维产生了。这时幼儿行为表现出象征性功能。象征性功能反映在四个不同的活动领域①:

(1)延迟模仿:相对于即时模仿,延迟模仿不是马上模仿,而经过一段时间,甚至十几小时以后发生,含有表征的成分。如,小孩看见大人拿一个烟斗抽烟,很惊奇;过一会儿,他突然拿起一个木棒当烟斗做出抽烟的样子。

(2)象征性游戏:假扮成人世界中所看到的角色,进行游戏。

(3)绘画:令心理学家感兴趣的是,一方面绘画极富表达性,儿童可以在绘画中自由发挥自己的感受和想象而不受现实约束;另一方面,许多儿童绘画又力图反映自己周围的现实世界。皮氏认为,儿童绘画处于游戏与心理表象之间,将其绘画称为"画出来的表象"。

(4)言语唤起:用语言进行重复表象思维。孩子还会做语言游戏和无稽之谈的游戏。

---

① 参见朱莉娅·贝里曼等:《发展心理学与你》,陈萍等译,北京大学出版社2000年版,第136—137页。

2. 前运算阶段儿童的认知特点

运算即内化的可逆动作。运算的性质包括可逆性、守恒性,运算不是孤立的,是有一定关系的。与感知运动阶段相比,前运算阶段儿童的智慧在质方面有了新的飞跃,表现出以下几个特点:

(1)思维的相对具体性,借助于表象进行思维,但还不能进行运算思维。

(2)思维的不可逆性,缺乏守恒结构。

(3)自我中心性,指儿童站在自己经验的中心,只有参照他自己才能理解事物,也认识不到自己的思维过程,缺乏一般性。儿童的谈话多半以自我为中心。

(4)刻板性,表现为在思考眼前问题时,其注意力还不能转移,还不善于分配;在概括事物性质时缺乏等级的观念。

(三)关于儿童认知发展的阶段性

1. 阶段出现的先后顺序固定不变,不能跨越,也不能颠倒。它们经历了不变的、恒常的顺序,并且所有儿童都遵循这样的发展顺序,因而阶段具有普遍性。任何一个特定阶段的出现,都不取决于年龄而取决于智力发展水平。

2. 每一阶段都有独特的认知结构,这些相对稳定的结构决定儿童行为的一般特点。儿童发展到某一阶段,就能从事水平相同的各种性质的活动。

3. 认知结构发展是一个连续构造(建构)的过程,每一个阶段都是前一阶段的延伸,都是在新水平上对前面阶段进行改组而形成新系统。每阶段结构形成一个结构整体,它不是无关特性的并列和混合。前面阶段的结构是后面阶段结构的先决条件,并为后者取代。

三、儿童认知中的自我中心及去自我中心化

（一）自我中心的概念及表现

所谓自我中心,是指儿童把注意力集中在自己观点和自己动作上的现象。皮亚杰通过著名的三山实验证实了儿童自我中心的存在。儿童自我中心有时表现为儿童拟人化现象,缺乏思维的逻辑性。如幼儿认为月亮在跟他走,只要他不走,月亮也就不走了。皮亚杰称之为"实在主义"。自我中心现象,还表现在建构认识上。如,由于儿童在认知和情感上都处于心理上的劣势,儿童对成人形成单方面的尊敬,这种由爱和怕构成的单方面的尊敬,表现在儿童在处理与成人的关系时形成的服从,可以说,服从是儿童责任感的源泉了,皮氏称儿童这种道德认识为"他律"。

（二）去自我中心化概念及阶段

去自我中心化是指,随主客体之间相互作用的深入,认知机能不断发展和认知结构不断完善,个体能从自我的状态中解除出来。根据皮亚杰的研究,儿童去自我中心化有三个水平或发展阶段:

1. 0至2岁,儿童从完全分不出主客体的混淆状态,发展到能理解世界是由客体组成的,他本人也是在时间上和空间上客观存在的人。

2. 2至6或7岁,儿童分不清自己观点与他人观点的区别,快到七八岁时儿童可以理解物体间的客观关系,并且在人们之间建立合作关系。

3. 11至14岁,儿童已认识到自己的思维是无限的,沉溺于无休止的脱离现实、改造社会认识中,而去中心化使儿童从抽象的社会改造者转为实际活动家。

皮亚杰认为,任何一次去自我中心化,必须具备两个条件:一

是意识到自我是主体,并把主客观区分出来;二是把自己的观点和他人的观点协调起来,而不是把自己的观点当做绝对真理。

儿童思维的自我中心是否与其知识贫乏有关?如果扩大幼儿知识面,增加其知识量,能否避开自我中心?研究表明,与知识贫乏也许有一点关系,但给予新的知识,并不能使其摆脱自我中心的错觉。去中心化对每个人都有意义。如果成年人自己的心理发展水平低,像小学生一样,那么自我中心状态就会来纠缠。自我认知表现在认识上主观臆断,行动上为所欲为,作风上独断专行,情绪上喜怒无常,多伤感,人格上浮虚狭隘。现实生活中,有些作家或诗人,或喜爱幻想的人,都是自我中心的范例,觉得自己天下第一,了不起,好为人师,喜欢要求别人做事情。正如皮亚杰所说:"一个人自己的思路越是前进一步,他就越能从别人的观点看待事物,就越能使他自己为别人理解。"可以说,任何一个希望成功的人,如果不能解除自我中心,就不可能达到自我实现的最高境界。总之,发现儿童自我中心现象是皮亚杰在儿童心理学上的一个巨大的成就。

四、有关皮亚杰临床法的评述

皮亚杰发现儿童心理的内在秘密,使用的是临床法。通过交谈、提问让孩子回答问题,或设计一些情境让儿童来行动,通过其反应甚至是错误反应来了解儿童背后的思想。临床法的出发点是皮亚杰的结构整体理论,即从整体来观察儿童,强调实验过程的自然性质。他认为用单纯观察、测验等单一方法不能全面地了解儿童。

对于临床法的最新研究表明,以下三个问题应引起重视。

(一)儿童回答问题时的复杂性

儿童在回答问题时表现出多样性和复杂性,具体表现为:

1. 随机应变;

2. 虚构的答案;

3. 受暗示回答;

4. 思考、推理出的答案;

5. 自动回答,事先曾考虑过这些问题。

这些影响真实性的回答,必须引起研究者的重视。

(二)对临床法的新认识

对临床法新的认识是关于交际规则问题。下面做具体讨论:

1. 儿童对成人提问的态度:表现出不以为然

儿童在回答问题时有时会觉得成人的问题怪怪的。如:啰唆的语言;似是而非的询问方法;对题目定义的误解与迷惑;想早点结束会谈。

2. 儿童与成人之间地位悬殊

这种差距表现为:儿童容易受暗示影响,害怕和怀疑成人,儿童与成人地位、权力不对称。儿童内心在想,成人比他们知识丰富。

3. 交际规则的误解:来自土著人的研究[①]

人类学家和语言学家发现,白人与澳洲土著人谈话,土著人会表现出:

(1)无缘无故的凑合现象。佯装点头,口里嘟噜出什么声音,有时用"沉默"蒙混过关。如,总是回答:可能是吧。同样,在特殊情境下用心良苦的研究者为了科学目的,询问儿童有关问题,想弄

---

① 参见 Michael Siegal:《儿童认知发展研究》,张新立译,四川教育出版社 1999 年版,第 237—240 页。

清他们是否理解这些问题,但这样的交流,就如同白人与土著人的谈话。人种学研究证明,不同地区、文化的成人在指导孩子和谁说话,何时何地交流均有不同。

(2)在新几内亚 Kaluli 文化中,孩子在学会"坚硬口气"讲话前,是没有资格参与成人交流的;在儿童言语和社会化过程中,成人不允许儿童使用简化语言和儿话语言。母亲经常直接教导儿童"要像这样说"。

(3)在玛雅文化中,是不允许儿童与成人讲话的。当测试儿童回忆故事的能力时,儿童避免双方目光接触,常用"喳"的一声,表明自己知道了研究者的意思,并且这种场合下的"喳"还表示:"我没您知道的多,我服从您。"不论何种文化,儿童一旦开口回答问题,就可能已蕴涵了自己对问题的看法,而这种看法有可能与提问者的本意不相吻合。询问者与黑人儿童所处的社会环境之间在地位和权威认同方面差距越大,这些儿童回答问题的积极性就越低。

(三)关于提问任务失败的解释

1. 回答受暗示[①]

儿童交际经验不足,自信心不强,虽然倾向于正确的回答,但往往会偏离交际规则,如受到重复询问时,儿童更容易受人为暗示的影响。

2. 不真诚

儿童对自己的回答很自信,但可能会给出错误的反应,以便早点结束与实验者的交谈。儿童可能认为,实验者明知故问,惹人讨

---

① 参见 Michael Siegal:《儿童认知发展研究》,张新立译,四川教育出版社 1999 年版,第 241—244 页。

厌,用不着多谈,也许有另一件好玩的事情等着他。

3. 任务的过分吸引

儿童知道正确答案,但这个任务太有意思、太有趣了;或者认为正确答案太简单了,可以给出一个"精明的"或"有意思"的回答更好。

4. 信任成人

儿童在成人面前,较为羞怯,总认为大人比自己知道得多,是为了自己好。例如,问儿童:"那个受污染的饮料还能不能喝?"儿童并不一定知道成人的真正动机,因此会想:"大人拿来的东西当然是好的了。"他没有理由去假设:这个成年人拿来的东西是不是卫生的。

5. "语词"使用的限制

儿童对语词的理解更接近于他们日常生活所体验到的。如,使用逻辑词"或"和"和",孩子难以理解。

总之,临床法既是研究儿童认知的独特方法,但实际运用却很复杂,需要研究者深入地把这种方法了解透彻。当然,在幼儿教育与教学中,可以采用临床法的思路来训练幼儿。

第二节 皮亚杰认知发展理论的幼儿教育指导

皮亚杰是结构主义教育流派的杰出代表人物之一。他的发生认识论、智力发展阶段理论、认知结构说以及其教育观点,对世界教育思想的发展产生了重要影响。其中,他的《发生认识论原理》[①]一

---

① 参见让·皮亚杰:《发生认识论原理》,王宪钿等译,商务印书馆1985年版。

书,不仅对哲学的认识论做出了重要贡献,也大大提高了教学的认识论水平。

皮亚杰还以数理逻辑为标准,划分了认知发展的阶段,较为辩证地分析了教学目的中知识与智力开发的关系、课程设计中知识结构与认知结构的关系,以及教学中儿童主动性、积极性与教师引导的关系,从而受到国际教育界的广泛关注。

一、关于儿童教育目的

皮亚杰在《教育科学与儿童心理学》[①]一书中提出"教学目的是什么"的问题。他认为,确立教学目的的合理依据,应该是成人社会跟受教育的儿童之间的相互联系。他认为学校教育的目的,主要是让儿童学到系统的科学知识与技能的同时,培养年轻一代主动独立探索世界和发明创造的精神与能力。

他提出教育要培养"创造者",而不是"只会踩着别人脚印走路的人"。根据对儿童智力发展的研究实践,皮亚杰认为教学不应仅是知识的传授,更要刺激儿童心智的发展。儿童不应再是消极接受知识的"容器",而是要学会如何思维。总之,教学的目的是形成儿童的智慧,而不是储存记忆;是造就智力的探索者,而不仅是博学家。

二、关于儿童课程

皮亚杰认为,教学内容的选择应以儿童心理发展的阶段特点为依据,即教材结构内容应与儿童智力发展的结构相互适应。

对于课程内容的组织,皮亚杰要求学校教学在分配学科和确

[①] 参见让·皮亚杰:《教育科学与儿童心理学》,傅统先译,文化教育出版社1981年版。

定学科内容时,要获得足够的有关心理学发展规律的知识,并按照严密的逻辑循序来组织教材。学校课程的编制应该以促进该阶段儿童的认知发展为宗旨。

在课程的实施上,皮亚杰要求新的教育方法要尽一切努力,适应儿童的智力结构和发展阶段。他认为,儿童学习活动积极程度是儿童学习发生与否的关键。因此,皮亚杰主张通过"活动教学法"来实施教学,并重视游戏、实验和视听教学。

三、关于儿童教学原则

(一)教学要适应儿童的认知发展

皮亚杰认为,既然儿童的认知发展过程具有阶段性和规律性,那么教育就应该按照儿童认知发展的阶段特征来组织。儿童获得发展的最佳教育时机,应是从认知发展的一个阶段到另一个阶段过渡之时。当然,有经验的教师会把儿童看成是天生的科学家来进行教育。[①]

(二)教育应发展儿童的自主性和认知能力

皮亚杰把认知和心理发展归为四个因素:

1. 机体的成熟;

2. 个体在实际动作中抽象出来的数理逻辑经验和物理经验;

3. 社会经验;

4. 自我调节的平衡。

儿童认知结构的发生发展和认知能力的形成,不能单靠外界的作用,而只能以有机体本身发展来决定。教育的问题就在于去

---

① 参见 R.J.Sterberg & W.M.Williams:《教育心理学》,张厚粲译,中国轻工业出版社 2003 年版,第 50 页。

发现最佳方法和环境,来帮助儿童自己去促进其认知或智力的发展。但他们并没有否定教师的作用,皮亚杰指出:"所希望的是教师不再是一个讲演者,满足于传授现成的答案,而是能够激发儿童的探索精神和积极性。"

(三)教学中应重视实践活动

皮亚杰重视实践活动在儿童教育中的作用。他认为,主体活动是主客体之间发生相互作用的中介环节,它是身体力行本身与外界事物之间唯一可能的联结点。这里的"活动",从功能的意义上讲,是建立在兴趣上的行为,从执行的意义上讲,是某种外在的运动性质的操作。

只有儿童自己具体参与各种活动,才能获得真知,才能形成自己的假设并予以证实或否定。但皮亚杰并不否认教师与同伴群体在教育中的作用。他要求对成人的尊敬与儿童活动的自主与协作之间尽可能达到协调,从而把儿童与教师、儿童与儿童之间的活动推向一种高级形式的合作。

四、关于教学方法

(一)临床教学法

皮亚杰综合了观察法、询问法、测验法和实验法,而创造出一种新的了解儿童智力发展水平的方法,即临床教学法,或称临床描述技术。这个方法的独到之处在于其思路和做法可以用在教学上。教师应细致地观察儿童活动、引导儿童活动,让儿童自由谈话、自由叙述,同时因势利导,进行分析。对于年龄较大儿童则采用作业法与谈话法相结合的方式,并在教学过程中适当穿插提问。这个方法的特点是从整体上来研究儿童,比较全面和细致,又比较灵活,不拘一格;不仅观察儿童认识什么,也探讨儿童如何认识,从而了解儿童的认知发展的过程,同时也在交谈过程中促进了儿童认知的发展。

(二)两难故事法

两难故事法是皮亚杰研究儿童道德判断时采用的一种方法,即利用讲述故事向被试提出有关道德方面的难题,通过向儿童提问这种两难问题来测定儿童,如是依据对物品的损坏结果还是依据主人公的行为动机来进行道德判断呢?由于皮亚杰每次都是以成对的故事测试儿童,所以这个方法也称为对偶故事法。两难故事法虽然是一种心理学研究方法,但亦可作为一种道德教育的方法:通过对偶故事,引起儿童道德观念的冲突,推动儿童道德认识与道德判断向更高的水平发展。

(三)社会交往法

人是社会的动物,与别人进行交往是人的一种需要,且社会交往不但能满足儿童交际的需要、促进儿童情感的发展,而且能促使儿童的思维更明确清晰和符合逻辑,所以,学校应当把儿童之间所发生的互助协作的社会生活放在主要地位。所谓社会交往法,是通过学习者之间、学习者与成人之间社会性的交往活动,获得教学效果的教育方法。皮亚杰提倡社会交往法,认为认知发展与情感的或社会的发展是不可分割的。他指出:"儿童如果不同他人进行思想交往与合作,就无法把他的运算组成一个连贯的整体。"

卡密等(Kamii et al.,1977,1978)所写的教学计划受皮亚杰理论影响。团体游戏在教育上的意义是,协助儿童发展社会合作以及克服自我中心的观点(decentering),像捉迷藏游戏,除鼓励儿童克服自我中心以外,还应发展儿童的空间推理能力(想象有哪些可能的地方去躲藏或去寻找)。通过社会交往法,在一个不同智力层次的团体中,让儿童共同去解决问题,去整合不同的意见时,认知发展不成熟的儿童可以向认知较成熟的儿童学习。

(四)活动法

皮亚杰提倡在教学中使用活动法,重视"高度集中注意的活动"对儿童学习的意义。他认为,活动一方面能促进感知运动智慧的形成,另一方面也会促进运算智慧的提高。一切知识,只有通过活动这一中介环节,才能被儿童所认识和理解,并最终转化为个体的知识。

另外,让儿童在意想不到的事件中,利用情境所提供的材料来从事探索活动,尝试去理解和解决问题,这是很有意义的。

问题与思考

1. 如何理解儿童认知发展的前两个阶段?
2. 如何理解儿童自我中心及去自我中心化?
3. 临床法的实质和意义是什么?
4. 皮亚杰关于教育原则和教学方法的观点是什么?

术语及定义

图式:个体用来认识周围世界的基本模式。

适应:认知图式因环境的限制而主动改变的心理历程。

同化:把新的知识归入到先前已学会的一些相同概念中。

顺应:个体遇到新情境时,改变自己既有的图式以符合环境的需求,以获得平衡。

转换:从一个认知结构向更高的认知结构发展,涉及认知发展的机制问题。

客体永久性：儿童的时空组织达到一定水平,能够把知觉不到的事物找出来。

延迟模仿：儿童对有趣的行为不是即时模仿,而是经过一段时间才去模仿,含有表征成分。

运算：内化的可逆动作,其性质包括可逆性、守恒性等。

自我中心：儿童把注意力集中在自己观点和自己动作上的现象。

去自我中心化：随主客体之间相互作用的深入,个体能从自我中心的状态中解除出来。

临床法：通过交谈、提问让孩子回答问题或设计一些情境让儿童来行动,在儿童反应甚至是错误反应中了解儿童背后的思想,是皮亚杰研究儿童心理的方法。

第四章 社会性发展及幼儿教育指导

> 在人类生存的错综复杂的社会里,如果没有自我同一感,就没有生存感……自我同一感最初起源于婴儿。
>
> ——埃里克森

第一节 埃里克森关于儿童社会性发展的理论

埃里克森(E.H.Erikson)是美国著名的精神分析学理论家,他从生物、心理、社会环境三个方面考察了个体自我的发展,提出了一个以自我为核心的人格发展渐成学说,即社会性发展理论。

一、生平

埃里克森1902年生于德国法兰克福。1933年埃里克森参加维也纳精神分析学会,并随当时著名的精神分析学家安娜(弗洛伊德的女儿)从事儿童精神分析工作。同年,为了逃避纳粹的迫害,他定居于美国波士顿,成为一名儿童精神医生。

1936年至1939年,他在耶鲁大学医学院精神病学系任职。在此期间,他研究了自我发展的三个问题:1.儿童游戏行为中所表现的社会道德概念;2.作为一个连续统一体的自我发展;3.关于人在不同时空中的人类学调查。此时,他先后结识了当时著名心理学家默里、勒温和米德等人。①

1939年至1944年,埃里克森主持加利福尼亚大学纵向课题"儿童指导研究",研究成果包括三个方面:(1)儿童游戏结构中的性别差异;(2)人的生命周期中各个阶段冲突的解决;(3)关于儿童发展问题的人类文化学的追踪调查。

1960年他出任哈佛大学人类发展学教授,这个工作一直持续到其1970年退休。

二、社会性发展的阶段理论

埃里克森认为,人的一生整个心理发展过程可分为八个阶段,这里介绍学前儿童时期的三个阶段。②

(一)信任对不信任

儿童从出生到1岁,相当于弗洛伊德理论中的口欲阶段。这个阶段儿童心理社会方面的心理危机是信任对不信任。在周岁前的儿童完全处于无助状态,其生活上的一切需求完全依赖于成人的帮助才能得以满足。

在需求与得到满足的过程中,儿童和成人之间开始建立了人际关系。如果父母给这一时期儿童以爱抚和有规律的照料,儿童将会产生信任的情感。反之,如果父母对儿童照料像孩子的脸一日三变的话,他们将会产生不信任情感。

(二)自主行动对羞怯怀疑

儿童从1岁到3岁之间,个体表现出的危机是自主行动对羞怯怀疑。这一阶段,儿童学会了走、爬、推、拉、谈话等活动,也学会了抓握及放开。此阶段,儿童不但对周围的事物好奇、感兴趣,而

---

① 参见张春兴:《心理学思想的流变》,上海教育出版社2000年版,第287—288页。
② Erikson(1968), *Identity: Youth and Crisis*, New York: Norton.

且也喜欢自己动手做事情,不要求大人帮助。

如果在这个阶段父母在孩子安全不受威胁的情况下,让其自主完成他想要做的照顾自己的事,不过多地干涉孩子的行为,只是在孩子有困难时给予帮助、完成时给予鼓励。这样的话,孩子将获得独立自主的经验,遇事不依赖别人。反之,如果父母认为孩子还小,不能独立地完成各种事情,于是处处限制孩子,遇到其可以自己处理的事情也不愿让他们动手,替孩子包办一切,不给他们以独立自主的机会,这样会使得孩子见到人会羞怯,遇到事会丧失信心。

(三)主动自发对退缩愧疚

儿童从3岁到6岁之间,这是第三个关键期。这一阶段的危机在于主动自发对退缩愧疚的冲突。学前阶段儿童,语言已有了很大发展,在与人沟通时喜欢诉说、提问,对自己、对别人以及周围环境都表示好奇,而且喜欢自我表现。此阶段儿童已有了性别意识,认识到成人社会中男女角色不同。儿童开始模仿、认同他所喜欢的人,在行为上表现为讨好父母,希望得到父母的支持,此阶段儿童喜爱游戏活动。

这个阶段儿童已经开始接受类似正规的教育训练。教育训练应以游戏为主,在游戏中刺激感官、开发心智。在自然情境中,给儿童主动自发的活动机会,这样他们才会形成主动自发的性格。反之,如在家庭教育或幼儿教育中,提早教导孩子学习知识,这样会使得孩子提早置于学习不成功和失败的压力,反而会揠苗助长,养成他以后遇事退缩与事后愧疚的个性。

第四阶段"勤奋进取对自贬自卑"、第五阶段"自我统合对角色混乱"、第六阶段"友爱亲密对孤僻疏离"、第七阶段"精力充沛对颓废迟滞"和第八阶段"完美无缺对悲观绝望",在此就不做详细介绍了。

三、对弗洛伊德理论的发展

埃里克森社会发展理论与弗洛伊德理论相比较,有许多创新之处:

(一)埃里克森的社会性发展理论不是基于人格异常者心理特征的研究,而是以心理健康者人格特征为基础的。

(二)对个性的动力理解方面,弗洛伊德的生物欲望说主张性本能的冲动是个性形成和发展的动力;而埃里克森虽然承认生物本能的冲动性,但是他把本能和社会环境联系起来。他认为个人欲望的满足方式,以及由于欲望得不到满足而产生的矛盾冲突程度,会因为社会环境的不同而有所差异。

(三)埃里克森提出了青春期是获得自我同一性的关键期,这一点与弗洛伊德认为四五岁儿童就知道男女之别有很大不同。

(四)在个性发展阶段划分方面,弗洛伊德把个性发展归因于性心理的发展,把个性发展分为三个阶段:一是前性期阶段,口唇期、肛门期、生殖器期;二是潜伏期阶段,克服恋父或恋母情结;三是生殖阶段。埃里克森则认为,划分个性的发展阶段,在考虑生物本能欲望的同时,也必须注意社会性在个性发展中的意义。

四、埃里克森社会性发展理论的幼儿教育指导

埃里克森不是机械孤立地研究心理的发展变化,他强调环境、社会、历史、文化因素对个性发展的影响,强调家庭、学校对幼儿个性产生直接影响。

个体社会化是一个连续而且有阶段性的发展过程,每一阶段完成一个特定的受文化制约的社会任务,每一任务包含一对矛盾冲突。如3至6岁幼儿要解决的问题有两个:一个是发展其主动

性,另一个是获得相应的性别角色。如果个体在各阶段冲突中能保持向积极方面发展,就能完成社会化任务,逐渐形成健康成熟的人格,否则就会产生心理社会危机,或出现情绪障碍,为后一阶段制造麻烦,出现病态或不健全的人格。

在信任对不信任阶段,幼儿了解到(或无法学到)他人是可以依赖的,以及他也可以依赖自己来引发别人必要的反应而来照顾自己。幼儿信任的发展与成人照顾的质量有很高的相关。在人的一生中,早期的信任经验及对信任他人的态度不断地给予肯定是非常重要的。

自主对羞愧怀疑的态度在婴儿期间就形成了。埃里克森认为,被管得太紧以及没有机会发展独立性的幼儿,可能会被羞愧及自我怀疑的感觉所湮没,结果造成自尊丧失、反叛或做出各种强迫性行为。处理这种情况最好的方法,就是在家庭和幼儿园形成一个好的环境,提供许多机会让幼儿自己动手操作,并自己做决定。[①]

4岁或5岁幼儿面临着主动自发与退缩愧疚的危机,教师应给予幼儿充分的自我探索与尝试的机会以发展其自主的人格,要满足幼儿探索和创造的需求。

第二节 社会化及幼儿社会性学习

一、社会化及其动因

儿童从小到大、长大成人就是一个社会化的过程。所谓社会

[①] 参见皮连生主编:《学与教心理学》,华东师范大学出版社1997年版,第53—54页。

化,是指个体在一定的社会条件下逐渐独立地掌握社会规范、正确处理人际关系、妥善自治,从而客观地适应社会生活的心理发展过程。

(一)个体社会化的外部动因

1. 家庭

儿童社会化首先是从家庭中开始的,其自我也是在家庭中形成的。

2. 幼儿园

幼儿园作为正规教育机构,对儿童社会化的影响有:师幼交往过程的直接教导;教育活动中儿童的主动内化;幼儿园的校园文化的间接熏陶。

3. 同辈群体

同辈群体的影响,具有松散性和隐蔽性的特点,因而往往在更高程度上控制着个体的行为和态度,具有更大的亲和力,对个体的社会行为及情感体验具有深刻影响。

4. 大众传媒

在信息社会中,个体对大众传媒信息的选择、加工过程直接制约个体的价值取向和生活方式。像电视中《奥特曼》、《樱桃小丸子》等无不对儿童的社会化过程产生深刻的影响。

(二)个体社会化的内部动因

社会化是个体与社会相互作用的双向过程,儿童在社会化过程内在机制的途径包括:

1. 模仿

模仿是个体通过对榜样学习和认同而获得社会行为方式,进而内化为人格品质。

2. 认知加工

认知加工指个体根据已有的认知发展水平及价值取向,同化和顺应社会规范,有选择地吸收,然后加工改造构成自己人格的一部分。

3. 社会角色扮演

所谓角色扮演,是指个体通过扮演社会角色获得相应的社会规范,形成自我概念,达到自我定向。

4. 自我强化

自我强化充分体现了社会化过程中主体的监控地位,对自己的某些行为给予暗示。

5. 社会合作

个体通过人际交往,参与群体活动,建立人际关系,即个体从人际关系沟通和群体活动中获得社会规范及价值标准。

二、幼儿社会性学习及教育指导

(一)幼儿社会性学习特点[①]

1. 随机性和无意性

幼儿可以在许多活动中随机地、无意地进行社会性学习。

2. 长期性和反复性

幼儿的社会性学习是长期、终生的任务,但幼儿社会性学习具有可塑性和不稳定性,有时会出现反复。

3. 实践性

幼儿社会性学习是一个不断内化的过程。但在内化的初期,

---

① 参见曹中平主编:《幼儿教育心理学》,辽宁师范大学出版社 2002 年版,第 267—269 页。

行为规范、是非标准对于幼儿来说,并没有形成信念或行为准则,只是外在的规定。通过实践和练习,规范、价值才会内化为幼儿的个人品质。幼儿社会性学习具有实践性特点。

(二)幼儿社会性学习的途径

1. 专门的社会性教育活动,指教师依据国家的课程标准和幼儿园教育纲要,有目的、有计划地训练幼儿的社会化行为。

2. 非专门的社会性教育活动,指该活动本来目的不是要向幼儿进行社会性教育,但这些活动客观上引导幼儿按照社会价值取向、社会道德规范来做事情。

(三)幼儿社会性学习的教育指导

1. 制定幼儿社会性发展的目标

(1)帮助幼儿发展同情心。鼓励角色扮演,体会另一个人的感觉是怎样的,了解别人的感受。

(2)帮助幼儿学会慷慨、利他行为,并能和同伴分享玩具、经验等。

(3)帮助幼儿体会助人是快乐的。

(4)强调合作妥协的价值而不强调竞争和求胜。

(5)帮助幼儿感觉建立友谊的快乐。

2. 社会化学习具体的教育指导方法

(1)观察学习法[①]

社会性学习实际上就是指观察学习,亦称模仿学习,即人可通过观察模仿习得新的行为模式。正面的榜样有助于促进儿童的亲

---

① 参见曹中平主编:《幼儿教育心理学》,辽宁师范大学出版社2002年版,第269—274页。

社会行为。在观察学习中,替代强化(vicarious reinforcement)这个概念非常重要。替代强化是指观察者看到榜样受到强化或惩罚,而内心也受到感染,从而影响自己的行为模式。儿童模仿榜样行为的程度取决于榜样的行为是受到了奖赏还是处罚。

(2)强化评价法

强化评价法,指幼儿在社会性学习中是通过成人和同伴的强化、评价,把别人肯定、认可的行为保留下来并发扬光大,把否定、批评的行为逐渐抑制,最后消退。

教师在运用评价手段应注意:一是要适度。对幼儿行为应做出客观、公正的评价,不夸大不缩小。二是要尽量引导幼儿从自身体验中得到奖惩。三是要考虑幼儿的个别差异。

(3)体验思考法

体验思考法是指幼儿在实践中,在与他人交往中有许多体验,幼儿对这些体验通过思考后调节自身的行为,从而获得社会化过程。幼儿体验、思考过程虽然是一个主动过程,但是如果有成人适当帮助,效果会更好。

(4)语言传递法

语言传递法是指通过语言向幼儿介绍社会行为规范、社会知识,解释道理和理由,以使幼儿获得社会化发展。

(5)角色扮演法

角色扮演法就是创设现实社会中的某些情境,让幼儿扮演一定的社会角色,表现出与这一角色一致且符合这一角色规范的社会行为。在角色扮演中,幼儿感知角色间的关系,感知和理解他人的感受和行为经验,掌握自己承担的角色所应遵循的社会行为规范和道德要求。扮演哪种角色往往是由环境决定的,而且每种角色都有自己的一些特殊行为模式。

(6)移情训练法

移情训练法就是通过故事、情境表演等形式使幼儿理解和分享别人的情绪体验,以使儿童在日常生活中,主动地、习惯地理解和分享他人类似的情绪体验。

第三节 幼儿性别角色的发展及教育指导

一、幼儿性别角色及性别化的发展

所谓性别角色,是指特定社会对男性和女性社会成员所期待的适当行为的总和。而性别化则是指在特定文化中,儿童获得适合于某一性别的价值观、动机和行为的过程。性别化的发展通常分为四个相互联系的领域:

(一)性别同一性的发展

性别同一性也叫性别认同,是指儿童对其在基本生物学特征上属于男或女的认识和接受,即理解性别。包括正确使用性别标签;理解性别稳定性,一个人的性别不会因发型、服饰等改变。幼儿性别同一性的发展首先从区分男性和女性概念开始,把发型、服饰等作为区分性别的依据,而把体型和其他身体特征作为次要因素。当发型、服饰改变后,幼儿认为性别也随之改变(Thompson & Bentler,1971)。[①] 张积家研究表明,1.5 至 2.5 岁的婴儿还不知道自己的性别,幼儿性别自认大约发生在 3 至 4 岁左右,幼儿阶段

---

① 参见王振宇:《儿童心理学》,江苏教育出版社 1987 年版,第 250 页。

儿童的性别意识是不稳定的。①

(二)性别角色观的发展

性别角色观是指儿童对不同性别行为模式的理解。幼儿在形成自身的性别同一性的同时或稍后,就形成了对性别角色模式的认识和理解。3至4岁以后的儿童,开始从心理意义上区分性别,如一名7岁儿童可能会说,木匠是男人的职业,不适合于女人。更大一些的儿童可能认为,女人只要愿意是可以选择从事木匠的职业,反映出儿童对性别角色的理解逐步脱离表面性而渐趋于深刻化的发展趋势。

(三)性别化行为的发展

在性别同一性形成之前,幼儿很早就表现出对玩具偏爱的性别差异。研究表明,女孩在2岁、男孩在3岁时就表现出明显选择同性别的玩具。

(四)男女儿童性别化发展差异

有研究者(E. Maccoby & C. Jacklin,1974)认为,男女性别差异有四项是准确的,即女孩言语能力强于男孩;男孩在视觉空间能力上优于女孩;男孩在算术推理能力上优于女孩;男孩在身体和言语上都比女孩更富于攻击性。② 在对儿童游戏的跨文化研究中也发现,男女儿童两个最明显的性别差异特点:一是男孩游戏比女孩粗野,表现出更多的身体上和言语上的敌对行为;二是男孩和女孩都更喜欢与同性伙伴而不是异性伙伴玩耍。这两大特点从婴儿期不久后就开始出现,一直持续到童年中期。

---

① 参见张积家:"儿童性别意识发展的研究",《心理科学通讯》1990年第1期。
② 参见杨丽珠、吴文菊:《幼儿社会性发展与教育》,辽宁师范大学出版社2000年版,第167页。

二、儿童性别化的理论

(一)生物学理论

生物学理论强调,两性的遗传、解剖及激素的不同导致了他们性别角色的差异。这派理论是从弗洛伊德开始的。他认为,男女的不同心理状态、行为模式都是由不同的生理解剖特点决定的。

(二)社会学习理论

班杜拉认为,性别角色的形成就是观察、模仿同性行为模式的学习过程。在性别定型过程中,男孩倾向于模仿其父亲的行为,女孩倾向于模仿自己母亲的行为。

(三)信息加工的图式理论

信息加工的性别图式理论(Martin & Halverson,1981)认为,性别图式是指一套关于男性和女性观点的期望,它直接影响着人的行为和思维。性别图式在影响儿童性别化过程中,发挥两个水平的作用,表现为:一是儿童评价信息对自己的性别是否合适;二是当外界信息适合自己的性别图式时,儿童会做进一步的探索。

(四)群体社会理论

哈里斯认为,对儿童性别角色发展起重要作用的是同伴群体而不是家庭,以"双性化"方式教养孩子并不能减少孩子具有相应性别特征的行为和态度。这一理论预测,当另一性别不在场时,性别分化的行为减少。一项研究表明,男孩在场时对女孩的影响:女孩单独玩球时表现得很有竞争性,当男孩加入后,女孩的行为发生了很大变化,她们会显得比较害羞而且没有竞争性。心理双性化理论(S.Bem,1978)认为,人是可以双性化的,人既有男性特征,也有女性特征。男性特征和女性特征是两个独立的维度。如果一个人具有大量男性特征,叫做男性性别类型个体;具有大量女性特征的,叫做女性性别类型个体;同时具有男、女两种特征的,称为双性化个体。

三、幼儿性别化发展的教育指导

(一)家庭对幼儿性别化的影响

儿童一出生,父母就因性别不同而有区别地对待,如从取名、选择服饰、玩具,到以后的行为、生活方式要求等,都会有不同的态度。父母也鼓励和强化孩子从事适合于自己性别方式的行动。另外,父亲在儿童性别化中更是起独到作用,父亲作为社会力量的象征,是推动儿童性别化发展的决定因素。

(二)幼儿园对幼儿性别化的影响

幼儿在幼儿园接受正规教育,师幼互动和同伴关系是幼儿性别化的重要因素。幼儿园基本上是女教师,因此对幼儿许多方面的要求往往带有女性化,强调安静、顺从和被动性,而吵闹、果断、竞争性和独立性等适合于男孩的品质,常常是得不到赞许的。这一点,应特别引起教育者的重视。在同伴的游戏活动中,幼儿如果违背了性别角色标准,就会受到同伴的强烈指责,可以说幼儿是在同伴的指责或鼓励中获得性别角色的。

(三)电视、媒介对幼儿性别化的影响

电视中社会对性别角色定型的看法,内化到儿童自己的认知系统中,幼儿无形中接受了社会关于性别角色的定型观念。教师或家长应注意观察幼儿日常生活中性别角色认同情况,适时加以引导。

第四节 幼儿亲社会行为的发展及教育指导

一、亲社会行为的含义及理论解释

(一)亲社会行为的含义

亲社会行为一般与"援助行为"、"积极性行为"和"利他行为"具有同样意义。所谓亲社会行为,是指在社会交往中表现出来的谦让、帮助、合作、共享等有利于他人和社会的行为,是个体帮助或打算帮助其他个体或群体的行为趋向。理想的亲社会行为应该是最大限度地做出对他人有利的行为。[1]

从动机和目的性来看,真正自觉而无私的亲社会行为是人类特有的现象,[2]也称之为向社会行为。路森汉(Rosenhan)把亲社会行为分为两类:一是自发的亲社会行为,其动机是关心别人;另一类是常规性的亲社会行为,即期望得到自身的好处,或避免别人批评自己而做出善意行为。总之,亲社会行为是个体社会化中较为常见的一种社会行为,也是个体社会化发展的一个重要指标。

(二)对亲社会行为的理论解释

1. 精神分析理论的观点

在精神分析理论看来,亲社会行为既可以是一种内心冲动的表现,也可以是一种对表现冲动的防御。前者,反映了早期良好的母子关系,行为者以慷慨热心的母亲自居,当然也以其他助人者为

---

[1] 参见李丹:《儿童亲社会行为的发展》,上海科学普及出版社2002年版,第10页。

[2] 参见申继亮等:《当代儿童青少年心理学的进展》,浙江教育出版社1993年版,第280—285页。

自居;后者,过分的亲社会行为是一种努力掩盖内心焦虑、罪恶感和敌意的反向防御机能。幼儿期感到援助被剥夺的人,成年后会以极端的利他行为作为对付早期焦虑的手段。

2. 认知发展理论的观点

认知发展理论强调,儿童对自己和他人的理解是亲社会行为发展的关键。有两种认知技能对亲社会行为有影响:一是角色扮演能力;二是道德判断能力。安德伍德和莫尔(Underwood & Moore)指出,角色扮演能力高,亲社会倾向也较高。

3. 社会学习理论的观点

社会学习理论强调观察学习、替代强化对亲社会行为的影响。

4. 社会生物学理论的观点

唐纳德(Donald,1965)认为,亲社会行为是本能的,是人类天性的基本组成部分。其假设是:无论动物还是人,如果个体生活在一个合作的社会里,就会得到保护和满足他们的基本需要。如果这个假设是对的,那么合作、利他的个体将最有可能生存下来。当然,这个理论也不否认文化和学习对亲社会行为的影响。[1]

二、幼儿亲社会行为的发展

(一)1至3岁儿童亲社会行为的发展

皮亚杰(1932)指出,8至12个月的儿童已经产生了妒忌。2至3岁的儿童能自发地赠送物品和玩具(K. Stanjek,1978)。[2] 1980年后有人研究也表明,12个月的婴儿已产生了分享行为。

(二)3至6岁儿童亲社会行为的发展

---

[1] 参见杨丽珠、吴文菊:《幼儿社会性发展与教育》,辽宁师范大学出版社2000年版,第153页。

[2] 参见同上书,第154页。

幼儿亲社会行为与儿童的自我意识、社会认知能力发展密切相关。自发的利他行为,如合作、分享或其他的亲社会行为要到3至6岁才真正出现。顾鹏飞等(1990)研究表明,幼儿已开始懂得什么情境下需要帮助,并有了应该帮助他人的意向,当然幼儿助人观念的自觉性较低。[①] 周敏(1989)研究了幼儿的分享行为,幼儿对"均分"选择最多,其次是"慷慨"。

国内研究者对于亲社会行为中包括谦让、合作、同情等研究表明,幼儿亲社会行为表现出复杂性。李丹等(1990)研究表明,幼儿亲社会观念与亲社会行为发展的一致性,在幼儿阶段表现得不高。李江雪等(2000)研究表明,学前儿童亲社会观念与行为脱节情况严重。这与幼儿园教育中,注重言语灌输、不重训练的亲社会行为教育有关系。

三、幼儿亲社会行为的教育指导

为了更好地促进幼儿亲社会行为的发展,以下教育措施值得考虑:

(一)重视幼儿的角色采择能力的培养。李幼穗等(1995)研究表明,角色训练对幼儿助人行为及动机水平有重要的促进作用。

(二)通过移情训练来促进幼儿的亲社会行为发展。移情训练可使儿童对他人观点的注意。

(三)成人的示范和教育。成人树立良好的榜样,成人的直接教育和对幼儿亲社会反应的强化,都对幼儿亲社会行为的形成具有促进作用。

---

① 参见顾鹏飞等:"5—13岁儿童利他观念发展研究",《心理科学通讯》1990年第4期。

(四)文化和电视对幼儿亲社会行为的影响。研究表明,亲社会行为幼儿来自未开化的社会较多,而西方社会幼儿的亲社会行为得分较低。可见,不同文化在赞同和鼓励亲社会行为方面显然是不同的。由于电视对儿童行为的影响日益加深,电视工作者、教育者都应重视电视对幼儿亲社会行为、社会行为的正面或负面影响。①

问题与思考

1. 埃里克森社会性发展阶段论对幼儿教育的启示是什么?
2. 个体社会化的外部动因和内部动因是什么?
3. 幼儿社会性学习的指导方法有哪些?
4. 如何对幼儿的性别化进行教育指导?
5. 如何对幼儿亲社会行为进行教育指导?

术语及定义

社会化:个体在一定的社会条件下逐渐独立地掌握社会规范、正确处理人际关系、妥善自治,从而客观地适应社会生活的心理发展过程。

强化评价法:幼儿在社会性学习中是通过成人和同伴的强化、评价,把别人肯定、认可的行为保留下来并发扬光大,把否定、批评的行为逐渐抑制,最后消退。

体验思考法:幼儿对与他人交往中的体验进行思考,以调节自

---

① 参见张文新:《儿童社会性发展》,北京师范大学出版社 1999 年版,第 330—331 页。

身的行为,从而获得社会性的过程。

语言传递法:通过语言向幼儿介绍社会行为规范、社会认识,以使幼儿获得社会性的过程。

角色扮演法:让幼儿扮演一定的社会角色,表现出与这一角色一致且符合这一角色规范的社会行为,感知角色间的关系,以掌握社会行为规范。

性别角色:特定社会对男性和女性社会成员所期待的适当行为的总和。

性别化:在特定文化中,儿童获得适合于某一性别的价值观、动机和行为的过程。

性别同一性:儿童对其在基本生物学特征上属于男或女的认识和接受,即理解性别。

双性化:个体同时具有男、女两种特征。

亲社会行为:在社会交往中表现出来的谦让、帮助、合作、共享等有利于他人和社会的行为。

第五章　自我发展及幼儿教育指导

如果不去加强并发展儿童的个人自尊感，就不能形成他的道德面貌。教育的技巧和全部诀窍就在于抓住儿童的这种上进心，这种道德上的自勉。

——苏霍姆林斯基

为什么要研究自我？自我代表一个人看待世界方式的一个重要方向。自我概念，像自我意识、自我价值、自尊、自爱等，在日常生活中有着重要意义。儿童的自我发展与认知发展、社会性发展、品德发展等具有同等重要地位，但又有自己独特的内涵和教育意义。

第一节　自我与自我研究的历史

一、自我的概念

心理学家认为，自我的概念是个体在"知、情、意"三方面统一而构成的高级反映形式，包括：知，自我认识、自我感受、自我概念；情，自我情绪体验、自尊、自爱；意，自我控制、自我调节。

弗洛伊德认为，人格分为自我、本我和超我，本我和超我在一定程度上是无意识的,①自我是存在或组织。阿德勒(A. Adler)是自我心理学的代言人。1911年他与弗洛伊德决裂,认为自我实现是自我发展的动力。他认为,一个人觉察什么或理解什么,在出生时已打上了自我的印记,其中只有一部分是有意识的,它指导着儿童的未来的生活。他发现,在正常人身上有一种追求向上的力量,那就是希望人类幸福。阿德勒始终保留着自我追求的思想,并用创造性自我来表示这一点。② 另外,关于自我的作用,最好用整体说(holistic)来说明。自我就像玩棋一样,一方面是身体活动,另一方面是心理活动。心理活动告诉身体做什么,而神经过程不可能产生观念,思想也无法使肌肉收缩,但作为有机体的人却能做到这两者。自我是一个过程,自我有时像一个陀螺仪,其垂直位置是由它的旋转来维持的。或使用另一个比喻,自我似乎像一个"拱",用建筑业的行话说:"拱从来就不会睡着。"其意思是,拱的作用和反作用维持它的形状,也支撑着这座建筑。从自我的过程看,自我代表了一个人的思考方向,即一切有目的活动。

一个人饮水或呼吸空气时,环境与人之间产生了联系。如果把生命看做与环境的交换过程来给生命下定义,那么就失去了它的意义。可以说,自我是一个过程,而不是一件东西。自我具有两个基本特征:一是区别于他人的"分离感",即意识到自己作为一个独立个体,在身体、情感和认知方面具有自身独特性;二是跨时间、跨空间的"稳定的同一感",即一个人知道自己是长期持续存在的,不随环境及自身变化而否认自己是同一个人。

---

① 参见简·卢文格:《自我的发展》,韦子木译,浙江教育出版社1998年版,第4页。

② 参见同上书,第8—9页。

总之,"自我"的概念,是一个由多成分构成的自我动力系统。有关自我动机的两个概念:一是自我验证(self-verification),即自我一致性,强调维护一个一致性的自我结构的需要。个体试图在自我知觉之间以及自我知觉与即将获得信息之间寻求一致性。我们试图了解自己是谁或相信自己将成为什么人(Swann,1992)。二是自我增强(self-enhancement),指寻求维持或增强个人自尊的信息加工,试图寻找维持或提高自尊的信息,即试图让人们了解我们愿意成为谁或我们愿意成为什么。

二、自我发展的研究历史

(一)哲学家论自我[①]

1. 边沁(J. Bentham):功利主义者,认为人的最高本性就是追求最大的快乐和最小限度的痛苦,人的本性由快乐和痛苦这两个至高无上的君主统治着。唯有这两个君主提出我们应该做什么,并决定我们将要做什么。

2. 康德(I. Kant):直觉主义者,认为人生活面临两个命令:有前提的命令和绝对的命令。前者告诉我们做什么才能满足我们的愿望,属于科学领域;而后者告诉我们作为一个善者必须做什么,它属于道德领域。在康德看来,研究自我即研究善意。

3. 亚当·史密斯(A. Smith):著名经济学家,认为自我意识的标志是一个人能使自己站在别人的立场上看问题,体会别人的感受。研究自我即研究一个怎样把别人作为一面镜子,从而形成自我意识。

---

① 参见简·卢文格:《自我的发展》,韦子木译,浙江教育出版社1998年版,第2—5页。

4. 缪勒(J. S. Mill)：广义的功利主义者，认为自我的本质不是快乐和痛苦，而是至善的良心。研究自我就是研究一个人怎样冲破习俗的压力，不为欢乐和痛苦所左右，使自己朝着善行和良心方向发展。

5. 孔德(A. Comte)：认为自我发展经历三阶段：

第一阶段神学的，现象被人格化。个体认为自己是上帝统治下的芸芸众生，对自我的内在力量根本还没有认识。

第二阶段灵魂不复存在，理智和自然成了事物的原因，进入了形而上学。

第三阶段抛弃了对原因的形而上学探究，转向描述事物规律法则，既看到自我的力量，也看到了自然的力量。如孔德所说："我们每个人都是有意识的，如果回顾一下他自己的历史，他在儿童时代是一个神学者，在青年时代是一个形而上学者，在成年时代是一个天生的哲学家。"

(二)精神分析以前关于自我的观点

詹姆士(William James，1890)把自我概念引入美国心理学。他认为，自我是所有经验的中心，并且把世界分为"我"(me)与"非我"(not me)，他提出了多重自我观点，如一个人可能是工作自我、消遣自我、学校自我、家庭自我。

鲍德温(J. M. Baldwin)则把个人成长辩证法作为自我的核心，认为自我成长经历了三阶段：一是儿童学会把人与其他动物分开；二是儿童学会把自己看做许多人当中的一员，但不能从别人身上觉察特殊的感受，自我意识是主观的；三是，当儿童发现别人也具有在他身上觉察的那些感受时，儿童就会以别人的感受来看待自己，从自己所感受到的东西来推断别人，这是个人成长辩证法。

麦孤独(W. McDougall)认为,本能是一种有目的的行为,每一种本能都包括一种知觉倾向、一种独特情绪和一种反应模式。①他把自我放入德行发展的范围。德行发展经历了四个阶段:(1)本能是由快乐和痛苦影响而改变的;(2)本能是由社会赋予的奖惩来改变的;(3)本能是由预期社会的赞扬和谴责来控制的;(4)本能是由行为的理想来调节的。

米德作为一个社会行为主义者,主张把自我的起源作为社会心理学的核心。儿童采择别人的观点,然后对别人的观点进行概括,根据周围人的态度,形成一个新的观点。自我就是在这样一个观点采择过程中不断发展的。

(三)早期精神分析学派对自我的研究

精神分析学派认为,自我的结果是心理图式,包括意识、潜意识和无意识。代表人物为弗洛伊德和荣格。

1. 弗洛伊德

弗洛伊德在《超越快乐原则》(1920)一书中提出了自我功能概念。在"自我与本我"(1923)论文中,提出自我的任务是控制。他认为,结构图式(本我、自我、超我)最终将代替心理图式(无意识、潜意识和意识)。弗洛伊德提了自我理论的三个范式:

(1)创伤范式:人们不得不把某些愿望压抑起来,于是成为一种精神创伤。弗洛伊德观察到,孩子经常扔掉心爱的玩具,说"滚开",这实际就是一种精神创伤的反映。

(2)内驱力范式:弗洛伊德从一些事例中看到一种强烈要求重

---

① 参见简·卢文格:《自我的发展》,韦子木译,浙江教育出版社1998年版,第176—182页。

复的内驱力。这一发现来自两条线索:一条是有些人老是在一些不愉快事情上屡次重复;另一条线索是来自焦虑这一心理问题。有机体受伤的状态是恐惧,而焦虑可以消除恐惧。在内驱力范式中,焦虑被看做可以释放压抑的情感。

(3)自我范式:从恋母情结和自居作用的角度来看,儿童最早、最强烈的冲动是受父母的压制,于是儿童有两种方式来释放情绪:一种方式是在父母面前做出错误的冲动,另一种方式通过自居作用,扮演父母角色,用父母对待自己冲动的方式来对待自己。对冲动的控制,需要在自身内部重建服从与权威关系,这种内化的权威就是超我。

2. 荣格

荣格(C.G.Jung)1913年与弗洛伊德决裂,他研究意识,认为自我是最重要的原形,包括无意识的一切方面,其作用是将人格加以整合并使之稳定。意识包括两类[①]:

(1)个体无意识:与一个人历史有关,包含了原则上能意识到的一些要素。曾经一度是意识的,但因遗忘和压抑,从意识中消失了。

(2)集体无意识:其内容没有从意识中出现过,是通过遗传而存在下来的。集体无意识最主要的内容是原型,指的是人格面具、阴影以及阿尼玛和阿妮姆斯。

A. 人格面具是人格的最外层,是个体在环境影响下与别人接触时的假象,掩饰真正的我,与真正的人格不符。

---

① 参见简·卢文格:《自我的发展》,韦子木译,浙江教育出版社1998年版,第342—345页。

B. 阴影是与人格面具相对的,即消极的人格特质,难以为意识自我所理解和接受。

C. 阿尼玛和阿妮姆斯,意思是灵气,分别代表男性和女性身上表现的特征。

(四)新精神分析的自我心理学

《自我心理学和适应问题》(H. Hartmann,1939)一书的出版,标志着新精神分析自我心理学的诞生。其他代表人物有沙利文(H.S. Sullivan)、安娜·弗洛伊德(A. Freud)、埃里克森等。自我心理学的共同特点是,批判弗洛伊德的本能论和泛性论,继承其无意识概念以及心理分析和梦解析的技术,强调文化和社会因素对人格的影响。

(五)阿尔波特对自我研究

20世纪初行为主义兴起时,自我研究兴趣减弱。华生(Watson,1919,1930)反对研究内部过程和使用现象学研究的自我报告,把自我研究逐出科学心理学之外。直到20世纪40年代,阿尔波特作为人格心理学家,开始关注自我意识、自尊和自我欺骗能力,对自我研究的兴趣一直持续到晚年。阿尔波特认为,自我在人格组织中起中心作用。

(六)认知心理学家对自我的研究

20世纪70年代认知心理学代替了行为主义,许多人格心理学家对接受自我概念仍存有戒心,爱泼斯坦(Epstein,1973)怀疑对自我研究是否有必要。但很快地,人们把认知领域的概念用于人格领域。马库斯(Markus,1977)认为,自我应被看做一种认知结构或图式,自我图式(self-schemas)是一种关于自我的有组织的知识结构,代表了对来自自我过去经验的认知类化。

(七)"新生一代"对自我的研究

近二十年对自我关注的许多人格心理学家,被称为有力量的"新生一代"或"我的一代"。

自我知觉和自我意识看成是存在自我和类型自我(Lewis & Brooks-Gunn,1979)。这里有三个重要概念:

一是自我知觉,指把自己和他人、物体区别开来的自我,3个月至1岁半的婴儿就发展了这种能力。

二是自我意识,即自我反省能力,把自己当成物体来对待的能力。如,好斗的雄性暹罗鱼看到挂在鱼池墙上镜子中的自己,就像鱼池中同类雄鱼出现,它会张开它的鳍,而且鱼鳍颜色变幻闪烁,确切说,这是它看到一个雄性竞争对手时所做的(Gallup,1970)。再如,黑猩猩一开始把镜中自己当成另一个猩猩而做出威胁姿势和发出威胁声音。然而,有了几天镜前经验后,它便能够进行自我指导行为,利用镜子来修饰自己身体的各个部分。麻醉大猩猩,在其脸上涂上一块无味的红色颜料。待麻醉失效大猩猩醒来后,它很快就擦掉脸上的标记,显示出对自己的觉察能力。

三是自我意识情绪,指需要自我意识能力去体验情绪,如害羞、自豪等。[1]

总之,从一百多年前詹姆士时代开始到今天,尽管自我概念发展时而被强调时而被忽视,历程曲折,但心理学家从未停止过对自我概念的关注,关于自我的争议的问题是:

---

[1] 参见 L.A.珀文:《人格科学》,周榕等译,华东师范大学出版社2001年版,第267—270页。

1. 自我何时发生、发展起来的？
2. 存在一个自我还是多个自我？
3. 20世纪80年代后出现如果有多个自我，它们是如何组织起来的自我，使自己没有感到自己是多重人格？
4. 如果自我在不同时期，不同情境下有所不同，是什么促使人格的统一性和转折性？
5. 自我与行为的关系是什么？
6. 人有潜意识吗？如果有，其价值是什么？如何判断？

第二节 自我发展的理论及幼儿教育指导

一、自我发展的阶段论

(一)卢文格的自我发展阶段论

卢文格(J. Loveinger, 1980)把儿童自我发展划分为以下阶段[①]：

1. 前社会阶段(presocial stages)

刚出生的婴儿没有自我，其任务就是学会把自己与周围环境区别开来。这个阶段儿童还不能区分自我与无生命的客体世界，在很长时间里求助于"我向思考"。

2. 象征性阶段(symbiotic stages)

尽管儿童了解到客观世界的稳定性，但仍然认为自己与母亲或生活中的玩具具有共生关系。从这种共生关系中，儿童慢慢地把自己与非自己区别开来。

---

① 参见罗伯特·凯根：《发展的自我》，韦子木译，浙江教育出版社1999年版，第134—253页。

3. 冲动阶段(impulsive stages)

儿童冲动性证实他在走向独立。儿童冲动一开始受到强制性制约,后来受到直接奖励和惩罚制约。儿童倾向于把人分成好人或坏人,但不是真正的道德判断。儿童常常把好人和坏人,同"大方"和"小气",甚至"干净"和"肮脏"等同起来。

这个阶段儿童情绪是强烈的,而且几乎是生理上的。儿童在冲动阶段待的时间过长,则被称为是"无法控制"或难以纠正的。有研究者(O. Lewis,1966)称冲动性格与"贫乏的教养"有共同之处。

4. 自我保护阶段(self-protective stages)

冲动阶段向自我保护阶段过渡中间阶段称为"觉醒与惊吓"。一个人意识到本身有吃惊的冲动和对个人来说总是正确的世界里,但在自我意识水平上,儿童可以自我选择。如果对待结婚生孩子,处于尊奉阶段的人会说,除非人们结婚,不然的话是不可能有孩子;而处于自我保护阶段的人会说,除非人们真的想要孩子,或者说除非父母彼此真的相爱,不然的话是不可能有孩子的。

5. 遵奉阶段(conformist stages)

儿童开始把自己的幸福与群体(家庭、同伴、集体)的幸福联系在一起。为使这一种情况得到加强,必须有一种强有力的信任成分。生活在没有仇恨的环境中儿童感到信赖,相反生活在一个充满恶意的环境中,儿童不可能成为一个遵奉者。

6. 公正阶段(conscientious stages)

在公正阶段,儿童第一次发现了有赖于称之为良心的道德信号,因为规则内化是在这个阶段完成的。这个阶段,人与人之间的关系如同兄弟,个体也感到对他人负有责任。儿童开始把自己看做命运的主人。

7. 自主阶段(autonomous stages)

此阶段的标志是儿童具有处理内部冲突的能力，能够对不同意见高度容忍。自主阶段儿童把自己的生活作为一个整体，渴望现实地、客观地看待他人和自己。

8. 整合阶段(integrated stages)

所谓整合，是指一个人超越了自主阶段的冲突，这是自我发展的最高阶段。这个阶段，相当于马斯洛的自我实现。

总之，自我发展从最低水平到最高水平并不是一个平稳过渡，阶段之间过渡具有质的差异。从低水平到高水平在数量方面的差异变量称为极性变量(polar variables)，在性质方面的转折称为里程碑顺序(milestone sequences)。极性变量与里程碑顺序是连续和非连续变量的扩展和发展。

(二)自我发展的人际观点采择理论

塞尔曼(R. Selman)认为，人际关系发展概念中主要的要素是主观性(理解内隐思想和感情)、自我意识、人格和人际关系的本质。[①] 在自我发展中人际关系水平包括：

水平0：产生自我中心观点。年幼儿童知道别人和他一样具有思想感情，但不能将他人感情与自己感情区分开来。一个朋友可以是邻居，也可以是一个玩具。

水平1：产生主观观点。这是小学低年级典型水平。儿童把人看做可解释的社会事件，并将自己观点与别人观点区别开来，如，一个朋友可以是和你一起玩的人。

---

① 参见简·卢文格:《自我的发展》，韦子木译，浙江教育出版社1998年版，第425—431页。

水平2：产生反省观点。这是小学高年级儿童的典型水平。儿童可以接受一个以上的观点，如，朋友是彼此合得来的人。

水平3：产生第三者观点。前青春期儿童可以概括他人的观点，如，友谊是不会因为小小冲突而破裂的连续关系。

水平4：趋向于定性系统。青春期儿童对人格和人际关系的理解具有一定深度和复杂性，如，亲密的友谊可能意味着共享私人的秘密。

最高水平：象征性相互作用。个体概念和人际关系概念，合并在一个复杂的过程中，如，对友谊的理解是，没有永远的朋友或敌人，只有共同的利益。

二、自我结构的三种理论

（一）自我结构的人本主义理论

罗杰斯（Rogers，1951）指出，每个人都以一种独特方式来看世界。观察世界的知觉构成个人的现象场（phenomenal field），包括有一致意识的知觉和潜意识的知觉。现象场，指个体觉察到刺激的范围现象，由代表着"主体自我"和"现实自我"的感知和意义构成。[①] 在生活中，自我经验差异，是指与自我结构的经验不协调；而自我一致性，则强调维护一个完整自我结构的需要。

（二）自我结构的精神分析理论

1. 沙利文的理论

沙利文（1953）认为，自我由以下构成：

（1）好我：与愉快经验相联系。

[①] 参见 L.A.珀文：《人格科学》，周榕等译，华东师范大学出版社2001年版，第349页。

(2)坏我:与痛苦和安全受到威胁经验相联系。

(3)非我:与难以容忍的焦虑或被拒绝经验相联系。

自我发展来自于与他人接触时所体验的感受,以及来自儿童对他人的反思评价(reflected appraisals)或感知。[①]

2. 客体关系理论(object relations theory)

客体关系理论对自我、自我表征的共同看法是(Westen,1992):

(1)自我表征是多维的。每一个个体有许多基于不同的包括声音、味道等组成成分的自我表征。

(2)自我表征有很强的情感成分。它可能是由快乐、性唤起、悲伤或害羞相联系而被组织的。

(3)自我表征与愿望、害怕等有关动机相联系。

(4)自我表征可能是有意识的,也可能是潜意识的。

(5)个体不仅发展自我表征,也发展他人表征以及与他人有关的自我表征。

(6)自我、他人以及自我与他人关系的表征是一个有组织的系统。

这个理论以精神分析为取向,强调人追求关系而不是追求本能满足,以及早期重要的他人经验的心理表征的重要性。这个理论对个体如何建立起自我感并保护其完整性感兴趣。

(三)自我结构的社会认知理论

1. 个人概念理论

凯利(1955)建立了个人概念理论,认为儿童像科学家一样观

[①] 参见L.A.珀文:《人格科学》,周榕等译,华东师范大学出版社2001年版,第274—276页。

察和形成概念,或组织现象和预测未来。一个人是在观察自己和他人的相同点和不同点的基础上形成诸如"我—非我"概念的。[①] 爱泼斯坦(Epstein,1973,1990,1992)提出与凯利相同的观点,认为自我是一个有组织的概念系统或理论。同样,马库斯(1977)认为,自我图式是关于自我认知的概括,来自于过去的经验,它组织、指导与自我有关信息的加工过程。

2. 自我家族的概念

有研究者(Cantor & Kihlstrom,1987,1989)提出"自我家族"(family of selves)概念,认为自我是多样性的、有组织的,可排成一个等级。一个人可能是工作自我、家庭自我、社会自我和学校自我等。自我家族整合感有三方面的基础:一是重叠相似部分给我们一种统一感;二是自我统一性来自我的自传或记录,具有跨时间的连续感;三是我们可能总是集中于基本核心的自我。自我社会认知理论既强调自我结构,又强调自我概念对信息加工的影响。另外,不同文化对自我也有影响,如美国学生追求出人头地,而日本谚语则为"竖起的蜗牛会被击倒"。

社会认知观和精神分析观表现在实证、文化和理论深度上的差异。威斯汀(Westen)认为精神分析观对自我研究,缺乏实证基础并忽略文化差异;而社会认知论则缺乏精神分析的深度。有争议的问题:潜意识的自我表征是什么?自我表征过程中早期经验的重要性如何?这些表征的情感和动机力量是什么?

[①] 参见 L.A.珀文:《人格科学》,周榕等译,华东师范大学出版社 2001 年版,第 277—279 页。

三、关于自我与自我加工的个体差异研究

班杜拉(1977)提出了自我效能概念(self-efficacy),认为一个人相信自己能成功执行、产生一个特定结果所要求的行为,它是由四种因素决定的,包括实际工作成就、替代性经验、言语说服力和情感唤起。不同人之间的自我效能是不同的。

有研究者(Snyder,1974,1987)提出了自我监控概念,认为个体根据内在和外在刺激来觉察和调整其行为的,强调情境变量的重要性。研究表明,自我监控高者与低者之间存在大量差异,[①]自我监控高者与低者相比较:能更好地表达和交流感情,表达行为意向;在会晤时更会欺骗人;更正确推测他人情绪状态;更会识别情境,在不同情境中行为变化较多;更友好、更开朗、更外向,而且较少表现出担忧焦虑或紧张不安;较少受到心境状态改变的影响;较多记住他人的信息。

人类机能模式(Carver & Scheier,1981,1990),强调儿童关注私我和公我的差异,就像房间恒温器一样,如果标准太高,人格系统将被调动起来,以降低标准,缩小私我和公我觉知水平之间差异。

个体差异变量是对自我的私和自我的公所关注的不同:高私我意识(private self-consciousness)个体,关注自己的内心,专注与自己的感受、愿望和标准,倾向于有更多客体情绪,对自己的情感更清楚;而高公我意识(public self-consciousness)个体更关注于他人如何看待自己。

---

① 参见 L.A.珀文:《人格科学》,周榕等译,华东师范大学出版社 2001 年版,第 277—296 页。

导向理论(E.T. Higgins)[①]认为,个体自己应该达到有关自我的标准,即代表个体要达到的标准。自我导向产生于个体早期社会学习经验达到标准或不能达到标准而产生的情感结果。有两种自我导向:一是理想自我(ideal self):代表自己愿意拥有的理想特征;二是应该自我(ought self):感到自己应该达到的特征。现实自我与理想自我的不一致,会导致悲伤、失望、不满;现实自我与应该自我的不一致,会导致焦虑。

四、幼儿自我概念形成的因素及教育指导

(一)幼儿自我概念形成的因素

儿童出生后、幼儿阶段,作为一个独立的个体自我,为使其全面而健康地发展,就需要进行很好的训练与教育。为此就应该了解幼儿自我概念形成的因素,这些因素包括:

1. 社会互动的影响

(1)儿童自我概念是在社会交往中形成与发展的

在社会交往中儿童通过他人评价逐渐认识自己,自我概念不断得到发展。考莱和米德(C. Cooley & G. Mead)提出了一个"镜我理论",认为儿童自我概念形成的过程是通过镜映加工(looking-glass process)形成"镜像自我"(looking-glass self)的过程,即儿童把他人当做一面镜子,通过他人对自己的表情、评价和态度等来了解和界定自己。

(2)社会交往影响儿童自我整合

随着儿童认知能力不断发展及生活环境不断变化,儿童的自我需求角色责任及社会期望之间必然存在许多不一致,这使儿童

[①] 参见 L.A.珀文:《人格科学》,周榕等译,华东师范大学出版社 2001 年版,第 298—302 页。

自我表现出不确定性。社会不同方面对儿童评价标准的差异,也会引起儿童自我评价及行为反应无所适从。特别是青春期儿童,一方面将意识焦虑转向内部,另一方面对他人的态度也非常敏感,关心他人对自己的评价,于是自我表现出不确定性。只有通过交往、信息交流,个体才能获得有效信息并将这些信息协调起来,构成统一协调的自我概念。

(3)社会文化赞许

社会文化赞许对自我概念产生潜移默化的影响。哈特(Harter,1982)发现,身体外貌是一个非常主要的因素。认为自己外貌不好的儿童,不论男女,往往拥有较低的自我价值感。有时社会交往对儿童自我概念的发展也会产生消极影响:一方面,社会各方面对儿童评价标准不同,造成自己无所适从,表现出自我的不确定性;另一方面,同伴是儿童社会比较的对象,由于感觉不到自己在进步,从而影响自我评价。

2. 社会认知发展水平

儿童采择能力的提高有利于儿童认识自我。个体观点采择能力,是指个体在自我认知或社会交往中脱离自我中心的限制,进行思维运算的能力。其中,一个重要成分是社会比较能力,指个体在头脑中将自己观点与他人观点比较,或把自我特征与他人特征加以对比的能力。自我评价结果依赖于个体所进行的社会比较,如在虔诚者面前,会感到自己的思想贫乏;而在一味追求享乐的人面前,会感觉到自己思想的深刻(Gergen,1977)。

(二)训练儿童的责任心有助于形成自我

苏格拉底在《申辩篇》对 Callias 说:"如果你有两个儿子仅仅是小马驹或小公牛,那么我们可以为他们雇用一个训练者,让他们获得美和善,以及我们所希望的一切;我们的训练者应该是一个骑手或牧民。但现在他们是人,你心中有没有合适的训练者呢?"

布莱西(A. Blasi,1971,1976)对儿童的责任心进行研究,根据内在性和外在性来看待自我发展与责任心之间的连接,认为自我发展是从外部到自我、从世界到一个人的经验、兴趣和控制的逐步内化过程。如果缺乏责任心,个体就表现出对外部刺激的直接冲动或缺乏自己洞察而笼统指责别人。较强的责任心依赖于控制逐步内化。自信、胜任和自主对一个人的自我发展来说是重要的。一般来说,活动的责任心来自于不同的根源:权威、社会压力和良心。道德判断与责任心之间是有差距的,通过责任心训练来发展幼儿的自我[①]:

1. 冲动阶段儿童,训练其不依赖于父母的责任心。
2. 自我保护阶段儿童,训练其规则定向的责任心。
3. 遵奉者阶段儿童,训练其有法律精神责任心。
4. 公正阶段儿童,训练其自我定向责任心。

第三节　自我概念中的自尊及幼儿自尊的教育指导

一、关于自尊、自尊感及存在的教育问题

(一)自尊的含义

自尊问题目前已成为心理学研究的热点,但到目前为止,关于

[①] 参见简·卢文格:《自我的发展》,韦子木译,浙江教育出版社1998年版,第436—441页。

自尊还没有确切的定义。最早的研究始于詹姆士（William James,1890），他认为，自尊是成就与期望之比，即自尊＝成就/期望，[①]强调由于成就而引起的自我评价情感，如自豪、自责等，认为这些是自尊的重要组成部分。精神分析学派则认为自尊来源于紧张、焦虑，即紧张、焦虑可能导致较低水平的自尊心；另一方面，个体为了维护其自尊心，当遭到别人的拒绝或受到别人不良影响时，可能会想法放松、发泄由此带来的紧张和焦虑。爱泼斯坦（Epstein,1973）则从自尊功能角度来定义它，认为自我功能就是维持个体的自尊，使个体的快乐和痛苦形成一定的平衡，强调自我的情感体验因素。阿尔波特则认为自尊的存在是一种自我防御机制。还有人认为，自尊是个体对自己所做的价值评价（Cooper Smith,1967）。

尽管自尊的定义尚无一致的看法，但仍能从中看到，自尊具有保护自我人格完整和尊严的主动心理防卫功能。

（二）自尊感

自我概念是指个人对自己是怎样一个人的看法，而自尊感是由个人对自己评价及个人认为自己会被他人接受或拒绝而产生的感觉（Marshall,1989）。幼儿各方面有良好协调能力，受同伴推崇，会认为自己是胜任的，其自尊也较高；而担心自己的外貌或朋友太少的胖女孩，会认为自己不具吸引力且不可爱的，结果就会对自己有低的评价，表现出低自尊。

低自尊感的幼儿关注焦点是，放在失败而非成功上，放在问题上而非挑战上，放在困难上而非可能性上。低自尊感的幼儿认为

---

① 参见张文新：《儿童社会性发展》，北京师范大学出版社1999年版，第393页。

这个世界是黑暗且令人沮丧的,到处充满了危险和胁迫(Smith,1988)。英国一个针对青少年的研究发现:"焦虑神经质或低自尊的人确实比其他人更有先入为主的观念,他们常以种族偏见的文化表征作为保护自己之认同。"(Bagley,Verma,Mallick & Young,1979)低自尊感与儿童受虐、学业成就低、青少年怀孕、犯罪和药物、酒精过量使用之间有较多相关联(Mecca,Smelese & Vasconcellos,1989)。总之,好的自我概念和足够的自尊是很值得重视的。教师和家长需要更进一步清楚了解,如何协助幼儿凭据事实对自己产生好的感觉,这些感觉正是建立自尊的基础。

自尊感对个人心理健康、成就以及积极的人际关系起着无可比拟的作用。健康的自尊感能帮助儿童更有力、更恰当地迎接挑战、抓住机遇和追求理想;而自尊心削弱使人产生自卑心理,如自暴自弃、意志消沉、胆怯、缺乏前进的勇气和动力,可能导致社会适应不良,产生心理疾病或某些反社会行为。因此,研究学前儿童自尊的培养有着极重要的现实意义。

(三)教育中忽略幼儿自尊的培养

如果把自尊想象成一个气球,而这个气球受到小小责备的穿刺就会漏气和萎缩的。不幸的是,每天教师都有许多方式来刺伤这个气球,也许不是有意的。具体表现为:

1. 以比较和竞争进行鼓励

4至5岁的幼儿竞争会达到高峰(Scott & Ball,1957)。教师很容易借着询问:"今天谁能最快穿上外套呢?"或评论"看到雪莉小心地把积木收好了吗?为什么你不能像她那样呢?"以比较和竞争情境来鼓励行为所产生的问题,在于只有少数的幼儿在这个情境中有机会"赢"。即使有某位幼儿变成"最好的",其自尊可能是以不当的代价获得的,因为他所获得的自尊是牺牲其他幼儿之福的结果,而且在此过程中,他可能会不受欢迎。

2. 给幼儿过多协助和保证

教师有可能因替幼儿做太多的事情而在无意间降低了幼儿的自尊。教师会赶快跑去提一桶水,以免水溅出来了;或不假思索就将幼儿去午睡时所脱下的鞋摆放整齐。这样做是可以节省时间,也可以确定事件有妥善的处置,但是也会让教师忙碌异常。不过,稍等一下,让幼儿自己去做做看是很值的,因为这可让幼儿体验这种成就所带来的独立喜悦。

3. 在众人面前批评幼儿

幼儿对自己的看法常来自于别人对他们的谈论。有时这种谈论是很直接的,如教师不耐烦地说:"过来,你总是这么慢!"或说:"你怎么这么自私呢?"其他幼儿也会传着这样的话:"你这头猪!从来都不与别人分享。"或说:"小华是个傻瓜!小华是个傻瓜!"这样的表示常会令人觉得困惑。常常听到这样的话,会使幼儿觉得大家都不喜欢他,或自己是没有价值的,所以他会觉得最好不要去尝试。这也会教幼儿自己使用同样语言攻击他人,破坏别人的自尊。

二、幼儿自尊的发展过程

自尊发展是个体社会化过程中的一部分,有了自尊意味着儿童获得一种永久的舒适感。[①] 显然,社会互动是自尊产生和发展的必要前提;认知能力特别是社会认知能力则是自尊产生和发展

---

① 参见 Julie Tallard Johnson:《建立起你的自尊》,林泳海等译,中国人民大学出版社 2002 年版,第 6 页。

的基础。儿童自尊也是随社会互动和认知能力发展而发展的。

刚出生的婴儿,对自我的认识和对外界的反应、评价的认识还相当模糊,故自尊尚处于萌芽阶段。

1至3岁儿童的自我体验开始丰富和充实,并且由于活动能力的加强和活动范围的扩大,开始探索自己能力的极限以及自己对他人影响的性质,自尊便产生并开始发展了,但表现出自我中心。一般说来,这个阶段儿童自我感觉良好,并且不去区分自己能力和社会赞同之间的差别,往往建立起更强的自我优势感。

相比之下,3至6岁儿童越来越认识到自己的能力和大孩子应该具有能力之间的差别,并且对自己有了要求。他们能把自己看做别人评价的对象,也意识到被成人和同伴接受的重要性。在同伴竞争的情况下,他们开始为自己成长以及在和他人相比之下自己能力得到的评价而感到焦虑。

幼儿开始受到社会规范的影响。在这些规范中既包括将要实现的理想,也包括各种禁律;幼儿以一种相当严格的、受规则限制的方式来执行这些规范。对幼儿来说,行动目的和结果未能符合自己道德标准时,其自尊将产生很大波动。

三、幼儿自尊的心理特点

(一)自我高估。从总体上来看,幼儿对自己能力评估明显高于1至4年级儿童。

(二)自尊感脆弱。幼儿自尊很容易波动,这是由于幼儿尚无法接受抽象概念,其自尊水平往往受具体时间、具体地点和具体事件的影响,对个人过去与未来状态甚少推论,对自己一些不可观察的固有的心理特质(如动机和能力)很难想到。他们以一种全然方式来评价自己,这一刻他为自己能端好盘子不外洒而感到满足,下一刻则为另一位幼儿拒绝和他一起玩而嚎啕大哭。

(三)易受暗示。幼儿自我体验表现出易受暗示的特点,他人评价对其自尊将产生非常大的影响。

四、幼儿自尊发展的教育指导

(一)应该认识幼儿自尊的特点

1. 不能认为幼儿什么都不懂,没有自尊,不要认为他们自尊不会受到伤害。

2. 不能被幼儿总体自我评价较高的现象所迷惑,认为教育只要不伤害他们的自尊即可,而无须培养。事实上,这种高自尊的现象是表面的,只是由于他们认知能力的局限和社会化尚未完成,使得许多将来可能影响其自尊的因素尚没有被他们意识到。幼儿自尊发展还处于初级阶段,教育要抓住这个关键时期,帮助幼儿提升真正的自尊。

3. 幼儿自尊容易波动,易受外界影响,因此教育上要重视细节,以免伤害他们的自尊,更不能经常负面强化,使他们处于固化的低自尊状态。

4. 不同因素对不同年龄儿童是否产生影响以及影响程度是不一样的,教育应充分认识到这一点,有效利用这一点,帮助幼儿形成较高的自尊。

(二)重视成人对幼儿自尊的影响

虽然每个幼儿都有产生自尊的内在原因,但是在成长的初期,幼儿自尊主要受周围成人的影响。父母是一个非常重要的影响力(Cooper Smith,1967;Cotton,1983)。而当幼儿进入幼儿园,其他成人的意见,如教师会变得很重要,同伴的意见亦然。

由于有许多有力的因素会影响个体自尊的发展,因此教师不要认为自己可完全改变幼儿看待自己的方法。不过许多研究(Curyr & Johnson,1990;Geraty,1983;Yawkey,1980)皆支持这样的看法,那就是教师可以在教室里制定发展幼儿自尊的制度和措施。少数民族中有较高比例的人其自尊较低,这说明了社会亦具有影响力(Mejia,1983;Powell,1983a)。

(三)促进幼儿自尊发展的具体方法

1. 无条件关心

协助幼儿建立基本自尊最有效的方法,是去感受和实行罗杰斯提出的无条件关心。这种对每个幼儿基本的接纳和认可,不是按照教师对他该是怎样一个人的预期而定的,而是单纯基于幼儿的稚气和以发展方式对幼儿充分信任。

2. 真诚地认可和赞美

一般教师认为,赞美幼儿常常是能建立幼儿自尊的第一个方法,有时是唯一方法。事实上在强化幼儿的自我价值感上,赞美是众多方法之一,但不一定是最好方法。有研究者(Morgan,1984)表明,外在酬赏如赞美或奖品在鼓励儿童方面起作用。在认可幼儿成就时,使用鼓励则是赞美以外另一个能建立自尊的有效方法,像这样的评语:"只要你去试试看,我相信你一定可以做到。"当然也有发现,幼儿获得赞美酬赏后,学习反而不如以前用功了。

3. 尊重

尊重幼儿是一种高姿态的论调,但必须落实到行动上。要避免在别人面前羞辱幼儿,管教幼儿尽可能小心谨慎。轻视幼儿行为是无礼的,也会破坏幼儿的自尊。表达尊重的方法是向幼儿说明规则背后的理由。拥有高自尊的幼儿,其父母都严格要求,但是也会花很多时间说明大人行为的理由(Cooper Smith,1967)。说明理由意味着大人对幼儿的尊重。

4. 协助幼儿

协助幼儿获得能力是形成其内在自我价值感的最好方法。幼儿每次有了好的行为表现时,行为本身就是成功的酬赏。幼儿觉得自己有能力是因为他成功地做了什么,而不是因为别人说了些什么(Strayhorn,1988)。① 幼儿内心自尊基础是他们产生一种有效能的感觉。教师所能做的是提供许多机会给幼儿,让他们成为有能力的人。为此,允许幼儿自己选择并尽可能让他们自主行动,使幼儿有能力做任何事情。幼儿能力的获得也应受到高度重视。幼儿获得工具性与人际关系的经验越多,他们就越会从内心里相信自己的能力。这种基本能力保证幼儿具有信心,长期的自信是建立自尊的最佳要素。

问题与思考

1. 弗洛伊德提出自我理论的三个范式是什么?
2. 自我发展的人际观点采择观是什么?
3. 促进幼儿自尊发展的具体方法是什么?
4. 自我结构的三种理论是什么?
5. 幼儿自我概念形成的原因是什么?
6. 如何对幼儿自尊发展进行教育指导?

术语及定义

自我:个体在"知、情、意"三方面统一而构成的高级反映形式,

---

① 参见 Sam Coldstein 等:《开发学习潜力》,康翠萍等译,中国轻工业出版社 2001 年版,第 99—100 页。

包括自我认识、自我情绪体验和自我控制。

自我增强：寻求维持或增强个人自尊的信息加工。

个体无意识：与一个人历史有关，曾经一度是意识的，但因遗忘和压抑，从意识中消失了。

集体无意识：其内容没有从意识中出现过，是通过遗传而存在下来的，主要内容是原型，包括人格面具、阴影、阿尼玛和阿妮姆斯。

人格面具：人格的最外层，是个体在环境影响下与别人接触时的假象，掩饰真正的我，与真正的人格不符。

现象场：个体觉察到刺激现象的关键部分，由代表"主体自我"和"现实自我"的感知和意义构成。

自我家族：自我是多样性的、有组织的，可排成一个等级，一个人可能是工作自我、家庭自我、社会自我和学校自我等。

自我效能：一个人相信自己能成功执行、产生一个特定结果所要求的行为，它是由四种因素决定的，包括实际工作成就、替代性经验、言语说服力和情感唤起。

高私我意识：个体关注自己的内心，专注与自己的感受、愿望和标准，倾向于有更多客体情绪，对自己的情感更清楚。

高公我意识：个体更关注于他人如何看待自己。

观点采择能力：个体在自我认知或社会交往中脱离自我中心的限制，进行思维运算的能力。

自尊：人类防御不良心理社会压力，使自己行为符合社会道德规范的自我教育、自我完整的心理功能。

自尊感：由个人对自己之评价及个人认为自己会被他人接受或拒绝而产生的感觉。

第六章　个别差异、群体差异及幼儿教育指导

　　世界上没有相同的两片树叶,班上每个孩子的面孔也各不相同。教育者重要的是发现每个个体的差异及其不同的内心世界。

——林言子

　　个别差异的问题,在早期教育心理学著作中是一个重要部分。在近年国内的教育心理学著作中,大多都讨论了个别差异的问题。个别差异既包括社会经济地位、种族、性别和语言方面的群体差异,也包括智力、认知风格、学习风格和创造力等方面的个体差异。① 本章主要关注的是个体差异。现实教育中强调的是因材施教,因此有必要对个别差异,特别是学习方式的差异问题,做一基本描述与讨论,以便更好地进行幼儿教育指导。

第一节　智力与人格的个别差异及幼儿教育指导

　　一、心理的个别差异

　　个别差异(individual difference),即个体之间在稳定的心理

---

① 参见 Robert J. Sternberg & Wendy M. William:《教育心理学》,张厚粲译,中国轻工业出版社2003年版,第111—113页。

特点上的差异,包括性格、能力或兴趣等方面的差异。[①] 在实际学习的情境下,儿童的个别差异表现在智力、能力倾向、男女性别、学习方式以及学习志向水平等方面的差别,具体地说:

(一)性别差异问题

男女儿童在言语能力、语言技能、逻辑过程和直觉思维方面存在显著差别。这些差别的原因在哪里?是生理的因素,还是社会的、心理的因素,这是一个十分复杂的问题。梅考贝和杰克林(Maccoby & Jacklin,1974)所著的《性别差异心理学》一书,是性别差异研究中最完善、最可靠的经典之作。现代文明发展强调的是,双性化倾向的人更能适应社会。认识儿童不同性别的心理特点,以及在教育中如何发挥男女性别中的优势特点,的确是教育者应思考的问题。

(二)智力和人格差异问题

儿童智力表现出正态分布以及多元智力的差别,而人格则表现出多样性。

(三)学习方式差异问题

学习方式(learning style),又称学习风格,包括与学习有关的感觉通道、生活方式、认知方式以及大脑单侧化等几个方面。

二、智力的个别差异

(一)智力水平的个别差异

心理学研究表明,人的智力水平呈正态分布。大约有70%的人属于常态智力,有28%的人属于较高或较低的智力水平,另有2%

[①] 参见陈琦、刘儒德主编:《当代教育心理学》,北京师范大学出版社1997年版,第275页。

的人属于智力超常或智力落后。俗话说,从小看大。幼儿的智力水平已表现出差异,尽管有的家长不承认自己的孩子水平有多低,或相反有的认为自己的孩子是天才。当然有一点应重视,就是孩子小的时候,智能的可塑性极大,早期教育、训练和干预是十分关键的。

(二)智力结构的个别差异

智力结构的个别差异实质上是个体间智力构成因素的差异,包括:

1. 分析型、综合型和分析综合型

这是根据知觉过程的特点来划分的。分析型的人知觉分析能力较强,对事物细节能清晰感知;综合型的人知觉的概括性和整体性较强;分析综合型的人则兼具两方面的特点。

2. 视觉型、听觉型、运动型和混合型

这是根据记忆过程中感觉通道记忆效果而划分的。视觉型的人视觉记忆效果最好;听觉型的人听觉记忆效果最佳;运动型的人动觉记忆效果最理想;混合型的人各种感觉通道记忆效果均衡。

3. 艺术型、思维型和中间型

这是以高级神经活动中哪种信号系统占优势而划分的。艺术型的人第一信号系统占优势,思维型的人则第二信号系统占优势,而中间型的人两种信号系统比较均衡。

三、教学组织形式的编组

儿童间智力的个别差异极大。如智力,当一个随机组的6岁儿童上学时,他们之间的智龄竟相差4年以上。[①] 为了适应智力

---

① 参见 J.M.索里等:《教育心理学》,高觉敷等译,人民教育出版社1982年版,第603页。

或人际关系的个别差异的情况,就探索出了新的教学组织形式:

(一)按年龄和年级分组

从智力发展情况看,同一年级或同一年龄有时可以有很大的差别。在同一年级中,学习同样的内容,智力年龄差别为 4 岁,而其成就测验或心理年龄的差别甚至更大。这说明,按年龄编组是有很多问题的。

(二)同质分组

同质分组,指按照智力、成绩进行编组或编班。这种分班的优点,也许对某些学科上的学习成绩有所提高,但常常是弊病多于优点。按能力或知识程度分班所存在的问题,同质分组客观上给儿童贴上不同的标签,容易使程度高的儿童骄傲自满,使程度低的儿童感到羞辱和受挫。而且这种做法仍然解决不了分化的问题,因此很难找到一种理想的分组标准。

(三)留级与跳级

留级与跳级是缩小班内儿童能力差距的方法。留级使儿童有第二次学习的机会,但效果并不理想,多数留级者成绩并无多大进步,甚至比原先更差。这与留级有损于自尊心有关。而跳级的情况也许会好得多,跳级的儿童学习能跟上,当然身心发展也是值得重视的。

(四)按社会人际关系编组

按社会人际关系编组(sociocentric grouping)指按照人际关系,把那些在一起相互感觉不错的儿童分在一个组里。这种做法有利于开发幼儿的潜能。对那些希望改进儿童的信心、动机和学习成绩的教师来讲,按人际关系编组是相当有吸引力的。因为,这种方法可以用来培养儿童基本的信任、自主性、积极性和首创精神。这些也是埃里克森所认为的童年期发展的重要问题。

四、多元智能

加德纳等人(1983)认为,智力并非只有语言文字能力和数学逻辑能力两种形式,而是存在着多元智能。例如,如果仅根据语言文字能力和数学逻辑能力两种形式来判断智能高低,那么奥运会冠军很可能在文化考试中不及格。如果就此判断他们低智能,显然是不合理的。根据多元智能理论,每个人的智力优势可以表现在不同方面。了解智力的这种个别差异,就能在教育中发挥每个人的智力潜能。

(一)加德纳的多元智能[①]

1. 语言智能(Linguistic Intelligence)

语言智能指用语言进行思维、表达,以及欣赏语言深层次内涵的智能,如作家、记者等就具有这种智能。具有语言智能的人其主要特点是,讲话有条理,敏感、反应快,有系统性,有较强的推理能力,喜欢听、阅读、写,能轻松的拼写,喜欢文字游戏,记忆力好等。可以用讲故事、表演幽默小品、辩论、猜谜等培养这种智能,以语言智能培养为中心的游戏角,如莎士比亚中心。

2. 逻辑数学智能(Logical-Mathematics Intelligence)

逻辑数学智能是指人能够计算、量化、思考、命题和假设,进行复杂数学运算的智能,如数学家、电脑程序员等就具有这种智能。具有逻辑数学智能的人其特点是,喜欢抽象思维、计算精确、喜欢计算、喜欢玩电脑、喜欢解决问题、有条理地记笔记等。要培养这种智能可以让儿童多玩电脑游戏,多提供儿童做实验的机会,让他们学

---

① 参见霍华德·加德纳:《多元智能》,沈致隆译,新华出版社1999年版。

会估算、猜测。相应的游戏活动有估计游戏、拼图游戏、神奇的小水滴等,以培养逻辑数学智能为中心的游戏角,如爱因斯坦中心。

3. 空间智能(Spatial Intelligence)

空间智能是指三维空间进行思维的智能,如建筑师、艺术家等就拥有这种智能。其特点在于喜欢用图像进行思维、喜欢用隐语表达、酷爱艺术、喜欢看地图等。培养这种智能的策略是通过图片进行学习、画符号、通过拆装活动进行学习,以培养空间智能为中心的游戏角,如毕加索中心。

4. 身体运动智能(Bodily-Kinesthetic Intelligence)

身体运动智能即灵活运用自己身体(四肢)去解决问题的智能,如运动员等这方面智能就较好。具有身体运动智能特点的人,在于能很好地控制自己的肢体,喜欢体育活动,喜欢手工活动、演戏,好触摸,喜欢边听边玩等。可以通过舞蹈、演戏等来培养这种智能。主要的游戏有"照镜子",游戏角如马拉多纳中心。

5. 音乐智能(Music Intelligence)

音乐智能即感觉音调、节奏、音色的智能。音乐智能水平的人其典型代表是音乐家,对节奏、音色很敏感,对音乐的情绪能较好的表现。音乐智能的培养策略有演奏乐器、通过唱歌或歌曲进行学习、听音乐会、伴随音乐进行锻炼和放松、电脑谱曲等,以培养音乐智能为中心的游戏角,如贝多芬中心。

6. 人际交往智能(Interpersonal Intelligence)

人际交往智能,指能理解别人、与别人进行交往的智能,如外交家等。其特点在于善于谈判、善于与人相处、善于察言观色、朋友多、喜欢交流、喜欢群体活动等。人际交往智能的培养策略主要是给儿童提供合作交往的机会,通过电话和人进行交流。可以进行访问邻班儿童的游戏,游戏角如赵本山中心。

7. 自我认知的智能(Extrapersonal Intelligence)

自我认知智能指建构正确的自我知觉,并善于用自己的计划指导自己的人生。其特点是有自知之明、自我感觉良好、能自我激励、确知自己的不足等。可以通过谈话活动、询问、写日记来培养这种智能,游戏角如弗洛伊德中心。

8. 自然观察智能(Naturalist Intelligence)

自然观察智能指对自然界实物进行观察、分辨、分类的智能。教学策略可以通过一些设备仪器进行观察、写个人日记、做个人收藏等,游戏角可设置为达尔文中心。

(二)以多元智能理论来进行幼儿教育指导

1. 多元智能理论的教育指导价值

加德纳的多元智能理论不仅颠覆了在西方盛行数年的斯坦福-比纳(Stanford-Binet)智力测验,也发展了斯腾伯格的智力三元理论,对教育所带来的影响可谓是革命性的。其理由是:

第一,多元智能的提出无疑是对现行教育体制的一次挑战。既然智能存在着多种表现形式,那么我们就不得不对只专注儿童语言文字、数学逻辑能力的现行教育模式产生怀疑。既然教育是为了更好地促进人的发展,那么就有必要为儿童所存在的其他各项智能发展提供空间和舞台。这显示出当前课程改革的大势所趋。

第二,每个儿童都有多元智能,但每个儿童又各有长短。多元智能理论再次把我们的目光引向了个体差异。为此,现行教育体制采取的整齐划一的教学模式显然应改进。加德纳的改进方式是,建立一个以个人为中心的教育机构,教师根据个体差异安排教幼儿的学习内容,选择那些适合其智能特点、文化背景、生活方式的学习任务,使每个个体尽可能实现最圆满的自我。①

第三,加德纳的教育评估提出了新的思路。他认为,传统评估方式存在用单一评价模式将儿童"一棒子打死"的缺陷,评估双方应是互动的。教师要创设良好的环境,让儿童在非情境化的活动中进行"智能展示",对儿童教育的指导要依据智能发展的轨迹来进行。

2. 以多元智能理论来进行教育指导

(1)发挥教师多种角色的作用

A. 评估专家:第一角色

作为评估专家的教师,任务是对儿童在学校中表现出来的特别才能、倾向和弱点定期给予最新评估,但这种评估不是以标准化考试为依据。这种评估要符合以下三种标准:

第一,必须是"智能展示"(intelligence fair)的评估方法,允许被评估者以自己认为合适的方式向公众展示自己的实力和对课程的理解,并且可直接看到他们的智能潜力;

第二,要有发展眼光,要采用适合儿童发展水平的评估方法;

第三,要与儿童实际活动相关联,即对具有某一特定智能进行测验、评估所得的分数和评语,必须与儿童活动相关联。评估专家必须对评估的智能感觉敏锐,在儿童参与有意义的活动和项目时,能够适当地观察。在需要精确的评估时可以使用标准化的工具,但绝不能让其占主导地位。

---

① 参见顾明远、孟繁华主编:《国际教育新理念》,海南出版社 2001 年版,第 114—116 页。

B. 儿童课程代理人(Student-Curriculum Broker):第二角色

根据最新评估而得到的智能分析结果,向儿童提出课程学习建议。教师也可根据儿童的智能特征采用与之相适应的教育方法。如果儿童对空间智能较擅长,在科学课可给儿童呈现较多的科学图片资料。

C. 幼儿园、社区代理人:第三角色

这个角色增加了儿童在更大的范围内寻求受教育的机会,使儿童能更好地找到适合自己的作业。为此,代理人要汇集师徒传授、家庭辅导、社区组织等各种学习信息,从非教育机构的成功实践中汲取教育灵感,在园内创设一种气氛,使儿童能自由地探索新鲜事物和陌生环境。

(2)采用"多彩光谱"的评估

加德纳认为,学徒式学习和"多彩光谱"评估法是十分重要的,其特点表现为:

第一,通过有趣、场景化的鲜明活动吸引儿童参加;

第二,有意识地模糊了课程和评估的界限,使评估更有效地融入日常教学之中;

第三,通过儿童的活动,也即"智能展示"直接观察到他们的智能状况,而不是通过逻辑数学的间接表现来做判断;

第四,系列评估能提出建议,使儿童通过其擅长的领域来弥补智能相对较弱的领域。

由此可见,加德纳的评估可以达到两个目的:一是为该个体提供有益的反馈,二是为个体周围的社区提供有用的资料。这种"情境化"评估优点在于,它能让个体了解自己的优势与弱势,同时也能为不同文化背景下的个体提供较公正的评估。

五、人格的个别差异

(一)人格类型的差异

我国古代将人的性格分为金、木、水、火、土五种类型。古希腊提出四种气质的体液说。近代主要人格理论有:荣格的内倾和外倾人格理论;阿德勒(A. Adler)的独立型和顺从型人格理论;培因(A. Bain)的理智型、情绪型和意志型人格理论;斯普兰格(Spranger)的文化社会类型理论,将人格类型分为理论型、审美型、权力型、社会型和宗教型。[①]

(二)人格特质差异

1. 奥尔波特的特质理论

奥尔波特(G. W. Allport)认为,人格特质可分为一般特质和特有特质。一般特质是指在一定社会文化形态下,所有人都具有的概括倾向,是性格的共同部分;特有特质是个体生活方式的特定环境造成的,它是使个体之间相互区别的主要因素。特有特质又可分为三类:一是首要特质,代表个体最独特的特质。如此人总的说来是"冷漠的"。二是中心特质,指代表个体特质的核心部分。如某人反应"灵敏"。三是次要特质,指代表个体在特定情境中表现出来的暂时的性格特质。[②]

2. 卡特尔的特质理论

卡特尔(R. B. Cattell)把特质分为表面特质和根源特质。表面特质是经常发生的,不太稳定,是从外部可以观察到的行为表

[①] 参见皮连生主编:《学与教的心理学》,华东师范大学出版社1997年版,第65—66页。

[②] 参见李伯黍等:《教育心理学》,华东师范大学出版社1993年版,第477—480页。

现。根源特质则隐藏在表面特质后面,是一个人性格稳定的、持久的特点。卡特尔发现了16种根源特质:孤独或乐群、迟钝或灵敏、激动或稳定、谦虚或武断、严肃或随和、敷衍或认真、畏缩或莽撞、硬心肠或软心肠、相信或多疑、重实际或重想象、直爽或世故、自信或谨慎、保守或探新、依赖或自主、随便或自制、轻松或紧张。

3. 吉尔福特的特质理论

吉尔福特(J. P. Guilford)认为,性格是各类特质构成的独特模式。特质可以划分为需要、态度、气质、能力倾向、形态和生理特点等七类。他认为,性格可根据可观测到的行为表现推测出来。

(三)幼儿人格个别差异的教育指导

1. 重视家庭环境对幼儿人格的影响

幼儿的任性、骄横、霸道、自我中心等,根源多半是他们在家庭中处于特殊地位,家长过分溺爱、迁就。相反,如果家长对幼儿限制过多、简单粗暴,也会压抑幼儿的主动性,造成幼儿墨守成规、怯懦等消极性格。家庭因素对于幼儿人格成长十分重要。

2. 强调良好集体关系的重要性

在幼儿园,形成良好的园风、班风对幼儿人格的健康成长很重要。幼儿在班集体中的地位,成人和同伴的态度都会作用于幼儿人格的形成。幼儿性格的可塑性大,在集体中可以改造幼儿的不良人格特征。如,以自我为中心的幼儿在集体中可以学会合作,看到别人长处,体验集体力量,最终摆脱个人的自我中心倾向。另外,幼儿多参与实践活动,可以体验到同伴友好相处的快乐。

3. 在幼儿园建立个性心理素质档案

建立个性心理素质档案是幼儿人格培养的有益尝试。杨丽珠(2001)等研究,人格档案包括情感、意志、自我意识、社会性等指标,通过对每一个幼儿的个性发展状况进行评价后,能够有的放矢地进行人格教育。①

第二节 学习方式的个别差异及幼儿教育指导

一、感觉通道的学习方式差异及教育指导

感觉通道的学习方式差异是指学习者对视觉、听觉和动觉的偏重程度(Rieseman,1966)。有些人善于通过读(看)来学习;有些人善于通过听来学习;还有些人则善于通过做来学习。

研究者认为,感觉通道的差别确实能解释这样一些现象,如:有的儿童喜欢以从容不迫的速度来学习,而有的儿童则在一定压力下学习效果最好;有的儿童喜欢在地板上踱步,有的儿童则只有在椅子上时方能集中思想;有的儿童喜欢平静和安定,而有的儿童则能够在嘈杂和喧闹中有效地工作。

根据感觉通道学习方式之不同,相应的教育指导应注意:

1. 听觉型学习者偏重听觉刺激,他们对语言、声响、音乐的接受力和理解力强,他们在看书时甚至戴着耳机听音乐。对这类儿童,教师可以多用听觉输入的方式进行教学。

2. 动觉型学习者喜欢接触、操作物体,对自己能够动手参与的认知活动感兴趣,而教师用手拍拍他的头表示赞赏所产生的效果要比口头表扬好。

3. 视觉型学习者对视觉刺激敏感,习惯从视觉接受学习材

---

① 参见杨丽珠:《儿童个性发展与培养的实验研究》,吉林人民出版社2001年版,第36—37页。

料,例如景色、相貌、书籍、图片等。有的学习者喜欢通过自己看书和记笔记来学习,而不适应教师的讲授和灌输。

二、与学习有关的生活方式

如果儿童的生活方式与教师的生活方式一致,学习就会得到促进,但这种匹配安排起来比较困难,最好是教师已经认识到师生之间存在着不同的生活方式,并认识到这种生活方式是教育环境的组成成分(Di Macco,1974)。与学习有关的生活方式包括:

1. 正规化方式(formalistic style)

在这种方式下,活动价值和观念都出自正规教育。这种方式强调坚持原则和遵守纪律,适合于喜欢秩序、常规和喜欢明确应该做什么的儿童(或教师)。

2. 以社会为中心方式(sociocentric style)

以社会为中心方式的活动是在社会的相互影响下与其他人取得一致而进行的,所选择的课堂组织是以班级为中心的。

3. 个人人格至上方式(personalistic style)

在这种方式中,活动是出自个人的经验和感情。儿童生长和发展起因于增长的自我觉悟和自主性,所选择的课堂组织则为自我引导式的。

三、学习方式个别差异的有关研究

(一)奈申斯的研究

奈申斯(Nations,1967)把学习方式描述为三方面[1]:

1. 感觉定向,是指学习者主要依赖视觉、听觉或触觉来学习。

---

[1] 参见陈琦、刘儒德主编:《当代教育心理学》,北京师范大学出版社1997年版,第278页。

2. 反应方式,是指学习者是单独工作最好,还是在一个组里工作最好;是一个主动的参加者,还是一个观察者;是喜欢依赖教师,还是倾向于自主行动;对一个理论、作业、建议、指导是支持的,还是质疑的。

3. 思维模式,是指幼儿先有一个总体轮廓,然后再去收集有关信息去证明这个概念;幼儿喜欢深思熟虑地、有条有理地收集信息,或喜欢做出巨大的直觉式跳跃。

(二)多维学习方式概念模式

一个多维学习方式的概念模式(Reynolds & Gerstein,1992)包括了六个类别:知觉偏好、物理环境需要、社会环境偏好、认知方式、最佳时间以及动机和价值观等。

(三)考德的研究

考德(Kold,1984)提出了学习中的认知方式综合模式,认为可从这两组维度来考虑:具体体验相对于抽象概括,反省性观察相对于主动实验。然后从两组维度构成的坐标系中,确定出四种学习方式:具体体验、概括抽象、主动实验和反省性观察。把测验和教学结合起来,最终促使儿童不仅认识到自己的学习方式,也能够找到适应于自己的学习策略。整个测验活动包括四个阶段,而每一个阶段是与一种学习方式对应的:

1. 第一阶段与发散者学习方式相对应

这种学习方式的学习者关注发散思想,富有想象力。针对这种学习方式的教学策略是自由发言和小组讨论,以激发他们的创造性思想。

2. 第二阶段与同化者学习方式相对应

这种方式的学习者喜欢处理抽象的观点和概念,具有理性或逻辑性。针对这种学习方式,讲座是较为适宜的教学方法。

3. 第三阶段与聚合者学习方式相对应

这种方式的学习者擅长把理论用于实践,即对理论在实际中的应用更感兴趣。

4. 第四阶段与顺应者学习方式相对应

这种学习方式的学习者强调主动探索和具体体验,比较适合的教学策略是实验室工作和现场调查研究。

四、认知方式的差异

认知方式,一般用来描述儿童加工信息时所习惯采用的不同方式。其主要特征:一是持久性,即在时间上是一个相对稳定的过程;二是一致性,即在完成类似的任务时始终表现出这种稳定性。

(一)场依存性和场独立性

1. 概念与特征

人的知觉受环境因素影响者称之为场依存性;知觉不受或很少受环境因素影响者称之为场独立性。前者是"外部定向者",基本上倾向于依赖外在的参照;后者是"内部定向者",基本上倾向于依赖内在的参照。研究表明,场依存性与场独立性的认知方式具有以下几个特征:

(1)过程性。有关认知过程而并非内容。

(2)普遍性。场依存性—场独立性认知方式不仅存在于知觉领域,而且存在于记忆、思维、问题解决以及人格领域,表现在人的行为上的普遍性。在社会行为上,场依存性的人喜欢并善于社交,较易受他人影响,社会工作能力较强,他们是社会定向(social orientation)的;场独立性的人较不善于社交,较独立自主,对抽象和理论的东西更感兴趣,他们是非社会定向(nonsocial orientation)的。

(3)稳定性,随时间推移,儿童在场依存性和场独立性连续体上往往表现出一定的稳定性。

(4)两极性。场依存性—场独立性连续体这个维度是两极性的。比如,场独立性的人在认知重组能力和人格自主上高,但在社会敏感和社会能力上却低。

2.场独立性和场依存性差异的教育指导

在学习方面,场依存性儿童对人文学科和社会学科更感兴趣;而场独立性儿童在教学与自然科学方面更擅长。在强化方面,场依存性儿童较易于接受别人的暗示,学习努力程度往往受外来因素的影响;而场独立性儿童在内在动机作用下,时常会产生更好的学习效果,尤其表现在数学成绩上。在教学方面,场独立性强的教师喜欢数学和自然科学各科,喜欢讲演,在讲课时,注意教材的结构和逻辑,偏向于使用正规的教学方式;而场依存性强的教师使用结构不那么讲究的方法,喜欢与儿童相互作用,喜欢采用讨论的方法。

(二)反思性和冲动性

根据卡根(Kagan)的研究,有些儿童的思维方式是以冲动为特征的,而另一些儿童则以反思为特征。冲动性思维儿童往往以很快的速度形成自己的看法,在回答问题时反应很快;反思性思维的儿童则不急于回答,在做出回答之前,倾向预先评估各种可替代的答案,最后给予较有把握的反应。冲动性思维儿童一直有一种迅速确认相同图案的欲望,急于做出选择,犯的错误多些;反思性思维儿童则采取小心谨慎的态度,做出选择比较精确,但速度要慢些。

与学习的关系来看,反思性儿童是深思熟虑的、计算的、分析性的和逻辑的；而冲动性儿童则是根据几个线索做出直觉跃进。反思性儿童表现出更成熟的解决问题的策略，而且比起冲动性儿童，表现出更多可能去考虑不同的假设(想)，在完成需要对细节做分析的学习任务时，学习成绩较好些；冲动性儿童在完成需要做整体性解释的学习任务时，成绩更好些。

(三)整体性和系列性

帕斯克(Pask)指出，儿童学习策略有很大差异。系列性儿童把精力集中在一步一步的策略上，提出的假设一般说来比较简单，每个假设只包括一个属性。这种系列性策略，从一个假设到下一个假设是呈直线的方式进行的。而整体性儿童则倾向于使用比较复杂的假设，每个假设同时涉及若干属性。这种整体性策略，是从全盘上考虑如何解决问题的。[1]

与学习的关系是，采取整体性策略的儿童在完成学习任务时，往往倾向于将整个问题所涉及的各个子问题进行预测，视野比较宽，能把一系列子问题组合起来，而不是一碰到问题就立即着手一步一步地解决。采取系列性策略的儿童，一般把重点放在解决一系列子问题上，十分注重其逻辑顺序。

根据这种思维方式的不同，在教学上应注意使用不同的学习材料。学习材料有两个版本，一个版本旨在适合于采取整体性策略的儿童；另一个版本是按逻辑顺序一步一步地呈现内容，不穿插任何其他类比或说明材料，以适合于采取系列性策略的儿童。在匹配条件下学习的儿童，都能够回答有关他们学习过的内容的绝

---

[1] 参见陈琦、刘儒德主编：《当代教育心理学》，北京师范大学出版社1997年版，第286—287页。

大多数问题。教师需要为儿童提供一种适合于儿童自己偏好的学习方式来学习的机会。如果教师采取某种比较极端的教学方法（也许，这种方法本身反映了教师自己习惯采取的策略），那么，必然会有一些儿童感到这种教学方法与自己学习方式相距甚远，从而影响这些儿童的学习。

总之，对学习方式的差异，可以做的就是改变课堂的技术（方法），课堂的结构和材料的组织都与学习方式的变化有关。教师的教学尽可能与儿童的认知方式相适应。课堂是开放的还是结构的，是儿童为中心还是教师为中心的组织教学，教师是随意的还是集权主义的，都会对儿童学习起不同作用。

第三节 群体差异及幼儿多元文化教育

群体差异是指幼儿在社会经济地位、性别、种族、民族、语言、年龄特征等方面的差异，这种差异可能会影响到心理发展和学业成绩。一些教师认为，他们所要做的就是自己好好教书，幼儿自然就会好好学习。但是幼儿个个不同，有经验的教师关注这些差异以及差异是如何影响幼儿的学习的，从而知道怎样调整他们的教学风格来适应不同群体的幼儿。教师不仅仅是幼儿的指导者，而且他们和幼儿都是未来社会的建设者。在多元文化背景下，每位教师都肩负着重要的职责，这就是：要将我们国家所信守的机会平等的根本原则落实到每日的课堂活动中去。[①] 消除因群体差异导

---

① 参见罗伯特·斯莱文：《教育心理学》，姚梅林等译，人民邮电出版社2004年版，第77页。

致的偏见和歧视,让每个幼儿都具有教育均等的机会,体验成功的学习经验。同时,教育幼儿熟悉并认同自己的文化,尊重他人与自己不同的文化,形成积极对待其他文化的态度。这都是现实教育正面临着的一场严峻的挑战。本节重点探讨群体差异及进行幼儿多元文化教育的指导问题。

一、群体差异与幼儿教育

(一)社会经济差异与幼儿教育

社会经济地位没有单一、确定的概念。心理学家把社会经济地位(Socioeconomic Status,简称为 SES)定义为由收入和受教育水平所决定的、对个人社会阶层水平的量度。[①] 社会学家们则根据个人收入、职业、受教育程度和社会声望等诸多因素来界定社会阶层或社会经济地位,认为个人的工作给他带来的声望也是判定社会阶层的重要因素。

社会阶层是群体差异的一个重要维度,它的影响力超过了种族、性别等其他因素。社会阶层所反应的不仅仅是收入水平和受教育水平,还伴随着与之相应的一系列的行为方式、期望和态度。儿童间差异的一个重要方面就是社会阶层的差异。据有力的证据表明,孩子的学业成绩(Scholastic Assessment Test,简称为 SAT)与家长的收入呈正相关,家长的收入越低,孩子的 SAT 也越低。综合多方面原因,一个恶性循环就在低社会经济地位和低 SAT 或其他标准测验分数之间产生了。当然这只是反映了平均水平,很多来自低收入家庭的孩子也取得了成功,但无论如何,低收入还是

---

① 参见 R.J.Sternberg & W.M.Williams:《教育心理学》,张厚璨译,中国轻工业出版社 2003 年版,第 176 页。

给孩子的学业成功设置了障碍。有经验的教师所要做的是要打破这个恶性循环,帮助那些社会经济地位低的儿童跳出贫困和低成就的怪圈。

那么,社会经济地位的差异是如何影响幼儿的学业成绩的呢?其中有许多因素:

1. 不良的育儿实践

贫困家庭的幼儿很少接受良好的健康护理,这类幼儿的母亲也不太可能受到良好的孕期护理。种种原因可能延误了认知发展,进而影响了幼儿的学业准备。

2. 低期望——低自尊

在美国,由于低 SES 幼儿可能穿旧衣服,说话不合文法,对书籍与学校活动不熟悉,教师和其他幼儿可能以为这些幼儿是愚钝的。教师可能避免叫他们回答问题,以免他们因答错而焦虑不安。在教师的低期望下,这些孩子渐渐认为自己不擅长学校学习,也有可能产生自卑和羞愧感,从而影响了学业成就。

3. 习得无助

低 SES 幼儿可能成为习得无助的牺牲品,他们可能渐渐相信在学校做得好是不可能的,他们的许多朋友和亲戚从未完成过学业,中途辍学似乎很正常。他们逐渐相信,对他们来说,通过在学校出色表现,是非常艰难的。

4. 同伴影响和反叛文化

反叛文化即拒绝采用主流社会的行为和态度的群体价值观念和信念。对于这种文化的成员来说,在学校的成功意味着背叛,为了保持他们的身份和在群体中的地位,甚至拒绝上课。然而,并不是说所有的低 SES 幼儿都排斥好成绩,如果父母重视学业成就,他们的孩子倾向于选择看重学习的朋友。

5. 分层教学

这些幼儿被编入低能力或普通班级,被指导如何记忆和被动学习。他们的班级是低水平的和以教师为主导的,接受较差的教育,学业技能较低。

6. 家庭环境和资源

这些资源包括书籍、计算机、图书馆、交通、博物馆等,可能对幼儿的成绩也有显著影响。家庭中缺乏情感支持和认知刺激,是穷困幼儿的言语、阅读和数学技能不足的主要原因。当然,无论SES水平怎样,如果父母、教师如果能支持与鼓励幼儿,为孩子提供学习的时间与空间,这些孩子还是会乐于读书和会读书的。

(二)民族和种族差异与幼儿教育

民族(ethnicity)指一个共同享有宗教、文化遗产或语言的群体,其中的每个个体都具有一些重要的共同特征,如信念、价值观、历史及其他。种族(race)定义为一类具有同样遗传生理性的人,这些特征具有社会意义,如肤色、发色等。一个民族通常享有一种共同的文化,而一个种族的人却未必享有共同的文化。少数民族(minority group)原来指的是那些比代表主导文化的群体要小的群体,但现在这个词经常被用来表示那些传统上处于不利背景的人群。不同文化、种族群体对成绩的影响仅仅是一种倾向,并不是适用于每个个体的标签。不同种族或其他群体的儿童确实存在学业成就和考试分数方面的差异,但这些差异意味着什么?是什么导致了这些差异的产生?这是需要每个教师思考的。

1. 种族歧视(racial discrimination)

种族歧视是指根据种族将人们分割成不同的社会阶层从而加

以区别对待的行为。在中国大多表现为对少数民族人群的区别对待。在综合学校里,受到种族歧视的幼儿被隔离在一个低能力分层教学班,从小失去进入提高班的机会,这给他们的取得学业成功设置了障碍。虽然在认知能力测验上不同种族群体间的差异一致,但研究者认为这些差异主要是歧视导致的,或是受到低SES环境的影响。因为大多少数民族群体幼儿在社会经济地位上处于劣势,这导致了幼儿各种资源的匮乏,从而影响了孩子的学业成就。但是比较来自不同种族但SES相同的幼儿,他们学业成绩的差异就消失了,这充分说明了SES对幼儿学习的重大影响。

2. 刻板印象威胁(stereotype threat)

刻板印象指的是人们对某一类人或事物产生的比较固定、概括而笼统的看法。刻板印象威胁指个体经历的一种风险,处于该风险中的个体担心自己会验证所属群体的消极刻板印象。例如幼儿担心自己在学校中的学业表现会强化他人对自己持有的某种消极刻板印象。在美国,大多数人认为,美籍非洲人智力低劣,这些刻板印象可导致幼儿焦虑从而影响成绩。在中国,人们对少数民族幼儿有着同样的消极刻板印象。

(三)性别差异与幼儿教育

幼儿的性别是一种显而易见、持久不变的特质。对男女性来说,所谓的自然行为实际上更多的是文化观念决定的,不是由生理必然决定的。大量的研究结论都表明,不管遗传的生理差异有多大,男性女性之间的许多差异都与个体早期不同的社会文化经历有密切关系(Feingold,1992)。[①] 许多关于性别角色的传统观念已

---

① A. Feingold(1992),"Sex Differences in Variability in Intellectual Abilities:A New Look at an Old Controversy", *Review of Educational Research*, 62(1), pp. 66-69.

经开始有所转变,但是性别歧视(gender bias)的现象仍然存在。课堂里的性别歧视表现为,教师与男孩的互动多于女孩,教师问男生更多问题,给男生更多反馈,如表扬、批评和纠正,并且给男孩更多明确的和有价值的意见(Bailey,1993)。[1]

跨文化研究表明,性别角色是个体最早的学习内容之一,所以教师对性别具有的偏见和观念会在幼儿发展自身性别意识的时候对幼儿造成负面影响。教师要避免在语言称述上的性别刻板效应,例如"男生不哭"以及"女生不打架"等,同时,多鼓励男女合作。大量研究表明,幼儿在语言、空间能力和数学等方面的确存在性别差异,但是许多能力是不存在性别差异的,男女在完成智力任务时并不存在整体差异。只能说男女在思维方式和学习方式上各有特点,需要教师区分把握,用以恰当、合适的教学方式。

(四)语言差异与幼儿教育

在课堂上,语言是载体,交流是教学的核心,那么语言差异如何影响幼儿教育呢?

1.方言

方言是同一语言中因地理区域不同而表现出不同的发音与日常用语。我国地域广袤、人员众多,方言种类繁多,即使是同一个市,不同区、县也会在发音与日常用语上呈现差异。由于历史文化的原因,人们对不同的方言是有尊重鄙夷之分的,从而造成对持有不同方言的群体的态度的差异。教师可能会对说某种方言的幼儿抱有某种成见,从而给他们较低的评分。那么教师是否应该采用

---

[1] S.M. Bailey(1993),"The Current Status of Gender Equality Research in American Schools", *Educational Psychologist*, 28(4), pp.321-339.

大多数幼儿使用的方言,以使幼儿学习更容易呢?这样做显示了教师对幼儿语言的尊重,但是却使幼儿失去学习主导文化中标准语言的机会。所以,教师做到既尊重幼儿不同的方言,又能教授幼儿主流文化中的标准语言,使幼儿能更好地在主流文化中生活,是非常重要的。不管怎样,有经验的教师必须有一个具体的计划来管理和教育这些幼儿。

2. 双语

双语教学现在越来越受重视,在幼儿教育中也越来越流行,但如何开展双语教学没有一个准确、合理、统一的理论。关于双语的含义,不同研究者有不同界定,比如,像母语一样熟练地使用非母语语言;交替地使用两种语言的实践;能够用两种语言完成有意义的话语。在这里我们把双语(英汉双语)定义为:能够理解和运用两种语言的人。因此,双语并不仅仅是说两种语言,而是能够在两种文化中应对自如,成为双语文化者。这就要求幼儿能掌握两种文化中交流的必要知识,在保持自我认同感的同时,能应付第二语言国家可能存在的歧视。随着全球经济的一体化发展,要让幼儿更好地适应社会,学习第二语言变得越来越重要。但是,来自不同的群体,第二语言的学习准备或者水平是有差异的,所以,如何兼顾幼儿的差异从而有效的开展双语教学是每个教师需要思考的。

二、幼儿的多元文化教育

(一)多元文化教育产生的背景

首先,自 20 世纪 60 年代以来,随着世界移民风潮的增长以及移民在国家中角色重要性的提高,他们迫切要求教育中体现自己民族文化的特殊性并提高其地位,这直接推动了"多元文化教育"(multicultural education)的产生和发展。这是多元文化教育产生的历史背景。

其次,保护人权和促进平等是多元文化教育发生的社会背景。这主要体现为追求个体受教育权利的尊重和教育机会的均等化。西方社会把保护人权、促进人权、促进平等作为共享国家的主要目的,因而在社会组织方面力图创建包括所有种族的、民族的、文化的、群体的平等主义思想体系。20世纪60年代以后,民族复兴运动教育中的反种族主义(anti-racism)运动的兴起,作为其直接结果,多元文化得以倡导。

再次,世界经济的发展,成为文化多元主义及其社会运动发生的潜在背景。当今世界,经济快速增长,跨文化交流日益频繁,各种文化不断碰撞、融合。在这种形势下,任何一个民族都不可能单纯地生活在自己的民族文化中,从而文化多元运动日趋明显。

(二)幼儿多元文化教育的内涵及特点

1. 幼儿多元文化教育

在不同的文化群体或不同的国家中对多元文化教育的理解是不同的。最简单的定义是反种族偏见的教育(anti-racist education),强调课程中要包括主流文化以外的其他种族的文化。班克斯(Banks,1993)对多元文化教育进行了更为广泛的定义,认为多元文化教育是一种教育理念:所有幼儿,不论他们属于那一类群体,譬如在性别、民族、种族、文化、社会阶层、宗教信仰等方面各不相同或属于某种特殊群体,他们在学校中都应该享有平等的教育。[①] 在本书中,幼儿多元文化教育的内涵是:在当今多种文化相

---

① J. A. Banks(1993), *Multiethnic Education: Theory and Practice*, Boston: Allyn & Bacon.

互融合的社会中,幼儿不论其属于何种文化、存在何种差异(包括性别、种族、语言、社会经济地位、学习技能、信仰、态度、价值观、幼儿自身概念,以及文化水平等差异),都能平等地接受教育,获得关于国家主流文化、本民族亚文化及其他少数民族文化的相关知识。

2.幼儿多元文化教育的特点

(1)幼儿多元文化教育同时包含群体差异和多元文化两层含义,两者独立存在又相互影响。幼儿在进入学校学习时,已经吸收了自己生活环境中的各种文化,比如语言、信仰、态度、行为方式、饮食偏好等,导致了群体差异的产生。然而群体差异以及其他群体的认同感和经验又影响着每个幼儿的背景文化。大多情况,人们说重视的往往是国家间的文化差异,对自己社会内部存在的文化差异却不太重视。人们更倾向于重视社会主流文化和上层社会的文化特征,而忽视其他群体的文化特征。所以我们既重视群体差异,也强调文化多元,要求知识的整合性。

(2)公平有效的教学理念。各种背景的幼儿都有接受教育的平等机会,教师应减少偏见,在不同民族、文化背景群体之间建立积极的关系,包括建立更为民主和宽容的对待他人的态度。同时,教师应根据其差异采取有效的教学措施。

(3)知识建构的再生性。教师要让幼儿"知其然,知其所以然",理解知识是如何产生的,知识是如何受到个体和群体种族和社会地位影响的。

(三)幼儿多元文化教育的理论基础

1.人类发展生态学理论

布郎芬布伦纳认为,人类发展生态学研究的是发展着的个体与其直接生长于其中的变化着的环境之间的渐进、双向的互动,而这个互动过程又受到个体不同的直接环境之间的相互联系的影响,并受到这些环境所处的文化背景的制约。该理论揭示了幼儿多元文化教育的价值和意义。因为幼儿的发展受小系统中家庭文化的影响很大,幼儿带着家庭文化背景对其的影响来到幼儿园。在中间系统中如果各微观系统对幼儿的要求一致,幼儿教师在了解幼儿文化背景的前提下与家长协调一致地对幼儿进行教育,那么就有利于幼儿的发展。

2. 群体社会化发展理论

群体社会化发展理论(The Group Socialization Theory of Development)是1995年由美国心理学家哈里斯(Judith Rich Harris)首次提出的,他认为在幼儿的整个社会化过程中,同伴群体对个体的发展起决定性影响。即幼儿的社会化进程受到家长同伴群体和幼儿同伴群体的双重影响,文化由父母同伴群体传递给幼儿同伴群体,文化传递只有经过群体的过滤然后才能被个体获得。因此,幼儿教师应有意识地构建幼儿认同的不同群体,引导不同群体的文化取向。①

3. 合作学习理论

合作学习(cooperative learning)是20世纪70年代初兴起于美国,并在70年代中期至80年代中期取得实质性进展的一种富有创意和实效的教学理论与策略。② 合作是指愿望共同达到目标的行为或态度。合作学习是指使幼儿在小组中从事学习活动,并依据他们整个小组的成绩获取奖励或认可的课堂教学技术。在合

---

① 参见安秋玲:"群体社会化理论及其对学前教育的启示",《幼儿教育》2006年第1期。

② 参见胡海娟:"浅谈合作学习",《中国校外教育》2008年第21期。

作学习中,成员间是互相依赖的,教师又是以总体表现为奖励依据的,从而使小组成员形成一个密不可分的整体,这对那些动机、毅力、责任心相对较弱的幼儿会产生积极的群体压力,从而产生学习的动力,提高学习的效果和发展的重要动力。

(四)幼儿多元文化教育的实践指导

多元文化教育意味着对不同的幼儿采用不同的方法。要进行多元文化教育,教师必须首先理解幼儿及他们的背景,你只有通过理解他们成长的环境才能了解幼儿的文化背景。一旦你掌握了这种信息,你就能对课程进行调整,例如在课程中引入对特定文化的介绍,这种方法会使你顾及每个儿童。在任何课程材料之前,先浏览一下,确定其中没有对于人种、民族、性别和残疾的刻板印象。

1. 有效课堂教学

(1)对经济、文化落后地区幼儿的关注

生活在经济、文化都相对落后地区的幼儿,多数会有自卑的情感产生,各方面见识和学业成就与大城市的幼儿会有一定差距,因此教师应该有对所有的幼儿都是尊重、理解、平等的观念,逐渐培养幼儿自尊、自信、自强的观念及能力。

(2)对民族文化、本地文化的利用

不同的民族有不同的文化,不同地方也都有着自己独特而丰富的地方文化。教学中教师不要仅仅拘泥于对教材的运用,而应结合民族特色和本地的文化特色,让幼儿初步学会简单地比较风格迥异的文化,领悟不同文化的特色,并能利用各种创造性活动表现民族文化。

(3)对少数民族幼儿的尊重

我国以汉族为主,回族、满族、壮族等少数民族的人数也为数不少。在幼儿园的每个班级基本都会有几个少数民族的幼儿。多元文化教育过程中,要求教师要在幼儿游戏、活动和与幼儿家长交往的过程中关注这些幼儿的文化背景,并把这些文化特点有机地组织到课程中。同时,要让幼儿尊重来自不同民族的幼儿的母语、方言和文化,培养少数民族幼儿的自尊心和自信心,为他们未来的学业、职业、社会成功做好准备。

(4)对不同性别幼儿的态度

多元文化教育应避免性别刻板印象,对不同性别的幼儿要平等地对待。在幼儿活动过程中对男孩和女孩没有不同的要求和期待,在提问、幼儿发言等方面对男孩、女孩应有同样的关注。

2.多元文化教育中教师的培训

教师是多元文化教育的核心,不管他们是否已经意识到,教师们正与一群来自多元化的背景和有着不同的广泛经历的孩子们生活在一起。因此,幼儿教师只有不断接受培训,发展多元文化意识、态度、知识和技能,才能适合幼儿的优势、需要、兴趣、家庭以及社会文化。

(1)应具备多元文化意识

教师应该树立即使在单一族群的幼儿园里,也应该进行多元文化教育。这是社会的需要,时代的要求。

(2)端正对幼儿多元文化教育的态度

教师应对所有的幼儿都持有同样程度的期望,不把对种族、民族、性别、语言、社会阶层等的刻板印象和偏见带到多元文化的教学中,学会尊重差异。

(3)丰富对幼儿多元文化教育的知识

多元文化教育的知识是教师进行多元文化教育的基础。如果教师具备足够的知识来审视环境和材料,任何资料都可成为多元文化课程的来源。知识丰富的教师即使面对的是同一文化族群的幼儿,他也可从幼儿自己的文化入手,逐渐拓展到其他的文化,从而对幼儿进行多元文化教育,发展他们的多元文化观点。

(4)增强教育能力

教师应具备创设多元文化教育环境的能力。认识到环境中的各种物理性与心理性因素,会影响幼儿的行为,要具备处理不同文化背景间幼儿冲突的能力。

3.幼儿多元文化教育的教育价值

幼儿多元文化教育是基于文化平等与社会民主的文化多元主义理念的。其在学校教育中的价值则主要表现为[①]:

(1)使部分幼儿群体在多元文化教育的影响下,产生了变化。

(2)使所有的幼儿的兴趣都得到了照顾,并培养幼儿进入文化多样化的世界,以适应实际生活需要。

(3)帮助幼儿清楚地理解多样性,在这个逻辑起点上,促进幼儿直接获得理解多元文化的能力。

(4)帮助教师明确不同民族的幼儿学习成绩存在巨大差异的主要原因是学习风格不同,使教师更好地研究个体的学习风格,这样的研究对调整学校教学更有参考价值。

(5)使来自不同文化背景的幼儿意识到,仅仅依靠自己的经验和感受会遇到各种阻力和危险,对大量有关多元文化教育的思想和观点虚怀若谷、洗耳恭听,才是获得正确观念应有的态度和

---

① 参见王永峰:"用多元文化教育观指导我国幼儿园课程发展",《文教资料》2009年第25期。

方法。

(6)能培养幼儿基本的认知能力、批判反省能力、想象力、独立判断能力等;促进幼儿道德品质的提高,如爱真理、民主、人性化及对全人类的关怀;培养幼儿的社会技能,提高其在不同文化中的适应能力,促进个人的自我发展。

问题与思考

1. 加德纳多元智能理论的八种智能的含义是什么?
2. 如何理解认知方式的差异及教育指导?
3. 多元文化教育的价值及其理论依据是什么?
4. 幼儿群体差异表现在哪些方面?
5. 什么教育方法才能在弘扬文化的多元性基础上保护幼儿的群体差异?

术语及定义

个别差异:个体之间在稳定的心理特点上的差异,包括性格、能力或兴趣等方面的差异。

同质分组:按照智力、成绩进行编组或编班。

语言智能:用语言进行思维、表达,以及欣赏语言深层次内涵的智能。

逻辑数学智能:人能够计算、量化、思考、命题和假设,进行复杂数学运算的智能。

空间智能:三维空间进行思维的智能。

身体运动智能:灵活运用自己身体(四肢)去解决问题的智能。

音乐智能:感觉音调、节奏、音色的智能。

人际交往智能：能理解别人，和别人进行交往的智能。

自我认知智能：建构正确的自我知觉，并善于用自己的计划指导自己的人生。

自然观察智能：对自然界实物进行观察、分辨、分类的智能。

根源特质：隐藏在表面特质后面，是一个人性格稳定的、持久的特点。

场依存性：在知觉中容易受环境因素影响的特性。

场独立性：在知觉中不容易受或很少受环境因素影响的特性。

冲动性：一种思维倾向，儿童往往以很快的速度形成自己的看法，在回答问题时很快就做出反应的思维倾向。

反思性：一种思维倾向，儿童不急于回答，他们在做出回答之前，预先评估各种可替代的答案，然后给予较有把握的答案。

多元文化教育：在当今多种文化相互融合的世界中，使幼儿不论其文化差异（包括性别、种族、语言、社会经济地位、学习技能、信仰、态度和价值观以及幼儿自身概念和文化水平等），都能获得在国家主流文化中生存所需要的认识、技能和态度，同时也要有助于幼儿在本民族亚文化和其他少数民族亚文化中生存所需要的能力的一种教学和学习取向。

文化：文化是核心的社会价值；是环境和习俗；是权利和社会地位；是文化群体间的关系和社会身份；是工具和惯例；是社会资金和财富；是在多样化的社会里通行的心理能力。

种族：定义为一类具有同样遗传生理性的人，这些特征具有社会意义，如肤色、发色等。

民族：指一个种族、文化或语言群体，其中的个体具有一些重要的共同特征如信念、价值观、历史及其他。

少数民族：原来指的是那些比代表主导文化的群体要小的群体，但现在这个词经常被用来表示那些传统上处于不利背景的人群。

性别差异：分为由于生物控制不同而造成的生理性性别差异和由于心理和社会控制不同所造成的社会性性别差异。

社会经济地位：社会学家用于描述财富、权力、威望方面差异的术语，简写为 SES，分为四个水平：上层、中层、一般和下层。

第七章　学习障碍及幼儿教育指导

在测验和教育中的适应性做法是，帮助这些孩子发现他们的其他优势，并最大限度地利用这些优势，激励他们表现出自己的最高能力水平。

——斯腾伯格

第一节　儿童学习障碍的概述

一、学习障碍研究的历程

人们对学习障碍的认识经历了一个从低级到高级、从不成熟到逐步成熟的漫长过程，这一历程大致可划分为五个阶段：

（一）初步阶段

19世纪初，学习障碍研究起源于医学界，集中研究脑损伤病例以及语言障碍和阅读障碍，重视对病因的讨论，很少涉及治疗或教育方案。摩根（Morgan，1896）发现词盲现象，从医学角度把词盲确定为"学习困难"的概念。[①]

---

① 参见周平、李君荣：《学习障碍儿的教育指导》，人民军医出版社2003年版，第4—5页。

(二)转型阶段

20世纪30年代,学习障碍的研究开始专业化,研究重点由大脑解剖向补偿教育和训练转变。西方学者对学习障碍成因的认识,由大脑器质性损伤转向轻微脑功能失调;对学习障碍的诊断与矫正进行研究,由阅读困难转向感知—运动障碍;研究角度由医学逐渐转向心理学、教育学。

(三)整合阶段

20世纪60年代,学习障碍研究把语言、文字和感知运动方面整合为一,在教育领域迅速发展。具有代表性的研究者凯克(S. A. Kirk)编制了综合诊断学习能力的伊利诺斯心理语言学能力测验(Illinois Test of Psycholinguistic Abilities,简称为ITPA),提出了"学习障碍"这一用语。到了20世纪70年代,学习障碍研究出现了学派林立的局面。

(四)发展阶段

20世纪80年代以后,学习障碍研究呈现多元化、个别化趋势。各国研究者从对学习困难的概念界定、病因探讨、特性研究到干预训练计划的制订等都各有见地。1990年以来,研究重点是学习困难诊断及教育指导方法,偏向实际领域。

(五)深化阶段

21世纪后,人们清楚认识到矫治学习障碍是一个系统工程,需要医学、心理学、教育学等各领域的研究与配合,研究目标也不只局限在"矫正"与"补偿",更着眼于"预防"。诸多学科和领域的研究者共同努力,着重对学习障碍的诊断、早期干预和教育指导内容、方法及成效的研究,成为新世纪学习困难研究继续深化的标志。

二、学习障碍的定义

学习障碍非常普遍,每 100 人中就有 3 至 5 名。[①] 学习障碍(Learning Disabilities,简称为 LD),是西欧国家习惯的省略用语,曾有过多种定义,到目前为止,可查阅到的相关术语与定义已达 90 种以上。长期以来,我国教育工作者往往把学习困难与"差生"或"学习成绩低下"相联系。例如,把智商在正常水平、学习的主要学科成绩不及格或低于平均成绩一个标准差以上的儿童认定为 LD 儿童;或把因学习差而留级,被教师评定为学习能力差的儿童认定为 LD 儿童。关于学习障碍的界定[②]:

(一)美国公法(94—142)的定义

1975 年,美国公法(94—142)定义(Kirk,1968)如下:LD 是指与理解、运用语言有关的一种或几种基本心理过程上的异常,导致儿童在听、说、读、写、思考或数学运算方面显示出能力不足的现象。这些异常包括知觉障碍、脑伤、轻微脑功能失调、阅读障碍和发育性失语症等情形。但 LD 一词不包括以视觉、听觉、动作障碍、智能不足或环境、文化、经济等不利因素造成的学习问题。

(二)美国"全国学习障碍联合会"(NGCLD)的定义

LD 是指听、说、读、写、推理等方面的获取和运用上表现出显著困难的一群不同性质的学习异常者的通称。这些异常现象是个人内在的,一般认为是由于中枢神经系统功能失常所致。个体内在自控行为、社会认知与交往中的问题可能与学习无能同时

---

① 参见 E.David:《克服学习障碍》,林泳海等译,中国人民大学出版社 2001 年版,第 6—7 页。

② 参见周平、李君荣:《学习障碍儿的教育指导》,人民军医出版社 2003 年版,第 8—9 页。

存在,但这些问题不在 LD 范畴之中,同时,LD 也可能与其他残障(如精神发育迟滞、情绪紊乱等)或外界不利条件(如文化差异、教育缺失或不良)相伴发生于同一个体,但 LD 并非后者的直接后果。

(三)世界卫生组织(WHO)的定义

学习障碍是指从发育的早期阶段起,儿童获得学习技能的正常方式受损。这种损害不是单纯缺乏学习机会的结果,不是智力发展迟缓的结果,也不是后天脑外伤或疾病的结果。这种障碍来源于认识处理过程的异常,由一组障碍所构成,表现在阅读、拼写、计算和运动功能方面有特殊和明显的损害。

(四)周平等人(2003)的定义

1. LD 儿童的总体智商(IQ)基本上在正常范围内,也有的偏低或偏高;

2. 在听、说、读、写、计算、思考等学习能力的某一方面或某几方面表现为显著困难;

3. 大多数 LD 儿童伴有社会交往和自我行为调节方面的障碍;

4. 学习困难原因是个体内在的大脑中枢神经系统功能不全所致;

5. 需要排除由于弱智、视觉障碍、听觉障碍、情绪障碍等或由于受经济、文化水平的影响,未能接受正规教育所产生的学习方面的障碍。

三、学习障碍的分类

不同 LD 儿童表现出心理和行为能力的不同特点,因此可以将 LD 划分为不同的类型,为 LD 儿童的个别化教育提供了依据。

(一)分类1

学习障碍有两种类型(S. A. Kirk & J. C. Chalfonf,1984)[①]：

1. 发育性学习障碍,是指一个儿童达到学习目标应该具有的注意、记忆、知觉、思维和口语等技能产生了障碍。

2. 学业性学习障碍,是指学校学习获得的能力出现障碍,包括阅读、算术、书写、拼音和写作方面的障碍。

(二)分类2

麦肯尼(Mckinney,1984)运用聚类分析法确定了学习障碍的四种类型：

第一类型占33%,指语言技能一般,序列和空间能力缺乏,概念能力较强,独立性较差和注意力不集中；

第二类型占10%,算术和图形排列及一般能力较好,学习成绩较差,在教师评价的行为量表中排名较低,在集体中比较自私,攻击性较强,注意力不集中,性格较外向；

第三类型占47%,概念能力高于平均水平,学习成绩中等,注意力不集中,性格较外向；

第四类型占10%,学习成绩中等,语言能力中等,序列和空间能力缺乏。

(三)分类3

孙静等人(1995)将学习障碍分为以下类型：

1. 听语能力异常,可分为接受性和表达性听语能力异常；

2. 阅读能力异常,可分为视觉性和听觉性阅读能力障碍；

[①] S. A. Kirk & J. C. Chalfonf(1984), *Academic and Developmental Learning Disabilities*, Love Publishing Company, Denver, London.

3.书写能力异常,由视—动统合功能异常所致;

4.运算能力异常,指直接涉及数字概念与几何符号的运算能力失常。

(四)分类4

上野一彦(1992)从信息处理特性的角度提出学习障碍的四种类型[①]:

1.言语性LD:以言语能力障碍为主,听觉—声音回路障碍型声音、语言的分辨和理解,语言表达等听觉性的语言方面有问题,文章的阅读理解和写作文有困难。

2.非言语性LD:以非言语能力障碍为主,视觉—运动回路障碍型。空间处理、形状和位置关系、状况等视觉性理解有困难,同时伴有较大的运动和社会行为方面的问题,多表现为数量和图形概念的学习困难。

3.注意、记忆性LD:以注意集中能力和短期记忆能力障碍为主,同时伴有言语性障碍和非言语性障碍。由于很多知识的学习需要记忆,因此这类儿童学习能力普遍低下。

4.混合性LD:不仅表现为特定能力低下,还伴有部分缺陷,在整体内部存在各种不同障碍的混合型。根据能力落后部分的不同,所表现的问题各异,难以理解其特性。在学习、行为方面表现出较为严重的问题。

---

① 参见上野一彦:《学习障碍指导》,日本教育出版社1998年版。

第二节 儿童学习障碍的特性及其表现

一、学习障碍儿童的心理特性

(一)学习障碍的认知、智力特点

1. 智力正常,IQ 一般在 70 至 100 之间;

2. 多有认知障碍,如表现为对位置、顺序、方向、图形等方面障碍;

3. 读、写、算等能力表现为某方面能力或某几方面能力拙劣;

4. 能完成简单的读、写、算,但对意思、关系的理解和应用能力拙劣;

5. 描画、写字能力拙劣;

6. 对部分事物的看法固执;

7. 难以较长时间地集中注意力;

8. 行为多动,情绪易冲动。

(二)学习障碍的语言特性

1. 多数在 2 至 3 岁才被发现语言发育迟缓;

2. 多有发音合成障碍,不能正确发出某个字母音;

3. 日常生活中绘画几乎无障碍;

4. 即使到了学龄期,对文章内容理解和作文能力也表现较差。

(三)学习障碍的情绪特点

1. 偏向对某一事物的关心和兴趣;

2. 注意力散漫,精神不集中;

3. 在婴幼儿期明显表现为多动;

4. 固执倾向（自闭倾向）；

5. 行为不成熟、幼稚；

6. 情绪淡漠或缠人；

7. 为一点小事就引起发怒，产生粗暴行为；

8. 情绪波动大。

(四)学习障碍的社会特性

1. 与朋友关系不能持久，常发生纠纷；

2. 易被人欺侮，经常逃学；

3. 有些LD儿童与自闭儿童有类似表现，在幼儿期易误诊为自闭性障碍。

(五)学习障碍的身体运动能力、生活习惯特点

1. 粗大运动，动作接近普通儿童；

2. 精细运动，感觉协调运动如手眼协调动作发育迟缓，表现在蹬三轮车、过平衡木、荡秋千、描画、写字有困难；

3. 手指不灵巧，不能很好解、扣纽扣，用剪刀等；

4. 一般都有行为散漫倾向，不遵守规则；

5. 条理性差，易丢失东西。

二、学习困难在不同年龄阶段的特性

(一)婴儿期：语言发育迟缓；手指运动发育迟缓；对特定事物表现为拘谨，不擅长与人交往。

(二)幼儿期：多动，注意力不集中，不灵巧，易冲动，情绪不稳定，固执等；对文字和数字的兴趣较低，特别不擅长画幼儿人物像。

(三)上小学后：读、写、计算等基础课方面学习能力拙劣。

三、LD儿童在学习上的主要表现

(一)书写障碍

书写障碍儿童的一个突出困难就是,写字多一撇少一画,经常把字写错。在计算中,有时难题可以解出来,简单的计算题却做错了。他们容易漏掉许多明显的信息,例如考试时竟然会把整个题丢掉,这是由于儿童的视知觉分辨能力和视知觉记忆能力相对落后所致。这类儿童最易受到老师和家长的误解,认为他们学习态度不好而惩罚他们。其实这是一种学习能力障碍,需要进行有关视知觉训练才能加以克服。

(二)阅读障碍

阅读障碍儿童往往记不住字词,提笔忘字,朗读时增字减字,写作文时语言干巴,阅读速度特别慢。这类儿童认字时将字当做一个没有意义和语音的图形来死记硬背,阅读时不能自动地将字转换为语音,所以阅读速度慢。如果经常不能有效地阅读,他们将会在各门功课上出现困难。

(三)数学障碍

数学障碍儿童在数学计算和数量概念的理解上有困难,空间推理较差,遇到计算题和较为复杂的数学或物理题就不会解。

(四)注意力障碍

家长通常怀疑注意力障碍儿童有多动症。他们上课不听话,注意力集中时间很短,常做小动作,学习时经常疲倦,下了课则很兴奋。这种儿童自控力差,经常与比自己年幼的儿童玩,显得十分幼稚。

第三节 学习障碍的病因及诊断

一、学习障碍的病因

为了揭示学习障碍的成因,国内外研究者在不同学科中进行多角度的探索。有人认为学习障碍是大脑器质性损伤的结果,或是轻微脑功能的失调;也有人认为是感觉统合的失调,或认为是中枢神经系统功能的失调。2000年日本学者列举了LD发生的三个因素:大脑皮质的部分损伤、脑发育迟缓和家族性原因。周平等人(2003)结合自己的研究,对LD的病因进行了简要概括:

(一)遗传和轻微脑障碍因素

LD发病原因与遗传有关。遗传因素是复杂的,LD与脑内氨的代谢功能异常有关。部分LD儿童表现为注意力不集中、统合障碍等。另外,LD儿童的个体因素主要是发育失衡和个体体质有问题,如过敏体质、脑氨代谢失调等。与LD发病有关的脑功能障碍虽说是轻微的,但却是多样的。

(二)环境因素

1. 公害:食品防腐剂(人工着色、调味料、防腐剂等)、放射线、铅、噪声、荧光灯;

2. 营养:缺乏铁及其他微量元素以及维生素;

3. 子宫内环境:胎儿酒精综合征(fetal alcoholic syndrome)、胎儿香烟综合征(fetal cigarette syndrome);

4. 医源性:过多使用抗癫痫、治疗哮喘的药物,如:茶碱、肾上腺皮质激素、治疗白血病的抗癌药物、放射线等。

二、学习障碍的诊断

判断儿童是否患有 LD，除了在学校里把握其学习困难特异性以外，神经心理学、医学等的检查也必不可少。

（一）筛选测试

有研究者（H.R.Myklebust）设计了 PRS 测验，它由 5 个领域 24 个项目组成。5 个领域分别为：听觉理解和记忆、会话用语、定位、运动能力和社会行为。[①] 由班主任老师在平时与儿童接触中，对每个项目分为多个评分档次，对每个儿童进行评分和评价。江苏省 LD 研究课题组对 PRS 测验进行了标准化研究，表明其对筛检 LD 儿童有较高可靠性。

日本临床心理学家上野一彦的行为测验，共有 8 个大项目 30 个小项目。8 个大项目分别为：活动水准异常、注意力集中困难、协调运动差、易冲动、情绪不稳定、固执、认知障碍和语言迟缓。对儿童行为进行评价，经常有此表现得 2 分，有时有此表现得 1 分，无此表现得 0 分。评定时，凡 2 分以上的大项目有 6 个以上或 2 分以上大项目有 4 至 5 个，且总分 $\geqslant 20$ 分，可判断为可疑 LD 儿童。

（二）神经心理学诊断

对于筛选出的 LD 可疑儿童，还需进行神经心理学、医学、教育学等多方面观察与检查，从而与其他障碍儿童加以区别。一般地，神经心理学检查方法主要有：

1. 智商检查

WISC 系列的智商检查（WISC-R，WISC-III）能大体上把握

[①] H.R.Myklebust(1981), *The Pupil Rating Scale Revised Screening for Learning Disabilities*, Grune & Stratton.

智商水平及智能结构的偏差,但智商结果不是绝对的,还需对其进行其他方面的观察。

2. K-ABC 检查

由美国学者开发的评价方法(Kaufman,1983),能了解个人在解决新问题、处理信息方面的能力和信息处理模式,使用年龄为2岁6个月至12岁11个月,能用于就学习前后的评价和指导。

3. 伊利诺斯心理语言学能力测试(ITPA)

ITPA 由美国教育学家凯克编制,着眼于智力的个人内差。从儿童学习和交流过程中,捕捉儿童智力活动的个人内差并具体分析,以达到掌握教育指导的目的,适用年龄为3岁1个月至9岁11个月。

(三)医学检查

1. 生育史检查

胎儿、婴儿、幼儿在发育早期,其脑和神经就开始发育。如果这个时期有过问题,就多会变成 LD 儿童。比如,出生前后母亲的健康状况、婴儿出生时窒息等异常分娩状况、出生体重,食品添加剂、药品等的不当使用,与今后发展有直接影响。另外,新生儿若哺乳不当、出生后体重减弱、不同程度的黄疸、异常哭闹等问题,也需详细听取其经过。检查的方法有脑电图、CT、核磁共振和双耳分听等。

2. 中枢神经系统检查

大脑中枢神经功能发育不良与 LD 发生有密切联系。一般来说,左脑主要功能是语言、书写、分析、逻辑推理、数字运算、抽象思维等;右脑主要功能是空间方位辨别、几何图形识别、形象思维、音乐、美术、舞蹈、情绪情感、创造性等,两侧大脑半球分工合作,共同完成大脑的整体功能。如果大脑功能发育出现偏差,就会出现学习障碍,而且哪个系统发育有偏差,就会出现该系统学习障碍。

(四)教育和学习检查

除了上述神经心理学检查外,LD 的医学检查还要与教育方面检查相配合。包括数学、语文等课程学习能力的检查,LD 儿童常表现为总体学习能力或部分学习能力低下,如:表现为阅读、写字、计算、应用题等成绩不均衡等。LD 儿童多见总体语言发育障碍,也有部分性语言障碍,如:发育障碍、意义理解障碍等。除了能力方面的检查,也应对其课堂行为、作业错误进行分析。LD 诊断一般在家长或教师怀疑儿童有学习障碍情况时,由专门的医学工作者、心理学工作者及教育工作者实施,实际运用中往往综合多种方法对 LD 进行诊断,仅凭一种方法很难达到明确诊断目的。

第四节 学习障碍儿童的干预及教育指导

一、早期干预

学习障碍儿童既有学习心理方面的问题,也有人格适应不良方面的问题,对这些问题及早进行辅导是十分重要的。[1] 神经心理学、行为分析学、教育学等观点认为,婴儿中枢神经具有可塑性,进行早期干预效果显著。

(一)对婴幼儿的早期干预

在婴儿期,诊断是否有 LD 相当困难,一般高危险儿(早产儿、窒息、高热等)易发生 LD。到了幼儿期,有些不良症状会逐步显

---

[1] 参见吴增强:《学习心理辅导》,上海教育出版社 2000 年版,第 254—255 页。

露。一旦怀疑儿童有 LD 可能性时,必须及早干预[①]:

1. 给予儿童适当刺激,不要总让儿童躺在床上,应常带到户外,接触外界刺激。

2. 培养儿童自我控制能力和有规则的生活习惯,比如:在规定的场所、时间里把饭吃完,每天如此,家长切忌一味批评,训斥儿童。

3. 培养手指运动能力,完成力所能及的事情,如:穿脱衣服、用餐等,还可开展手指游戏,如:折纸手工、玩沙袋等。

4. 培养语言能力,让儿童记住事物名称,理解情境和抽象概念。同时,与儿童经常进行一对一对话,接受成人语言刺激,不要让儿童成天对着电视、录像,没有语言交流的机会。

(二)幼儿园、家庭和社区的共同干预

在学校或幼儿园为学习障碍较轻的儿童设置普通班、资源教室等,接受补救教学或其他教育服务;为情况较严重的 LD 儿童设置特殊班,甚至专门设立特殊学校,让儿童接受特殊教育。学校应为不同的 LD 儿童设置不同的课程,制定相应的教育内容和方法,为 LD 儿童升学做准备。

在家庭,父母要关心儿童的日常生活和学习活动,留意自己孩子是否有 LD,如听写障碍、阅读障碍、数学学习障碍、生活习惯不良,等等。一旦确诊自己孩子患有 LD,先要接受这一现实,尽快进行心理调整。父母坚持不懈的努力和父母的爱在孩子克服学习障碍中是最重要的(Goldstein,1998)。[②]

[①] 参见周平、李君荣:《学习障碍儿的教育指导》,人民军医出版社 2003 年版,第 107—110 页。

[②] 参见 Sam Coldstern:《帮助孩子克服学习困难》,康翠萍等译,中国轻工业出版社 2001 年版,第 310—311 页。

在社区,由于社会大众对 LD 的认识普遍不足,常会带有一些不正确态度。所有各机构如学校、医疗单位等应多做宣传,利用各种媒体为 LD 儿童家庭和社区创造宽松的环境。

(三)给予学习障碍儿童的父母以理解和指导

研究表明,当儿童被诊断为障碍儿童,很多父母要花 1 至 3 年的时间才能接受该现实。最初父母总会否定自己孩子有障碍,这时作为专业人员或老师要以一种生活顾问和心理咨询的姿态,从父母的角度来思考对生活应有的态度,分担他们的烦恼。还应有计划地对 LD 儿童的父母进行指导活动。另外,与 LD 儿童的父母谈心,开展咨询活动、亲子游戏、文娱活动等等,使父母自然地接受对自己孩子的指导训练。

二、LD 儿童幼儿园教育指导

(一)推进一体化教育

一体化教育起源于国际特殊教育的"正常化",主张"回归主流"的特殊教育改革运动。意思是把特殊儿童放在普通班中,与正常儿童一起学习和生活,改变以往把特殊儿童集中到特殊教育学校,将他们与正常儿童隔离开来的传统教育模式。

这就需要在幼儿园里构建 LD 儿童在普通班的就读体系,教师给予及时的个别教育指导;在幼儿园设置资源教室,LD 儿童大部分时间在普通班就读,一定的时间在资源教室接受特殊帮助。当然,我们国家幼儿园每个班的儿童数量较多,要为 LD 儿童创造一个良好的随班就读环境,引导正常儿童接纳和帮助他们,也是不容易的事情。建立一支懂专业、高素质、因材施教、充满爱心与责任心的幼儿师资队伍是很重要的。

(二)在特殊班里如何对 LD 儿童进行教育指导

1. 制订计划：将活动安排表贴在黑板上，使 LD 儿童知道下一步将如何行动。

2. 发现长处：发现 LD 儿童的长处并表扬和鼓励，使他们多体验成功，具有自信。

3. 正面教育：面对不正确行为，不要过分指责，可以使用幽默的方式解决，或及时给予暗示，如用手或表情给予"请安静"、"请坐下"等提示，也可采用接近儿童的方法，例如拍一下他的肩膀进行引导，使其集中注意力。

4. 给予援助：如身体上的援助，手把手教授动作；视觉上的援助，用图画、文字帮助 LD 儿童记忆；听觉上的援助，用笛声、掌声等声响以及语言提高 LD 儿童的注意力。

5. 环境设计：编制学习小组，人数约 10 人，效果最好；儿童的座位安排，要有适当的间隔，且 LD 儿童尽可能安排坐在前两排以便于管理。

(三) LD 儿童分类教育指导

1. 听、说、读、写、算有障碍儿童的教育指导

(1) 听障碍

听有障碍的 LD 儿童，表现为语言接受有困难；对别人的讲话理解有困难；听后不能理解语意。在指导时，要注意唤起他们的注意力，尽可能地提示与听的内容有关的动作和文字信息，将听到的内容与动作和文字联系起来。

(2) 说障碍

说有障碍的 LD 儿童，表现为对自己想说的话不能很好地表达；不能将自己的想法用语言合乎逻辑地表达；说话不得要领，对方难以理解。对这类 LD 儿童进行指导时，首先要为他们营造一

个宽松的说话环境,消除他们的紧张情绪;可为他们提供图表和文字说明,给予视觉性的援助,帮助他们理清说话的逻辑顺序。

(3)读障碍

读有障碍的 LD 儿童,表现为会读错形状相似的文字;读文章时跳行等。在指导时,指出形状相似的文字在读音上的区别,对表现为跳行阅读的儿童,让他们用手指逐行阅读。

(4)写障碍

写有障碍的 LD 儿童,表现为不能正确地辨别汉字、字母的形状和线条方向;写字时,眼—手运动不协调,常常写镜像文字(反字),如将 p 写成 q;不能记忆起汉字的笔画结构;有的表现为描画、绘画有困难。在指导时,让儿童多辨别形状和线条的方向,利用电脑对他们进行眼手协调运动的训练;用语言提示,帮助他们回忆起汉字的笔画顺序;用游戏棒让他们进行结构简单的汉字制作练习,也可让他们进行涂色彩和简单的绘画练习以及视—写和听—写练习。

(5)算障碍

计算有障碍的 LD 儿童,表现为量的概念、抽象思考能力、对图形的理解和定位有困难;心算能力差、进位的数不能记忆;不能理解题意、逻辑思考差和推理判断有困难。对这类 LD 儿童进行指导时,可以利用日常生活中经常接触到的数字问题,让他们数数和计算,帮助他们分析理解图形和应用题的题意,让他们学会思考的方法。给予充分的时间,让他们多练习,提高计算能力。要尽可能地从易到难,分步骤,循序渐进,给予耐心细致的指导。

2. 运动与社会适应性 LD 儿童的教育指导

(1)运动障碍

这类儿童,有的表现为不能很好地使用剪刀、系鞋带;有的表现为对球类运动、跳绳、跳箱等全身运动协调有困难。在进行指导时,要注意提高他们眼和手协调运动能力和手指精细运动能力,同时为了增强运动协调能力,让他们多参加玩沙、玩球、摩擦皮肤等触觉形式的刺激活动,或让其躺在滑行板上,从斜坡向下滑等本体感觉刺激活动,或让其躺、坐在吊床上,以外力加以推动、旋转或摇晃、荡秋千等前庭刺激活动。也可以使用镜子,让他们一边认识自己身体的部位,一边动作。

(2)社会适应障碍

社会适应有障碍的 LD 儿童,有的表现为行为的自我控制有问题;有的表现为不能适应学校生活,被伙伴排斥,不能融于集体,不能遵守集体生活规则;有的表现为极少话语。对这类 LD 儿童进行指导,首先需要提供一个宽容的、和谐的、使儿童安心的人际环境,使其有一种安全感,改变对自己以及对他人的看法,减少过激行为,让他们有规律地去做每次规定的事情。给予理解和关心,减轻他们的心理压力,对不安定、多动、突如其来的行动等,可配合药物治疗。根据他们适应社会的现有能力,设定具体任务,进行切实地教育指导和援助。如果指导者采用强制的方法,使他们的行动得不到自由,其后果为儿童的行为障碍不但得不到改善,反而会使他们产生冲动反应。

3. 认知、语言障碍 LD 儿童的教育指导

有计划地安排每天 1 至 2 次游戏,重视采用以下指导内容和方法:

(1)稳定情感和情绪:要根据生理年龄和发育水平,还要理解儿童现在的兴趣、要求和能力。

(2) 身体运动功能（粗大运动）的训练：如进行全身性运动游戏。

(3) 感觉运动功能（精细运动、手、眼协调运动）训练：在生活和游戏中，使用手指活动。

(4) 视觉认知功能训练：在各种游戏和活动中训练儿童的视觉功能，培养其对周围事物和事物基本性质的熟悉和识别的基本能力；注意、辨别各种各样的颜色、形状；判断大小、多少等。

(5) 听觉认知功能训练：培养对周围声音的认知、识别的基础能力。注意辨别各种各样的音；注意辨别并表现各种各样的鸣叫声；注意理解语言（声音）。

(6) 发音、构音功能训练：有的孩子只会发单个声母或韵母，但不能把二者合起来读出整个音节，[①]因此在生活和游戏中，应促进他们发声、发音和语言的表达，不是勉强地反复地让其表现，而是在自然的氛围中自发表现，这一点是很重要的。

(7) 语言理解和表现能力训练：培养儿童用语言来表现身边事物的能力。

(8) 呼吸功能调节训练：在生活中，培养儿童深呼吸和有意识地呼吸能力，这是发声、发音的基础之一。

4. 注意力障碍 LD 儿童的教育指导

(1) 加强集中注意力的训练：如让玩具汽车从窗帘里开出来，要求儿童注意这一瞬间，并按下信号按钮。还有让汽车通过隧道的方法，让儿童注意连续声音，在这个声音变换瞬间，按下按钮，提

---

① 参见徐芬：《学业不良儿童的教育与矫治》，浙江教育出版社 1997 年版，第 255—256 页。

高其注意力。

(2)延长注意力持续时间训练：如把窗帘拉向左、右两端，开始中间留出 10cm 的空间，让玩具汽车从左端窗帘里开出，仅在这 10cm 的空间出现，再让汽车隐藏到右端的窗帘里，让儿童追视汽车，使注意力持续时间延长下去。还要逐渐地延长两个声音的时间间隔，训练他们听取两种声音的方法，再进一步将几种音程不同的声音进行组合，让儿童听下去。这些不同声音之间能够构成一种关系，以训练儿童能够理解不同声音之间的关系。

(3)扩大注意范围训练：为了让儿童看画的一部分，开始把画遮盖住，然后不断地扩大露出的部分；还有使儿童想象虚线画、不完整画到完整画。

(4)数字或图形划消训练：随机排列了一组数字(0—9)或图形(8—10 种)，要求儿童依照顺序按指令画出某一数字或图形，如"3"或"小鸭"，时限 2 分钟，其结果有个数量问题和正误问题。每天训练一次，记录成绩，让儿童明白自己的进步，树立上进心。这是属于注意基本品质，即指向和集中的训练。

让儿童画出某一数字或图形前的一个符号，如画出"3"之前或"小鸭"之前的符号，这是注意转移训练。指令儿童画出某一数字或图形前一个确定的符号，如"3"之前的"5"，由于"3"前面的数字符号有可能是"5"，也可能不是"5"，这就要求在注意到"3"的同时，能辨认"3"前的符号，以此来培养儿童注意力分配能力。

5. 知觉障碍 LD 儿童的教育指导

(1)视知觉训练：运用隐蔽图形画册，让儿童在杂乱的各种形象中认出某一特定的形象，以培养"形象—背景知觉作用"。这项训练包括：

A. 哑剧表演一些连续动作。如：以动作表示"拿书、一页一页翻书、看书、合书、背书、再看书"等。令其观看后说明情节，培养儿童理解视觉动作或视觉符号的意义。

B. 把一张主体图片分割3至8片，让儿童拼图，培养儿童视觉构图能力。也可以用两套碎图混在一起，如：一是苹果，一是橘子，让儿童拼图。对于一些形近易错的汉字，可以用分割笔画拼字，如"八"、"人"、"入"等，从中间竖切为两部分来拼字。

C. 用"三个绕乱的线团，通向一个织毛衣的人"的图片，让儿童辨认何者是闲置的线团，进行视觉追踪训练。

（2）听知觉训练：区别困难字组成绕口令，如"十个四，四个十，加四十四个四，再加一个四，四个十，最后等于多少"；用录音机录下自然界的一些声响，让儿童辨听，如"听到汽车声招手"；发出连续性动作指令，让儿童倾听后行动，如"把前面红色的球滚到我身边来"；指出听到的错误话，例如："冰是热的"、"小狗会飞"；教儿童学习谐音记忆，如电话号码为7744581，可以视为"吃吃试试我不要"。

（3）触知觉训练：让儿童闭起眼睛触摸各种不同形状、不同质地的物体，说出物体名称；用砂纸剪出字形，让儿童用手指沿着笔画顺序慢慢地触写，并念出声音来。需要指出的是，指导者不能局限于一种方法，应因人施教，采用柔和态度去教育指导LD儿童。

（四）对LD儿童的其他教育指导

1. 感觉统合训练

（1）触觉刺激训练

用软毛刷、干毛巾或丝绸等柔软的布类，轻擦儿童的背部、腹部、腕部、颜面部、手、脚等部位的皮肤。而身体的腹侧部、面部、足部等对刺激敏感,可根据路德(Rood)发明的方法,使用绕上骆驼毛的电动旋转轴辅助进行摩擦,产生轻快而舒适的刺激。另外,摩擦口腔周围的皮肤对儿童发音器官发育起重要作用。还可以让儿童进行皮肤刺激游戏,如水中游戏、黏土游戏、沙、草坪上裸足游戏等。一般来说,触觉刺激对神经系统产生影响的时间约在刺激30分钟以后,时间越长,效果越好,但要根据儿童的耐受程度加以确定。

(2)前庭刺激训练

让儿童接受下列各种运动的训练:旋转运动、摇晃运动、平衡运动、跳跃性运动、姿势反应性运动、速度感、位置感、距离感的体验等。在训练中,被动性的旋转、摇晃的速度一分钟以25至30次频率为宜。LD儿童对前庭刺激持久力个体差异较大,有的儿童表现为恐惧不安,要特别注意。

(3)本体感觉刺激训练

如果本体感觉有障碍,就不能很好地解纽扣、取物、抓物,常常将东西弄碎、弄坏。可以让LD儿童接受下列训练,如游泳、摔跤、拔河、爬绳、搬运货物、踩童板车以及其他肌肉紧张、收缩的运动。

(4)感觉统合游戏

让儿童在"小兔找家"、"顶沙包"等游戏中协调感觉统合功能,但应注意:刺激时间的长短、刺激的强弱、使用工具等要充分尊重儿童意愿,由其自己选择。儿童感到舒适、愉快,才能达到感觉统合训练的目的,取得比较好的治疗效果。

2. 音乐疗法

音乐具有调节生理、心理功能,能改善人体功能,促进身心障碍恢复,提高学习效率。1950年,美国组织音乐家志愿者,成立了全美音乐治疗协会（NAMT）。音乐治疗法这一用语最初在这里诞生了。实践证明，在对学习障碍儿童实施教育指导时，音乐疗法是一种行之有效的辅助治疗方法。[①] 音乐疗法的最大优点是在愉快的气氛中达到治疗目的。需要注意的是，要经常了解训练对象的心情，听取他们的意见，随时进行调整。对学习障碍儿童用语言不能表现的感情和需求，要能及时察觉，并对其采取措施，从而提高治疗效果。

3．个别化教育指导

近年来，江苏省 LD 研究课题组在运用 PRS 筛选测试可疑 LD 儿童的基础上，在实验学校开展了对不同类型 LD 儿童的个别化教育指导。指导教师、专业机构人员和家庭人员需密切协作、相互配合，随时交换信息，使每一个 LD 儿童在教育指导中取得明显的效果。

以上对 LD 儿童的教育指导方法，年龄越小效果越好，5 至 10 岁是教育指导的关键期。指导者不必局限于一种方法，应因人施教，使 LD 儿童的内在潜能得到充分发挥。

问题与思考

1．学习障碍儿童的行为、心理特性是什么？
2．LD 儿童在学习上的主要表现是什么？
3．如何理解学习障碍的病因？
4．如何对 LD 儿童进行教育指导？

[①] 参见周平、李君荣:《学习障碍儿的教育指导》，人民军医出版社 2003 年版，第 178—180 页。

术语及定义

学习障碍：从发育的早期阶段起，儿童获得学习技能的正常方式受损，表现在阅读、拼写、计算和运动功能方面有特殊和明显的损害。

发育性学习障碍：儿童达到学习目标应该具有的注意、记忆、知觉、思维和口语等技能产生了障碍。

学业性学习障碍：儿童在阅读、算术、书写、拼音和写作方面存在学习障碍。

书写障碍：儿童写字时多一撇少一画，经常把答案写错，容易漏掉许多明显的信息，这是由于儿童的视知觉分辨能力和视知觉记忆能力相对落后所致。

阅读障碍：儿童认字时将字当做一个没有意义的和语音的图形来死记硬背，阅读时不能自动地将字转换为语音，表现为阅读速度慢。

数学障碍：儿童在数学计算和数量概念的理解上存在困难，空间推理较差，遇到计算题和较为复杂的题不会解。

一体化教育：起源于国际"回归主流"的特殊教育改革运动，把特殊儿童放在普通班中与正常儿童一起学习和生活，改变以往把特殊儿童集中到特殊教育学校，将他们与正常儿童隔离开来的传统教育模式。

第三编　学习理论

学习理论是对学习规律和学习条件的系统阐述,主要研究人类与动物学习的行为特征和认知过程。学习理论与教学理论之间的关系有以下几种观点[①]:

1. 无关论:史密斯(B.O.Smith)认为,学与教是两种不同的独立现象。儿童在没有接受教育的情况下也可以学习;同样,即使教学得法,如果儿童不感兴趣,没有学习动机或认知准备不足,那么,这种教学也不一定导致儿童学习。

2. 补充论:学习理论在解释能力方面不及自然科学理论,即使看起来最有说服力的学习理论,其理论与事实之间的关系,也不及自然科学理论与事实之间的联系那么紧密。由于学习理论几乎无法直接应用于教育实践,难于指导课堂教学,因而需要建构教学理论,以作为学习理论的补充。加涅认为:学习理论探讨的是儿童的学习方式,而教学理论探讨的是人们如何影响儿童的学习方式。为了满足教学实践的需要,必须把学习理论倒立过来,以形成教学理论。

---

① 参见施良方:《学习论》,人民教育出版社1994年版,第20—21页。

3. 相互作用论:认为学习理论与教学理论是相互依赖的,学习理论的进展影响教学理论的形成。同样,教学理论发展影响学习理论的研究。

4. 推衍论:认为学习理论构成了教学理论的最佳基础。从某种意义上说,学习理论可以作为派生教学理论的基本来源。

把心理学的一般原理应用于学习领域,可以解释和预测学习行为的变化,从而为课程与教学理论奠定基础。

第八章是关于行为主义的学习理论,阐述强化对学习的作用。第九章是认知学习理论,强调学习者的内在认知结构的重要性。第十章介绍格式塔心理学的学习理论,强调问题情境和对情境的顿悟。第十一章介绍人本主义心理学的学习理论,强调儿童应发现自己的品质,成为一个完善的人。第十二章介绍折衷主义学习理论,包括认知—期待学习理论、社会学习理论。第十三章和第十四章分别介绍学习动机理论和学习迁移理论。这些理论对于理解和促进教学是十分必要的。

第八章 行为主义学习理论

> 抛开自由与尊严的假面目,并且积极选择控制,完善控制,才能达到人类幸福的目标。
>
> ——斯金纳

第一节 早期刺激—反应学习理论

一、巴甫洛夫的经典条件作用理论

(一)生平

巴甫洛夫(Ivan Pavlov,1849—1936),俄国生理学家,是最早提出经典性条件反射的人。他对心理学评价极低,竟然威胁要开枪击毙敢在实验室里使用心理学术语的人。他在弥留之际,声称自己不是心理学家,而是研究大脑反射的生理学家。[①] 但实际上他对心理学的贡献是很大的。

巴甫洛夫是一个工作狂,是一个不食人间烟火的知识分子的象征。订婚的时候,没钱为未婚妻买奢侈品,只为她买了一双出远门急着穿的鞋。等他未婚妻打开行李一看,只有一只鞋。可见他的心思全在科学上。巴甫洛夫只好把一只鞋当做纪念物,放在桌子上。但在实验室里,他是一个完美主义者。一名雇员因迟到而

---

① 参见 Morton Hunt:《心理学的故事》,李斯译,海南出版社1999年版,第319页。

受到他严厉指责,尽管那时上班路上有枪战,迟到是可以理解的。鉴于巴甫洛夫在消化生理学方面的突出贡献而荣获 1904 年诺贝尔奖,他也因此成为世界上第一个获得诺贝尔奖的生理学家。

(二)学习实质与学习定律

巴甫洛夫经典条件作用实验——在狗的唾液分泌反应实验中发现了条件反射现象。具体地说,食物是无条件刺激物,食物引起狗的分泌反应是无条件反应。当条件刺激物(铃声)和无条件刺激物(食物)多次重复呈现给动物之后,在单独呈现铃声(条件刺激物)的情况下,动物也能对其做出分泌唾液的反应,这种反应就是条件反应,也称条件反射。

条件反射的情境涉及四个事项:两个属于刺激,两个属于机体的反应。两个刺激,一个是中性刺激,即条件刺激(CS),另一个是无条件刺激(UCS)。无条件刺激引起的唾液分泌反应叫做无条件反应(UCR),这是在形成条件反射之前就会发生的反应。由于条件刺激的结果而导致分泌反应,叫做条件反应(CR)。

当中性刺激和无条件刺激紧接着(在空间和时间上相近)反复出现,就形成了条件反射。中性刺激与无条件刺激在时间上的结合称为强化,强化的次数越多,条件反射就越巩固。

巴甫洛夫认为,条件反射的形成是中枢神经系统内形成了暂时神经联系。按照巴甫洛夫的条件作用原理,学习的实质就是通过条件刺激物与无条件刺激物的配对而引起条件反射的过程。当然,条件作用是一种普遍的学习现象,但它只是一种简单的学习形式。

巴甫洛夫提出了学习上的五大定律[①]:

---

① 参见施良方:《学习论》,人民教育出版社 1994 年版,第 45—49 页。

1. 习得律：CS 和 CR 邻近配对建立起来。一是条件刺激和起强化作用的无条件刺激必须同时或近于同时出现；二是条件刺激，作为无条件刺激后即将出现的信号，要先呈现。

2. 消退律：多次条件刺激物出现，而无条件刺激没有出现，条件反射会消失。

3. 泛化律：条件反射一旦确立，就可以由类似于原来的条件刺激的刺激引发，如：蜂鸣声也会引起狗的条件反射。

4. 分化律：通过辨别学习，有机体有选择地对某些刺激做出反应，而不对其他刺激做出反应。

5. 高级条件作用：指人的学习，是以语言作为第二信号系统而引起的条件反射，听到"望梅止渴"一词而生口水就是一例。

(三)评论

巴甫洛夫把心理学与生理学结合起来，进行了卓有成就的研究工作，对行为主义有深刻的影响。他的理论在苏联影响巨大，20世纪30至50年代，其学说达到了被神话的地步。1950年苏联科学院、医学科学院召开会议，批判所有与其学说不一致的理论，认为只有这个学说才能揭示一切。不知早年抛弃神学、追求科学、一生献身科学的巴甫洛夫在九泉之下对此有何感想呢？

二、华生的行为主义学习理论

华生(J. B. Watson, 1878—1958)，出生在美国。华生承认自己小时候不是好儿童，有点懒，不听话，好争斗，学习成绩不好，只勉强上学升级。在芝加哥大学读书时，杜威是他的老师，他认为，杜威是个不可思议的人。华生说："我从来不知道他那时说些什么，并且不幸的是，至今我还不知道，他说了些什么。"

(一)行为主义的基本观点

华生认为行为主义出发点有两方面：一是分析观察到的行为事实；二是研究引起有机体反应的刺激。他宣布了对机能主义心理学革命的三个行为主义原则：

1. 心理学内容是行为，不是意识；
2. 心理学研究方法是客观的，不是内省的；
3. 心理学研究目标是预测并控制行为，不是对精神现象的解释。

华生认为，心理学抛开心智等内容是可能的。他把思想、意识、内容归属于身体肌肉的动觉反馈。因此，有人讥笑他和行为主义心理学为肌跳心理学（muscle twitch psychology）。[①]

华生坚信，有什么刺激就一定有什么样的反应，这使他成了一个极端的决定论者。他说：给我一打健康而又没有缺陷的婴儿，把他们放在我们设计的特殊环境里培养，我可以担保，我能够把他们中间的任何一个人训练成像我们这样的任何一类专家，医生、律师、艺术家、商界领袖，甚至乞丐或窃贼，而无论他的才能、爱好、倾向、能力或他祖先的职业或种族是什么。

（二）关于学习的研究

华生与其学生萨莉·雷纳于1919至1920年冬做过一个最著名的心理学实验[②]：华生以11个月的婴儿为被试，用条件反射原理进行实验设计，过程为：

1. 在形成条件反射前，小孩接触过兔子，毫无害怕表现；
2. 后来，兔子出现后，紧接着就出现一个使小孩子害怕的响

[①] 参见杨清：《现代西方心理学主要派别》，辽宁人民出版社1980年版。
[②] 参见 Morton Hunt：《心理学的故事》，李斯译，海南出版社1999年版，第332—333页。

声,即用锤子在其脑后敲钢轨。

3. 形成条件反射后,孩子对兔子产生了害怕。

4. 其结果非常严重,孩子对白绒毛的东西感到害怕,如老鼠制成标本的动物、海豹皮大衣和有胡子的人等。

在华生看来,学习行为大致遵循这样一个过程。

(三)评论

华生一生富有传奇色彩。尽管比桑代克年轻,但在上个世纪初比桑代克名声更大,是行为主义的奠基人。但后来因私生活被迫离开学校,学术生涯很短。他的行为主义理论使人相信,学习是最重要的决定因素,人的行为个性都是习得的。这个观点对人们有吸引力,在长达半个世纪的时间里,此理论在北美占有统治性地位。当然,似乎华生是从字面上而不是从根本上否认心理学的意识研究,因为他通过转换来清除意识。但他还是否认意识和主观世界的存在。而巴甫洛夫认为,否认主观意识是愚蠢的。

有一位智者曾经说过,心理学在达尔文那里失去了灵魂,而在华生那里失去了思想。

三、桑代克的学习联结说

桑代克(E. L. Thorndike,1874—1949),美国动物心理学实验的创始人之一。他在大学学习成绩极好,他的毕业论文是"鸡的直觉及智力行为"。有人说他是行为主义者,还有人说他是机能主义者,而他认为自己什么主义者也不是。一般来说,他是第一个系统论述教育心理的心理学家。

(一)学习联结说

从19世纪末,桑代克就开始进行有关动物学习的实验研究,其中最著名的实验是关于饿猫如何逃出笼子获得食物。在这个实验中笼子内设有一个开门闩的装置：一条绳子、一个把柄和一个握手。当动物操作这些装置时，笼子门就会开，动物就能逃出笼子，获得笼子外的食物。

依据桑代克分析，笼子内部构成了刺激情境，动物对刺激情境能尝试各种可能的行为或反应，试图逃出笼子。实验发现，饿猫在起先几分钟内总是出现大量无关的、不成功的活动，然后偶然碰开门闩逃出笼子，以后再重复进行同样的实验过程。

桑代克发现，饿猫逃出笼子做出正确反应所使用的时间，随着实验次数的增多而减少，即起初饿猫费时甚多，随后进行尝试后费时渐少，但这种变化是缓慢而不规则的。他认为，饿猫在笼子中进行尝试错误学习，经过多次的尝试错误，饿猫学会了打开笼门的动作。在学习打开笼子的情境中，饿猫通过多次尝试错误，在复杂的刺激情境中辨别出门闩（S）是打开笼门的刺激，也就是说，门闩（S）与开门反应（R）形成了巩固的联系，这时学习便产生了。在大量学习实验基础上，桑代克提出了学习的联结说，又称尝试错误说。学习的实质是使某一刺激与某一特定反应之间按照一定规律形成联结，并使其联结力量得以巩固的过程。他认为，学习过程是由以下成分或阶段构成的：(1)动机；(2)有障碍的问题情境；(3)试探；(4)偶然成功；(5)淘汰与选择；(6)整合与协调，使无用的动作减少到最低。[①]

(二)学习三大定律

桑代克提出了学习的三大定律：

---

① 参见李伯黍等主编：《教育心理学》，华东师范大学出版社1993年版，第157—158页。

1. 准备律,指学习者在学习开始时的预备定势,而不是指学习者的知识或成熟准备。

2. 练习律,指反应重复的次数越多,刺激与反应之间的联结便越牢固。

练习律有两种形式:使用律,即一个形成的联结若加以应用,其联结力量就会加强;失用律,即一个已形成的联结若不加以应用,其联结的力量就会减弱。

3. 效果律,指凡是导致满意行为反应后果会使刺激与反应的联结加强,凡是带来令人烦恼的行为反应后果会削弱刺激与反应的联结。这是桑代克学习三大定律中最主要的定律。

第二节 格思里和赫尔的学习理论

一、格思里的学习理论

格思里(E. R. Guthrie,1886—1959),1945年当选美国心理学主席。

(一)学习观

格思里认为,在学习中一个刺激可能包含数百万个刺激要素,任何一次尝试中,有机体只是对其中某些刺激要素做出反应。学习看做一次性完成的联结,也是一种全或无的联结。

学习的实质是,肌肉动作与各组刺激要素之间形成联结。只要有机体对一组刺激要素做出一个动作,便在它们之间形成了联结,或者说发生了新的学习。

由于他强调刺激与反应之间紧密联系,其学习理论被称为邻近学习理论。他提出了其学术生涯中唯一的一条学习定律,即刺激的某一组合,如果曾伴随过某一动作,那么当这种刺激组合再次出现时,这一动作往往会随之发生。

(二)破除习惯的方法——对学习的解释①

1. 阈限法

阈限法(threshold),或称忍受法(toleration),即极其缓慢地逐渐引入条件刺激,使有关反应(不良习惯)不被引起。如一匹马不愿意驮任何东西,可以先在马背上放条床单,然后放上鞍子,再在鞍子上放些东西,逐渐增加重量,直到最后人骑上去。

2. 疲劳法或消耗法

疲劳法(fatigue),或称过量法(exhaustion or flooding),即不断重复刺激线索,直到有关反应(不良习惯)疲劳为止。如:对一匹不听话的马就一直骑着它,让它发作,等到它疲劳了就听话了。

3. 不相匹配刺激法

不相匹配刺激法(incompatible stimuli),或称对抗条件作用(counter-conditioning),即用有关反应(不良习惯)同某一矛盾反应配对。如:把一匹不听话的马捆绑在树桩上,使它无法发作,然后骑上去。又如一条狗习惯追逐小鸡,那就把一只死鸡拴到其脖子上,让狗做出强烈的回避反应。

(三)埃斯蒂斯的学习理论

埃斯蒂斯,作为格思里的学生,不像格思里强调刺激,而更强调反应结果。他把反应分为两类:一是产生物是反应;二是不产生物是反应。每一个刺激要素都与两类反应连在一起。其观点为:

1. 他把学习看做一个随机过程,用概率加以分析,称为刺激

---

① 参见施良方:《学习论》,人民教育出版社1994年版,第71—72页。

抽样理论,这是S-R学习理论的一个变式。

2. 其依据是知觉系统能量有限的看法。人类在某一特定时刻只能摄取和加工数量有限的外部信息。其教育意义是,教师应突出教学内容,排除分心因素。

3. 他发展了格思里的全或无学习观,把反应分为两类互相排斥的类别。

(四)评论

1. 发展了行为主义学习理论

桑代克强调的是刺激,即(S)-R-S这样一个式子中最后一个S。而巴甫洛夫通过刺激配对,认为UCS和CS有同样之功效。华生则认为,首先是刺激,然后是反应,刺激再现时,反应频率增加,从而使联结加强。对此,格思里提出了新的见解,他认为,数以百万刺激,在任何一个尝试中,有机体只是对百万刺激中的一些要素做出反应。这就增加了学习的不确定因素。

2. 格思里学习理论的特点

(1)未抛弃成熟本能变量在行为中的作用,认为神经系统成熟是许多行为的决定因素。

(2)学习中最主要作用的机制是暂时联系,即S与R之间的紧密联系。邻近观与强化说或动机观形成鲜明对照。

(3)一般认为熟能生巧,而他认为学习是稍纵即逝的过程:学习要么一次性完全发生,要么完全没有发生,是一次性完成的。

(4)他强调的强化概念与当时绝大多数心理学家强调强化的重要性相比有些寡不敌众,因此其理论未受到重视。

(5)他试图用刺激情境的复杂性来解释学习过程,但任何一种刺激要素都是无法计量的,他又没有提供推断要素的方法,因此其理论未受到推广。

二、赫尔的驱力还原学习理论

(一)生平

赫尔(Clark L. Hull,1884—1952),是一位新行为主义者。他小时候得过小儿麻痹症,致使下肢残废,他研究心理学的直接动因是,心理学可不太涉及体力活动。按照牛顿物理学模式进行定量分析,他为行为主义推出一种微积分,下结论认为,心理学是一门自然科学。1935年赫尔当选为美国心理学会主席。20世纪40年代,在耶鲁大学成立学习理论研究中心。50年代,其研究论文作为文献统治了心理学,有人把赫尔理论与学习理论当做同一术语。

(二)强调中间变量的行为主义学习观

1. 用数学演绎的理论体系来解释学习

科学有时经过观察实验,但有时通过推理也有所发现,爱因斯坦通过数学推理提出相对论就是一例。由于武德沃斯(Woodworth)建议用S-O-R代替S-R,认为心理学应研究整个人的全部活动,不应只研究行为。赫尔进一步对S-O-R进行加工,用数学公式来表示,完善了这个模型。

2. 改造有机体变量(O)

托尔曼虽然提出了中介变量,但赫尔试图以纯行为方式来探讨中介变量。他认为,托尔曼把认知、要求(demand)、期望、目的作为中介变量来分析,这些都是主观的,不符合行为科学的标准。他试图以纯行为的方式来探讨中介变量。[①] 中介变量包括:习惯

[①] 参见施良方:《学习论》,人民教育出版社1994年版,第89—90页。

(sH_R)、驱力(D)、动机(K)、刺激强度的动力机制(V)、反应性抑制(I_R)、条件性抑制(sL_R),这些中介变量归结为反应潜能、波动机制和反应阈限。

3. 对行为的理解

行为是由一系列或者一串相互关联的习惯构成,每一种刺激的反应联结,都是作为强化结果而产生的。

(三)学习是建立在驱力还原基础上的

1. 一级学习系统: $sE_R = D \times sH_R$

sE_R: 反应潜能; D-drive: 内驱力,学习系统首先要有动力; H-habit: 习惯,通过强化产生刺激反应之间的联结。

2. 二级学习系统: $sE_R = K \times D \times sH_R$

二级学习增加了诱因动机(K)变量。

3. 完整的学习方程式: $sE_R = K \times D \times V \times J \times sH_r - (I_R + sI_R) - sO_R$

学习中的变量包括:

V——刺激强度动力机制: V 越大, sE_r 越高;

J——强化延续: J 会影响较低的潜能;

I——抑制潜能: 阻止行为表现的因素;

sO_R——波动机制: 有机体行为反应强度不同,是反应潜能的决定因素。

(四)定量刺激反应学习理论

作为赫尔的学生,斯本思(K. W. Spence)提出了定量刺激反应学习理论。他认为,学习的构成是:

1. 经验性构成,指公开可以检验的自变量和因变量。

2. 理论性构成,指中介变量,如需要、动机,这些是无法观察到的。他认为,学习是由观察不到的假设构成,介于自变量与固定变量之间,即学习是习惯形成的。

(半临近)习惯强度,只依赖于反应的次数与练习,不是强化。

(半强化)诱因动机,做出某种反应获奖励越多,做出这种反应的诱因动机越强。

学习的公式:E(反应潜能)$= H(D + K)$。其理论被称为是半强化、半邻近理论。

(五)评论

1. 基本贡献:赫尔提出了一个自动化学习体系

(1)主张由环境提供的刺激(自变量)和有机体做出行为反应(因变量),来引导制约环境与有机体相互作用的各种因素(中介变量),并把驱力还原作为其理论之基础。这样,就形成了一个自动化的体系。

(2)其驱力还原,与适应性、调节、竞争、生存等观念相联系。

(3)他强调强化原则,与桑代克等相似,而与格思里等相对立。

2. 局限性:其理论经不住时代考验

(1)试图形成一个包揽一切的理论体系是不切实际的;

(2)过于醉心于用数学公式来构建行为系统,在某种意义上他成了嗜好数学的牺牲品,只要有机会就把自己的阐述数学化,有时竟把自己弄到荒唐怪诞的程度。

可以说,抛弃学习理论数学精确性的歧路,重视计算机模拟的理想有机体是学习理论发展的唯一正确之路,这预示着认知心理学即将到来。

第三节　斯金纳的操作条件反射学习理论

一、生平

斯金纳(B.F.Skinner,1904—1990),出生于美国宾夕法尼亚州的一个小镇。在密尔顿学院读书时,他并未打算成为一名心理学家,而是打算成为一名作家。后来,他读了华生和巴甫洛夫的著作,开始对人类和动物的行为感兴趣,就进了哈佛大学心理学系。1931年获博士学位,留校任教。1936年至1944年去明尼苏达大学工作,1945年在印第安纳大学任教。1948年又回到哈佛大学,直到1974年退休。斯金纳一生对心理学做出了卓越的贡献。1958年,获美国心理学会授予杰出科学奖。1968年,获美国政府最高奖——国家科学奖。他有影响的著作为:

1.《有机体行为:一种实验分析》(1938),通过对白鼠和鸽子的实验,提出了操作性条件反射学习理论。

2.《科学与人类行为》(1953),探讨人的行为、思维、自我社会化等方面问题。

3.《沃尔登第二》(*Walden Two*,1968),提出了一个以人类行为原理、以控制方法管理的理想社会。如:在自家花园里,养一群羊每天放出来吃草,一举两得,既可以充饥,又可以修理草坪。他认为割草机是为了愚蠢目的而发明的愚蠢机器。

4.《超越自由与尊严》(1971),这本书影响很大。在书中他总结了自己的观点,驳斥了他人对行为主义的批评。[①]

[①] 参见乐国安:《从行为研究到社会改造》,湖北教育出版社1999年版,第36—42页。

二、操作条件反射学习理论

(一)斯金纳的实验装置——斯金纳箱(Skinner box)

斯金纳箱内装上一根操纵杆,操纵杆与另一端供食丸的装置连接。把饥饿的白鼠置于箱内,白鼠偶然踏上操纵杆,供丸装置就会自动落下一粒食丸。白鼠经过几次尝试,会不断按压杠杆,直到吃饱为止。可以说,白鼠学会了按压杠杆以取得食物,按压杠杆变成了取得食物的手段或者工具,所以操作条件反射又称为工具性条件反射。在操作条件反射中,学习就是在操纵杠杆(S)与压杆反应(R)之间形成固定的联系。

在后来实验中,斯金纳不断改进斯金纳箱的结构,使它能通过电路控制编制的强化程序,还能自动记录动物的操作反应的次数。斯金纳采用这种装置进行了一系列强化程序的实验研究,并发展了桑代克的效果律,提出了其学习理论的核心部分,即强化原理。

(二)操作性条件反射学说

斯金纳把条件反射分为两类:一是应答性条件反射(与经典性条件反射相应,又称为刺激性条件反射),强调刺激对引起的所期望反应的重要性;二是操作性条件反射,通过愉快或不愉快的后果来改变行为,通常称之为操作性条件反射。与操作性条件反射相联系的两个原则:

1. 任何反应如果紧跟随以强化(奖励)刺激,这个反应都有重复出现的趋向;

2. 任何能提高操作反应率的刺激都是强化刺激。

操作性条件反射强调的是行为及其结果。操作性条件反射的形成,就是有机体把强化和发出的操作反应相联系的过程。他认为操作学习与反射学习是不同的。反射学习是S-R的过程,而操作学习则是(S)-R-S的过程,重要的是跟随反应之后的刺激。

在经典性条件反射中,行为的后果对行为学习不起作用,因为刺激带来了希望的反应,刺激本身就是强化。而操作性条件反射尽管更接近于桑代克的理论,但不同于桑代克对学习的解释。桑代克认为奖励能加强刺激和反应之间的联结,而斯金纳认为,反应加强的不是S-R联结而是相同行为再发生的频率。

(三)强化学说

1. 强化物与强化

凡是能增强反应概率的刺激和事件都叫强化物。反之,在反应之后紧跟一个讨厌的刺激,从而导致反应率下降,则是惩罚。强化分为积极强化和消极强化,积极强化通过呈现刺激增强反应概率,消极强化通过中止不愉快条件来增强反应概率。强化可分为一级强化和二级强化两类。一级强化满足人和动物的基本生理需要;二级强化物可分为社会强化(社会接纳、微笑)、信物(钱、级别、奖品等)和活动(自由地玩、听音乐、旅游等)。在强化时,可以使用这样一个原则,即用高频的活动作为低频活动的强化物,或者说用儿童喜爱的活动去强化儿童参与不喜爱的活动。

2. 强化程式

间隔式强化又称为部分强化,它比起连续程式强化更具有较高的反应率和较低的消退率。定时距式强化由于有一个时间差,强化后的一段时间出现较低的反应率,但在时间间隔的末尾反应率上升,出现一种扇贝效应。[1]

斯金纳认为,强化是增加某个反应概率的手段,强化在塑造行

---

[1] 参见施良方:《学习论》,人民教育出版社1994年版,第26—28页。

为和保持行为中是不可缺少的,学习者学习效果与强化安排有极大的关系。一般说来,为提高学习者学习效果,最佳强化安排方式是,在学习者学习行为的最初时,使用连续强化安排,然后使用固定间隔强化安排,最后使用变化比例强化安排。从某种意义上说,斯金纳在强化安排方面的实验研究,是他在心理学方面的最大贡献。

(四)行为学习

1. 塑造

塑造(shaping),就是通过小步反馈帮助儿童达到目标。可采用相继近似法,通过不断强化一系列、逐渐接近最终行为的反应来塑造某种行为。如:训练鸽子走8字形,如果等到它走了8字再给予强化,那需等很长时间,或许没等它走完8字就饿死了。需采用这种相继近似法,鸽子只要转一下头或朝顺时针方向迈出一步,就给以强化;进一步,迈出两三步给以强化;迈出四五步给予强化;最终走完8字给予强化。

2. 消退

消退(fading)是通过差别强化,缓慢地减少两种刺激特征,从而使有机体最终能对两种只有很小差异的刺激做出辨别反应,斯金纳称为刺激控制。

斯金纳介绍了西德曼(Sidman)的一项实验,为一名脑异常的白痴被试编制了一套细微差别的程序。被试41岁,而智商只有1岁半的水平,其大脑只有正常人的1/3。让他辨别圆形,强化物为巧克力,经过训练,他能成功从所有图形中选出圆形。可以说,在41岁这一年时间里获取的智力成就,超过40年所取得全部成就。他之所以能取得这些成就,并非是什么光明前途向他召唤,而仅仅是每周他有几个小时生活在一个精心编制好的程序环境里而已。

3. 先前刺激

先前刺激(antecedent stimuli)也就是线索(cueing),因为它告知我们什么行为将受到强化,什么行为将受到惩罚。线索表现为许多形式,它暗示我们,什么时候应当改变自己的行为、什么时间不应当改变。在行为学习方面还有两个概念是很重要的,一为分化(discrimination),是知觉刺激的差异并对这种差异做出反应,是利用一些线索、信号和信息,这些线索、信号和信息暗示什么时候行为更易得到强化;二是概括化,即将行为、技能、概念从一个情境迁移到另一个情境或任务中。

(五)程序教学

20世纪50年代,斯金纳依据其强化原理提出利用机器的程序教学,对当时教学改革产生了极大的影响。在他看来,对正确学习效果必须给予及时强化,鼓励儿童继续进行学习。在课堂教学中,可能对每一位儿童都给予及时强化,教学机器可以为儿童提供个体化学习的机会。

斯金纳用教学机器把教学内容编制成线性程序,程序首先将教材分成一个个有逻辑联系的小单元,依次呈现给儿童,供他们学习。每个单元学完后,就呈现一些测试题来检测儿童的学习效果。如果做对了,教学机器主动呈现下一单元的教学内容;如果出现错误,则要返回到先前学过的内容,重新进行学习。这种利用教学机器所进行的教学就称为程序教学。虽然斯金纳的学习理论在思想观点上存在一些错误,但他始终坚持行为主义的观点,成为一个顽固而坚定的行为主义者。其强化教学的观点和方法、操作技能培养和训练的方法以及程序教学的设计对教学实践有重要的参考价值。

三、评论

(一)斯金纳学习理论的价值

斯金纳在心理学界既是理论家又是实践家;既是科学家、心理学家,又是社会领导者。可以说,他是当今心理学界最主要、最有影响的人物之一,是一位颇具想象力和创造力的科学家。斯金纳最大的贡献是提出了条件作用的原理,并把原理应用于社会情境,如:心理治疗、问题处理、课堂管理等。他的强化理论是对桑代克效果律的进一步延伸与发展:一是他严肃地探讨了效果律,并很好地用于塑造行为;二是他采用强化的相关安排方式,使行为在长时间保持高度水平。

(二)对斯金纳学习理论的批评

1. 斯金纳的研究局限于实验室动物,属于简单的学习,而没有涉及复杂的人类学习。

2. 其理论避免涉及有机体的内部状态,被人称为研究空洞的有机体(empty organism)。

3. 斯金纳是有争议的人物,一类人认为其理论非信不可、完美无缺,如教师、工业训练者、运动场教练、律师;另一类人,指责他的行为控制理论失去人性,是非道德的心理学,是法西斯的东西。

4. 人的认知情感、思维、个性特征和社会交往等复杂性和微妙程度,绝非强化物这把万能钥匙所能一一开启的。如果要了解人的内在心理的全过程,就必须试图打开斯金纳的暗箱,这是心理学的希望,也是认知心理学的任务。

今天,行为主义作为一个学派已经独立,但今日没有一个心理学家自称是行为主义者。对于别人的批评,斯金纳采取的是不理睬的态度。他对任何一个批评家从来不作答复。一般地说,他甚至不看他们的批评。1900年他在《美国心理学家》杂志上发表了题为"心理学能够成为一门关于心理的科学吗?"的文章,为他的行为主义理论而争辩。[①] 第二天,他便溘然长眠了。

问题与思考

1. 巴甫洛夫的经典条件作用理论是什么?
2. 桑代克的学习联结理论是什么?
3. 斯金纳的强化学说是什么?
4. 学习理论与教学理论的关系是什么?

术语及定义

无条件反应:无条件刺激引起的生理反应。

条件反应:由条件刺激的结果而引起有机体的生理反应。

习得律:CS和CR临近配对建立起条件反应。

消退律:多次条件刺激物出现,而无条件刺激没有出现,条件反射会消失。

准备律:学习者在学习开始时的预备定势,而不是学习者的知识或成熟准备。

练习律:反应重复的次数越多,刺激与反应之间的联结便越牢固。

使用律:一个形成的联结若加以应用,其联结力量就会加强。

[①] B. F. Skinner(1990),"Can Psychology Become A Scientific Science Subject?", *American Psychologist*, 45, pp. 1206-1210.

效果律：凡是导致满意行为反应后果会使刺激与反应之间的联结加强，凡是带来令人烦恼的行为反应后果会削弱刺激与反应的联结。这是桑代克学习的最主要定律。

阈限法：又称忍受法，即极其缓慢地逐渐引入条件刺激，使有关的反应（不良习惯）不被引起。

疲劳法：或称消耗法或过量法，即不断重复刺激线索，直到有关反应（不良习惯）疲劳为止。

对抗条件作用：又称不相匹配刺激法，其意义是使有关反应（不良习惯）同某一矛盾反应配对。

塑造：通过小步反馈帮助儿童达到目标，采用的是相继近似法。

消退：通过差别强化，缓慢地减少两种刺激特征，从而使有机体最终能对两种只有很小差异的刺激做出辨别反应。

分化：利用一些线索、信号和信息，这些线索、信号和信息暗示什么时候行为更易得到强化，即知觉刺激的差异并对这种差异做出反应。

第九章 认知学习理论

> 脆弱的心智不可能拥有对信息的准确表征,就像已经变脆的蜡一样不再允许刻上信息,与软的蜡一样,软的心智会使信息稍纵即逝。
>
> ——苏格拉底

第一节 布鲁纳的学习理论

一、生平

布鲁纳(J. S. Bruner, 1915—)作为教育心理学家,因认知探索和发动教育改革运动而享誉全球。他1937年毕业于杜克大学,1941年获哈佛大学博士学位。在哈佛大学,他一开始在波林(E. G. Boring)领导下研究动物学习和知觉。第二次世界大战期间,他研究社会心理学,发表了名为"公众舆论和世界秩序"的论文。1945年,他重新回到哈佛,继续从事心理学研究。1947年发表"论价值和需要在知觉组织中的作用"一文,让贫穷儿童和富裕儿童作为两组被试,对硬币大小进行估计判断,结果发现:贫穷儿童往往比富裕儿童更倾向于过度估计硬币的大小。①

---

① 参见张爱卿:《布鲁纳认知与教育心理学》,湖北教育出版社2000年版,第2—4页。

1952年,布鲁纳开始系统对认知问题进行研究。1960年,他协助建立了哈佛大学认知研究中心,该中心由哲学家、语言学家、史学家、人类学家和法律学家组成,主要研究认知与教学问题,试图改革美国教育,布鲁纳任该中心主任。1960年,他所撰写的《教育过程》一书出版,该书被称为是一部划时代的著作。他创立的结构主义教学论,可与赞可夫教学与发展的实验教学论和德国瓦根舍因的范例教学论,共同成为广泛流行的三大教学流派。

布鲁纳主要著作有:《思维研究》(1956)、《教育过程》(1960)、《论认知》(1962)、《教学论探讨》(1966)、《教育的适应性》(1971)、《有意义的行动》(1990)和《教育文化》(1996)等。

二、关于认知研究

(一)重视直觉思维的训练

直觉思维是以熟悉的、相关的知识领域及其结构为根据,是一种灵感和创意。直觉思维和预感的训练,在正式的学科学习中受到忽略,但却是十分重要的。影响直觉思维的因素有:

1. 教学上强调知识的结构或联络性;
2. 启发式程序教学有助于直觉思维;
3. 鼓励儿童大胆猜想;
4. 鼓励儿童自信和勇敢;
5. 改革学习惩奖制度,儿童在行动中犯错误,冒风险,不致受批评;
6. 认识儿童的天赋状况,赞赏儿童直觉思维。

(二)认知成长和表征理论

1. 认知表征系统

布鲁纳十分重视成长(growth)的问题,他常把智力发展与认

知发展作为同义语,把它们看做形成表征系统的过程。① 表征或表征系统,是儿童知觉和认识世界的一套规则,包括:

(1)动作性表征(enactive representation),又称表演式再现表象,儿童以动作来表达对世界的看法。

(2)映像性表征(iconic representation),又称肖像式再现表象,儿童开始形成图像或表象,去表现他们世界中所发生的事物。

(3)符号性表征(symbolic representation),又称象征性再现表象,儿童能够通过符号再现他们的世界,这里最重要的符号是语言。这些符号既不是直接的事物,也不是现实世界的复制,而是抽象的、间接的和任意性的。

他认为,智力生长的主要目的,是为儿童提供一个现实世界的模式,儿童可以借此解决生活中的一切问题。

2. 促进儿童智力成长的措施

(1)增进儿童知识和技能

布鲁纳认为,人类通过文化来增进技能和知识。人类文明发展有三种扩大器:一是人类动作扩大器,像锤子、杠杆和轮子等;二是感官能力扩大器,像信号烽火台、标志、示意图和报警器等;三是人类推理能力扩大器,文化是扩大系统的仓库、传递者。文明和文化作用类似一个扩大系统,可以协助儿童的智力成长。

(2)课程编制

儿童技能训练有三种形式:一是人类出现以前灵长类合成技能的游戏实践;二是原始社会按部就班的情境施教方法;三是学校抽象的分离法。课程编制应考虑这三种训练方式,应运用最好的

---

① 参见施良方:《学习论》,人民教育出版社 1994 年版,第 217—221 页。

才能和技术,由艺术家、人类学者、影片制作人、诗人和教师共同完成。

(3)以学科心理学为基础的智力开发

学科的思考方法往往以一套有联系的、内容可变性的、富有衍生力的命题为基础。在教学中,尽量给儿童提供学科思考方法的机会。学科学习涉及知识转换问题,应利用三种表征方式,还应让儿童对学科保持高度兴趣。

三、关于教学的研究

(一)学习准备

泰勒(Tyler)认为,学习准备是由生理成熟、心理成熟和学习心向三个因素构成的。[1] 皮亚杰也赞同这个观点,认为学习新材料之前应让孩子通晓下一阶段的学习方式。布鲁纳则认为,过去学习准备概念,是害多利少的半真理(half-truth),教学不应等待学习准备的到来,而应采取更积极的态度,即由等待准备转变为创造性准备。向成长中的儿童提出问题,激励他们向更高一阶段发展,这种努力是有意义的。

(二)学习过程

布鲁纳认为,儿童同周围世界的相互作用,涉及对现有的有关刺激输入进行分类。如果人们要超越直接的感觉材料,那么所涉及的不仅仅是把感觉输入归为某一类别,还要根据其他相关类别做出推理,这些相关类别就构成了编码系统。编码系统是人们对环境信息加以分组和组合的方式,编码系统本身也是不断变化和

---

[1] 参见张爱卿:《布鲁纳认知与教育心理学》,湖北教育出版社 2000 年版,第 79—80 页。

重组的。布鲁纳认为,学习一门学科,看来包含着三个差不多同时发生的学习过程,即:

1. 新知识的获得,获得新知识需要对知识进行分类;

2. 知识的转换,把信息转换为各种不同方式,通过推理使之超出最初的事实,从而学到更多的知识;

3. 评价,要检验处理知识的方法是否适合于这个任务,知识概括得是否恰当,最终使知识形成一个编码系统。

(三)学习动机

布鲁纳强调学习是一个主动过程,学习的最初刺激是对所学材料的兴趣,即主要是内在动机,而不是诸如排名、奖赏、竞争之类的外在动机。内在动机包括好奇心、胜任力、自居作用、认同感(即取得文化上的一致性)。适度信息不确定性有助于内在动机的形成。布鲁纳强调,可以利用惊奇、疑虑问题的多种答案,设计困难情境、以揭示矛盾方法来激发内在动机。

(四)发现学习

布鲁纳在《发现的行为》中提出个人至善的四种方式:

1. 圆满获得世间的财富,这是最低级的至善方式;

2. 身体方面的至善,指人的身体形态和技艺的发展;

3. 道德上的至善;

4. 具有最高的智能。

他认为,具有第四种至善才是人类真正的至善。人们即使占有了前三种至善方式,也不能把它们变成财富,而具有最后一种至善才是个体真正能具有的,他人一点也分占不到的。

发现学习可以使个人达到最高至善。所谓发现学习,不仅限于发现人类尚未知晓的事物行动,而且还包括用自己头脑亲自获得知识的一切形式。发现学习对儿童发展有以下四点作用:(1)提高智力的潜力;(2)使外部奖赏向内部动机转移;(3)学会将来做出发现的最优方法和策略;(4)帮助信息的保持和检索。

(五)螺旋式课程(a spiral curriculum)

1960年,布鲁纳提出了一个引起广泛争议的、大胆的假设:任何学科都能用在智能上,以诚实的方式有效地教给任何发展阶段的任何儿童。以往学校以困难为由,许多学科的教学被推迟了。他认为,处于自然学科和教学中心的基本概念以及赋予生命和文学形式的基本课题,既是简单的又是强有力的。他提出一个重要的概念,即螺旋式课程。所谓螺旋式课程,是学习者从已有经验的基本知识开始,在此基础上增加更复杂的和更精细的类目、编码。在教学向前进时,它经常返回去,在以前理解基础上提高,像螺旋一样,由小到大、由低到高把某些知识、概念、原理盘旋而上,逐渐扩大学科的内容。这种课程具体要求是:

1. 遵循儿童动作表征、映像表征和符号表征三个认知发展阶段。

2. 把知识结构、基本概念、原理教给儿童。知识结构的重要性表现为:

(1)懂得基本原理使得学科更容易理解;

(2)从人类的记忆看,他说除非把一件件事情放进构造好的模型里,否则很快就会忘记;

(3)领会基本原理和观念,是通向适当训练迁移的大道;

(4)对教材结构和基本原理的理解,能够缩小高级知识和初级知识之间的间隙。

3. 每门学科都有一种结构,具有一种合理性、完美性,可以发现每门学科本身特有的内在逻辑。

用螺旋式课程方法编写教材,受到美国教育界广泛重视,被认为是美国对苏联卫星上天的有力回击。通过这个课程的教学改革,为美国造就了大批人才,1968年美国人最先登上了月球。

(六)教材结构理论

当时美国的历史背景是,1957年苏联卫星上天,逼迫美国进行教育改革。布鲁纳召集了美国的物理学家、生物学家、数学家、历史学家、教育家和心理学家,会聚一堂,在伍兹霍尔会议上,共商教育大计。后来,布鲁纳进行了总结,写了《教育过程》一书,提出了教材结构论。[①] 所谓教材结构,是指学科中的事物是如何联系和组织的,是具有某种规律的东西,如概念、原理和原则。在教学中要给予儿童教材的基本结构,即基本的知识原理以及对待解决问题的态度,把那些和基础课有关的普遍的和强有力的观点和态度置于中心地位,安排的基础知识要符合儿童的兴趣和能力。

(七)未来教育

布鲁纳在20世纪50年代研究得出,时间与人类文明发展重大事件的有趣关系:

地球诞生——50亿年

脊椎动物——5亿年

哺乳动物——5千万年

灵长类——5百万年

现代人——50万年

---

① J.S.Bruner(1960), *The Process of Education*, Cambridge: Harvard University Press.

冰河移动——5万年

有文字记载——5000年

印刷的发明——500年

无线电——50年

人工智能——5年

布鲁纳指出,对人类诞生之后发生重大事件记载是感人的和令人生畏的。地球生命为50亿年,一半时间即25亿年地球无生命。人类文明在突飞猛进向前发展。人类的工具、技术以几何级速度发展,教育显得日益重要。未来教育应该重点培养儿童:

1. 操作技能、想象和处理符号的技能;

2. 掌握各种技能和自我奖励方式;

3. 处理复杂语言之技巧;

4. 拥有更多的知识资源。

四、评论

(一)认知及教学研究的开创者

布鲁纳认为,人类追求完美(perfect),只有拥有最高智能的完美才是最真实、最主要的。他的认知研究具有划时代意义,因为欧洲有皮亚杰的发生认识论、格式塔心理学,但美国始终是机能主义和行为主义的天下,因此他开创了美国认知心理学及其教学研究的先河。

在推动美国的教育改革运动中,特别是在认知结构学习理论为指导改革教学的运动中,布鲁纳是一位极为重要的人物。此外,在心理学为教育服务方面他也做出了显著的贡献。

(二)理论不足

1. 理论不完善。他论述了很多方面,如认知技术、教育研究、文化视野、人类智力、个人智力、文化传递等对智力成长的影响,但理论缺乏统一整合、显得较为零散。

2. 忽略对知识内容的研究。

3. 他提出的发现教学法有很大局限性。事事让儿童都像科学家搞发明一样学习,不必要也不现实。发现学习作为一种方法是有其优点的,当把一种方法过分吹嘘,成为代替一切、凌驾于其他方法之上时,就显露出其局限性了。

4. 他的认知结构思想来源中有不符合客观的东西。

第二节 奥苏伯尔的学习理论

一、生平

奥苏伯尔(D. P. Ausubel,1918—   ),教育心理学家典型的代表之一。1940 年获哥伦比亚大学心理学硕士,1943 年获医学博士,1950 年获哲学博士。他关注学习理论研究,同时在理论医学、临床医学、精神病理学和发展心理学等领域也有所建树。1976 年获得美国心理学会颁发的桑代克教育心理学奖。他的代表著作有:《自我发展与个性失调》(1952)、《儿童发展的理论与问题》(1958)、《意义言语学习心理学》(1963)、《教育心理学:一种认知观》(1968)等。

二、奥苏伯尔的学习理论

(一)有意义学习

1. 有意义学习的实质

奥苏伯尔在教育心理学中最大的贡献是他对有意义学习的描述。有意义学习的实质,就是符号所代表的新知识与学习者认知结构中已有的适当观念建立非人为的(non arbitrary)和实质性的(substantive)联系。① 有意义学习有两个标准：

(1)新的符号或符号代表的观念与学习者认知结构中的有关观念具有实质性联系；

(2)新旧知识的非人为的联系，即新知识与认知结构中有关观念在某种合理的或逻辑基础上建立联系。

有意义学习的条件也有两点：

(1)有意义学习的外部条件：学习材料必须具有逻辑意义。

(2)有意义学习的内部条件：

一是学习者必须具有意义学习的心向。

二是学习者认知结构中必须具有适当的知识，以便与新知识进行联系。

三是学习者必须积极主动，使这种具有潜在意义的新知识与他的认知结构中有关的旧知识发生相互作用，结果可以使旧知识得到改造，新知识获得实际意义，即心理意义。

2. 有意义学习的类型

(1)表征学习(representational learning)

表征学习是学习单个符号或一组符号的意义，或者说学习它们代表什么。表征学习的主要内容是词汇学习(vocabulary)，即学习单词代表什么。

(2)概念学习(concept learning)

概念学习的实质是掌握同类事物共同的关键特征。

同类事物的关键特征可以由学习者从大量同类事物的不同例

---

① 参见施良方：《学习论》，人民教育出版社1994年版，第233—234页。

证中独立发现,这种获得概念的方式叫概念形成(concept formation)。也可以用定义的方式直接向学习者呈现,学习者利用认知结构中原有的有关概念理解新概念,这种获得概念的方式叫概念同化(concept assimilation)。

(3)命题学习(proposition learning)

奥苏贝尔认为,命题是以句子的形式表达的,可以分为两类:一类是非概括性命题,只表示两个以上的特殊事物之间的关系;另一类命题表示若干事物或性质之间的关系,这类命题叫概括性(generalization)命题。命题学习就是学习事物之间或若干概念之间的关系。①

新学习的命题与儿童已有命题之间的关系有以下三种类型:

一是下位关系(subordinate relationships,又译类属关系):这是新教材与儿童已有观念之间最普遍的一种关系,即新学习的内容类属于儿童认知结构中已有的、包摄性较广的观念。它有两种形式,一种是派生类属,另一种是相关类属。

二是上位关系(superordinate relationships,又译总括关系):指新学习的内容与已有观念产生一种类属关系。

三是结合关系(combinational relationships),指新概念、新命题的学习,与原有的观念之间既无下位关系,又无上位关系。

(二)发现学习与接受学习

1. 发现学习

发现学习是指学习内容不是以定论方式呈现给儿童的,而是要求儿童对学习内容进行重新排列、组织或转换。发现学习还涉

---

① 参见施良方:《学习论》,人民教育出版社1994年版,第239—243页。

及其他三种学习类型:

(1)运用,是指把已知命题直接转换到新情境中去;

(2)问题解决,是指儿童无法把已知命题直接转换到新情境中去,需要转换规则;

(3)创造,是指能把认知结构中各种彼此关系很遥远的观念用来解决新问题,而且认知结构中哪些命题与该问题有关,事先是不知道的,各种转换规则也是不明显的。

2. 接受学习

(1)接受学习的特点与发现学习不同

奥苏贝尔认为,学习很多情况应该是通过接受而发生,而不是通过发现,即接受学习。教师给儿童提供的材料应该是经过仔细考虑的、有组织的、有序列的完整形式,因此儿童接受的是最有用的材料。像布鲁纳一样,他也是强调把信息组织进编码系统进行学习,但他把在编码系统中最顶部的一般概念称之为归类者,因为所有的其他概念都归在它底下。

与布鲁纳不同,他主张学习应该通过演绎过程,即理解从一般到特殊。在他看来,无论是接受学习还是发现学习,都有可能是机械的,也都有可能是有意义的。如果教师教学得法,并不一定会导致儿童机械地接受学习;同样,发现学习也并不一定是保证儿童有意义学习的灵丹妙药。学校主要应采用有意义接受学习,尤其是有意义言语接受学习。

(2)讲解式教学的特点

奥苏贝尔强调讲解式教学,把接受学习的教学方法叫做讲解式教学。他认为这种教学主要有四个特点:

一是要求师生之间有大量的互动;

二是要有大量例证；

三是教学是演绎的，从最一般的、蕴涵的概念最初呈现中引出特殊概念；

四是教学有序列的，材料的呈现有一定步子，这些步子中首先是先行组织者(advance organizer)。

(三)认知结构的同化学习论

1. 教学含义

奥苏贝尔认为，当儿童把教学内容与自己的认知结构联系起来时，有意义学习便发生了。所谓认知结构，就是指儿童现有知识的数量、清晰度和组织结构，它是由儿童眼下能回想出的事实、概念、命题、理论等构成的。

从教学角度来看，研究认知结构目的在于识别和控制影响有意义接受学习的变量。奥苏贝尔认为，下列三种变量是必须关注的：

(1)儿童认知结构中能与新教材建立联系的有关观念是否可利用；

(2)这些观念与要学习的新观念之间区别的程度如何；

(3)认知结构中起固定点作用的观念是否稳定、清晰，认知结构中的原有的适当观念是起决定作用的，这种原有的适当观念对新知识起固定作用，故称这种观念为起固定性作用观念或锚观念(anchoring idea)。

奥苏贝尔认为，同化理论的核心是儿童能否习得新信息，主要取决于他们认知结构中已有的有关观念。这种新旧知识相互作用的结果导致了新旧知识的意义同化。[①]

[①] 参见陈琦、刘儒德主编：《当代教育心理学》，北京师范大学出版社1997年版，第90—91页。

2. 教学原则

(1)逐渐分化原则

逐渐分化原则(principles of progressive differentiation)是指,首先应该传授最一般的、包摄性最广的观念,然后根据具体细节对他们逐渐加以分化。奥苏贝尔提出两个基本的假设:一是儿童从已知的包摄性较广的整体知识中掌握分化的部分,比从已知的分化部分中掌握整体知识难度要低些;二是儿童认知结构中对各门学科内容的组织,是按包摄性水平组成的。

(2)整体协调原则

整体协调原则(principle of integrative reconciliation)指如何对儿童认知结构中现有要素重新加以组合。奥苏贝尔还提出了序列组织和巩固这两条原则。

(3)序列组织和巩固原则

序列组织原则(sequential organization)强调前面出现的知识应为后面出现的知识提供基础。巩固原则(consolidation)强调在学习新内容之前必须掌握刚学过的内容,确保儿童为新的学习做好准备,为新学习的成功奠定基础。

(4)先行组织者策略

所谓先行组织者,是先于学习任务本身呈现的一种引导性材料,要比学习任务本身有较高的抽象、概括和综合水平,并且能清晰地与认知结构中原有的观念和新的学习任务相关联。组织者可分为两类:一类是陈述性(expository)组织者,另一类是比较性(comparative)组织者。组织者有三种形式:一是概念的定义;二是新材料与已知例子的类别;三是一个较高水平的概括。先行组织者在新旧概念之间具有桥梁的作用,表现为:

A. 把儿童的注意引向即将来临的材料中最重要的内容；

B. 它们集中了已有观念和将呈现的观念之间的关系；

C. 提醒儿童注意到已有知识和即将遇到的新材料之间的关系。

三、评论

奥苏贝尔对接受学习与发现学习、意义学习与机械学习之间区别提出了独到的见解，并在此基础上阐明了意义接受学习的原则和条件，并对传统的教学方法进行了反思，对现实教育具有深刻的启发意义。

第三节 认知建构主义学习理论

一、认知建构主义是认知主义的进一步发展

在教育心理学中正在发生着一场革命，人们对它叫法不一，但更多地把它称为建构主义的学习理论（Slavin，1994）。建构主义是学习理论中行为主义发展到认知主义以后的进一步发展。行为主义的基本主张（Bullock，1982）是[①]：(1)客观主义——分析人类行为的关键是对外部事件的考察；(2)环境主义——环境是决定人类行为的最重要因素；(3)强化——人们行动的结果影响着后继的链行为。

行为主义的客观主义反映在教学上，认为学习就是通过强化建立刺激与反应之间的联结；教育目标在于传递客观世界的知识；

---

① 参见陈琦、刘儒德主编：《当代教育心理学》，北京师范大学出版社1997年版，第97页。

学习目标是在知识传递过程中达到教育者所确定的目标,得到与教育者完全相同的理解。行为主义者根本无视在这种传递过程中儿童的理解及心理过程。建构主义是认知主义的进一步发展。在皮亚杰和布鲁纳的思想中已经有了建构的思想,但相对而言,建构主义的认知学习观,是解释客观的知识结构如何通过个体与之交互作用而内化为认知结构的。

二、认知建构主义的学习理论

(一)学习是学习者主动建构的内部心理表征过程

学习不仅包括结构性的知识,而且包括大量非结构性的经验背景。建构主义的主要观点是:(1)人们生成对所察觉事物的意义总是与其以前的经验相结合,即理解总是涉及学习者的认知过程及其认知结构,包括原来记忆中的语义和抽象过程,如图式、规则、算法;突出某种特殊的表象或言语的记忆。(2)人脑并不是被动地学习和记录输入的信息,它总是建构对输入信息的解释,主动选择一些信息,忽略一些信息,并从中得出结论。

理科教学的效果常常不能达到教师所预期的结果,其原因可以归结为:(1)在儿童原有认知结构中的内容,其观念与教科书中的不同,或者儿童的日常概念与科学概念理解存在差异;(2)在认知策略上,儿童具有的策略与教师认为他们应该具有的策略不同。

学习是建构内在心理表征的过程,学习并不是把知识从外界搬到记忆中,而是以已有的经验为基础,通过与外界的相互作用来建构新的理解(D. J. Cunningham,1991)。[①]

---

① 参见陈琦、刘儒德主编:《当代教育心理学》,北京师范大学出版社1997年版,第100页。

(二)学习过程包含两方面的同时建构

学习过程意味着对知识的建构,建构包含两方面的含义:

1. 对新信息的理解是通过运用已有经验,超越所提供的信息(beyond information given)而建构的。

2. 从记忆系统中所提取的信息本身,也要按具体情况进行建构,而不单是提取信息(Spiro et al.,1991)。建构一方面是对新信息的意义的建构,另一方面又包含对原有经验的改造和重组。

(三)学习者以自己的方式建构对新事物的理解

不同人看到的是事物不同方面,对同一事物不存在唯一理解,学习者都是按照自己的方式来建构对新事物的理解,因此建构主义非常重视合作学习。

三、认知灵活性理论及随机通达教学

(一)认知灵活性理论

认知灵活性理论(cognitive flexibility theory)是建构主义学习理论的一个分支,它采取的是一条中间路线。它反对传统教学机械地对知识作预先限定,让儿童被动接受;同时也反对极端建构主义只强调学习中非结构的一方面,忽略概念的重要性。另外,这个理论主张,一方面要提供建构理解所需的基础,另一方面又要留给儿童广阔的建构空间,让他们针对具体情境采用适当的学习策略。

(二)随机通达教学(random access instruction)

1. 要区分两种不同领域的知识学习

(1)结构良好领域(well-structured domains)

初级学习是学习中的低级阶段,教师只要求儿童知道一些重要的概念和事实,在测验中只要求他们将所学的东西按原样再现出来。这里所涉及的学习内容就属于结构良好领域。

(2) 结构不良领域(ill-structured domains)

结构不良领域有两个特点：一是概念的复杂性；二是实例间的差异性。而高级学习要求儿童把握概念的复杂性，并广泛而灵活地把概念运用到具体情境中。这里涉及概念的复杂性以及实例间的差异性，即结构不良领域的问题。

2. 知识获得的阶段

知识获得具有三个阶段(D. H. Jonassen, 1991)[①]：

(1) 初级阶段

儿童往往缺少可以直接迁移的某领域的知识，这时的理解多靠简单的字面编码(literal coding)。在教学中，此阶段所涉及的主要是结构良好领域的问题，需要大量的练习和反馈而熟练掌握知识。

(2) 高级的知识获得阶段

学习者开始涉及大量结构不良领域的问题，这时教学主要是以知识理解为基础，通过师徒式(apprentice ship)引导而进行。学习者要解决具体领域的情境性问题必须掌握高级的知识。

(3) 专家知识学习阶段

这个阶段涉及的问题则更加复杂和丰富，学习者已有大量的图式化的模式(schematic patterns)，而且其间已建立了丰富的联系，因而可以灵活地对问题进行表征。

3. 适合于高级学习的教学——随机通达教学

在高级知识学习过程中，对于信息意义的建构要从不同的角

---

① 参见陈琦、刘儒德主编：《当代教育心理学》，北京师范大学出版社1997年版，第101—103页。

度入手,从而可以获得不同方面的理解。同时,在运用已有知识解决实际问题时,存在着概念的复杂性和实例的差异性,对同一内容的学习要在不同时间多次进行,每次的情境都是经过改组的,而且目的不同,分别着眼于问题的不同侧面。这种教学就是所谓随机通达教学。

(三)情境性教学和支架式教学

1. 情境性教学

情境性教学作为建构主义的教学模式,其含义:

(1)学习是在与现实相类似的情境中发生,是以解决儿童在现实生活中遇到的问题为目标;

(2)教学过程与现实的问题解决过程相类似;

(3)情境性教学对于儿童发展效果的评价,不需要独立于教学过程之外的测验,而是采用融合式测验。

2. 支架式教学

支架式教学,作为建构主义另一个教学模式要求教师引导教学的进行,使儿童掌握、建构和内化所学的知识技能,从而使他们进行更高水平的认知活动。简言之,是通过支架把管理学习的任务逐渐由教师转移给儿童自己,最后撤去支架,这就是支架式教学。支架式教学的环节包括:预热(etudes);探索(exploration);独立探索行动(excursions)。

支架式教学与有指导的发现法相似,都强调在有教师指导的情况下发现学习,但支架式教学则同时强调教师指导成分逐渐减少,最终要使儿童达到独立发现的地位,将监控学习和探索责任由教师为主向儿童为主转移。

问题与思考

1. 怎样理解布鲁纳螺旋式课程在现实教学中的运用?
2. 奥苏伯尔认知结构同化学习论的内容是什么?
3. 接受学习与发现学习有什么不同?
4. 认知灵活性理论及随机通达教学的含义是什么?

术语及定义

直觉思维:以熟悉的、相关的知识领域及其结构为根据,是一种灵感和创意。

映像性表征:又称肖像式再现表象,儿童开始形成图像或表象,去表现他们的世界中所发生的事物。

符号性表征:又称象征性再现表象,儿童能够通过符号再现他们的世界,这里最重要的符号是语言。

学习准备:由生理成熟、心理成熟和学习心向三个因素构成的,指学习新材料之前应让孩子通晓前一阶段的学习方式。

内在动机:学习的最初刺激是对所学材料的兴趣,而不是诸如等级、奖赏、竞争之类。

螺旋式课程:课程的构建是学习者从已有经验的基本知识开始,在此基础上增加更复杂的和更精细的类目、编码。在教学向前进时,它经常返回去,在以前理解基础上提高,像螺旋一样,由小到大、由低到高把某些知识、概念、原理盘旋而上,逐渐扩大学科的内容。

教材结构:学科中的事物之间的联系和组织,是具有某种规律的东西,如概念、原理和原则。

有意义学习:符号所代表的新知识与学习者认知结构中已有的适当观念建立非人为的和实质性的联系。

表征学习:学习单个符号或一组符号的意义,或者说学习它们代表什么。

概念学习:掌握同类事物的共同的关键特征。

概念形成:获得概念是由学习者从大量的同类事物的不同例证中独立发现。

命题学习:学习事物之间或若干概念之间的关系。

锚观念:起固定性作用的观念,即认知结构中的原有的适当观念对新知识起固定作用。

先行组织者:先于学习任务本身呈现的一种引导性材料,要比学习任务本身有较高的抽象、概括和综合水平,并且能清晰地与认知结构中原有的观念和新的学习任务相关联。

结构良好领域:儿童要学习的一些重要概念和事实等方面的知识,在测验中可按原样再现。

结构不良领域:有关概念复杂性和实例间差异性方面的知识。

第十章 格式塔心理学的学习理论

> 把整体分解为元素不仅是人为的,也是毫无意义的,科学上也是无结果的,它不能揭示心理的任何东西。
>
> ——韦特海默

第一节 格式塔心理学的学习理论

一、三大代表人物

(一)韦特海默

韦特海默(Max Wertheimer,1880—1943)出生于捷克,在大学最初学习法律,两年后改学哲学和心理学,后来去德国符兹堡大学求学。1904年,在屈尔佩(O. Kulpe)指导下获博士学位。1933年,因不满希特勒的专制统治而去了美国。

虽然韦特海默被公认为格式塔心理学代表,但他兴趣广泛,喜欢写诗、写交响曲,除了设计几个重要的实验、阐述格式塔心理学原理之外,其论著并不多。他最主要的实验——似动现象,是在1910年度假时从维也纳到莱比锡的火车上萌发的,他的助手苛勒和考夫卡进一步对似动现象做了研究。[①]

[①] 参见 Morton Hunt:《心理学的故事》,李斯译,海南出版社1999年版,第361—363页。

（二）苛勒

苛勒（Wolfgang Kohler，1887—1967）出生于爱沙尼亚。1909年在柏林大学获博士学位。1910年在法兰克福大学，与考夫卡作为似动现象的实验被试，与老师三人共同奠定了格式塔心理学的基础。1913年他去非洲沿海的一个岛对猩猩进行观察研究工作。第一次世界大战爆发后，他无法离开，在岛上又生活4年。他写的主要著作是《猩猩的智慧》(The Mentality of Apes，德文版1917)。1921年苛勒又回到柏林大学任心理研究所主任，成为格式塔心理学的主要发言人。1935年因不满纳粹帝国，被迫去了美国。1956年获美国杰出科学贡献奖。1959年当选为美国心理学会主席。主要的著作为《格式塔心理学》(Gestalt Psychology，1929，1947)。

（三）考夫卡

考夫卡（Kurt Koffka，1886—1941）出生于德国。1904年开始在柏林大学学习哲学、心理学，1907年获哲学博士。1910年到法兰克福大学，与韦特海默、苛勒研究似动现象，奠定格式塔心理学基础。1924年去美国，比韦特海默早9年，比苛勒早11年。作为格式塔心理学传播者，他是最早向美国介绍格式塔心理学的人，对格式塔心理学的全面系统介绍和传播做出了杰出的贡献。

二、格式塔心理学产生——韦特海默与华生之比较

（一）对传统的挑战

1913年，华生对美国的机能心理学和传统心理学提出挑战；1912年，韦特海默对德国冯特及其学生铁钦纳（E. B. Titchener）为代表的德国心理学也提出了挑战。

（二）挑战的不同主张

美国机能心理学和德国构造心理学非常关注意识问题,都试图把意识分解成一些基本的单位,但这两种挑战有些不同(对意识的态度;研究方法)。

华生主张,心理学不应该关注意识,而应研究行为,提出用刺激反应来清除映像和观念。但他赞同采用分析的方法,对行为的单位(不是意识)——刺激反应进行分析。

韦特海默反对采用分析方法,认为把意识分解成部分会歪曲其中大部分意义。相反,他不反对研究意识,他所关注的就是意识,他所做的就是要从整体上去研究意识。

(三)不同的路线或阶段

韦特海默和华生几乎同时在欧美两大陆对类似传统心理学提出挑战,但走的是两条完全不同的路线。华生采用的是机械方法研究行为成分和联结,而韦特海默用的是能动的方法(dynamic approach)。可以说行为主义走得更远,因为:如果把美国机能主义对构造主义的挑战作为第一阶段,那么行为主义对机能主义的挑战则为第二阶段。

三、格式塔心理学的研究

(一)似动现象

一般人认为,似动现象没有什么理论意义,只是一种好奇而已,而对韦特海默来说,则是不能把整体分解成部分的证据。所谓似动现象,是指两个相距不远、相继出现的视觉刺激物,呈现的间隔如果在 1/10 秒到 1/30 秒之间,那么我们看到的不是两个物体,而是一个物体在移动。为强调整体,韦特海默把整体叫完型(gestalt)、形式(form)、样式(pattern)或形态(configuration),即能动整体(dynamic wholes)。另外,对图形与背景关系进行研究表明,一个整体分成部分是可以的,但更重要的是整体与部分之间的关系,整体不只是部分之总和。

(二)解决问题中的顿悟

苛勒进行的猩猩行为的实验研究:在接竿问题实验中,猩猩为得到香蕉,突然将两根棒子像钓鱼竿一样接起来;在叠箱问题实验中,猩猩突然将两只箱子叠起来而得到高处的香蕉。总之,动物在遇到难题时,可能审视相关的条件,考虑行为成功的可能性,当突然把一件工具的功能性价值看做达到目标的手段,如:看出两根棒子接起来与远处香蕉的关系时,便产生了顿悟,从而解决了这个问题。[①] 顿悟的产生,一方面强调情境的整体性和结构性,另一方面假定脑本身有一种组织的功能,能填补缺口。

(三)格式塔心理学基本学习观

1. 学习是知觉的重组或认知重组

一个人的学习方式通常是从一种混沌模糊状态转变为一种有意义的、有结构的状态,即知觉的重组。

2. 顿悟学习可以避免多余的试误学习,同时又有助于迁移

韦特海默认为,一些教师过于强调机械记忆,不惜牺牲学习中的理解能力,这是不合适的,应该让儿童更多使用顿悟发生的学习方式。他区别了两种类型的问题解决方法:一类是具有首创性和顿悟式的解决方法;另一类是不适当地应用老规则,因而不能真正解决问题。

这里举非顿悟学习的两例:

---

① 参见李伯黍等主编:《教育心理学》,华东师范大学出版社1993年版,第164—166页。

例1：一位在病房里值夜班的护士到了深夜11点时把一个病号叫醒说："现在到了你该吃安眠药的时候了。"这是一个不考虑问题情境、机械运用规则的愚蠢行为的典型事例。

例2：有一学校视导员走访一个班级，想对该班学生的聪明程度作一番评估。他问道："一匹马有多少根毛？"一位男孩说："一匹马有132468218根毛。"视导员问他是怎么知道的？男学生回答说："如果你不信可以去数。"全班同学哄堂大笑。该视导员离开教室时对该班的老师说："我回去把这个故事讲给同事听，他们一定会喜欢听的。"过了一年后，这位视导员又来到这个教室，该班老师问他，他的同事对这个故事有什么看法。这位视导员说："我是很想讲给他们听的，但我没法讲，因为我忘记了这个男孩所说的数字了。"这个故事中的视导员是多么愚蠢。

3. 真正学习是不会遗忘的

无意义音节的机械学习是极易遗忘的，而通过顿悟习得的内容一旦被掌握后永远也不会遗忘。例如，把149162536496481写在黑板上，要求一组被试用15秒钟后回忆出来。结果这是一项相当困难之任务，被试难以完成。但另一组被试，告诉他们在试图记住之前，想想有什么规律的可能，结果不少被试都觉察到这些数字是用1到9的平方排列起来的。既然如此，那么是几周、几个月后也能记住。

4. 顿悟学习本身就具有奖励性质

格式塔心理学认为，真正学习常伴有一种兴奋感。当学习者了解到有意义的关系是一个完型的内在结构，那么弄清事物真相，就会有令人愉快的体验。格式塔心理学抨击滥用各种外部奖励，如：使用糖果、五角星、金钱之类的东西驱动学习。教育工作者要认识到,不加区别地使用奖励物可能会使儿童分心,不能把心思用在学习上,而只关心得到什么奖励,导致失去顿悟学习本身所具有的自我奖励作用。

(四)关于知觉的学习定律

人们总有一种倾向,即尽可能把被试知觉到的东西呈现一种最好的形式,即完型。知觉组织或学习有以下定律①:

1. 接近律(law of proximity):人们总是把接近的东西看成一个整体;

2. 相似律(law of similarity):人们总是把相似的东西看成是一排;

　　　　a a a a a a
　　　　g g g g g g
　　　　c c c c c c
　　　　x x x x x x

3. 闭合律(law of closure):人们把开放图形当成封闭的图形;

4. 连续律(law of continuity):人们在知觉时习惯于把图形看成是连续体;

5. 成员特性律(law of membership character):同样的颜色深度的多个小正方形,但在深度不同的同一颜色背景下看起来深度不同。

---

① 参见施良方:《学习论》,人民教育出版社 1994 年版,第 156—159 页。

总之,在世界上几乎没有什么孤立的刺激出现,这符合知觉的格式塔心理学原理。

(五)记忆律

沃尔夫(Wulf,1922,1938)对遗忘问题进行了经典研究,人们对视觉图形、简单线条画的遗忘有以下记忆律[①]:

1. 水平化(leveling):人们记忆中趋向于减少图形中不深刻的部分使之对称;或趋向于减少知觉图形中的某些细节。

2. 尖锐化(sharping):在知觉记忆中强调图形的某些特征而忽略其他具体细节的过程。

3. 常态化(normalizing):根据自己已有的记忆痕迹而对知觉图形加以修改,以致趋于正常的样子。

四、评论

(一)对格式塔心理学学习理论的批评

1. 格式塔心理学的理论太多,以致牺牲了适当的实验研究和有经验支持的资料。当然,也有人认为,韦特海默和苛勒的猩猩实验是经典的,比桑代克等人的实验要复杂得多。

2. 格式塔心理学最根本的就是整体与要素的关系,但又是解释得最不完善的,因为它未搞清楚其要素是什么。

3. 有人说,格式塔心理学的实验缺乏对变量的适当控制,且其非数字化资料不易统计分析。

4. 许多人声明,把格式塔心理学的顿悟与行为主义的试误绝对对立起来,以表明其冲突。但格式塔心理学是把试误过程解释为一系列小的部分顿悟。

---

① 参见施良方:《学习论》,人民教育出版社 1994 年版,第 159—161 页。

(二)格式塔心理学的贡献

尽管以上有许多对格式塔心理学的批评,但作为一个重要流派其影响还是深远的。格式塔心理学,为20世纪五六十年代认知心理学的发展奠定了基础。

第二节 格式塔心理学的一个分支:勒温认知—场学习理论

一、生平

勒温(Kurt Lewin,1880—1947)生于普鲁士,先后在大学学习数学和物理学,后来学习心理学。1914年获博士学位。1921年勒温在柏林大学与韦特海默研究格式塔心理学,其兴趣是用场论来解释心理学问题。他也是因不满希特勒的专制统治,于1932年离开德国去了美国。

二、认知—场学习理论的基本含义

(一)一个人的行为取决于个人生活空间

韦特海默等人关心知觉、认知、思维,而勒温关心的是动机、个性和社会心理。勒温认为,人的心理活动是在一种心理场或生活空间里发生的,生活空间(Life Space)简称 LSP。一个人的行为(B)取决于个人(P)和他所处环境(E)的相互作用,即个人生活空间。① 用公式表示:

$$B = f(P \cdot E) = f(LSP)$$

在个人生活空间中,最重要的因素是个体所渴望达到的目标

---

① 参见施良方:《学习论》,人民教育出版社1994年版,第165—167页。

或力图避免的目标(Goal,简称 G),以及限制他追求或避开这些目标的障碍(Barrier,简称 B)。凡一个人追求目标,说明目标有吸引力,即正效价(positive valence);凡一个人力求避开的目标,说明目标有排斥力,即负效价(negative valence);而障碍则是产生一种与推动力相反方向的约束力。所有这些力,称为向量(vector),用力量的方向和大小表示。生活空间有两个区域,用障碍隔开。

(二)学习观

1. 学习即认知结构的重组,以场论来说明。当儿童有了顿悟时,对该情境的认知结构就发生了变化。

2. 学习即动机变化。当儿童面临两难境地,一方面讨厌活动,另一方面又要面临受惩罚,因此就有想逃离障碍的倾向,即动机。

勒温认为,奖励可以使学习区域发生变化,以致使本来讨厌的活动变得喜欢起来。另外,个体对于活动意义的认识也可以作为活动的诱发力。如:在家不喜欢吃胡萝卜的孩子,在参加朋友聚会时,则像大人一样津津有味地吃胡萝卜。苦瓜有营养,平时嫌苦不吃,而当家里来了客人吃饭时,这个孩子却大口大口吃起苦瓜来。当然,孩子会嫌味苦赶紧吃口饭并快速咽下去。个人的抱负水平也影响到学习,要让儿童学会承担责任(learn to take it)很重要。

三、评论

勒温的认知场学习理论的确有独到之处。勒温把空间、拓扑学和向量引入格式塔心理学框架,对于格式塔心理学发展来说是另辟蹊径,弥补了格式塔心理学只研究知觉之不足。勒温对于行为取决于行为发生的心理环境以及对动机的解释也有独到之处。

勒温认知—场学习理论有时被称为黑板心理学（blackboard psychology）。他坚信可以用拓扑学这种度量几何形式来表示各种心理现象，可以用地图来表示生活空间。可以说，用空间概念、数量方式处理心理学问题，是其理论的一大特色。

当然，其理论在许多方面只是一种理想而已。由于没有一个人能以一种完全客观的方式来精确说明其所在环境，因此难于对行为提供精确的判断和解释。

问题与思考

1. 格式塔心理学学习理论的主要观点是什么？
2. 认知—场学习理论的基本含义是什么？

术语及定义

似动现象：两个相距不远、相继出现的视觉刺激物，呈现的间隔如果在1/10秒到1/30秒之间，那么我们看到的不是两个物体，而是一个物体在移动。

顿悟：动物在遇到难题时，可能审视相关的条件，考虑一定行为成功的可能性，解决了问题，这种突然豁然开朗的心理现象就是顿悟。

成员特性律：同样的颜色深度的多个小正方形，但在深度不同的同一颜色背景下看起来深度不同。

常态化：根据自己已有的记忆痕迹而对知觉图形加以修改，以致趋于正常的样子。

生活空间：简称LSP，指人的心理活动所在一种心理场。

正效价：心理场理论中的一个概念，一个人追求目标，说明目标有吸引力,即正诱发力。

负效价:心理场理论中的一个概念,一个人力求避开的目标的排斥力。

向量:障碍产生一种与推动力相反方向的约束力,用力量的方向和大小表示。

第十一章 人本主义学习理论

> 自我实现意味着实现了一个人生命中的全部潜能。
> ——马斯洛

20世纪中期,一些心理学家感到行为主义心理学并没有恰当地探讨人类的高级心理活动,如:思维、情感体验等,而是采用过于严格的研究方法以致忽略人之所以成为人的实质性东西。同样,精神分析家只关注情绪障碍的人。20世纪50年代末和60年代初兴起于美国的人本主义心理学,对传统心理学进行了有力挑战,在70年代得到迅速的发展,被称为心理学的第三支势力。[①] 与行为主义学习理论和认知学习理论相比,人本主义学习理论的确有其独特之处:不限于对行为的解释,而是对学习者整个成长历程的解释。

就学习理论而言,马斯洛论述过一些关于学习的问题,但他不以研究学习为己任,因而没有提出系统的学习理论。对教学影响较大的是罗杰斯,他于1983年撰写了《自由学习》一书,提出了自己的学习与教学理论。

---

① 参见施良方:《学习论》,人民教育出版社1992年版,第401页。

第一节 马斯洛的学习理论

一、生平

成为一个心理学家是不易的,所谓时势造英雄,特殊的环境就有可能给人发展的契机,马斯洛就是一个良好的例证。人生旅程的三大遭遇也造就了一个在心理学上卓有成绩的马斯洛。孩提时代的马斯洛是生活在一个非犹太教区里唯一的犹太籍孩子,基于美国种族歧视的历史和现状,马斯洛曾描述他的童年:十分的孤独不幸,在图书馆的书籍中长大,几乎没有任何朋友。马斯洛结婚很早(20岁),因去了华盛顿从而发现并迷上了华生的行为主义理论。但是随着他第一个婴儿降生,他写道:"当我看到这神秘的小东西时,我都有些糊涂了,那种神秘的、不能自主的感觉使我惊奇万分……我觉得任何有过孩子的人都不会成为行为主义者。"

1941年12月7日(日本偷袭珍珠港)改变了无数人的生活方向,同样马斯洛的生活方向也由之改变。由于年龄太大不能从戎,马斯洛决心贡献毕生精力去寻找一种关于人类行为的普遍理论,是一种为和平所用的心理学。他说,我想证明人类有能力完成比战争、偏见、仇恨更美的东西。我要使科学开始考虑迄今为止一直不是科学家所处理的问题,如:宗教、诗歌、价值观、哲学和艺术。1954年,代表作《动机和人格》一书的出版标志着他的思想的形成。他的著作还有《走向存在的心理学》《科学心理学》《宗教价值观和高峰体验》、《人性能达到的境界》等。[①]

[①] 参见张春兴:《心理学思想的流变》,上海教育出版社2000年版,第308—312页。

马斯洛把人本主义心理学说成是心理学的一场革命,开辟了心理学的新方向,是心理学的第三种选择。他还提出人本主义心理学是向更高级、超越个人和人类的、以宇宙为中心的第四种心理学的过渡。作为人本主义心理学的创始人,马斯洛早期的研究趋向是对动物的行为感兴趣,后来也涉猎过精神分析心理学,但他发现这两种理论存在严重缺陷,即它们忽略了对人性存在的价值的关注。

二、基本理论和观点

(一)需要层次理论

马斯洛认为,人的需要包括:生理需要、爱与归属需要、自尊需要、认知需要和自我实现需要。他认为,生理需要是人的需要中最基本的、最强烈的、最明显的一种,是对生存的需求。人们需要食物、饮料、住所、夫妻生活、睡眠和氧气。一个缺少食物、自尊和爱的人会首先要求食物,只要这一需求还未得到满足,归属和爱的需要、尊重的需要及自我实现的需要就谈不上。他通过早年对自我实现者的研究,驳斥了弗洛伊德的那种关于人的无意识(本我)中只有坏、邪恶、疯狂和危险的理论。自我实现者的潜意识是创造的、友爱的、积极的和健康的,这个结论与他所追求的社会向着良好的方向发展的终极目标是一致的。马斯洛认为,人的一生实际上都处在不断的追求之中,是一个不断有所需求的动物,几乎很少达到完全满足的状态,一个欲望得到满足了之后,另一个欲望就立刻产生了。

马斯洛还将人的各种需求分为缺失需求和成长需求。只有先给儿童提供良好的教育环境,其各种缺失需求得到满足后,个体才会自发出现成长需求,从而达到自我实现的完美境界。

(二)人的潜力和高峰体验

1. 人的潜力

马斯洛认为,人类有两股潜在的力量:一股是防卫力量,其内在作用是个体恐惧失去安全而使他在心理上有退缩倾向,从而使个体依恋过去,不敢接受挑战,遇事逃避现实;另一股是进取的力量,其内在作用是促进个体向完美而统合的境界成长,从而使个体乐于面对现实,充满信心与朝气。

马斯洛相信,绝大多数人具有创造、自发、关心别人、好奇、不断成长、爱别人和被别人爱的能力,以及自我实现者身上所具有的其他一切特点。一个人行为不善,是因为他的基本需要被剥夺才做出的反应。假如他的行为有所改善,那就是说他开始发展其真正潜力,并向更健康、更正常的人看齐。

智力的发展是一个有层次、逐步深入的能动的过程。因而他鼓励儿童定高自己的目标,在人的本质中发展需要的推动下,充分发展自己的潜力,实现自己的更高级需要。

2. 高峰体验

高峰体验是处于最佳状态的时刻,感到敬畏、强烈的幸福、狂喜、完美或欣慰的时刻。马斯洛断言,在高峰体验期间,人能更好地认识现实本身,在这种时刻他们能够像许多哲学家和神学家那样洞察现实的统一面目。

(三)发展和学习观

马斯洛的另一个和潜力有关的概念是发展。他通过多年的研究得出结论:向自我实现的发展是自然的,也是必要的。他所说的发展指的是天赋、能力、创造力、智慧以及性格的不断发展,就是越来越高的心理需求不断得到满足的过程。从人的天性中可以看出,人类总是不断地寻求一个更加充实的自我,追求更加美好的自我实现。从自然科学意义上说,这与一粒橡树种子迫切希望长成为橡树是相同的。

关于学习观,马斯洛认为,儿童学习依靠他们生而具有的成长潜能,不需要刻意加以教导。教师的任务是辅导而不能强制儿童学习,学习活动应由儿童自己选择。

第二节 罗杰斯的学习理论

作为人本主义心理学之父的马斯洛,在人本主义心理学的理论研究上的确居首位。然而,就学习理论的研究而言,罗杰斯才是在教育实践中最有影响的人本主义心理学家。他对学习过程本质、学习动机、学习内容等方面都做了系统的论述。

一、生平

罗杰斯(C. R. Rogers,1902—1987)出生在一个原教旨主义家庭,少年的孤独成了他后来从事心理治疗工作的一个重要原因。大学期间攻读农业,后来读历史,获文学学士学位。1931 年在哥伦比亚大学获心理学博士学位。罗杰斯学术建树颇多,1946 年他当选为美国心理学主席,1956 年、1972 年两次获得心理学会杰出科学贡献奖,他主要学术著作有:《咨询与心理治疗》(1942)、《自由学习》(1969)等。[①]

---

① 参见施良方:《学习论》,人民教育出版社 1992 年版,第 402—405 页。

二、学习理论的主要观点

(一)关于学习过程的本质

在对学习过程的本质上,罗杰斯的观点与行为主义学习理论根本对立。他认为,学习本身不是机械的刺激与反应联结的总和,而是一种有意义的心理过程。他强调学习者对学习情境或刺激的解释或看法。

罗杰斯把学习分为两类,一类是类似于心理学上无意义音节的学习,这类学习任务既枯燥、不易学习,又容易遗忘;另一类是意义学习,指使儿童的行为、态度、个性发生重大变化的学习,如:当一个刚学会走路的小孩碰到了取暖器时就学会了"烫"这个词,也就知道了"烫"的意义。罗杰斯的意义学习(significant learning)与奥苏伯尔的意义学习(meaningful learning)有所不同,前者关注学习内容与个人的联系,后者关注新旧知识之间的联系。罗杰斯认为,意义学习四个要素:

1. 学习具有个人参与(personal involvement)性质,即整个人包括情感和认知都投入学习活动;

2. 学习是自我发起的(self-initiated),即便在推动力或刺激来自外界时,但要求发现、获得、掌握和领会的感觉是来自内部的;

3. 学习是渗透的(pervasive),它会使儿童的行为、态度乃至个性都发生变化;

4. 学习是由儿童自我评价的(evaluated by the learner),因为儿童最清楚这种学习是否满足自己的需要、是否对他想要知道的东西有所帮助。

罗杰斯认为,意义学习最好的方法就是,把逻辑与直觉、理智与情感、概念与经验、观念与意义等结合在一起,当儿童以这种方式学习时就成了一个完整的人。

(二)关于学习动机及教学任务

罗杰斯认为,在学习动机上,人类具有学习的自然倾向或内在潜能。人类学习是一种自发的、有目的的、有选择的学习过程,是学习者内在潜能的发挥。教学任务,就是创设一种有利于儿童学习潜能发挥的情境,允许儿童学习,满足他们的好奇心。换言之,不是教儿童知识(这是行为主义学习理论所强调的),也不是教儿童怎样学习(这是认知学习理论所强调的),而是要为儿童提供学习手段,由儿童自己决定如何学习。①

儿童可被看做一个有目的、能选择和塑造自己行为并从中得到满足的人。因此,罗杰斯强调教学以儿童为中心,教师任务主要是帮助儿童增强对变化的环境和对自己的理解,而不是像行为主义学习理论所主张的,控制或塑造行为。学习应是一个愉快的过程,教学中不应采取惩罚、强迫等方法。

(三)关于学习内容

罗杰斯强调,儿童学习内容应该是学习者认为有价值的、有意义的知识或经验。只有当儿童正确了解到所学内容价值时,学习才能成为最好的、最有效的学习。罗杰斯提出了让儿童自由学习的原则,并要求教师应尊重儿童的学习兴趣和爱好,在课程内容安排和设置上要给儿童以充分的自由。

(四)关于学习方法

罗杰斯特别强调学习方法的重要性,认为最有用的学习是学

---

① 参见曹中平主编:《幼儿教育心理学》,辽宁师范大学出版社2002年版,第97—99页。

会如何进行学习。他指出,很多有意义的知识或经验不是从现成的知识中学到的,而是在做的过程中获得的。他强调让儿童自由学习(freedom to learn),通过实践参加学习活动,进行自我发现、自我评价和自我创造,从而获得有价值的、有意义的经验,这是最宝贵的知识。

罗杰斯列举了十种可以促进儿童学习的方法[①]:

1. 构建真实的问题情境,课程的内容要尽可能与儿童生活相联系。

2. 提供学习资源,既提供书籍、材料、设备,又要提供人力资源,即有助于儿童学习和感兴趣的人。

3. 使用合约,允许儿童在学习过程中有发言权,计划自己想做的事。

4. 利用社区,社区有许多资源可供儿童自由学习,如可参与社区的工作,了解社会。

5. 同伴教学,同伴之间相互激励。

6. 分组学习,可以分为传统学习组和自我指导组,儿童可自由选择、自由进出。

7. 探究训练,让儿童参与、体验学习的科学探究,让儿童在简单层次上成为科学家,寻找真正问题的答案,自己品尝科学家研究的艰辛与欢乐。

8. 程序教学,一种编制合理、使用恰当的程序,有助于儿童直接体验到满足感、掌握知识内容、理解学习过程,以增强自信心,感到任何内容都是可以学会的。

---

① 参见施良方:《学习论》,人民教育出版社1992年版,第412—421页。

9. 遭遇小组(encounter group)，与实验室小组、敏感训练组等为同义词，让儿童自由表达自己的想法，给人以深刻的个人经验，增加人与人之间直接交往、增加对自我的理解。

10. 自我评价，只有当学习者自己决定评价的准则、学习的目的并对达到目的之程度负起责任时，才是真正的学习。自我评价对促进学习极为重要。

总之，人本主义学习理论注重以儿童为中心的教学观，重视对儿童人格的尊重和爱护，突出儿童的创造力的培养，具有深刻的现实意义。

三、评论

罗杰斯学习理论基础基于存在主义，强调个人价值存在于个体按自己的知觉赋予其意义。他认为，个体生长和发展是一种不断趋向自主、不断摆脱外部控制的过程。唯有当儿童受到尊重时，他们才能更好地朝向自我实现，从而能比较自觉地获得与现实相一致的经验。

当斯金纳强调通过课程内容的改革、教学机器技术的提炼和精确评定的方法来解决教育问题时，而罗杰斯则提倡把开放学校、不分级教室和自由学校作为教育改革的基础。罗杰斯还认为，与其让儿童去死记硬背，还不如让儿童花些时间去寻找知识的个人意义，这样的知识会成为其个人经验的一部分，令他终生难忘。

罗杰斯试图将情感和认知问题合而为一，以便培养出完整的人，但他更强调情感在教育中的重要作用，当然偏重情感使他走到另外一个极端，这与他的初衷是相悖的。最后，由于他的学习与教学思想来源于其心理治疗理论和实践，以患者为中心而提出以学生为中心，这种教学与治疗、学生与患者、教师与治疗者类比能否得出科学的结论,也是值得考虑的。

问题与思考

1. 马斯洛的人本主义学习理论是什么?
2. 罗杰斯的人本主义学习理论是什么?

术语及定义

第三支势力:20世纪50年代末和60年代初兴起于美国的人本主义心理学,对行为主义和精神分析心理学传统心理学进行了有力挑战,因此被称为第三支势力。

需要:根据马斯洛的研究,人的需要包括生理需要、爱与归属的需要、自尊需要、认知需要和自我实现需要,这是人成长的内驱力。

防卫力量:人类有两股潜在的力量之一,其内在作用是个体恐惧失去安全而使他在心理上有退缩倾向,从而使个体依恋过去,不敢接受挑战,遇事逃避现实。

进取力量:人类有两股潜在的力量之一,其内在作用是促进个体向完美而统合的境界成长,从而使个体乐于面对现实,充满信心与朝气。

自由学习:儿童通过实践参加学习活动,进行自我发现、自我评价和自我创造,从而获得有价值的、有意义的经验的过程。

第十二章 折衷主义学习理论

老鼠跑迷津,猫逃脱迷笼,男人开车回家用餐,小孩子躲避陌生人……这些都是有目的的行为。

——托尔曼

第一节 托尔曼的认知—期待学习理论

一、生平

托尔曼(E. C. Tolman,1886—1959),出生于一个教徒家庭。1911年获麻省理工学院电子化学学士学位,1912年、1915年分获哈佛大学心理学硕士、博士学位。1937年当选为美国心理学会主席。1957年获美国心理学会杰出科学贡献奖。著作包括《动物与人的目的性行为》(1932)、《战争的驱力》(1942)。托尔曼是一位新行为主义者,但他是一位外行的行为主义者,他经常利用动物的动机、认识、预期、意向和目的来描述动物的行为。他的理论被称为目的行为主义、整体性行为主义、符号—完型说或认知—期待说。[1]

二、认知—期待学习理论

(一)学习是有目的的

学习是有目的的行为,而不是盲目的。

---

[1] 参见施良方:《学习论》,人民教育出版社1992年版,第294—295页。

(二) 学习中包含符号—完型的认知

白鼠在学习走迷宫时,并非学习一连串的刺激与反应,而是在头脑中形成一幅认知地图,即"目的—对象—手段"三者联系在一起的认知结构。学习不是简单的机械运动(movement)反应,而是学会达到目标的符号及其所代表的意义。[①]

(三) 强调有机体的中间变量

在外部刺激(S)和行为反应(R)之间存在中介变量(O)。主张将行为主义 S-R 公式改变为 S-O-R 公式,O 代表机体的内部变化。

(四) 潜伏学习的存在

根据潜伏学习的实验,托尔曼认为,外来的强化并不是学习产生的必要因素,不强化也会产生学习。学习是对环境有关信息组合而生成的,在此实验中,动物在未获得强化前学习已出现,只不过未表现出来,他称之为潜伏学习。

三、评论

作为一个新行为主义者,托尔曼强调认知在其理论中的地位,有人称他是认知心理学的开山鼻祖。

第二节 班杜拉的社会学习理论

一、生平

班杜拉(Albert Bandura,1925—),美国心理学家。他生于

[①] 参见张春兴:《心理学思想的流变》,上海教育出版社 2000 年版,第 211—212 页。

加拿大阿尔伯塔省北部一个偏僻的小村庄,上有五个姐姐,是班氏家族唯一的男孩,深受宠爱。他在镇上唯一的一所集小学和中学于一体的学校中度过了小学和中学时代。由于师资和其他教学资源的缺乏,班杜拉只得靠自身努力来弥补环境的缺陷,这也极大地挖掘了自己的学习潜能。后来,班杜拉考入加拿大温哥华市的不列颠哥伦比亚大学。

在上大学前的那个暑假,班杜拉参加了一个志愿远征队,班杜拉第一次接触了那些穷困潦倒者、流浪汉、逃债者、逃兵甚至是一些缓刑罪犯。目睹这些人种种怪诞的行为后,班杜拉感到非常苦恼,这使他最初领悟人类日常生活中的精神病理学,这个偶然的事件使他对心理学产生兴趣并最终致力于心理学。

大学毕业后,他在美国依阿华大学攻读临床心理学,获得硕士学位和博士学位。1953年夏,在完成了一年期限的博士后见习期后,班杜拉来到了作为全美最高学府之一的斯坦福大学心理系,从此开始了他那漫长而成果辉煌的教学与研究生涯,他历经助教、讲师、副教授,到1964年晋升为教授。1977年发表的《社会学习理论》一书标志着班杜拉社会学习理论体系的诞生。之后,班杜拉继续在理论和经验两方面丰富和完善着社会学习理论体系,并于1986年发表《思想与行动的社会基础:社会认知理论》。[①]

二、社会学习理论的内容

社会学习理论的建构有两个社会背景:一是随着电子工程学的迅猛发展,大众传播技术发生了革命性的变化,各种符号系统,如语言、文字等,作为社会传递的手段,承载人类实践经验的信息

[①] 参见张春兴:《心理学思想的流变》,上海教育出版社2000年版,第223—225页。

载体,在人类的社会生活方式中越来越显出其重要性;二是行为主义的衰落为整个心理学的发展提供了一个历史性的机遇,也给班杜拉完成其历史使命提供了可能性。

(一)观察学习

班杜拉在传统学习理论的基础上提出了更为广泛适用的观察学习。所谓观察学习,是一个人通过观察他人的行为及其强化结果而习得某些新的反应,或使他已经具有的某种行为反应特征得到校正。同时,在这一过程中,观察者并没有对示范反应做出实际的外显操作。

班杜拉提出五种人类基本能力:符号化能力、替代学习能力、预见能力、自我调节能力和自我反省能力。而观察学习是替代学习能力的具体表现形式。他认为,观察学习主要是一个信息加工过程,其中观察者将有关示范原型的行为结构和环境事件的信息转换成符号表征,作为观察者以后表现这种行为的内部指导。

观察学习,包括四个过程[①]:

1. 注意过程(attentional processes)

注意过程,使观察者知觉到榜样情境的各个方面。

2. 保持过程(retention processes)

个体储存所看到的感觉表象,并且使用言语编码记住这些信息。

3. 复制过程(reproduction)

从榜样情境中学习所观察到的行为。个体将符号表征转换成适当的行为,为此个体必须做到两点:一是选择和组织反应要素。

---

① 参见施良方:《学习论》,人民教育出版社1994年版,第386—391页。

二是在信息反馈的基础上精炼自己的反应,即自我观察和矫正反馈。自我效能感(self-efficacy)是影响复制过程的一个重要因素,即一个人相信自己能成功地执行一个特定的结果所要求的行为。

4. 动机过程(motivational processes)

因表现所观察到的行为而受激励,班杜拉还提出了两种强化:一是替代性强化(vicarious reinforcement),是指观察者因看到榜样受强化而自己也受到的强化。二是自我强化(self-reinforcement),自我强化依赖于社会传递的结果,是对自己行为进行自我奖励。此外,班杜拉还提出了自我调节(self-regulated)的概念。他假设,个体能观察他们自己的行为,并根据自己的标准进行判断,并由此强化或惩罚自己。

总之,班杜拉的社会学习论不回避人的行为的内部原因,相反,它重视符号、替代、自我调节所起的作用。作为一个折衷主义学习理论家,班杜拉强调社会学习的认知因素。

(二)关于学习的主要观点

班杜拉的社会学习理论关于学习的主要观点:

1. 人类许多学习都是认知的

人类具有用符号表征事物的能力,这使得人类行为在多样性和灵活性方面比动物行为优越得多。

2. 反应结果是人类学习的主要来源

一种行为发生时总会导致某种结果,都会对一个人的行为库产生某种影响。这种影响可能是三重性的,即反应结果具有信息功能、动机功能和强化功能。

3. 观察是学习的另一个主要来源

人类的许多行为都是通过观察他人的行为及其结果而习得的。

4. 呈现一个榜样可能会产生不同的效应

榜样对观察者来说至少会产生三种不同效应:一是观察者通过观看榜样行为习得一种新奇的反应,这是他原来行为库中所没有的;二是加强或削弱观察者对自己已有行为的抑制;三是引发观察者行为库中已有的反应,即社交促进效应。

5. 观察学习是规则和创造性行为的主要来源

观察者可以概括榜样行为的具体特征并加以编码,这对于观察者掌握人类语言来说是至关重要的。另外,榜样越是多样化,观察者就越能做出创造性的反应。

(三)示范疗法

示范疗法是班杜拉及其社会学习理论的独特贡献之一。班杜拉认为,不管是人类的正常适应行为,还是病态的障碍行为,都是通过观察学习和试误学习两种方式获得的。因此观察学习原理也可以用于变态行为的心理治疗,他提出了示范疗法,这对于教育教学也有启发作用。示范疗法表现为不同的治疗程序,主要包括:

1. 真人示范程序

真人示范程序即让患者在对现实的真人真事的观察过程中克服变态行为,同时掌握适应行为,达到治疗效果。其中,作为其示范榜样的人往往是治疗者本人或其助手。通过对成功榜样的反复不断的观察,焦虑性患者在很大程度上克服了恐惧反应,能够重新从事他们先前因恐惧而加以回避的活动,并对恐惧对象发展出更为积极的态度。[①]

---

① Bandura(1977), *Social Learning Theory*, Englewood Cliffs, NJ: Prentice Hall.

2. 符号示范程序

符号示范程序可分别采用视听示范或书面示范等不同形式，即将治疗的示范事件或过程以视听手段拍成电影、录像或改编成文字性说明材料。这种符号示范程序除可作为一般障碍行为示范治疗的辅助手段外，特别适用于那些不宜公开示范的变态行为，如某些行为障碍治疗等。

3. 内隐示范程序

内隐示范程序是让患者想象示范榜样对适应行为的表现过程。这种程序既可以帮助患者克服恐惧和焦虑反应，也可以帮助适应行为缺失性患者获得新的应对技能。

三、评论

20世纪是西方现代心理学兴旺发达的时代，是西方心理学学派林立、多元取向的时代，也是西方心理学弊端严重、面临变革的时代。20世纪50年代末60年代初，在行为主义进一步陷入困境和危机的情况下，许多心理学家纷纷抛弃行为主义的立场转而研究人的心理过程，于是认知心理学应运而生。班杜拉经过长期的深入研究思考，在吸收了一部分行为主义的理论、信息加工理论和强化理论的基础上，构建并发展了社会学习理论，被认为是现代社会学习理论的奠基人或集大成者。

观察学习是班杜拉在大众传播技术迅猛发展的时代，对行为主义心理学家的传统的学习理论试误学习进行反思的结果。试误学习认为人只能通过行为反应的结果而获得各种行为技能和行为方式。毫无疑问，人不可能在学习每一经验时都要亲身经历。例如，学开车的过程，如果人只是盲目地试探行为的结果，那大部分的人必然等不到学会开车的一天就已经出事故遇害，而且试误学习的过程是非常冗长的。于是班杜拉提出了以示范作用为主要形式的观察学习理论,从社会的角度来阐述学习过程,解决了心理学一大难题。

社会学习理论是行为主义还是认知的?像早期折衷主义者托尔曼一样,班杜拉的社会学习理论也常被归入新行为主义的行列,他强调外显行为、行为结果,也强调强化的作用;另一方面,社会学习理论又被当做认知理论,其理由是,班杜拉特别重视观察学习、认知过程(编码、映像、符号表征和问题解决)和自我调节过程所起的作用。他认为,人是有思想的有机体,具有给自己提供某种自我指导力量的潜能。

班杜拉的社会学习理论虽然与行为主义的观点有许多共同之处,但由于引进了认知过程,因而超出了行为主义的范畴,形成了一种认知—行为主义的模式。与班杜拉不同的是,折衷主义不仅没有受到来自行为主义和认知学派的抨击,而且还受到人们的青睐。

社会学习理论是建立在设计严密的实验研究基础之上,其假设大多都有实验结果证明。社会学习理论非常重视理论研究与实际应用之间的关系。特别重视大众媒介、尤其是电视对儿童产生的影响,直到今天都有现实意义。

问题与思考

1. 托尔曼的认知—期待学习理论是什么?
2. 班杜拉社会学习理论关于学习的主要观点是什么?

术语及定义

认知地图:白鼠在学习方位迷宫时,在头脑中所形成目标—对象—手段三者联系在一起的认知结构。

潜伏学习：动物在未获得强化前学习已出现，只不过未表现出来，即对环境有关信息的获得过程。

观察学习：一个人通过观察他人的行为及其强化结果而习得某些新的反应，或使他已经具有的某种行为反应特征得到校正，在这一过程中，观察者并没有对示范反应做出实际的外显操作。

保持过程：个体储存他们所看到的感觉表象，并且使用言语编码记住这些信息。

复制过程：个体将从榜样情境中学习所观察到的行为，将符号表征转换成适当的行为。

替代性强化：观察者因看到榜样受强化而自己也受到的强化。

自我强化：依赖与社会传递的结果，是对自己行为进行的自我奖励。

真人示范程序：让患者在对现实的真人真事的观察过程中克服变态行为，同时掌握适应行为，达到治疗效果。

符号示范程序：将治疗的示范事件或过程以视听手段拍成电影、录像或改编成文字性说明材料，作为一般障碍行为示范治疗的辅助手段。

内隐示范程序：让患者想象示范榜样对适应行为的表现过程，帮助适应行为缺失性患者获得新的应对技能。

第十三章 学习动机理论及幼儿教育指导

个体力求成功的努力程度取决于他们对奖励的期望。

——阿特金森

第一节 动机与学习动机

一、动机

心理学将动机解释为,动机是个体的内在过程,行为是这种内在过程的结果,或者,动机是引起个体活动,维持已引起的活动,并促使该活动朝向某一目标进行的内在历程。动机是关于特定活动的原因(Mook,1987),[①]与动机相关的概念有需求、内驱力、好奇、态度和兴趣等。在动机概念中有两点值得重视:一是动机是个体行为的内在动力,能为个体行为提供能量与方向;二是动机是一种既观察不到也测量不到的内在过程,对其性质、强度,以及存在与否等状况的了解,只能从外部观察到的行为反应上做出间接的推断。动机有四个特征:

(一)起动性。动机具有发动行为的作用,能使个体由静止状

---

① 参见 B. Weiner:《人类动机:比喻理论和研究》,孙煜明译,浙江教育出版社1999年版,第1页。

态转向活动状态,如口渴想找水喝。

(二)方向性。动机不仅能启动行为,还能指导行为朝向特定的目标。

(三)强度。动机可以决定行为的强度,如果一个人越口渴,觅食的强度就越大。

(四)持久性。个体行为在某项活动上维持时间的长短状况,与动机密切相关。

二、学习动机

当儿童具有一定的学习动机时才会有好的学习效果。学习动机是指激发个体进行学习活动、维持已引起的学习活动,并导致行为指向一定的学习目标的一种内在过程或内部心理状态。学习动机可分为:

(一)内部动机与外部动机

内部动机是指儿童对学习活动本身发生兴趣而产生的学习动机。如,出于提高自身文化素质需求,满足求知欲、兴趣、爱好或自尊而努力学习。这种动机属于奥苏伯尔所说的认知内驱力(cognitive drive)。外部动机是在学习活动以外的、由外部的诱因激发出来的动机。如学习是为了得到教师的表扬或避免学习失败的惩罚等。

(二)辅助性动机与主导性动机

在一段时期内或一种活动中,总有一些或一种动机处于支配地位,发挥着主导作用,这种动机称为主导性动机。其他动机处于从属地位,起辅助作用,这类动机称为辅助性动机。当辅助性动机与主导性动机之间的关系比较一致时,活动动力会得到加强;如果彼此冲突,活动动力将会被减弱。

(三)近景性动机与远景性动机

近景性动机是指与学习活动本身直接联系,表现为对学习内容的直接兴趣和爱好,以及对学习活动直接结果追求的学习动机。教师的生动讲解、新颖的教学内容、灵活多样的教学方法,以及优良成绩的获得,都可以激发儿童的近景动机。远景性动机是指与学习的间接结果相联系的学习动机。近景动机是远景动机的基础。

(四)普遍性动机与偏重性动机

有的儿童对所有学科都感兴趣,而有的儿童只对某些学科有学习动机,前者表明是普遍性学习动机,后者则是偏重性学习动机。这两种动机都不是一时所能形成的,而是与儿童长期的学习生活有关。

第二节 学习动机理论

一、行为主义学习动机理论

(一)驱力理论

早在1918年武德沃斯就提出了驱力的概念,它表示人的一种内在力量,以维持体内平衡。驱力理论(drive theory)是以生理学观点为基础的早期动机理论。当有机体的基本需要被剥夺时就会产生驱力;当需要得到满足时驱力就减退。后来,赫尔进一步将驱力理论系统化。[①] 赫尔指出,驱力与习惯强度是行为的决定因素,

---

[①] 参见 B.Weiner:《人类动机:比喻理论和研究》,孙煜明译,浙江教育出版社1999年版,第74—78页。

所有的习惯都是指刺激与反应之间的联结强度,用公式表示:

动机 = 驱力 × 习惯

驱力理论在解释人的生理性需要与相关行为方面颇有价值。如,一个在沙漠中迷路的人,首先是要寻找水源、食物,沉船落水的人最需要的是获救。而对于人类复杂社会行为的解释,驱力理论就显得有局限性。

(二)强化理论

强化理论把动机看做由外部刺激引起的一种对行为的冲动力量,用强化理论来说明动机的引起和作用。经典条件作用和操作条件作用理论都认为,强化是形成和巩固条件反射的重要条件。人的某种学习行为倾向,完全取决于先前这种学习行为刺激与反应通过强化而建立的联系。强化可以使人在学习过程中增强可能重复某种反应的力量,如学习过程中,采取奖赏、表扬、评分、竞赛等外在强化手段,可以激发儿童的学习动机。

二、自我效能感理论

自我效能感理论由班杜拉最早提出,指儿童对自己是否能够成功地进行某一成就行为的主观判断。[①] 影响自我效能感的因素主要有:

(一)个人自身行为的成败经验,这个信息源对自我效能感影响最大;

(二)替代经验,人的许多效能期望就是来源于观察他人而获得的内心体验;

[①] 参见陈琦、刘儒德主编:《当代教育心理学》,北京师范大学出版社1997年版,第126—127页。

(三)言语劝说,因其简便而广泛运用,但在缺乏经验基础上,言语劝说的效果是得不到巩固的;

(四)情绪唤醒,高水平的情绪唤醒使成绩降低而影响自我效能感。

班杜拉研究表明,自我效能感具有以下功能:一是决定人们对活动的选择以及对该活动的坚持性;二是影响人们在困难面前的态度;三是影响新行为的获得和习得行为的表现;四是影响活动时的情绪。

三、人本主义动机理论

人本主义心理学家马斯洛强调,人类动机是由多种不同性质的需求组成的,而各种需求之间,又有先后顺序和高低层次之分,被称为需要层次论。

(一)需要的层次

需要层次有以下几类:生理需求、安全需求、归属和爱的需求、自尊的需求、求知需求、审美的需求和自我实现的需求。前面四层为缺失性需求,后三层称为成长性需求。一般来说,缺失性需求满足后才有成长性需求。

(二)自我实现为需要的最高层次

自我实现是需求层次的最高层次,这是马斯洛动机理论的中心思想。自我实现概念是指圆满人性的充分体现,具体是指人的友爱、合作、求知、审美、创造等特性或潜能。达到自我实现境界的人都有如下共同特征:善于独立与独处的性格,能接受并悦纳自然、他人和自己,富于献身精神,富有幽默和创造力,能认清现实并保持与现实的良好关系。在自我实现中高峰体验是一个重要概念,指一种同一性的感受,在这样的时刻,人有一种回归自然或与自然合一的欢乐情绪。自我实现作为人的本性实现是天人合一。高峰体验是极度的欢乐,也是宁静而和平的喜悦。自我实现有以下途径:

1. 能充分地、活跃地忘我地体验生活,全身心地献身于某一件事而忘怀一切。

2. 自我实现是一个连续进行的过程,愿意做出成长的选择而不是畏缩的选择。

3. 要诚实,不要隐瞒,遇到问题有反躬自问的责任心。

4. 自我实现不只是一种局部状态,而是在任何时刻、任何程度上实现一个人的潜能的过程。

四、成就动机理论

(一)阿特金森的期望—价值理论

成就动机是由两种不同因素或相反倾向组成,一种是力求成功的倾向;另一种是避免失败的倾向。这两种成就动机倾向可以视为个性特征。

阿特金森假设,追求成功的倾向(a Tendency of success,简称 Ts),由三种因素决定:追求成功动机的强度(Ms)、成功的主观概率即期望(Ps)以及成功的激励值(Is)。用公式表示[①]:

$Ts = Ms \times Ps \times Is$

同样,避免失败的倾向,也由三种因素决定:避免失败的动机强度、失败的可能性和避免失败的激励值。用公式表示:

$Taf = Maf \times Pf \times (-If)$

---

① 参见 B. Weiner:《人类动机:比喻理论和研究》,孙煜明译,浙江教育出版社1999年版,第216—221页。

由于追求成功动机和避免失败动机在活动中同时起作用,所以实际上成就动机(Ta)等于两者之差,用公式表示:

Ta = Ts - Taf

可见,单有高期望成功倾向不能保证高成就行为,因为若避免失败的倾向也很高的话,成就动机的值不会很高。为此,在制定学习任务时,既不能太难也不能太容易。如果学习任务过于艰难,则可能导致希望成功倾向降低,避免失败倾向增强,可能会使儿童最终放弃学习任务。如果学习任务过于容易,没有经过努力即达到,缺乏挑战性,对儿童的激励作用也不大,因此设法针对不同情况儿童,经过他们努力能够完成学习任务。这种研究是一项非常有意义的工作。

(二)奥苏伯尔的成就动机理论

奥苏伯尔认为,学校教育情境中的成就动机,至少应包括三方面的内驱力:

1. 认知内驱力:指一种要求获得知识、技能以及善于发现问题、解决问题的需要,以好奇心、求知欲、探索、操作等心理因素表现出来。

2. 自我提高内驱力:指一种因自己的成就而赢得相应社会地位的需要,它往往以自尊感、荣誉感、胜任感等心理因素表现出来。

3. 附属内驱力:这是一种为了获得成人和同伴们的赞许、认可而努力学习的需要。

这三种内驱力是因年龄、性别、个性、社会经历和文化背景等不同而有所变化的。

五、归因理论

归因是个体对自己或他人行动结果的原因知觉或推断。韦纳曾说，寻求理解是人类行为的主要激发因素、人类动机的主要源泉。韦纳于 1980 年提出了成就归因理论。[1]

（一）归因理论的分析

1．原因因素

韦纳认为，儿童对自己学业成绩的原因归类，分为四个方面：

一是能力，评估自己是否胜任此项工作；

二是努力，自己在此项工作上是否尽了力；

三是工作难度，判断该项工作对自己的难易程度；

四是运气，这项工作成败是否取决于机遇与幸运。

成就原因归类不限于上述回答，还包括他人帮助、情绪状态和身体状态（疲劳、生病）。

2．归因的维度

（1）内控和外控

这是按个体内部或外部环境因素划分的归因维度。这个维度源于海德的朴素心理学，即行为的结果依赖于个人因素和环境因素。他强调内部原因和外部原因的控制作用。能力、努力及身心状况属于内控因素，而任务难度、运气、他人帮助属于外控因素。

（2）稳定性与不稳定性

这是归因的因素随时间或情境是否变化来确定的。韦纳认为，由于能力是内部原因，被看做稳定的，而努力是外部原因，比较易变的。同样，在外部原因中，任务难度是固定的，而运气是不稳定的。

---

[1] B. Weiner & A. Kula(1970), "An Attributional Analysis of Achievement Motivation", *Journal of Personality and Social Psychology*, 15, pp.1-20.

(3) 可控性与不可控性

可控性指原因因素是否能由个人意志控制。维纳认为,采用因素来源和稳定性两个维度有不合理之处,如:努力、心境、疲劳等原因都有内部的、不稳定特性,但它们之间是有区别的。努力受主观意志所控制,而个体心境不佳和疲劳时,在大多数情况下都不受主观意志控制,内部的稳定的原因也有类似情况,如:勤奋、懒惰、忍耐等个性特征受个人意志控制,数学、音乐等特殊才能是不可控的,于是维纳提出第三个维度即可控性。他认为,努力、他人帮助等是可控的,任务、难度、运气、疲劳、心境等是不可控的。

表 13－1:成就归因的三维分类表

	内部		外部	
	稳定	不稳定	稳定	不稳定
可控性	持久努力	一时努力	他人偏见	他人帮助
不可控性	能力	心境	任务难度	运气

(二) 归因效果

1. 期望影响

稳定性维度归因将影响成功期望。在成功前提下,稳定性归因将提高个体再次成功的期望,并会继续努力;而不稳定性归因会使人成功期望降低、不作努力。在失败的前提下,稳定性原因会使人相信失败会重复出现,成功期望减弱,不作努力;而不稳定性原因将增强成功期望。

如果把失败结果归因于稳定性因素会使人感到无望,而把成功归于稳定性因素会使人满怀希望。

2. 情感反应

人们对成功与失败的不同归因会引起不同的情感反应。如同样是成功,把成功归于运气不会使人惊讶;而把成功归于他人帮助就会产生感激之情。

3. 自豪与自尊

归因来源影响自豪和自尊的情感,也就是说,把成功归因于个体内部比归因于外部环境,可以产生更高的自尊感和自豪感。若把失败归因于能力比归因于运气欠佳,更容易产生低自尊甚至自卑。

4. 愤怒、内疚和惭愧

这些情感与控制维度相联系。如果一个人的考试失败归因于被觉察是他人所为,就会引起愤怒。惭愧与内疚都是由经常失败而引起的消极情感。

六、成就目标理论

这是一种社会认知取向的动机理论,认为成就目标、期望、归因、动机定向、自我能力知觉、社会比较和成就行为之间存在密切关系,从成就动机到成就行为存在更深层的内在机制。

(一)两种不同儿童反应倾向

迪纳和德威克(Diener & Dweck,1980)探索了儿童认知—情感—行为交互作用的动机模式,发现具有同等能力的儿童,在失败情境或挑战任务面前有两种不同的反应倾向:[1]一种是自弃性倾向,面对失败和困难,往往过低估计自己的能力,对任务反感、厌倦、并有退避倾向。另一种是自主性倾向,表现得更加自信,相信

---

[1] C. I. Diener & C. S. Dweck(1980),"An Analyses of Learned Helplessness: The Processing of Success", *Journal of Personality and Social Psychology*, 39, pp.940-952.

通过自己努力，运用自己的技能和策略可以解决难题。

自主性儿童具有适应性动机模式，自弃性儿童则具有适应不良动机模式。两类儿童有着截然不同的行为表现，并不是他们之间能力有多大差异，主要是他们动机模式不同。在这个模式中，个体内部的某种期望和价值信念，即目标导向动机模式和内隐智能观模式起着重要作用。

(二) 目标导向动机模式及其对动机过程的影响

1. 两类不同的目标导向动机模式

目标导向不同，两类儿童在学习任务面前有不同的反应：自弃儿童把困难看做对自身能力的一种威胁，尽量回避困难以避免失败；自主性儿童则把困难看做一种挑战性学习机会，并以积极的态度和行动解决困难。两类儿童的目标导向是不同的：

(1) 操作性目标：自弃性儿童追寻的是一种操作目标，他们关心自身能力的评价甚于自身能力的发展。操作目标者一般对外界的评价比较敏感，他们比较看重成就状况，相信成功或失败是判断一个人有没有能力的依据，所以他们极力避免显示自己的不足。

(2) 自主性目标：自主性儿童寻求学习目标，关心自己能力发展甚于自身能力的评价。

2. 不同目标对动机过程的影响

(1) 认知

不同目标结构的儿童，在成功与失败情境中会建立不同的认知倾向：操作目标者往往关注个人是否有能力，在这种结构中，结果成为主要的信息来源，失败结果很快引发自弃无助的归因，即感觉到自己能力不足。操作目标者认为能力与努力是负相关，一个人很努力意味着他能力低，不努力意味着能力高；相反，学习目标者关注的却是自己增长能力,扩展自主性,什么是提高能力的最佳方式。学习目标者认为,能力与努力是正相关,努力可以提高能力。

(2)情感

操作目标儿童,失败经历得到的却是低能力的评价和对自尊的威胁,这种威胁可能首先造成焦虑,随之产生消极的情感和情绪。个体可能采取更加消极防御和自我保护态度,贬低任务的价值。而学习目标儿童,失败的结果意味着需要更加努力,更加机智地对待学习任务,需要掌握更好的方法,积累经验。

(3)行为

主要反映在任务选择上的差异。操作目标者常回避任务,因为挑战性任务会引起消极的经验,这使得他们选择容易的任务以避免失败。而学习目标者会寻求挑战性任务努力或失败很少会引起消极情感。

总之,操作目标集中在个人对能力的判断,在消极的认知和情感作用下形成消极的行为模式。而学习目标集中提升能力,建立了适应挑战、面对困难的积极行为模式。可以说,目标结构是一把双刃剑,在归因模式、防御策略、焦虑情绪和内在动机等方面,既能降低又能提高儿童的成就表现。

(三)内隐智能观及其对自我概念的影响

1. 内隐智能观:两种理论

为什么自弃性儿童和自主性儿童会选择不同的目标呢?两类儿童的目标定向与他们对智能的不同理解有关,于是出现了两种理论:

(1)增长理论

增长理论认为,智能是可以训练、可以变化和控制的,多数自主性儿童持有这种看法。而自主性儿童则认为自身能力可以在学习活动中得到发展,所以他们选择挑战性的学习目标。可以说,个体的这种内在信念是深层的内在动机,一旦形成就会直接影响个体的期望、行为乃至自我概念的发展。

(2) 实体理论

实体理论认为,智能是固定不变的、不可控制的,多数的自弃性儿童持有这种看法。自弃性儿童认为自己能力低是一个不可改变的事实。他们不相信经过努力可以克服困难、提高能力。于是,这些儿童不大可能采取进取性目标,并在困难面前显得信心不足、无能为力。

总之,无论是增长理论还是实体理论,都反映了个体对自身能力的一种信念。

2. 内隐智能观对自我概念的影响

实体理论中的自我是作为固定特征被评价的,增长理论中的自我是作为可训练的系统,通过个人努力可得到发展。自弃性儿童的自尊大多由操作目标来达到,他们采用尽可能获得成功和避免失败的策略来提高和维系自尊。而对于大多数自主性儿童来说,自尊是在学习目标下体验和获得的,挑战性任务将促进自尊。

(四) 成就目标理论的应用:习得性无能的表现及对策

习得性无助(learned helplessness)是指个人经历了失败与挫折后,面临问题时产生的无能为力的心理状态。[①] 自弃性儿童具有习得性无能的行为倾向。表现为:

---

① 参见戴尔·H.申克:《学习理论:教育的视角》,韦小满等译,江苏教育出版社2003年版,第330—331页。

(1) 社交习得性无助

研究表明,习得性无能儿童比其他儿童在被拒绝以后表现出更多消极行为,他们中有 39% 有社交退缩。另外,习得性无能儿童比其他儿童面临困难时更缺乏新的策略,更喜欢重复无效策略或放弃有效策略。

(2) 学业习得性无助

学业习得性无能更多表现为:认知上怀疑自己的学习能力,觉得自己难以应付课堂学习任务;情感上心灰意懒、自暴自弃,害怕学业失败,并由此产生高焦虑或其他消极情感,行为上逃避学习。

学业不良儿童习得性无助不是一朝一夕形成的,而是由于经常失败而习得的行为方式:一是失败的信息引起的消极的情感体验,经常受到成人指责,而是为了维护自尊而产生消极防御,其主要表现形式之一就是逃避学习;二是失败的信息通过归因的中介影响自我信念的确立,进而构成消极的自我概念。

第三节 幼儿动机发展及教育指导

一、幼儿学习动机的发展特点

(一) 外部动机起主导作用

幼儿学习动机主要源于成人的肯定,属于外部动机。随着成长,幼儿很早就开始探索周围的世界,他们对环境中的新奇事物特别敏感。幼儿的这种好奇心与探究环境的倾向性使内部动机也逐渐发展起来。

(二) 动机主从关系开始形成

幼儿动机的关系是在具体情况下、在狭窄的范围内形成的。

在遇到主从动机之间的斗争时,往往选择较近的、较容易达到的动机。动机系统还带有情境性,因而还是相当不稳定的。年龄较大儿童则逐渐摆脱那些外表较诱人的情境,形成较稳定的动机体系。

二、促进幼儿学习动机的教育指导

(一)归因训练

合理归因可以提高自信与坚持性,而错误的归因会增加自卑与自弃。归因训练是内部学习动机培养的重要方法。归因训练使幼儿避免"失败—缺乏能力—失落感—表现降低"这种恶性循环。[1] 按照归因过程,可以得出三个假设:

一是由原归因知觉导致情绪、行为反应。

二是归因维度与特定情绪、特定行为相联系。

三是归因知觉改变会影响行为改变。

可见,错误归因会导致不良的情绪和行为。如果采用一系列干预、纠正或改善不适当的归因方式,随之能改变情绪和行为,这便是归因训练的基本出发点。

归因训练步骤:一是选择对象,挑选出由归因方式不当而导致行为不适应的人作为训练对象。二是干预实施,按照规定的一套训练程序,在阅读、数学、智力游戏等活动中有目的、有计划、有针对性地进行。有人还采用说服、讨论、示范、强化矫正或咨询、定向训练等方法。三是效果测量,对归因训练的结果进行评定。通过对学习困难儿童的归因训练,可以消除这些儿童的自卑心理,提高他们的学习动机。

---

[1] 参见陈琦、刘儒德主编:《当代教育心理学》,北京师范大学出版社1997年版,第135页。

(二)以幼儿为本

根据马斯洛的理论,幼儿学习动机的产生,是以生理、安全、爱和归属、尊重等需要的满足为基础的。幼儿的学习动机主要和自己的需要、直接兴趣有关。幼儿动机的培养不是孤立的,应放在整个个性的整体结构之中。幼儿动机培养有以下几种方法:

1. 奖励和恰如其分地评价

惩罚不一定能阻止人们去做某事,而奖励却能鼓励人去做某事,即所谓蜜糖比鞭子好。学习是幼儿所必要从事的活动,教师要给予恰如其分的评价,肯定其劳动的价值,突出的要给予奖励。以奖励为主是培养幼儿学习动机的主要手段,那些试图用批评、惩罚来培养幼儿学习动机的方法是不可行的。

处罚不可过度,心理学中有这样一个实验可以来说明:把做实验的狗关进箱子,一组给予64次电击,每次持续5秒钟,两次之间的时距随机安排。狗被绑得不能动弹,使它们不能躲避电击。第二天在原有的箱子里用不太高的栅栏隔成两间,松绑的狗可以跳过栅栏,到不受电击的另一间。箱子中的光线逐渐变暗,10秒钟后,电通过放置狗的那间箱子的地板,狗可以在10秒之内或在电路接通之后跳过栅栏,避免电击。结果大多数狗只是无可奈何地忍受电击,不去跳越栅栏。而先前没有经受电击的控制组的狗,却能很快学会及时跳越栅栏而避免电击。当然,动物的实验未必能照搬于人类,但至少能启示我们,心血来潮地任意处罚幼儿,使他们陷于无可奈何的境地是一种非常不适当的做法。

2. 及时反馈以强化成功感

幼儿能从教师那里及时得到自己的学习成就的信息,看到自己的能力,他的学习动机会明显加强,会对自己产生自信,充满创造的成功感。当幼儿完成作业受到教师表扬,陶醉在成功的喜悦中,对自己充满自信的时候,引导他们树立正确的学习动机,效果是很好的。

3. 适时揭露事物本质

教师可利用幼儿对事物的好奇提供活动机会,让幼儿发现事物的本质,激发其求知欲。

4. 让幼儿体验创造快乐

心理学研究发现,不是任何需要都能成为学习动机,只有那些能推动学习的心理因素才能成为学习动机。例如,自我实现的需要、自我表现的需要、了解自己和他人以及周围世界的需要、审美和欣赏的需要、追求知识满足好奇心的需要等,这些都是诱发学习动机的因素。这些需要的一个共同特点就是,人能够用自己的创造满足这种需要并得到快感。教师要多让他们体验经过自己思考而获得成功的快感,也可给予幼儿有效赞美(Brophy,1981)。[①]

奥苏伯尔明确指出,动机与学习之间的关系是典型的相辅相成的关系,绝非一种单向性的关系。教学的最好办法是,把重点放在学习的认知方面,让幼儿获得成功的体验。幼儿尝到了学习乐趣,就有可能产生要学习的动机。

问题与思考

1. 成就动机理论的含义是什么?
2. 归因理论的含义及如何进行归因训练?

---

① 参见 T. L. Good & Jere Brophy:《当代教育心理学》,(台湾)五南图书出版公司1999年版,第491页。

3. 目标导向动机模式如何影响动机过程？
4. 如何促进幼儿的学习动机？

术语及定义

动机：引起个体活动，维持已引起的活动，并促使该活动朝向某一目标进行的内在历程。

学习动机：激发个体进行学习活动、维持已引起的学习活动，并导致行为朝向一定的学习目标的一种内在过程或内部心理状态。

内部动机：儿童对学习活动本身发生兴趣而产生的学习动机。

外部动机：在学习活动以外的、由外部的诱因激发出来的动机。

主导性动机：在一段时期内或一种活动中，一些或一种处于支配地位、发挥着主导作用的动机。

辅助性动机：在一段时期内或一种活动中，处于从属地位、起辅助作用动机。

近景性动机：与学习活动本身直接联系，表现为对学习内容的直接兴趣和爱好，以及对学习活动直接结果追求的学习动机。

远景性动机：与学习的间接结果相联系的学习动机。

自我效能感：儿童对自己是否能够成功地进行某一成就行为的主观判断。

高峰体验：一种同一性的感受，在这样的时刻，人有一种回归自然或与自然合一的欢乐情绪。

归因：个体对自己或他人行动结果的原因知觉或推断。

自弃性倾向：面对失败和困难，往往过低估计自己的能力，对任务反感、厌倦并有退避倾向。

自主性倾向：相信通过自己努力，运用自己的技能和策略可以解决难题的一种倾向。

习得性无助：个人经历了失败与挫折后，面临问题时产生的无能为力的心理状态。

内控因素：努力及身心状况等能由个人意志控制的因素。

外控因素：任务难度、运气、他人帮助属于个人意志不可以控制的因素。

第十四章　学习迁移及幼儿教育指导

　　严格学习拉丁语、数学等学科，可增强心智力量，帮助孩子形成强健的、灵活的心智体操。

——沃尔夫

第一节　迁移与迁移分类

　　迁移是一种学习的普遍规律。学习迁移（transfer of learning）是指一种学习对另一种学习的影响，或已习得的经验对完成其他活动的影响。① 学习迁移有以下类别②：
　　一、正迁移、负迁移与零迁移
　　正迁移指一种学习对另一种学习起到积极的作用，如：加法的学习促进乘法的学习。负迁移指两种学习之间的相互干扰、阻碍，如：汉语拼音学习对英语中48个音标学习的干扰影响。零迁移指两种学习之间不存在直接的相互影响。
　　二、水平迁移与垂直迁移
　　水平迁移也称横向迁移，是指处于同一抽象和概括水平的经

---

　　① 参见施良方：《学习论》，人民教育出版社1994年版，第464页。
　　② 参见陈琦、刘儒德主编：《当代教育心理学》，北京师范大学出版社1997年版，第106—107页。

验之间相互影响,学习内容之间的关系是并列的。垂直迁移又称纵向迁移,是指处于不同抽象、概括水平的经验之间的相互影响。垂直迁移表现在两个方面:(一)自下而上的迁移,指下位的较低层次经验的学习影响着上位较高层次经验的学习,如对具体事例的理解有助于对相关要领和原理的掌握。(二)自上而下的迁移,即上位的较高层次经验影响着下位较低层次经验的学习,如动物这一概念的掌握对鱼、禽等概念学习的影响。

三、顺向迁移与逆向迁移

前面的学习影响着后面的学习,称为顺向迁移;相反,后面学习影响前面的学习,则称为逆向迁移。

四、一般迁移和具体迁移

一般迁移也称普遍迁移,是将学习中获得的一般原理、方法、策略和态度等迁移到另一种学习中去。具体迁移也称为特殊迁移,指一种学习中获得的具体化的、特殊的经验直接迁移到另一种学习中去。

第二节 学习迁移的理论

一、早期的迁移理论

(一)形式训练说

形式训练说(theory of formal discipline)是以官能心理学为理论基础的。官能心理学认为,人的心智由意志、记忆、思维和推理等官能组成,各种官能可以像肌肉一样通过训练增强力量。所谓迁移,就是心的官能通过训练而得到发展的结果。另外,一种官能的改进会加强其他的官能,这就是所谓形式训练说。儿童通过特定课程学习,如拉丁文、几何,可以使儿童思维具有逻辑性,从而大大改善他们的心智。

（二）共同因素说

共同因素说(theory of identical elements)的理论基础是联结主义,是由桑代克于20世纪初提出来的学说。所谓迁移,就是将先前学习任务中获得的特定行为应用于新的任务。两项学习任务中特定行为间之所以发生迁移,是因为它们之间有共同的元素,也就是共同的刺激反应联结。在教学上,应该把儿童学习课程分析成特殊的行为,并按从低到高的顺序来进行教学,这样在学习更高级技能之前,较低级的技能已经学过了。

（三）概括理论

概括理论(generalization theory),由贾德(1908)提出来。他对桑代克的共同要素说提出了猛烈批评。他认为,迁移的重要条件是儿童能够自己概括出一般原理,并运用于相应的情境中去。为了使儿童能够迁移,应该把重点放在让儿童思考可能被泛化到各种新情境中去那些特征上。

贾德做了一个著名实验:让两组被试对放在水下的目标掷标枪。在开始实验前,他对实验组被试解释折射原理。开始实验时,目标物放在水下12英寸,两组做得相当,也就是说,关于折射作用的知识在这时没有什么价值。随后,把目标物放在深水处,在接下来的尝试中,实验组被试中标率明显高于控制组。这说明,被试在运用原理之前,已获得一些有关实际情境方面的知识。[①]

（四）转化理论

[①] 参见施良方:《学习论》,人民教育出版社1994年版,第467—468页。

转化理论(transposition theory)来自格式塔心理学家苛勒的研究。所谓学习迁移实际上是一个转化或者说关系转化的问题。在他看来,一种情境中"手段—目的"的整体关系是迁移的基础。换言之,产生迁移的原因并不是两种情境之间存在相同要素,而是两者之间存在着相同的关系或完形。

(五)学习定势理论

学习定势理论(learning set theory)是目前较为流行的理论之一。这种理论认为,迁移取决于通过练习而获得的定势或学习能力。学习定势理论的奠基人哈罗(H. Harlow,1949)对猴子的学习进行了大量研究,结果表明,对某一种学习问题的练习,有助于学习解决另一种不同的问题。学习定势理论可以被看做转化理论的一种替代,它不认为是通过顿悟来解决新问题的。事实上,在哈罗看来,一种情境迁移到另一种情境上去的,是一个人学会如何学习的能力,因此,学习定势是一种策略的迁移。

二、20世纪60至80年代的迁移理论

(一)能力论

把迁移解释为能力的增加,称其为能力论(Klansmeier & Ripple,1971)。这个理论认为,旧经验是能帮助新学习的。从能力观点看,一是新学习中需要些什么能力,二是旧经验中已学到些什么能力。如幼儿学会了"11 - 2 = 9",具有了错位技能后,就能迁移到对问题"22 - 5 = 17"的解决上。能力论强调纵向迁移。[①]

(二)编码系统理论

[①] 参见陈琦、刘儒德主编:《当代教育心理学》,北京师范大学出版社1997年版,第113页。

布鲁纳强调编码系统对迁移的影响。他认为,迁移是把习得的编码系统应用于新的事例。正迁移就是把适当的编码系统应用于新的事例,负迁移则是把习得的编码系统错误地应用于新事例。他认为迁移分为两类:一种是特殊迁移,是联想的延伸,是指动作技能、机械学习的迁移;另一种是非特殊迁移,即原理和态度的迁移。他认为,后一类是教育过程的核心,掌握学科的基本结构、基本原理和概念,是通向有效训练迁移的大道。

(三)认知结构迁移理论

奥苏伯尔认为,一切有意义的学习都是在原有学习的基础上产生的,不受原有认知结构影响的有意义学习是不存在的。一切有意义的学习必然包括迁移,儿童所获得的认知结构的组织特征,如清晰度、稳定性、概括性和包容性对学习迁移起着重要作用。

奥苏伯尔通过设计组织者来改变被试的认知结构变量,目的是为学习任务提供观念上的固定点,增加新旧知识之间的可辨别性,以促进类属学习。也通过呈现组织者给学习者,为已有知识与需要学习的新知识之间架一座知识之桥。

(四)认知迁移理论

路易(J. M. Royer)提出了认知迁移理论具有两个基本假设[①]:

1. 人类记忆是一种高度结构化的储存系统,人类是以一种系统方式储存和提取信息的。

2. 知识结构的丰富性并非始终一致。所谓知识结构的丰富

---

① 参见陈琦、刘儒德主编:《当代教育心理学》,北京师范大学出版社1997年版,第113—114页。

性,是指知识结构内各单元(如节点、命题等)之间交互联系的数量。

这个理论认为,迁移可能性取决于在记忆搜寻过程中遇到相关信息或技能的可能性。在教学中,应呈现给儿童最大范围的实例,并把这些知识应用于实际情境,以使其了解课堂中习得的知识是如何应用的,与真实的生活背景如何联系的。

三、20世纪90年代后对学习迁移的研究

(一)产生式迁移理论

在问题空间方面,迁移是通过问题空间的类比实现的,即通过将已掌握的问题空间与新问题的空间相匹配,将原问题空间中的算子、关系或路径等,匹配迁移到未知的目标系统中相应的算子、关系或路径上去。实际上,这种算子等规则即产生式,是有关条件和行动的规则,简称C-A规则。其中C代表行为产生的条件,是学习者工作记忆中有关的认知内容,而非外部刺激;A代表行动或动作,它既可以是外部反应,也可以是头脑中的心理运算。这个理论叫做产生式迁移理论。

研究表明,对于简单的迁移任务,类比能很好地进行解释,但当新的情境比较复杂时,类比常常不能奏效。在认知技能方面,人们关心如何在新问题情境中使用已习得的新技能。两种任务表面结构很不相同,但具有共同的抽象结构的文本编辑器,这些任务的学习之间有很大的迁移(Singley & Anderson,1989)。安德森(Anderson,1989)对迁移研究表明影响迁移的因素有[①]:

---

① 参见陈琦、刘儒德主编:《当代教育心理学》,北京师范大学出版社1997年版,第116页。

1. 迁移量的多少或负迁移,取决于实验情境及两种材料之间的相关。从一种技能到另一种技能的迁移量主要依赖于两任务的共有成分。如果两个情境有共同的产生式,或两情境有产生式的交叉、重叠,就可以产生迁移。

2. 表征和练习程度是迁移产生的主要决定因素。不同领域的迁移各不相同,按其共有符号成分的数量而不同。

3. 迁移量也依赖于学习或迁移时注意的指向所在。教学中应该更加注重对已有技能有关的线索的训练。

(二)产生式迁移的教学训练

产生式迁移是出现在一个人用以前问题解决的经验来拟订新问题的解决方案。现实教学中,一方面是一般问题解决策略的失败,另一方面是在解决新问题时没能意识到已有知识的相关性。特别是,许多人认为他们在学校学到的东西对他们今后生活没有多大作用。过去几十年中,认知和教育心理学家在克服迁移障碍的研究方面取得了进步,问题解决迁移取决于以下因素:

1. 观念性理解

观念性知识的激活,对于解决问题来说是很重要的。即使儿童在一个特定的问题解决领域掌握了正确的观念性知识,他们在解决新问题时,也不是总能激活有用的知识。如何激活观念性知识呢?

(1)创造一个问题解决的情境:在解决问题时,与其相关的信息在问题情境中编码比以任意方式编码更可能让人们回忆。当前情境提供的相关知识的线索越多,相关的知识越有可能被激活。

(2)教学应有固着点:教学应放在一个共同的情境中,这个情境足以让儿童探索思想,明确和解决问题。

(3)认知学徒法:把儿童放在一个问题解决的情境中。最初,教师给儿童设置问题,给出解决方案。逐渐把解决问题的责任传给儿童。认知学徒教学法是根据手工行业中师傅带徒弟的方法设计的,学徒从学习的开始就置身于问题解决的环境。莱波特(Lampert,1986)介绍了这种教学的一个例子:鼓励四年级学生解决与钱有关的问题,并且通过问题解决技巧的讨论,让儿童了解乘法规则的概念基础,自己编写计算机程序。

2. 掌握特定领域的基本技能

一旦儿童已经明确了有助于解决新问题的相关知识,这些知识往往是自动化的基本技能,以程序的形式表征。自动化的基本技能在解决新问题中不需要重新学习,这样在解决新问题时可以节省时间和心理资源去掌握新的技能,而且源技能和目标技能之间重叠的程度越大,迁移也越有可能出现。

3. 掌握特定领域的策略

(1)有意识地自我评价。关于策略的训练,布朗(Brown,1979)在研究中比较学过自我检验策略的儿童和没有受过训练的儿童。研究表明,自我评价过程对迁移是十分重要的。鼓励学习者自我评价的方法有:记录他们试图达到一个目标使用或不使用策略的结果;要求儿童在一段时间后交上策略使用的日记,通过已经获得的成功来修改策略;让儿童独立解决一个问题,然后一组在一起讨论,着重比较成功解决者和不成功解决者使用策略的不同。

(2)对策略有深刻的理解。知道为什么和如何使用策略,以及策略使用的条件。

(3)倾向于把成功归因为努力和策略的使用。让学习者愿意花时间在寻找策略。倾向于排除干扰思想,可以有更多的、可用的认知能力对任务进行丰富的表征。

(4)需要陈述性知识。许多策略需要陈述性知识来补充。例如在阅读中,陈述性知识有助于激活与现在所读相关的先前知识,以使新信息形成一个精致化记忆结构。

第三节 幼儿学习迁移的教育指导

一、为促进学习迁移的教学要点

给予儿童特殊领域的知识技能,包括问题背景知识、相关智慧技能等,也涉及一般领域的技能,如解决问题的一般策略、元认知策略等,通过教学促进儿童学习迁移。

(一)改善儿童心智

官能心理学家主张通过形式训练改善心理官能,从而促进学习迁移。此观点早已被桑代克的迁移实验所否定,但当前仍有一些研究力图找到能够改善的新教学材料,即寻找一种新拉丁文,以希望使儿童变得更聪明。但很多研究证明,在某一课程领域中的短期学习对解决其他领域中截然不同的问题,不能产生长期有效的影响。

(二)传授基本技能

传授基本技能是促进迁移和解决问题的有效途径,这里有两个方法:

(1)掌握/自主学习法

掌握/自主学习法要求儿童在解决高水平的问题之前,先熟练掌握解题所需的基本成分技能。儿童必须完成一系列训练和练习,直到这些技能达到熟练程度。该方法对阅读、写作、数学等问题解决都是适用的。

(2)障碍排除法

障碍排除法可帮助儿童获得解决问题的必要经验及乐趣,其基本思想是降低问题解决中的任务要求,特别是对基本技能的要求,以免过多耗费儿童的心理能量。①

(三)理解教学

学习者是信息的主动加工者,必须尽力理解所学材料的意义。为促进迁移,教学方法能激发学习者进行有意义学习所需的内部认知过程,保证儿童成功地选择相关信息,并在新知识之间建立内在联系。针对有意义的理解教学,采用以下三种方法:

1. 结构定向,指通过向儿童提供可以直接操作的实物,帮助儿童在熟悉的具体情境与抽象的概念之间建立联系。如数学教学中利用诸如算盘、计算棒之类实物。

2. 生成技术,要求儿童在自己已有的经验与要学习的信息之间生成联系。

3. 发现教学法,通过给儿童呈现各种问题,要求儿童找出问题答案。

(四)类比教学

类比教学针对类比迁移提出的。类比迁移是指儿童将记忆中关于某一领域的已有信息迁移到有待解释的另一领域,也就是利用自己所知道的有关某一问题的解答方法来解决新问题。已知问题为基点(base),新问题为目标。基点与目标都包含表面特征(问

---

① 参见吴庆麟等编著:《认知教学心理学》,上海科学技术出版社 2000 年版,第 223—227 页。

题的特定文字或目标)与结构特征(问题中各成分之间的关系)。当基点和目标具有共同或类似的内结构时,基点就为一个类比物,尽管两者在表面上可能并不相似。

二、学习迁移的幼儿教育指导

(一)影响幼儿学习迁移的主要因素

1. 幼儿原有的认知结构

原来的学习对后继学习的影响是比较常见的一种迁移方式,原有的认知结构的可辨性、可利用性与稳定性影响到新的学习。

2. 先后两种学习任务之间相似性

相似性的大小主要是由学习任务之间含有的共同成分决定的,较多的共同成分将产生较大的相似性,并导致较大迁移的发生。

3. 学习的心向与定势

心向与定势常常指同一现象,指先于一定活动而指向该活动的一种动力准备状态。定势对学习迁移的影响表现为两种:一是积极作用,定势可以成为积极的、正迁移的心理背景;二是消极的作用,表现为功能固着,新的学习受先前对事物固定用途思维的局限。

(二)知识系统化可以促进幼儿学习迁移

冯忠良认为,迁移的实质是新旧经验的整合,是经验的一体化现象。整合可通过三种方式实现:

1. 同化:把新的材料、经验或概念吸收进原本已有的知识里,使原有的知识丰富起来。

2. 顺应:学习者接收新的资料,使他改变原有的想法,对事物有了新的概念。

3. 重组:组合原有的经验系统中某些构成要素或成分,调整各成分间的关系或建立新的联系,从而应用于新情境。

对于幼儿而言,要使其对所学知识、技能和规范产生迁移,关键是让幼儿尽量做到知识的系统化。所谓知识的系统化是指在向幼儿传授关于现实事物和现象的知识时,引导其理解知识的简单联系和规律性。

(三)为迁移而教

为迁移而教,就是要让幼儿能举一反三,触类旁通,教是为了不教。这里应注意两点[①]:

1. 教给幼儿基本概念、原理

在学习过程中,要帮助幼儿形成一些简单的、初级的概念,将知识分类、归纳、比较,使之系统化,鼓励幼儿概括活动的经验。在教给幼儿基本的原理、概念时,要提供有关原理概念的各种实例,这样有助于巩固、接受和运用知识,并促使幼儿各种能力的发展。如果使用的实例不充分,则所学习概念的概括性就可能受到限制。

2. 帮助幼儿在问题情境与学习、生活情境中找到共同要素

迁移至少有一部分决定于已学东西和将学东西之间的相同要素。另外,为了实现迁移,即使有了相同要素,也必须提高儿童对不同学习情境之间同一性的知觉力。教学中要使幼儿有大量辨认各种情境相似性的机会。

问题与思考

1. 早期学习迁移的理论有哪些?

[①] 参见曹中平主编:《幼儿教育心理学》,辽宁师范大学出版社 2002 年版,第 140—141 页。

2. 奥苏伯尔的认知结构迁移理论是什么？
3. 如何理解产生式迁移理论及其训练？
4. 如何指导幼儿的迁移学习？

术语及定义

学习迁移：一种学习对另一种学习的影响，或已习得的经验对完成其他活动的影响。

正迁移：一种学习对另一种学习起到积极的作用，如加法的学习促进乘法的学习。

负迁移：两种学习之间的相互干扰、阻碍。

水平迁移：也称横向迁移，是指处于同一抽象和概括水平的经验之间相互影响，学习内容之间的关系是并列的。

垂直迁移：又称纵向迁移，是指处于不同抽象、概括水平的经验之间的相互影响。

顺向迁移：前面的学习影响着后面的学习。

逆向迁移：后面的学习影响前面的学习。

一般迁移：也称普遍迁移，是将学习中获得的一般原理、方法、策略和态度等迁移到另一种学习中去。

具体迁移：也称为特殊迁移，指一种学习中获得的具体化的、特殊的经验直接迁移到另一种学习中去。

共同因素说：两项学习任务中特定行为间之所以发生迁移，是因为它们之间有共同的元素，也就是共同的刺激—反应联结。

第四编　不同领域、不同学科的学习

　　本编涉及幼儿学习的具体内容,即探讨幼儿心理发展各个方面以及不同学科的学习特点及具体教育指导。第十五章到第二十二章分别探讨动作技能、知识分类、知觉、概念原理、问题解决、学习策略、创造力和情商八个方面的学习问题,第二十三章到第二十九章分别探讨阅读、双语、数学、科学、绘画、音乐和道德七个方面的学习问题。

第十五章 幼儿动作技能学习及教育指导

让孩子像人类早期的动物一样在地上爬行,锻炼一下,不失为一个很好的智慧活动。

——林言子

第一节 动作技能的概述

一、动作技能的含义

动作技能,是人类在漫长的社会生活和实践活动过程中不断积累经验而形成的总结。动作技能学习往往与认知学习交织在一起,培养幼儿不仅要善于"动脑",也应该善于"动手",在音乐课上要学习演奏乐器。尽管动作技能中包含了认知成分,但它又不同于一般智力技能。

(一)运动、操作和动作

1. 运动:是人体的一种运动机能,表现为有机体的一系列的骨骼运动,是"大肌肉群的运动",而且经常涉及整个身体。

2. 操作:是人体操纵一定的器具的运动,表现为腕关节和手指运动,是精细的动作技能,具有很大程度的精确性。

3. 动作:是具有一定动机和目的并指向一定对象的运动。在运动学中,动作主要视为在一定的时间和空间限定下,表现为肢体、躯干的肌肉、骨骼、关节协同活动的模式,既指由多个部分共同构成的完整活动模式,也指某一部分的特定活动模式。

神经科学认为,人的动作,无论简单或是复杂,都是在神经系统调控下进行和完成的。动作绝非是肌肉、骨骼、关节简单的、盲目的或本能的连接,也不仅仅涉及运动皮质、小脑、脑干等脑的局部区域运动,而且与大脑前额叶、颞叶、顶叶、丘脑、边缘系统等多个区域密切相关(Nasitami & Hari,2000)。

心理学家把动作视为信息加工的过程和结果,认为动作是心理功能的外在表现。动作的发起和完成过程实际上取决于内外信息在个体心理系统中的登录、编码、储存与提取。例如,投篮不只是肢体和躯干的共同运动,还涉及对篮圈大小、距离、自身力量、投掷角度等的感知、分析、判断,甚至涉及对过去经验的唤醒,在一系列如此复杂认知加工的基础上,形成并执行一个动作程序。

(二)动作技能

动作技能(motor skill)也叫操作技能或运动技能。像日常生活中的写字、绘画、打字;音乐方面的吹、拉、弹、唱;体育方面的田径、球类、游泳、体操、射击;生产劳动方面的车、刨、磨;交通方面的骑车、开车、驾驶飞机等活动方式,都属于动作技能的范畴。关于动作技能,不同心理学家有不同的定义。

动作技能是习得的,是精确执行且对组成的动作很少或不需要有意识的注意的一种操作。沃福克(A. E. Woolfork)则把动作技能定义为"完成动作(act)所需要的一系列身体运动(movements)的知识和进行那些运动的能力"[①]。加涅认为,动作技能实际上有

---

① 邵瑞珍主编:《教育心理学》,上海教育出版社 1999 年版,第 54 页。

两个成分:一是描述如何进行动作的规则,即动作程序;二是因练习与反馈而逐渐变得精确和连贯的实际肌肉运动。

心理学家一致认为,动作技能是一种习得的能力,按一定技术要求,通过练习而获得的迅速、精确、流利和娴熟的身体运动能力。为此,应将动作技能与不随意的和反射性的动作相区别。如:在眼前出现轻微刺激,人能迅速做出眨眼反应,这种反应不是习得的,不属于动作技能。动作技能又称心因运动技能(psychomotor skill),意指这里的动作不是简单的外显反应,而是受内部心理过程的控制。动作技能往往与知觉不可分,所以常常有人把知觉与动作联系,称之为知觉—动作技能(perceptual-motor skill)。

二、动作技能的分类及成分

(一)动作技能的分类

根据分类标准不同,动作技能包括:

1. 细微型动作技能与粗放型动作技能

这是根据动作的精细度与肌肉运动强度不同来分的。如穿针引线是细微动作技能,而打篮球是粗放动作技能。

2. 连续型动作技能与断续型动作技能

这是根据动作的连贯与否来分的。连续型动作技能由一系列的连续动作构成,需要对外部情境进行不断调节,而且完成动作序列较长。如:骑自行车、舞蹈、弹琴、唱歌、打字等。断续型动作技能由一系列不连续的动作构成,包括较短的序列,是对于一个特殊的外部刺激做一个特殊反应的活动,其精确性可以计数。如:射箭、投篮、按电钮等都是典型的、不连续的技能活动。

3. 闭合性动作技能与开放性动作技能

这是根据动作对环境的依赖程度不同来分的。闭合性动作技能主要依赖机体自身的内部反馈信息进行运动,动作的产生不依赖外界环境,如:自由体操、吊环等。后者需要根据环境变化来做出适当的动作,对外界信息依赖程度高,如:打篮球、骑自行车等。

4. 徒手型动作技能与器械型动作技能

两者是根据操作对象的不同来分的。前者主要通过机体的自身运动来完成,如自由体操、太极拳等。后者主要是通过操作器械来完成,如弹吉他、驾驶汽车等技能。

(二)动作技能的成分

动作技能成分包括:

1. 认知成分,学习者需要理解训练的项目,一般来说,运动水平越高,越需要做出判断,采取对策,并要求周密的计划。

2. 知觉成分,学习者必须准确地、敏锐地通过视觉辨别出反应的线索。

3. 协调能力,这种能力在动作技能中起关键作用。

4. 个性和气质特征,像情绪愉快、稳定、成就动机、自信心、自控能力等都在动作技能中起重要作用。

三、熟练动作技能的特征

心理学家认为,达到较高速度、精确性、轻松、连贯的动作可称为熟练的动作。熟练的动作是动作技能获得的标志。心理学家对初学者和专家完成同一任务的动作结果进行比较发现,熟练的动作有以下主要特征:

1. 立即反应代替了笨拙的尝试

从信息加工观点看,人的任何操作或动作可以分解为复杂的刺激与反应过程。从刺激到反应之间需经历五步:

(1)输入(intake):各种感觉器官接受输入信息引起冲动。

(2)编码(encoding):识别信息,把信息转化为概念。

(3)信息加工(information processing):运用联想和思维从信息中推导出符号陈述的行动指令。

(4)译码(decoding):符号指令转化为神经冲动。

(5)输出(output):神经冲动引起肌肉作用于外部世界。

研究表明,从一步一步有意识地尝试操作到自动操作的形成,主要原因是省掉了许多中间环节。

2. 微弱的线索被利用

任何动作都受情境中的线索(cue)指导。线索可以是看到、听到或触到的。指导动作的线索大致可分为三类:

(1)基本线索,即人要进行成功的反应所必须注意的线索。

(2)有助于调节反应的线索。

(3)无关的线索。

3. 错误被排除在发生之前

在连续的动作技能中,操作者不断进行尝试和纠正。如司机在开车时并不能沿着路边或中心线笔直行驶,而是时而偏左,时而偏右,需要不断进行调整,实际走的是锯齿形路线。在此过程中,司机是根据其动作的反馈来调整他的操作的。反馈通常有两种:一种是由视觉和听觉感受器官接受的外来信息的外部反馈;另一种是由肌肉和关节引起冲动的内部反馈,即动作感觉反馈。初学者主要靠视觉信息的外部反馈来调节自己的动作,而熟练的操作者则主要根据动作感觉的内部反馈来调节自己的动作。所以熟练的驾驶员可以不必等到汽车偏离理想的运动轨迹太远,就能靠肌肉的内部反馈自行调节,而把事故排除在发生之前。

4. 局部动作综合成大的连锁,受内部程序控制

钢琴家每秒能弹奏 10 个以上的音符。这怎么可能呢？研究表明,熟练的演奏家不是对单个音符做孤立的反应。他的局部动作已综合成大的连锁,或者说他已形成了所谓有内部的指导程序（directing program）。① 在技能经过充分练习的情形下,神经系统的程序很少需要知觉系统监视,就可以自行继续运行。

5. 在不利条件下能维持正常操作水平

优秀飞行员能在恶劣的气候条件下维持协调的和准确的操作。

四、动作技能的获得与保持

动作技能的获得具有阶段性。各种动作学习都可以大致划分为认知、联结、自动化三个时期。其中各个阶段是相互联系有时还相互交叉,在动作技能的学习过程中持续时间也可能不完全相同。

动作技能具有长期保持性。动作技能学习比知识学习保持更牢固,更不易被遗忘,这是许多实验研究得出的一般结论。如一个复杂动作技能学习的保持实验结果表明,对于通过一定练习获得的某一复杂动作,在经过 9 个月乃至一年该动作几乎不被遗忘。在间隔两年后,该动作技能虽有少量遗忘,但经一两次练习后就基本可以恢复原来的水平。音乐动作也可以长期存在大脑（Fleishman & Parker,1962）。在三十多年前,日本有人发明了一种特殊方法教儿童学习拉小提琴。在婴儿出生后几个月,便向他重复演奏一段乐曲,这段乐曲也许要重复几个月,直到该乐曲产生安抚效果,此时说明婴儿能识别该曲调了。以后再选另一段乐曲复演奏。如此训练,直到儿童 4 岁时被送往音乐学校学习,儿童完全根据听

---

① 参见邵瑞珍主编：《教育心理学》,上海教育出版社 1999 年版,第 160—161 页。

觉学习音乐。研究者推测,儿童是将演奏出来的声音与婴儿时起就储存在头脑内的样板(template)进行比较,使其动作模式得到矫正的。

五、动作技能的结构模式

(一)信息加工模式

信息加工模式把动作技能看成是由感受器系统、中枢加工系统和效应器系统构成的一个完整的信息加工系统,其各部分的功能如下:

1. 感受器装置接受和传递信息。

2. 信息通过视、听、肌体感觉等通道而输入。

3. 中枢信息加工系统向感受器装置输入信息,并以适当的信息进行反馈把感受器内的信息引入一定的方向。

4. 选择特定信息。

5. 输入的信息与内在的标准作比较,并检测其误差。

6. 通过修正错误的程序修正误差。

7. 修正的信息经过效应器装置变成肌体运动的功率,这种功率通过运动输出对感受器装置进行反馈,并控制输入的信息。

(二)知觉—动作技能的三层次理论

克瑞蒂(Cratty,1969)提出一个知觉—动作技能三层次理论,[①]基本内容如下:

1. 第一层次为动作技能的一般成分。它包括:抱负水平;毅力水平;唤起和动机水平;分析工作技巧的能力;各种知觉能力。

---

① 参见 B.J. Cratty(1969), *Perceptual and Motor Development in Infants Age Children*, New York:Macmillan Publishers.

这些因素虽然是相当固定的,但仍可能受个体经验的影响或修正。

2. 第二层次是动作技能的能力品质。它包括力量、耐力、伸缩性、速度、平衡和协调。这些是每个人都能发展的潜能,而且也影响其动作技能水平。

3. 第三个层次是动作技能情境所特有的各种因素,如工作所需的能量的要求、操作者赋予工作的价值、以往的经验和操作情境的社会特征。在生活实践中,实际可观察到的动作技能是在这个层次上出现的。

第二节 幼儿动作发展和动作技能学习的理论基础

一、关于幼儿动作发展的研究趋向

（一）重视特定动作模式的探讨

注重从控制性和协调性两个维度,更深入、更细致地探讨特定动作模式建立、改变的过程。例如,对婴儿行走爬行的研究,不限于描述爬行、行走出现的年龄,而是深入描述肢体协调的特点、重心转移的方向、平衡的动态保持等(Adolph, Vereinjken & Denny, 1998; Bril & Breniere, 1992; Clark & Philips, 1988)。

（二）重视动作的个体差异研究

儿童动作发展的个体差异研究受到重视。由于儿童的身体形态、肌肉力量和活动水平上的差异,决定了儿童在动作发展中将面临不同的任务和问题。动作的发展从某一个角度上来说,是一个问题解决的过程,是机体特异性与任务要求如何实现有效匹配的问题(Thelen, 2000)。此外,现今研究也重视动作发展的文化特异性,如中国儿童筷子使用的动作技能发展问题。

(三)重视动作的机制研究

在对儿童动作发展机制问题的研究中,动力学理论起着主导的作用,强调动作是一复杂的自组织系统。

二、幼儿动作学习的理论基础

以20世纪六七十年代为分界线,之前,关于动作学习的理论解释大多数都属于行为主义,以连锁反应理论为代表,属于习惯论;之后,随着认知心理学的兴起,出现了一些运用信息加工观点来解释动作学习的新理论模型,其中主要有动作学习过程论、闭环理论和图式理论。[①]

(一)连锁反应理论

连锁反应理论(chain reaction theory),是用行为主义的刺激—反应(S-R)的连锁反应系列来解释动作的学习与形成。刺激引起反应,第一个动觉反馈调节着第二个动作,第二个动觉反馈又调节着第三个动作……这样,就产生了连续性动作。例如,儿童学会用钥匙开门的动作技能:首先用手拿钥匙,对准锁孔,确认插入的位置是否准确,将钥匙完全插入并按正确方向旋转,开门。在这个例子中,每个动作,如果不按上述顺序进行,就达不到目的。

(二)动作学习过程理论

动作学习过程理论(Welford,1968),强调动作学习过程包含了感受—转换—效应器三个连续步骤。各种感觉器官接受输入信息,但人只有通过动觉才能意识到自己身体的运动。知觉正确与否,对动作技能的形成有重要意义。感觉信息超载或贫乏都可能

[①] 参见董奇、陶沙:《动作与心理发展》,北京师范大学出版社2002年版,第145—150页。

导致知觉判断错误。知觉信息经过短时记忆(选择性记忆)转入由知觉到动作的转换阶段。这一阶段有双重意义:既对感觉输入做出反应,又激起效应器的活动。而效应器的活动通过反馈进一步使动作得到校正或加强。

(三) 闭环理论

动作学习的闭环理论(closed-loop theory)是在动作学习过程论的基础上提出来的。闭环理论进一步揭示了动作学习的内部控制机制——知觉痕迹(the perceptual trace)和记忆痕迹(the memory trace),并把它作为动作学习的基础。

知觉痕迹是对动作反应的知觉和短暂记忆,是动作反应的一种即时的内部反馈系统,用来追踪和记录动作反应情况。在动作学习过程中,学习者每次做出反应,知觉就获得有关信息,知觉痕迹就形成了;新的动作通过知觉得到持续的反馈,正确的知觉不断获得强化;有关反应结果的信息又用来指导后来的动作。知觉痕迹是联系实际动作与以往动作记忆痕迹的中介。

记忆痕迹是以往多次动作反应所积累的信息库,属于长时记忆。它属于一种内部参照系统,即用来引导动作走向,从而有助于发出适当的动作;它也作为一种判断标准,根据知觉反馈的信息,来评判、调节、矫正正在进行的动作反应。在作业过程中,知觉反馈来的信息与记忆痕迹相比较,动作错误就被鉴别出来并得到修正。

(四) 图式理论

为解决闭环理论所面临的问题,舒米特(Schmidt,1975)提出了图式理论(schema theory)。在保留了闭环理论的大量可取之处的同时,吸收了认知研究特别是记忆和思维发展研究的结果,引进了图式这个概念。图式不同于知觉痕迹,它不是零碎的知觉碎片，而是有一定概括性的动作变量。由于图式比知觉痕迹简约得多，因而既减轻了知觉与记忆负担，又增强了图式对各种动作任务的适应性。

在图式理论中，一项动作技能可能包含一套动作图式，它构成了动作技能概括程度不同的多个层次。图式所属层次的概括程度越高，就包含越多的公式、原理之类的认知成分。图式所属层次的概括程度越低，就越接近具体的外显动作和细微的知觉。

总之，从连锁反应理论到动作学习过程论、闭环理论和图式理论，人们对动作学习的解释已经从"刺激—强化"的行为主义观点过渡到认知加工的观点；从探讨动作学习的外部特征和规律过渡到动作学习的内部机制与过程，同时对动作学习的解释也越来越全面、合理。可以相信，随着相关科学研究的深入，关于动作技能学习的理论解释将会更加完善。

第三节 幼儿动作技能的学习过程

一、动作技能学习的基本阶段

动作技能的形成，是通过练习从而逐步地掌握某种动作方式的过程。费茨和波斯纳把动作技能学习分为三个阶段。

（一）认知阶段

在学习一种新的动作技能初期，学习者通过指导者的言语讲解，或观察别人的动作示范，或从标志每一个局部动作的外部线索，试图"理解"任务及其要求。学习者也做一些初步尝试，把任务的组成动作构成一个整体，也试图发现整体动作是如何构成的。这一阶段把学习重点放在反应的线索上，因此这一阶段学习也称知觉学习。例如,初学临帖的儿童,要将大楷字写好,首先必须仔细观察字帖上的字。通过观察,了解某个字由哪些笔画构成,第一笔如何起笔,如何收笔,要知道笔顺,还要知道字的框架结构,各笔画之间的距离和倾斜度等。任何动作技能的学习,都必须经历认知阶段。不过,有的认知阶段学习是在非正式的情形下进行的。家里有轿车的儿童,父母开车时,常常把儿童带在身边,儿童虽未正式学习,但长期耳濡目染,已经获得了许多有关开车的知识,他们可能知道哪些控制装置或仪表安装在什么地方,如何操纵等等。

这一阶段动作技能学习的主要特点是领会技能的基本要求,掌握技能的局部动作;注意范围比较狭窄,精神和全身肌肉紧张,动作忙乱、呆板而不协调,出现多余的动作;不能察觉自己动作的全部情况,难以发现动作的错误和缺点,这些特点在幼儿身上特别容易被发现。

(二)联系形成阶段

在这一阶段的动作技能学习,重点是使适当的刺激与反应形成联系。它包括两层含义:一是对简单动作而言,要在刺激与反应之间建立较为稳固的联系;二是对复杂动作而言,要将许多简单动作有机地结合起来,以形成比较连贯的复杂动作。即使是一个简单的动作,所包含的刺激与反应也非常复杂,所以联系形成比想象的要复杂得多。

在这一阶段动作技能学习的主要特点,练习者逐步掌握了一系列局部动作,并开始将这些动作联系起来,但是各个动作还结合得不紧密。在转换动作时常出现短暂的停顿。练习者的协同动作是交替进行的,即先集中注意一个动作,然后再注意做出另一个动作,反复地交替,进行不同的动作。这种交替慢慢加快,技能结构的层次不断增加,然后逐渐形成整体的协同动作。

这一阶段的主要特点是,把技能的局部动作综合成更大的单位,最后形成一个连贯技能的整体。练习者视觉的控制作用逐渐减弱,而肌肉运动感觉的自控作用逐步提高,动作间的相互干扰逐步减少。

(三)自动化阶段

技能形成的最后阶段是一长串的动作系列已联合成为一个有机的整体并已巩固下来,各个动作相互协调似乎是自动加工的。这时,练习者的多余动作和紧张状态已经消失。练习者能根据情况的变化,灵活、迅速而准确地完成动作;能自动地完成一个接一个的动作,几乎不需要有意识控制。动作学习进入自动化阶段标志着动作学习的完成,此时,动作协调化模式已经形成。如:汽车驾驶员可以手脚并用,紧密配合,自如地融合为一体;又如:在装枪弹这一动作技能中,整个动作顺序是有条不紊而且一气呵成的。

总之,动作技能发展的这三个阶段是依次出现、不可颠倒的,对于幼教实践具有重要的启示,即在教育过程中,教育者指定动作技能教学计划或实施动作教育时要遵循幼儿的这三个阶段的发展规律,从而实现动作技能训练的最佳效果。

二、动作技能的学习原理

(一)动作技能的保持

动作技能一经学会之后便不易遗忘。有一个实验部分地回答了这个问题。[①] 研究者(Fleishman & Parker)设计了一个类似驾驶飞机的任务,在经过一定时期的练习获得该技能后,实验结果表

[①] 参见邵瑞珍主编:《学与教的心理学》,华东师范大学出版社1990年版,第138—139页。

明,这个已经被掌握了的运动技能经过两年以后仍然基本保持完好。为什么操作技能不易遗忘呢?

1. 动作技能是经过大量的练习之后获得的。一般来说,经过过度学习的任务是不易遗忘的。相反,如果练习一两次就成功的新技能则非常容易遗忘。

2. 许多动作技能是以连续任务的形式出现的。连续的任务相对简单,故不易遗忘。

3. 动作技能不同于言语知识,它的保持程度依赖小脑和脑低级中枢,这些中枢可能比脑的其他部位有更大保持动作痕迹的能量。

(二)动作技能迁移

动作技能学习也存在着迁移,即先前掌握的技能对学习新的技能会产生影响。先前掌握的技能对学习新的技能产生积极的影响,称为正迁移,反之则称为负迁移。在动作学习过程中,迁移可以表现为以下三种情况:

1. 两侧性迁移

两侧性迁移指在动作技能学习中身体一侧器官进行的学习向另一侧器官的迁移,库克(T. W. Cook)称它为交叉教育(cross education)。研究发现,两侧性迁移最明显的是人体对称部位;其次是同侧部位,即左手—左脚、右手—右脚;最弱的是对角线部位,右手—左脚、左手—右脚。两侧性迁移对于需要双手或四肢协调的动作技能学习具有促进作用。[①]

[①] 参见邵瑞珍主编:《学与教的心理学》,华东师范大学出版社 1990 年版,第 140—141 页。

2. 语言—动作迁移

在指导动作技能的学习过程中,存在语言—动作迁移。加涅等人(1950)指出,他要求被试按照一定的光刺激(视觉信号)做一定的动作,通过这种使刺激和语言相结合的事先训练,使动作技能学习的效率得到提高。加涅所进行的事前训练是:"见红色按第一个按钮"、"见蓝色按第二个按钮"等。一般来说,只有当语言反应不干扰被试的动作时,或者语言反应能提高知觉的辨别能力时,事先的语言训练才能使动作技能学习得到正迁移。

3. 动作—动作迁移

此类迁移在日常生活和学习中的事例很多。如会骑摩托车的人就比较容易掌握驾驶汽车的技能,其原因是这两种活动需要相似的注意分配、反应速度和处理机械的技能。但是,旧的技能对新的技能有时会产生消极的作用,即存在负迁移。例如,开惯小车的人,就不容易适应开大型载重汽车。

在实际技能练习中,正迁移和负迁移常常同时发生,很难截然分开。因此教师在对幼儿进行技能练习时,必须认真研究、分析新旧技能的性质和特点,克服干扰作用,促进其动作技能的形成和发展。

第四节 幼儿动作技能学习的教育指导

一、幼儿动作技能形成的因素

(一)影响幼儿动作技能形成的内部因素

1. 成熟与经验

大量研究与日常观察表明,学习者抓握动作技能的发展随着年龄和经验的增加而提高。例如,赫克斯(J. A. Hicks,1930)曾对3至6岁儿童进行过下列测验:穿孔测验、肌肉力量测验、追踪测验和掷准测验(投中活动的靶标),以后在完全没有给以指导的情况下再次进行测验时,上述四种测验中有三种测验得分增加了。这种动作技能的改进主要是成熟和平时练习的结果。

成熟与经验存在相互作用,对动作技能学习的影响也是相互的。例如像游泳、舞蹈等比较复杂的动作技能,从小开始学习为好,但不能违背个体的发育阶段。像登楼梯、玩积木等比较简单的动作技能,成熟的作用占主要地位。

2. 智力

关于智力和动作技能学习的关系已吸引为数众多的研究者,结果莫衷一是。日本心理学家松原把这些结果归纳出以下两种情况:当学习者智力处于正常水平时,小肌肉动作技能学习和智力之间有较低的正相关,智力水平越高,学习成绩越好,大肌肉动作技能学习和智力之间几乎没有什么相关。[①]

3. 个性

在进行某种动作时,因个性不同其行动方式也各不相同,而且个人选择什么动作项目也和人的个性有较大关系。影响动作技能学习有很多个性因素:达到目标的动机;忍耐力;对刺激的抵抗力;保持稳定的能力;控制能力;任劳任怨、能吃苦的能力;自信、大胆,心胸开阔;智力高于同龄儿童的平均水平(B. Ogilive & T. Tutko)。

---

① 参见皮连生主编:《学与教的心理学》,华东师范大学出版社1997年版,第172—173页。

(二)影响幼儿动作技能形成的外部因素

1. 有效地指导与示范

(1)讲解与示范同时进行效果好

托马森(L.Thompson)对不同的演示方法做过比较研究。实验表明,言语指导结合示范是帮助学习者理解动作技能最有效的方法。

关于动作技能学习,着重技术指导与着重学习者自己发现往往产生不同的效果。早在1945年,心理学家戴维斯(D. R. Davies)就做过关于国际射箭的研究。结果显示,指导组更多注意了技术和正确的姿势;尝试组则更多注意目标,这对于他们改进技能并无帮助。这一研究表明,在动作技能学习时,有效的指导是不可缺少的。

(2)利用视、听手段的指导效果好

在某种情况下,利用视、听手段进行指导,也能有效地促进技能的学习。利用视、听手段,它可以提高兴趣,扩大经验范围,提高学习和指导效率,获得共同的经验。

(3)防止信息负担过重

许多研究表明,在动作技能学习的初期阶段要使示范有效,则示范动作必须慢速进行。这是因为初学者在刚刚接触一个新的动作时,往往顾了手,顾不了脚,他们很容易因新的信息量过多而超载。当超载发生时,学习便终止了。

总之,动作技能学习通常是从教师讲解开始。讲解多用口语,有时也可借助于文字、图解、模型等进行。对幼儿来说,讲解应尽量做到简单、易懂。幼儿学习动作技能更多地是依赖于教师示范。示范是以动作方式表演的,非常直观。示范性的动作是由教师控制的。动作应明确,并把技能中的每一个动作及其衔接清楚地展示出来,使幼儿能清楚地看到。另外,动作技能示范方式包括:一是相向示范:在教室情境中,教师与学习者面对示范。这种方式的缺点是容易产生左右反向认知混淆;二是围观示范:教师居中,学习者围成圆圈。这种方式的缺点常因学习者从不同角度观察而发生混淆错误;三是顺向示范:学习者在教师背后,教师是"领头羊"。采用这种示范方式较好,因为这种方式可以免除左右及不同角度的不良影响。

2. 练习与反馈

(1) 练习与练习曲线

练习(practice),是刺激与反应的重复,但不是单纯的重复操作而是以掌握一定的活动方式为目标的反复。练习曲线是描述动作技能随练习时间或次数的变化而变化的图形。借助练习曲线,可以考察技能随练习量的增加而改进的一般趋势。不同的被试所得出的练习曲线有一些共同特点:第一,动作技能学习开始进步快。这是因为开始阶段是一个由不会到会的质变过程,而且还由于新鲜感和好奇心等强烈的动机驱使,表现出进步很快。第二,中间有一个明显的,或长或短的停顿期(即高原期,亦称高原现象),意指在练习曲线中出现的一个暂时停止增长的时期。高原期的出现原因很多,如经过长时间练习后兴趣降低和出现疲劳等。第三,后期进步慢。在高原期后仍会出现进步,但速度变得缓慢。第四,总的趋势是进步,但有时会有暂时的退步。

(2) 练习的分类

A. 身体练习与心理练习

练习可以分为身体练习(physical practice)和心理练习

(mental practice)。身体实际进行活动的练习,称为身体练习。同身体练习相对,仅在头脑内反复思考动作技能的进行过程的练习形式,称为心理练习。有研究者(S. F. Harby,1952)曾对动作技能中的身体练习和心理练习作了比较,发现当将二者结合时效果最好。决定心理练习有效性的关键是学习者要对练习的任务熟悉。从未进行过身体练习的动作,不可能称作心理练习。另外,心理练习的时间不能太长,否则容易产生厌烦情绪,使作业水平下降。

B. 整体练习与局部练习

学习一种技能时,是将技能的全部内容一次学完的整体练习法好呢?还是局部练习法好呢?这要视身体情况而定。如果一种动作技能比较复杂,并且是由若干局部技能所构成,先用局部练习法再用整体练习法,效果较佳。

C. 分配练习与集中练习

熟练的动作技能往往需要较长时间的练习,应考虑时间安排上的分配与集中问题。集中练习指连续地练习一项任务,直到掌握为止,中间没有休息。而分配练习指把练习分为若干阶段,在各阶段之间插入一定的休息时间。练习集中与分配在时间的安排,需以技能的复杂程度、学习者的身体情况及动机水平而定。

D. 外反馈和内反馈

在动作学习的初期,学习者主要依靠自己对行为结果的熟悉来改进自己的技能,即需要外反馈。所谓外反馈是通过对行为结果的知悉而实现的反馈。到了技能学习的后期,练习的目的是为了达到熟巧,使动作连贯、流畅、轻松自如。此时反馈信息主要来自内部,协调、平衡、节奏等感觉只能靠自己体会,即内反馈。内反馈是通过肌肉运动的刺激所提供的信息而实现的反馈。动作技能学习应强调主动练习和发现经验。

二、幼儿动作技能学习的教育指导

整个学前期,幼儿控制小肌肉群和大肌肉群的能力都在改善,随意运动不断发展。在幼儿园中,幼儿接受教育训练,从事活动和日常生活活动,其动作技能逐步变得协调、灵活,并形成了各种简单的动作技能技巧。

(一)幼儿动作技能学习的主要内容

1. 粗大动作性技能的学习

粗大动作就要包括爬行动作和行走动作。爬行动作是个体发展过程中获得的第一个自主位移动作。行走是幼儿自主位移动作发展的必要阶段,也被认为是神经系统、肌肉组织进一步成熟、幼儿心理发展具有里程碑意义的动作。行走进一步解放了个体的双手,使精细动作有机会进一步得到发展。

2. 精细动作技能的学习

精细动作技能主要包括抓握动作、绘画、写字等,这些精细动作技能的获得扩展了幼儿获取信息的途径,使幼儿的探索行为更为主动和有效。抓握动作是个体最初的和最基本的精细动作,而写字和绘画技能是在其基础上发展起来的。绘画和写字是幼儿的重要发展任务和能力要求之一,只有具备一定的绘画和书写能力,幼儿才能有效进行书面语言学习,从而掌握大量的间接经验。

幼儿动作技能学习的内容涉及众多的领域,比如艺术方面、体育方面以及幼儿的各种基本生活自理能力等领域。教师在安排幼儿动作技能学习活动中,应该考虑到动作技能的全面性和适宜性。

(二)幼儿动作技能学习的教学要点

1. 把握动作技能学习的要点

(1)重视兴趣和自主活动；

(2)重视相互学习；

(3)重视活动多样性；

(4)重视个体差异；

(5)正规训练与日常生活的结合。

2. 明确练习的目标

幼儿在日常生活中的许多动作技能虽然天天重复，但因缺乏明确的目标，其错误的动作方式总未能得到纠正。有了明确的练习目标，就可使练习经常处于意识控制之下，提高练习的自觉性、积极性，从而提高练习的效果。

3. 及时反馈

每次练习后，幼儿若能及时知道自己哪些动作做对了，哪些做错了，就能再通过练习把做正确的动作巩固下来，把做错误的动作舍弃掉，从而提高技能的练习效率。

第五节 幼儿动作技能发展及学习的价值

动作是人类最重要的一种基本能力。自20世纪60年代以来，神经心理学(Bernstein, 1967)、精神分析学(Mahler, 1975)和发展心理学(Piaget, 1971；Campos, 1982)等学科的研究者都对动作发展进行了深入探讨。大量的临床观察研究表明，动作技能的发展与早期知觉、空间认知以及社会性的发展等都有着极大的关系。[①]

---

① 参见董奇、陶沙：《动作与心理发展》，北京师范大学出版社2002年版，第179—184页。

一、动作技能价值的理论

（一）皮亚杰的动作建构理论

皮亚杰认为，动作图式是婴幼儿认知结构的基石，个体心理源于主体对客体的动作。在动作形成过程中，主体与客体相互改变、相互适应，从而使得个体的心理结构不断改组和重建。皮亚杰从动作建构的角度，明确了主体对客体的动作是个体心理的丰富来源和必备工具。

（二）维护者说和组织者说

关于动作技能对心理发展的影响的理论，主要有维护者说和组织者说。长期以来，人们更倾向于维护者说，认为结构的成熟决定着功能的发展，动作技能在个体心理发展中只扮演一个最基本的维护作用，而不能对心理产生根本的改变作用。20世纪80年代以来，在大量实证研究的基础上，人们逐步认识到动作经验的发展是心理发展的组织者（Campos,1990）。组织者说认为，动作既促进个体心理结构的内涵不断充实，又通过提供新经验来引起个体原有心理结构与新的环境刺激之间冲突、不协调，为打破原有的心理结构并促使其向新的心理结构转化，提供了现实的可能性。动作技能心理发展组织的观点开启了人们对动作技能与心理发展之间关系实质的认识。

二、动作与认知发展的关系

（一）动作与感知觉的发展

动作与感知觉发展的关系很早就受到学者们的关注（Berkeley,1709;Hebb,1949 & Kanfman,1979）。近些年来，动作与运动视觉、深度知觉发展的研究已经成为感知觉发展领域中十分引人瞩目的课题。

关于动作与运动视觉的发展,赫金斯等(Higgins,Campos & Kermoian,1996)以7至9个月婴儿为被试,在视觉连续移动条件下对婴儿视觉反应进行了研究,表明动作经验对于儿童视觉发展具有一定的影响。关于动作与深度知觉的发展,吉布森等(Gibson & Walk,1961)精心设计出了"视觉悬崖"实验,表明动作经验与婴儿的深度知觉发展具有一定的相关性。

(二)动作与空间知觉

空间能力是人类高级的认知能力之一,主要是指对物体的空间关系以及对主体自身在空间所处位置的认知,它包括空间位置的定向能力、个体空间搜寻能力等多个成分。早期空间认知能力的发展在个体心理发展中具有特殊的重要意义,是个体认识事物、探索客观世界的必备基础。

1. 动作与空间定向能力的发展

巴埃等人(Bai & Bertenthal,1992)利用旋转桌椅做了一个对运动经验和个体空间能力发展关系的实验研究,结果表明,当仅旋转桌子、不旋转椅子,即幼儿保持不动时,幼儿找到桌上目标物仅需要视觉参考,表现出幼儿的辨认水平与运动经验无显著相关;而当旋转椅子,让幼儿自身旋转时,这时有幼儿的辨认水平表现出与运动经验较显著的相关。

可见,运动经验可以促使幼儿通过明确客体、自身及环境之间的关系来搜索或定位客体位置,加速其空间认知能力的发展,它能使幼儿更多地经历不同的环境,学会从不同角度去认识客体,全面认识客体的空间位置及其相互关系,改变了幼儿在相对有限的空间中的被动情况,使幼儿从以自我为中心的空间定向策略发展为以客体为中心的空间定向策略。

2．动作与搜寻能力的发展

董奇等(2001)研究表明,"A非B"延迟情况下搜索任务研究表明,幼儿动作经验对幼儿延迟搜寻能力具有较大的影响作用。无延迟任务的实现与幼儿已有动作经验无明显相关。[①] 动作经验对幼儿空间搜寻能力有一定的影响作用。迂回行为是一种主要的策略性空间搜寻能力,指个体在面临空间障碍时不是直接达到目的,而是换用间接途径达到搜寻目的的行为。陶沙等(1999)研究表明,幼儿动作经验与婴儿迂回行为的发展具有功能上的联系。

3．动作与不同水平共同注意力的发展关系

共同注意力是指个体在交往中参照他人提供的各种信息,确定其注视点并调整自己注意的指向,与对方同时关注二者之外的第三事件或物体的认知能力。这是婴幼儿准确知觉判断他人行为、理解他人所发信号能力的标志。董奇、陶沙、曾琦(1999)研究表明,准确定位的共同注意力与婴儿的爬行动作经验有极大的相关。

三、动作与儿童社会性的发展

(一)动作与母子依恋

母子依恋(attachment)是指婴儿与母亲之间形成的持续性情感联结,表现为婴儿努力寻求并企图保持与母亲的密切的身体联系,同母亲在一起能使他得到最大的舒适感而满足。婴儿对母亲的依恋构成了婴儿早期最主要的社会联系,也是儿童建立其他社会关系的主要基础(Main & Weston, 1981; Parke & Tinkley,

---

① 参见董奇、陶沙、张华、李蓓蕾:"爬行经验与婴儿依恋行为特点的关系",《北京师范大学学报》2000年第2期。

1987)。较早对幼儿自主位移动作经验与母婴依恋的关系进行了实证性研究(Gustafson,1984)表明,能够爬行和行走的婴儿对母亲微笑及注视的频率比其不能自主位移时要多,说明婴儿爬行经验与母亲依恋间存在内在的联系。

(二)动作与亲子社会性情绪互动

关于动作在早期情感与社会性发展中的价值,有研究者(Mahler)强调,动作可使婴儿对自我能力产生新的认识,促使自我的分化与发展,促进家庭内感情交流方式与系统的重组。研究表明,爬行经验作为幼儿出生后第一年出现的主要发展事件,它与母子情绪互动行为有一定的关系。

(三)动作与幼儿自我概念

格卢波(Gruber,1995)对于 84 篇涉及体育活动影响幼儿的自我概念、自我发展的文献进行分析,发现参加体育或指导性游戏的幼儿中有 66%的自我概念或自尊分数显著高于不参加体育活动幼儿的分数。由于幼儿处于一个大的幼儿群体之中,运动能力显然直接影响到幼儿在同伴中的地位,而同伴地位高的幼儿无疑自我概念发展水平也比较高。

四、精细动作能力发展与幼儿学业成绩关系

(一)幼儿线条填画、图形临摹能力与儿童学业成绩的关系

精细动作能力并不仅仅局限于简单操作活动的关系,它与学业成绩、智力等也可能存在功能上的关系。研究发现,精细动作能力与学习困难幼儿的智力有显著相关,通过提高幼儿精细动作水平可以促进幼儿的学业成绩。这是因为写字,线条填画等是学习中不可或缺的一个环节。

张华等(2001)考察了小学一二年级学生线条填画、图形临摹

能力与其语文、数学成绩的相关关系。结果表明,线条填画、图形临摹能力越高的儿童,其成绩越好。①

一般来讲,幼儿在书写、运算等过程中,需要手部精细动作的参与。精细动作中的肌肉控制与协调能力是完成学习任务的前提。此外,精细动作与学业成绩之间的关系不仅是有心理、认知层面的含义,而且精细动作能力和高级神经系统之间是双向促进的。这些联系在一定程度上有助于理解精细动作能力与学业成绩之间的显著相关关系。

(二)使用筷子技能与幼儿学业发展

在我国,使用筷子技能是具有典型文化特点的精细动作。使用筷子是我国幼儿精细的动作学习的重要内容,因为筷子使用技能的精确性、稳定性等可以很好反映出个体在完成精细动作过程中的技能水平,它与幼儿的写字、画画等精细动作活动有显著相关。

我国幼儿筷子使用水平,可以作为衡量其精细动作发展状况的有效指标之一,并且在一定程度上为鉴定学习困难儿童提供心理行为层面的参考依据。

问题与思考

1. 幼儿动作技能发展的理论基础是什么?
2. 动作技能的保持和迁移及其特点是什么?
3. 动作技能发展的影响因素有哪些?

---

① 参见张华、林磊、陶沙、董奇:"4—8岁儿童视动整合能力发展及其与学业成绩关系的研究",《心理发展与教育》2000年第3期。

4. 如何培养幼儿动作技能？

5. 动作技能与幼儿感知觉发展、空间认知以及社会性发展的关系如何？

术语及定义

动作：具有一定动机和目的并指向一定对象的运动。

动作技能：完成动作所需要的一系列身体运动的知识和进行那些运动的能力。

闭合性动作技能：依赖机体自身的内部反馈信息进行运动，动作的产生不依赖外界环境，如自由体操、吊环等。

连续型动作技能：由一系列的连续动作构成，需要对外部情境进行不断的调节，对外界依赖程度高如骑自行车。

熟练的动作：达到较高速度、精确性、轻松、连贯的动作。

连锁反应理论：用行为主义的刺激—反应（S-R）的连锁反应系列来解释动作的学习与形成的理论。

两侧性迁移：在动作技能学习中身体一侧器官进行的学习向另一侧器官的迁移。

练习曲线：描述动作技能随练习时间或次数的变化而变化的图形。

心理练习：同身体练习相对，仅在头脑内反复思考动作技能的进行过程的练习形式。

内反馈：通过肌肉运动的刺激所提供的信息而实现的反馈。

第十六章 知识分类及幼儿教育指导

> 知识表征,既受益于类比意象,也受益于符号性公开命题。
>
> ——斯腾伯格

知识到底是什么,一直有很多争议。我国对知识的界定一般是从哲学角度做出的,如《中国大百科全书·教育》卷中"知识"是这样表述的:所谓知识,就它反映的内容而言,是客观事物的属性与联系的反映,是客观世界在人脑中的主观映像。① 现代认知心理学根据知识的不同表述形式,把知识分为陈述性知识和程序性知识两大类。陈述性知识主要反映事物的状态、内容及事物变化发展的原因,说明事物是什么、为什么和怎么样,一般可以用口头或书面语言进行清楚明白的陈述。它主要用来描述一个事实(如"北京是中国的首都")或陈述一种观点(如"生命在于运动"),因此也称描述性知识。程序性知识主要反映活动的具体过程和操作步骤,说明做什么和怎么做,它是一种实践性知识,主要用于实际操作,因此也称操作性知识。由于它主要涉及做事的策略和方法,因

---

① 参见董纯才主编:《中国大百科全书·教育卷》,中国大百科全书出版社1985年版,第525页。

此也称为策略性知识或方法性知识,如怎样操作某一机器,怎样解答数学题或物理题等。① 陈述性知识和程序性知识的划分对知识本质进行探讨,从根本上脱离了传统的哲学范畴。

第一节 陈述性知识的表征

一般认为,表征包括内容与形式两个方面。内容指表征所具有的实际信息,形式即表达内容的方式。相同的内容可用不同的形式表示,如"中国的首都是北京"和"北京是中国的首都"表达的是相同的内容。同一形式也可以表达不同的内容,如"他正在上课":如果"他"是教师,表示他正在讲课;如果"他"是儿童,则表示他正在听课。

陈述性知识的表征形式有概念、命题、表象、线性排序和图式,其中概念、命题、表象、线性排序是基本单位的表征形式,图式为综合表征形式。

一、概念

概念是一种简单的表征形式,代表事物的基本属性和基本特征,代表一类享有共同特征的人、物体、事件或观念的符号。概念反应的不是一类事物的某一具体特征,而是一类事物所共有的本质特征。如"学校"就是一个概念,它代表着有共同的本质特征——具有教室、书本和儿童的一类场所。不同的概念在头脑中是相互联系的,又具有一定的层级关系,如概念层次网络组织。

---

① 参见冯忠良等主编:《教育心理学》,人民教育出版社 2000 年版,第 289—293 页。

二、命题

语言信息是以命题的形式来表征的,这是当前认知心理学家们对事物的意义如何在人的记忆中得以表征的最为流行的观念。"命题"这一个概念最初来自逻辑学和语言学,常指一个独立的断言,它可以使我们了解某个判断的真伪。命题是词语表达意义的最小单位,人是用命题而不是用句子将语言信息贮存在头脑中的。

(一)命题的含义

命题是陈述性知识的最小单元,相当于我们头脑中的一个观念。请你观察下面两则短语,哪则最可能是完整的观念?

如,第一短语"这(那)个人",第二个短语"这(那)个人装好了轮胎"。显然,第二则短语是一个比较完整的观念,因为第二则短语将一些概念联系起来表达了一个观念。

一个命题是由一个关系和一个以上的论题构成的。在一个命题中,有且只有一个关系,它主要由动词、形容词和副词构成,只有动词、形容词和副词才是关系,所以,一个句子中有多少个关系就有多少个命题,这是判断句中所含命题个数的依据。一个命题中可以只有一个论题,如:小明出去了。在此句中,只含有"小明"这一个论题。但有时一个命题可以有好几个论题,所以认知心理学家根据它们在命题中扮演的角色,给予不同的名称或称谓。论题可以是执行某一行动的主体,也可以是行动作用的对象或客体,或行动的目的,行动时使用的工具和手段,以及客体的接受者。

命题总是包含一个关系和一个以上的论题。例如"张三走了"这一命题中,"张三"是命题的论题,论题是命题提及的话题或主题;而"走了"是这一命题的关系,它是对我们所知道的有关张三的全部情况所作的某种限定,于是此时我们只注意"张三走了"这种情况。关系缩小了我们注意的范围,因此是命题中最包含信息的成分。①

(二)命题网络

现代认知心理学家设想,贮存在人的长时记忆中的任何信息,并非孤立地存放在那里,其中分享同一主题的若干命题会发生相互联系,正是信息单位间的相互联系构成了人推理及解决问题的基础。命题网络这一概念就是认知心理学家为揭示这种联系所做的尝试。

在命题网络中,所有的组成单位都是命题,通常用结点(圆形)来表示这种信息的基本单位,用连线或箭头来表示该命题中的论题及关系,以及此命题与其他命题之间的联系。任何两个命题,如果它们具有共同成分,则可以通过这种共同成分而使之彼此联系起来,许多彼此联系的命题组成了命题网络。我们现在来看看安德森例子:"尼克松曾将一辆漂亮的凯迪拉克车赠予前苏联领袖勃列日涅夫。"这个句子显然含有三个命题:(1)尼克松赠予勃列日涅夫一辆凯迪拉克车;(2)这辆凯迪拉克车是漂亮的;(3)勃列日涅夫曾是前苏联的领袖。我们可以发现,在这些命题中存在着一些相同的成分,如在(1)和(2)中都含有"凯迪拉克车",在(1)和(3)中都含"勃列日涅夫"。因此,如果要以命题结构的形式来表示一些有内在联系的命题,只需确认这些命题中的相同成分,然后对这些成分只作一次表示,这样就能使相关的命题比不相关命题更紧密地结合在一起。②

---

① 参见冯忠良等主编:《教育心理学》,人民教育出版社2000年版,第295页。
② 参见吴庆麟等编著:《认知教学心理学》,上海科学技术出版社2000年版,第41—46页。

科林斯和奎利恩（Collins & Quillian，1969）设想人对各种动物及其相关特征这类知识的贮存可表现为有层级的命题网络结构。从动物这一较为总体的观念可分出它的下一级观念鸟和鱼，从这些下位观念中又可再分出它们的子集。有关这些动物的特征，也可能分别贮存在不同的概括水平上。"鸟有羽毛"贮存在"鸟"这一水平，而"鸟有皮肤"实际上并不贮存在这一水平，但可以从"动物有皮肤"这一事实推论出。换言之，事实被贮存在可用来区分各类客体的概括水平上。所有的动物有皮肤，但岩石没有皮肤，故"皮肤"这一概念可以区分动物和矿物；另一方面，只有某些动物有羽毛，因此"羽毛"不是区分动物与矿物的一个有用指南，而是区分鸟和其他小动物的有用指南，于是"鸟有羽毛"这一事实贮存在"鸟"这一知识水平。两位研究者进一步设想，如果我们头脑中的陈述性知识果真是按上述层级被贮存，那么当我们要证明"鱼有皮肤"这一陈述时，搜寻工作将从"鱼"这一水平开始；若在这一水平上发现该特征，搜寻工作将上升一个水平。由于在高水平上认定是真的，在较低水平上也应当是真的，因此一旦在高水平上发现了"皮肤"这一特征，被试将会做出该句为真的反应。科林斯和奎利恩认为验证这些句子为真的反应时间可能取决于句中涉及的两个概念在这一层级中的距离。例如，证明"金丝雀有皮肤"所花的时间比证明"金丝雀是黄色的"要长，因为从"金丝雀"搜寻到"皮肤"涉及两个水平，而从"金丝雀"搜寻到"黄色"仅涉及一个水平。

三、表象

（一）表象现象

一般情况下我们是用命题的形式来保留自己所学习的知识，

但也存在一些情况,我们需要用表象这种非言语的形式来处理和保留知识或信息。当我们想象不在眼前的某一事物或情境时,我们头脑中浮现它们的表象,犹如在头脑中看到它们似的。表象是对具体客体的空间关系、细节特征及抽象观念的持续变化的特征所做出的一种表征形式。

1. 心理旋转

谢巴德(Roger shepard)及其同事对心理旋转的研究是表象研究中最有影响的。实验中,被试被呈现一些成对的图形,要求被试判断这些图形除方向之外是否相同。在研究中,每个图形都是由10个小方块连接起来组成的手柄形。成对图形的关系可以相同也可以不同,相同的情况下平面的方位或深度方位不同,必须经过一定的旋转才可能成为相同的物体。结果发现,被试对图形判断的反应时与两图形间的方位差有线性关系,即方位差越大,反应时越长。研究者认为发生该现象的原因是由于被试在进行判断时,必须先在心理上对测试图形进行旋转,然后看它与标准图形的方位是否匹配。该实验说明,当任务需要人们对信息做出空间上的处理时,个体往往会自发地使用心理表象。

2. 表象扫视

继谢巴德之后,考斯林(Kosslyn)等(1978)进行了表象扫视实验,得出了同样的结论。考斯林给被试呈现一幅虚构的地图,上面标有棚屋、岩石、井、湖泊、沙滩、草地,要求被试熟悉这幅地图直至能够准确复述。然后主试说出其中某一对象的名称,要求被试在心中想想这幅地图,并使自己内心注视着这个对象。5秒钟后,主试说出第二个对象,要求被试仍然在心里寻找。若被试发现自己已在心中扫视到它,就按一下按钮。结果表明,被试执行心理运作所需要的时间为两个对象在原地图上距离的函数,即他们的心理操作有着与实际运动类似的过程。①

(二)表象的特征

1.表象能够表征不断变化的信息。由于想象中的结构具有与其表征的对象相类似的结构特征,因此表象能够更现实地表征客观对象的三维空间特征及各个维度上连续的细节特征。

2.表象能够承受各种施加于它们的心理运作。人可以对自己心目中的表象做旋转、扫视或有层次的组织与分割。

3.尽管表象能够表征不断变化中的信息,但与实际的知觉相比,这种表征形式在没有特殊需要的情况下,可能会更模糊、更概括,或者说欠完整,欠精确。例如在平时生活中人们无数次看见过一张纸币,但也许只是根据一张纸币的颜色或大小与其他的纸币进行区别,而很少有人会去关注它的细节。

4.虽然人对复杂的图像形成的心理表象具有一种有层次的结构,但正是这种层次结构使人的心理表象产生某种系统的歪曲。史蒂文斯和库普(Stevens & Coupe, 1978)曾以实验证明了这一点。实验中给出让不同被试组学习的所谓"不一致地图",其重要特征是 α 县与 β 县的相对位置跟 X 城与 Y 城的相对位置并不一致。被试学完这些地图后,根据记忆来回答一系列有关 X 城与 Y 城位置的问题。左边地图的提问是:X 城位于 Y 城的东边还是西边? 右边地图的提问是:X 城位于 Y 城的北边还是南边? 被试在一致的地图上出错率为 18%,在均匀分布的地图上出错率为

---

① 参见王甦、汪圣安编:《认知心理学》,北京大学出版社 2008 年版,第 140—150 页。

15%,而在不一致的地图上出错率高达45%。史蒂文斯和库普的实验实际上揭示了这样一种现象,人们头脑中已贮存的"高层次"信息(α县位于β县的西侧,或α县位于β县的北侧)会导致人们产生回忆上的混淆或错误。

四、线性排序

在陈述性知识的表征中,线性排序是第四种基本的表征单位。安德森将线性排序称为"这种表征结构是对一系列元素所作的线性次序的编码"。加涅也指出,线性排序是在一系列元素中间的一种极为重要的关系(时常是有序的关系),即这些元素是按某一维度来排列顺序的。举个例子,某人出生在一个多子女的家庭中,他会按照出生的先后顺序这个特征来表示自己的兄弟姐妹。比方说,老大是国庆,老二是国萍,老三是他自己,老四是国强,老五是国红。当有人问国庆大还是国强大,国萍大还是国红大,他可以毫不迟疑地告诉别人,国庆比国强大,国萍比国红大。此时他既不用想到兄弟姐妹的年龄,也不用计算相互间的年龄差别。这种情形就是所谓的对一族元素按某一特征所作的先后次序上的编码,由此也引出了其据以提取这些元素的相互关系。①

线性排序、命题、表象、概念都是陈述性知识中不同的表征单元,但各有区别。线性排序与命题的区别在于,命题仅保留了命题中所提及的这些元素(论题)之间的基本语义上的关系,但不必对这些元素的次序做出排定;同样,线性排序与表象的区别在于,表象保留了知觉特征之间的间隔关系(即各个特征之间的相对距

---

① 参见吴庆麟等编著:《认知教学心理学》,上海科学技术出版社2000年版,第61—62页。

离),但线性排序则是对一组元素从头至尾的顺序做了排定,而不涉及各个元素之间的间隔有多大。

五、图式

(一)图式的含义

图式是陈述性知识更为高级的单位,它是人对自己熟悉的范畴、事件、文本或其他各种实体中的命题、次序及知觉信息所作的综合,是一种极为重要的知识表征形式。图式不但含有这些实体中典型的特征信息,且图式本身就具有一种有层次的结构。据此,图式能对所遇到的新实例做出推论。

心理学家提出"图式"这一术语的目的,在于表征人类对某个主题的知识所具有的综合性质。前述的命题和表象等均只涉及单个的观念,而图式则往往组合了概念、命题和表象。一般认为,图式是指有组织的知识结构,是对范畴的规律性做出编码的一种形式。这些规律既可以是知觉性的,也可以是命题性的。这样,图式不仅仅是命题表征的扩展,因为命题并不对知觉的规律性做出编码,它只表征事物的抽象含义,而图式则表征了特殊事物间的共同点。这种相同点既可以是抽象命题水平的,也可以是知觉性质的。例如,在"房子"这一图式中,既包含了房子是供人居住的建筑物的抽象特征,也包含了房子的面积和形状等知觉特征。

(二)图式的基本特征

研究表明,图式具有多种不同的类型,如物体图式、事件图式、动作图式等。物体图式即有关物体的形状、特性、结构等信息的图式,如人脸的图式、房子的图式;事件图式即各事件发生的过程等。

加涅(1993)认为,图式一般具有三个基本特征:

1. 图式含有变量。例如在"人脸"图式中,虽然一般都会含有眼睛、鼻子、嘴巴等要素,但这些要素是可以改变的。例如,眼睛可以是蓝颜色的,也可以是黑颜色的;鼻子可高可低;嘴巴可大可小。

2.图式具有层次。不同抽象水平的图式可以相互嵌套,比如"眼睛"图式可以嵌套于"人脸"图式中,而"人脸"图式又可以嵌套于"人体"图式中。

3.图式能促进推论。例如,在"房子"图式中,通过其被嵌套的"建筑物"图式,可以推论出房子有房顶、有墙壁等特征。

第二节 陈述性知识的获得、提取及幼儿教育指导

一、概念的获得及幼儿教育指导

(一)概念的获得

概念的获得即理解一类事物共同的关键属性,前面已经提过,幼儿获得概念有两种形式:概念的形成和概念的同化。教学的一个主要目标就是教授各种概念。通过对概念的研究,概念的学习包括多种方法,如定义性特征和特异性特征。概念的定义性特征是定义一个概念的必要且充分的特征,很多概念可以通过定义性特征轻松掌握。如我们在提到"教师"这一概念,我们可以发现存在这样的定义性特征:把知识传授给儿童的人。但定义性特征并不是对所有的情况都行得通的,如"鸟"这一概念,不容易找到必要且充分条件,大多数鸟都会飞,但却存在例外如鸵鸟是鸟,但不会飞。这时又可通过由特异性特征来理解,特异性特征是一个概念所呈现出的典型特点。如"会飞"就是"鸟"这一概念的特异性特征而非定义性特征。

(二)概念学习的幼儿教育指导

1. 在教学情境中大量使用例子

例子有助于明确一个概念的界限。教师在举例子时,需要注意以下几个问题:

从易到难。非常典型的例子对幼儿来说是最容易理解的。有经验的教师在教授新概念的时候,就应从非常典型的实例讲起,然后讲不太典型的例子,同时帮助幼儿理解那些典型的和不太典型的特征。如让幼儿学习"狗"这个概念时,找出该概念最典型的例子,如他生活中经常见到的狮子狗,然后举出不太典型的例子如牧羊犬或其他种类的狗,然后根据这个新接触的动物,与头脑中最典型例子的相似程度进行比较且进行判断。

举出彼此不同的多个例子。如在列举狗的例子时,不仅仅局限于狗的一个种类,而是多个相异的品种。

利用正例和反例进行比较和对比。在"狗"的概念学习过程中,要给幼儿不属于狗的猫、狗熊等概念。

2. 将例子与定义规则相结合

该方法有两种具体形式,其一先给幼儿一个定义,接着呈现几个例子,再分析这些例子是如何代表这一定义的。列举的例子要注意变式,变式是指概念的正例在无关特征方面的变化。另一形式是从例子着手,再根据概念的特征,不断修正推导出适合的概念,最后再呈现相关的例子对概念加以巩固。

3. 区别定义性特征和特异性特征

有些概念是比较容易用定义性特征来加以定义的,但是很多情况需要用到特异性特征。这个时候应该重点讲解什么特征是必要的,什么是充分的。如在讲授"鸟"这一概念时,要着重讲解"会飞"既不是充分特征,也不是必要特征,即会飞不一定是鸟,鸟也不一定会飞。

4. 将新学的概念与已有的知识经验相联系

从幼儿已有的知识中引起新的概念或者让幼儿将新概念与自己的经验联系起来。如在学习加法时，可以让幼儿将他们全班幼儿的人数加起来。

5. 运用概念关系图

概念教学不仅仅要让幼儿准确了解所教的概念是什么，还要让幼儿将新学的概念与自己记忆中已有的概念联系起来，这就是概念关系图。概念关系图是用图表的形式表征知识，是一种按照概念之间的内在逻辑关系将一个概念和与其相互关联的其他概念组织在一起形成概念网络的教学策略或教学方法，其目的就是使概念之间的关系可视化。[1]

概念关系图一般是以网络的形式组织知识的，这个网由节点和连线组成。节点表示概念，连线代表概念之间的关系。建立概念图的好处是可以帮助幼儿对所要学的各个概念之间的关系进行梳理，有助于深入理解。另一方面概念关系图也可以作为评价工具，如可以用于检验幼儿遗漏了哪些概念。

在幼儿概念的学习中，教师可以引入更多的类别来激活幼儿相关的记忆，帮助他们将新的概念加入到他们已有的记忆中，教师可以画一个概念图，即用来说明不同概念之间关系的图。[2]

二、命题的获得、提取及教育指导

---

[1] 参见陈琦，刘儒德主编：《当代教育心理学》，北京师范大学出版社2007年版，第275页。

[2] 参见 R.J.Sternberg & W.M.Williams：《教育心理学》，张厚粲译，中国轻工业出版社2003年版，第279页。

(一)命题的获得与提取

1.命题与知识结构

根据安德森的观点,人全部的陈述性知识都是以网络的形式得以表征的。与命题网络相同,陈述性知识的网络也有结点,不同的是,陈述性知识的结点可以是命题、表象、线性排序,甚至可以是图式。在这一网络结构中,所有记忆单元都可以相互联结。认知心理学家认为知识的激活传播过程即为新知识的获得及之后的提取过程。

2.命题的获得

当幼儿在学习一个新命题时,已有的知识网络结构会怎么样呢?认知心理学家认为,对新命题的习得将激活与新命题有关的旧命题,即人是通过已习得的命题来理解新命题的意义,最终将新命题与知识网络中的有关知识贮存在一起。通过激活的传播,新命题为提取先前相关的知识提供了线索,也可能促使儿童生成另外一些新的命题或者做出一定的推论。通过一定的学习,新呈现的命题将同由它激活的已有的相关知识紧密地贮存在一起。

3.命题的提取

新命题通过激活人记忆网络中的相关知识而使之得以理解,且一并贮存在人的长时记忆中。被贮存在长时记忆中的新命题最终会因需要而得到提取。提取的原因可能是别人的提问,也有可能是来源于自己的疑问。当外部输入的信息线索激活了记忆网络中的某一区域,随后在记忆网络中继续扩散到相关领域,直到找到答案或者可能认定的相似答案,从而进行问题的回答。

(二)幼儿命题学习的教育指导

前面提到过,命题的表征可以表现为结点联系的命题网络。

但是在实际情况中却并不是那么简单。学习者可能对新学的命题有所扩展,甚至做出一定的推论。这种对新命题的增添或补充过程即为精致。安德森认为,精致对记忆有两个方面的具有促进作用:一是精致给回忆提供了很长的提取路径,即使前一种联系很弱,也有其他的通道可以达到命题的提取;二是帮助个体推论出自己实际上已经记不起来的信息。如果对某一知识进行过精致,那么他经过一定的推测是可能得出最终结论的。总之,对学习的知识的精致越充分,记忆的效果越好。

好的学习者在学习新命题的同时加以精致,加入了一些他们想到的与新知识相关的例子、表象等,并做出一定的推论。在幼儿的学习中,教师应鼓励幼儿为更好的记忆所学材料,对自己所学的课程材料做精致加工,考虑知识点的各种含义,以加深对所学知识点的理解。

新知识的另一种精致方式是组织。安德森指出精致的另一种作用在于给记忆赋予一种有层次、结构化的组织,从而更有效地提取信息。研究表明组织使得要提取的信息紧密联系,最终记忆网络得到激活。

精致是在新知识与旧知识之间建立联系的过程。在这一过程中,人还能在新旧知识间建立起多种联系的基础上,做出某种新的推论或补充。这些精致给日后提取信息提供了多种可选择的通路。组织是将陈述性知识分成若干子集,并表明各子集之间关系的过程。它能够使工作记忆有限的容量在提取时有所提高,也提供了更有效的提取线索。

在教学情境中,教师要注意发现幼儿已经知道了些什么,它们是否能与新信息建立起联系,并时常提醒他们注意到它们之间的联系,并不断鼓励儿童养成运用精致和组织的习惯。

三、幼儿图式的形成、改进及教育指导

(一)图式的形成

图式在人的认知活动中起重要作用,能使人正确地识别属于某一范畴的新例证或事件,并依据这种最初的识别对当前遇到的新情况做出推论。图式是怎样形成的呢?心理学家认为,图式的形成实际上是寻找个别样例的属性与表象的共同之处。如幼儿在看到外形不同的锯子时,发现了不同实例的相似之处,并对此做出编码表征,摒弃它们之间一些无关紧要的差异,最终则在幼儿记忆中形成一种图式表征形式,如能锯木头、有手柄、锯条、锯齿,而对不同实体的差异,如手柄的颜色、锯条的大小等则作为无关的特征在图式中予以排除。

图式是一种高级的表征形式,作为陈述性知识,其形成需经历一系列的产生式活动过程,且图式的形成存在一个必要的条件,即个体具有想要发现样例的相同成分的目标,否则必然不会形成正确的图式。

(二)图式的改进

正确图式的形成并非一蹴而就。多数情况下,个体最初形成的图式往往缺乏精确性而过于泛化,且这种现象在幼儿中更为常见。例如,儿童会将熊误认为是猫,即将某一类别的实例错误划为另一类别。不过此种泛化现象并非仅儿童才有的。事实上,凡属任一学习领域的新手,在图式形成之初都会发生这类泛化,只是随着学习的深入,学习者才慢慢学会对图式做出更精确的分化。

如同图式的形成过程需要经历一系列的产生式活动一样,图式的改进过程也要经历一系列的产生式活动。例如,某幼儿形成了自行车的图式后,图式的改进过程可能是这样的:当这个幼儿首次见到一辆三轮车时,他指着说:"这辆车是自行车",旁边的成人对此进行纠正,告诉他:"这是三轮车,你看它有三个轮子,而自行车只有两个轮子。"此时该情况与幼儿先前形成的图式产生冲突,且将新接触的三轮车与原有的自行车实例进行比较,发现两者之间的差异,最终做出一定的修正。在这一过程中幼儿发现了轮子的数量是图式成功提取的关键。

(三)图式的幼儿教育指导

在认知心理学家看来,促进图式形成的教学条件在于选择和安排好图式的正例,即尽量使呈现的例证在无关特征方面不断地改变,但万变不离其宗,例证的关键特征没有改变。而促进图式改进的教学条件则是选择和安排好图式的反例。所谓反例是指不属于图式的例证,如三轮车便是自行车的反例。对如何安排好教学情境中的正例和反例,有如下几种建议:

1.同时呈现图式的正反例证

为了促进图式的改进,最好将图式的正例和反例同时呈现。如在学习自行车的概念时,将两个轮的自行车和三个轮的三轮车一起呈现给幼儿,可以使图式适用与不适用的情况同时出现幼儿的工作记忆中,以促进幼儿识别两种情况的关键特征。在具体的教学情境中,可以在呈现一个正例之后紧接着呈现一个反例,也可以通过一定的教学媒体同时呈现一组正反例证,或在呈现一个正例之后让幼儿自己提出一个反例。

2.选择匹配的反例

在呈现图式正例的同时,最好呈现与正例相匹配的反例。所谓匹配的反例是指一种特殊的反例,它仅缺少图式本身所含的一个关键特征,但在其他方面与同时呈现的正例相匹配,即它既具备图式的其他关键特征,但也具备与配对呈现的正例相应的无关特征。

3.创设不一致的事件

引发图式改进最关键的一步是让个体认识到自己已有的图式不能适用于意外的情境,从而激发他们去寻找图式为何不能使用的理由或原因。在学习新知识时,幼儿常常采用日常生活中已用惯了的图式。为此教师或教材最好创设某种不一致的事件或情境,以造成幼儿主动误用某一图式,以激发幼儿去寻找对某一图式进行更为复杂或更为精确的分析。

第三节 程序性知识的表征、获得及幼儿教育指导

陈述性知识与程序性知识的不同在于:前者是静态的,这类知识仅代表了人对某些事物的状况有所了解,但并未涉及人们应该如何去做这件事情;而后者在人的头脑中则是以"产生式"这一动态的表征形式来表示。对陈述性知识在人的记忆中如何表征有所了解之后,现在我们可以进一步展开对程序性知识的描述了。

一、程序性知识的表征

(一)产生式

程序性知识是以"产生式"这种动态的形式在人的头脑中进行表征的。所谓产生式实际上是一种"条件—行动"的规则,即一个产生式总是在对某一或某些特定的条件满足时发生的某种行为编辑程序,用"如果—那么"的形式来表示。

(二)产生式系统

一个产生式只能表示很小的一个内在或外在的行为,而我们

知道,一个复杂事件需要许许多多的产生式,这样,不同产生式之间的联系就成为了必要。据此,人们提出了产生式系统的概念。

一个产生式系统实质上是由许多的产生式所构成的。由于一个产生式只能表征一小块知识,当需要执行一个大的程序时,它就需要许许多多相关的产生式,在目标等级的控制下,构成一个产生式系统。

二、程序性知识的获得

(一)一般领域与特殊领域的程序性知识

当今认识心理学将程序性知识划为两大范畴:特殊领域的程序性知识与一般领域的程序性知识。一般领域的程序性知识是指适用于不同领域,而与任一特殊领域不具有紧密的联系,所以称之为一般领域的程序性知识,如事先做计划,探讨各种可能性等等。一般领域的程序性知识被称为"弱方法",适用范围广,但对于要达到的特定目标来说,运用这类知识并不是最有效的。相对于一般领域的程序性知识,特殊领域的程序性知识称为"强方法",如专家所拥有的知识。专家擅长的领域虽然不同,但是有一点是相同的,即专家在自己的领域内都能相当熟练地执行自动化的基本技能。

(二)特殊领域程序性知识的获得

特殊领域的程序性知识又被进一步划分为特殊领域的自动化基本技能和特殊领域的策略性知识。特殊领域的自动化基本技能是问题解决过程中的手段或工具,经历了从有意识到自动化的过程,其基本技能的自动化阶段分为三个阶段:

1. 认知阶段

在这个阶段,幼儿使用自己的一般产生式或弱方法对某一技能做出陈述性解释，并对这一技能的各项条件以及在这些条件下将要执行的相应行动形成最初的陈述性编码表征。

在认知阶段，不管是幼儿还是新手，面临新情境时往往只会使用自己已有的具有一般目的的产生式，对新学习的技能的陈述性知识做出解释，即幼儿对当时情境中的种种条件加以考察，形成最初的标准，然后再思考解决问题的方法。此阶段幼儿只能想到一步才做一步，需要对解决问题的每一个步骤都要做有意识的监控，并付出大量的努力才能得出最终正确的结果。

2. 联系阶段

进入联系阶段的幼儿已不再像认知阶段那样需要陈述性知识的一步步指导。处于联系阶段的幼儿在重复执行一系列步骤时，其中的错误逐渐被删除，最终指导行动的知识得到"编辑"，建立起一种程序性表征的过程，使一系列条件与行动快速流畅地执行。

相对于最初的认知阶段，幼儿对技能最初所做的陈述性表征转变为特殊领域的程序性知识，且条件与行动联结配对形成产生式。

3. 自动化阶段

随着对技能的掌握和精通，幼儿联系阶段的特殊领域的程序得到进一步的精致和协调，对行为的有意识的控制会越来越少，技能也越来越娴熟。自动化阶段和联系阶段并没有特别明显的标志，只是第三阶段会更加善于识别各种不同的信息及它们之间的细微差别，即技能变得更加精确。[①]

---

① 参见吴庆麟等编著：《认知教学心理学》，上海科学技术出版社2000年版，第148—154页。

（三）程序性知识学习的幼儿教育指导

要使幼儿某一方面的技能程序化,需要教育者付出努力,帮助儿童完成以下一些工作:

1.掌握技能的前提知识和子技能

要想幼儿能熟练操作某一技能,对该技能的子技能及前提知识的学习是非常重要的。加涅认为,成功的教学设计在于确定某一技能子技能的层次,且以传授这些层次中的各种子技能为教学宗旨。因此在教学中,教师应该针对幼儿各自的学习进度情况进行教学,保证幼儿学会必要的前提知识,并为学习更加复杂的技能提供所需的子技能。

2.对技能进行练习和反馈

在最初的认知阶段,幼儿已经形成了一些小的产生式,接下来教师的工作就是要给儿童提供足够的机会,让儿童将最初学习的一些小的产生式连成比较大的产生式,那么练习和反馈就是不错的方法。在不断练习过程中,之前形成的一系列小的产生式处于激活状态,为形成更大的产生式提供了很多机会;及时反馈则可以避免错误成为自动化的一个部分。此阶段应注意的是,有关间隔练习和集中练习的研究表明,间隔练习更有效,且可以避免大量时间和精力的浪费,因此教师在练习的过程中要注意时间的安排。

3.形成自动化

此阶段教师要做的是引导幼儿将所学的技能整体进行练习,让技能前后能够更好地匹配协调,逐渐减少过程中的意识和思考。

问题与思考

1.陈述性知识有哪些表征方式?

2. 表象有哪些具体的特征？
3. 如何对幼儿概念学习进行教育指导？
4. 程序性知识是如何获得的？
5. 如何对幼儿程序性知识学习进行教育指导？

术语及定义

陈述性知识：主要反映事物的状态、内容及事物变化发展的原因，说明事物是什么、为什么和怎么样，一般可以用口头或书面语言进行清楚明白的陈述，也称描述性知识。

程序性知识：主要反映活动的具体过程和操作步骤，说明做什么和怎么做，它是一种实践性知识，主要用于实际操作，因此也称操作性知识。

命题：陈述性知识的最小单元，相当于我们头脑中的一个观念，一个命题是由一个关系和一个以上的论题构成的。

命题网络：任何两个命题，如果它们具有共同成分，则可以通过这种共同成分而使之彼此联系起来。许多彼此联系的命题组成了命题网络。

线性排序：对一族元素按某一特征所做的先后次序上的编码。

概念关系图：一般是以网络的形式组织知识，这个网是由节点和连线组成。节点表示概念，连线代表概念之间的关系。

产生式：实际上是一种"条件—行动"的规则，即一个产生式总是在对某一或某些特定的条件满足时发生的某种行为编辑程序，用"如果—那么"的形式来表示。

第十七章 幼儿知觉学习及教育指导

> 知觉能力是生存所必需的,知觉能力在婴儿时就已经具备。
>
> ——吉布森

第一节 知觉学习

一、知觉的概述

(一)对知觉的看法

古希腊一位哲学家赫拉克利特(Heraklitus)认为,知觉是对象与感觉器官之间相互作用而引起的,由于两者在不断地变化,所以二者变化的同时也在改变知觉。因此,知觉是知识,知觉又非知识。而苏格拉底则认为,当一个人健康时,他觉得酒是甜的,但他生病时,就觉得酒是酸的,即把知觉说成是人的一种生理和心理感受。

现代心理学认为,知觉含有直接经验,表现为对环境中某种信息源的揭示,是一切智力活动发展的基础。知觉类似于一种信息收集,包括:(1)视觉中的扫视;(2)听觉(信息量弱于视觉);(3)与肌体组织相联系的触觉;(4)较弱的味嗅觉;(5)基本定向系统的、位于内耳的平衡觉。知觉系统是一个能量有限的系统,人们吸取和加工信息只是环境中所提供的一小部分(E. D. Neimark,1960),被试根据抽取出来的样本来推测总体。可以说,知觉是一种刺激的抽样与编码。①

著名心理学家吉布森(E. J. Gibson,1969)在其著名论著《知觉发展和学习的原理》一书中,提出了与辨别学习有关的知觉学习原理:

1. 分化性原理:发现刺激之间的主要差异。如,在电影中对华人与西方人的特征区分要易于对西方人之间的区分。

2. 独特性原理:学习者借助与众不同的特征来辨别事物。幼儿知觉明显具有这个特点,如卡通画为什么获得儿童喜爱,是因为借助技术突出了某些显著的特征。

3. 对比性原理:通过一些鲜明对比来区分事物。如让学生区分一幅较好的画和一幅较差的画。

(二)知觉产生的根源

知觉产生是先天的还是后天的呢?下面有一些事实,可以用来思考和分析这个问题。

1. 视觉文化

视觉文化(visual literary),是指图画知觉方面的视觉心理(J. M. Kennedy,1974)。② 研究表明,动物也能识别图画。如果动物不经训练能识别图画,那么人类婴儿是否不经训练也可识别呢?应该说只有具备最低限度的经验,才能利用有效的线索来识别事物。

---

① 参见李维:《学习心理学》,四川人民出版社 2000 年版,第 121 页。
② J. M. Kennedy (1974), *A Psychology of Pecture Perception*, Washington, D.C. Jussey-Bass.

2. 人类文化研究

人类文化研究表明,一些原始民族部落成员不能理解照片。当照片是立体世界时,他们会用手指触摸照片的厚度,或反转过来确定所得到的深度信息。这些原始部落,其深度知觉现象较差,有时会对照片中的人物产生恐慌。

3. 图式和认知风格

"图式"最早由英国神经病学家海德(Henry Head,1920)提出,后来由巴特莱特(F. C. Bartlett)用于记忆的社会心理研究。皮亚杰也用"图式"来说明儿童的认知结构。有研究者(E. Goffman)认为,图式是经验和行动组成所谓的"框架",框架的含义是,它提供一种背景,人们可以据此解释特定的知觉输入。根据以上的论述,知觉应该包含后天的经验。

关于认知风格,维特金(H. A. Witkin)在二战任职于空军,根据其对飞行员关于位置判断的研究,提出了"场依存性"和"场独立性"。前者以视野中见到的事物为参照,称为"外导者",后者以体内的感受到的情况为参照,称为"内导者"。根据上面分析,可以说知觉包含先天的成分。

4. 形、基组织(figure and ground)

形、基或图形与背景二者在知觉中是可转化的。如两可图"少妇和老妪",当一个年轻人心情极好时,看到的总是一个美丽的少妇,而另外情况看到的则是老妪,形、基也随之发生转变。这种情况是"预期"对知觉信息构造的影响。

另外,知觉心眼(mind's eye)的表象作用也值得重视。在一个研究中使用心理学的快速呈现装置,称为速示器。结果表明,熟悉的单词即使呈现速度快或模糊不清,被试也能辨认出,原因是

"心眼"的作用,即在大脑中被试具有这个单词的经验。

5. 知觉的恒常性和偶然学习

由于知觉的经验,无论什么条件都能理解、识别该事物之特征,即所谓的知觉的恒常性。而在要求被试知觉学习某些东西,结果学到了与情境有关的特征,这是所谓偶然学习。例如,要求一个人向另一个人读出一些字表。对朗读者来说,其任务是读出这些字,而对听者来说是记住这些字。结果,听者不仅记住了这些字,还记住了朗读者的某些特征,如口音、长相和衣着等,这就是所谓偶然学习。

6. 婴儿的深度知觉

吉布森为了研究儿童的深度知觉,进行了有名的"视崖"实验(在科罗拉多大峡谷野餐时他就思考过此问题)。"视崖"是一块方格布,上面是玻璃。看起来,浅处布贴进玻璃,深处布距玻璃一段距离,加上灯光照明减少反光,保持陡峭悬崖的错觉。母亲在深侧处,婴儿在浅侧处,母亲鼓励6个月婴儿爬过去。结果表明:婴儿明显停在视崖的浅侧,不敢爬过去。关于婴儿的深度知觉"视崖"实验可推广,动物像鸡、乌龟、鼠、山羊、猪、狗、猴等幼仔也具有深度知觉。出生后一天的小鸡就有深度知觉。这些实验可以证实吉布森的观点:婴儿的深度知觉是先天的。但成长了6个月的婴儿,没有后天的深度知觉经验在起作用吗?

鲍尔(Tom Bower)在实验中,用真实的物体向婴儿(8周)靠近,注意到三种婴儿反应:(1)睁大眼睛;(2)缩头;(3)将手移到脸与趋近物之间。还有,新生儿一出生有面临母亲胸部"过分热情"地靠近,产生距离判断和采取躲避的行动,头一天出生就有这种距离知觉的需要,这些都说明深度知觉是后天学习的事实。总之,知觉是先天的还是后天经验的,采用中庸的解释更合适。

二、知觉学习的研究

(一)对知觉学习中经验作用的研究方法

1. 图形实验法

像利用两可图,如"杯子或人脸",来研究知觉中的形—基关系转换。

2. 知觉恒常法

形状、大小、高度等知觉的改变不影响对物体的认识。在赵本山小品中,水中之蛇披上小马甲变成小乌龟,也能认得出它是蛇,形状变但实质不变。

3. 人工知觉

眼内晶状体不是知觉器官,只是水晶体(lens)(Kepler,1604)。物质成像在视网膜是倒立的,为什么看起来是正立的,这使哲学家、心理学家困惑了300年。直到1897年首创人工知觉实验(Stratton),戴上特殊透视镜,看物体时上下颠倒,左右反向。被试开始动作紊乱,3天过去,动作熟练;8天时已适应新世界。当取下镜子时,又不舒服,但很快变好了。

4. 自然场景实验方法

在自然场景中辨认事物,即知觉足够以自然现象中的知识为依据。

5. 音素恢复的实验方法

It was found that the __eel was
$\begin{cases} \text{on the axle(wheel).} \\ \text{on the shoe(heel).} \\ \text{on the orange(peel).} \\ \text{on the table(meal).} \end{cases}$

根据上下文对整个句子理解,把一个缺失的字母(音素)恢复起来。①

(二)知觉过程的研究方法

1. 纹理梯度(texture gradient)法。吉布森(1950)认为,密度差或刺激梯度是深度知觉的适宜线索。

2. 模式识别(pattern recognition)法(后面将做介绍)。

3. 图像空间结构实验方法。如:良好图形、接近性和相似性。

4. 结构优势效应法。字母、客体、构形等表现出知觉的结构优势效应。

5. 知觉加工方式的实验方法。包括字词识别法、视听干扰法。

第二节　注意与知觉的模式识别

一、注意、信号检测与学习

(一)注意的模型

注意和知觉,在实际心理过程中是难以分开的,但两者不同在于:知觉更多关注对象或内容,而注意更多关注过程或状态,对知觉起支持、辅助作用。注意过程有两个模型:

1. 双通道或多通道模型

这个模型认为,注意存在两种过滤器:一种是对信息感觉特征进行选择,另一种是对信息的语义特征进行选择。在注意中,无关信息不是被阻断而是被衰减,当受到语义特征过滤器调节时,一些

---

① 参见 M.W.艾森克、M.T.基恩:《认知心理学》,高定国、肖晓云译,华东师范大学出版社 2004 年版,第 464 页。

无关信息可能被注意和加工,这是一个双通道或多通道的模型。

2. 资源分配模型

这个模型认为,人在执行认知任务时心理能量是有限的,当人执行两种或多种任务时,会出现系统对资源的竞争,于是系统会根据不同任务目标分配资源,选择一定的输入信息进行加工。

(二)信号检测论(signal detection theory)

坦纳和史威斯特(W. P. Tanner & J. A. Swest,1954)为测验人的辨别能力而提出了信号检测论。人对刺激的分辨与识别,就是把信号从噪音中辨别出来,有四种结果(见表17-1)。

表 17-1

	信号出现	信号未出现
Yes	击中	虚报
No	漏报	正确否定

被试是否发现信号,取决于信号的物理刺激量,也取决于任务的性质。另外,被试可能得到的奖罚、被试的辨别敏度和活动的期望和行为推测等都影响到对刺激的辨别。

(三)注意与学习

1. 唤醒状态

清醒并不等于唤醒状态。唤醒是一种驱力状态,它是注意的基础。唤醒与个体的情绪、兴趣有关。唤醒水平遵循"Yerkes Dodson 定律":唤醒水平过低,容易使人涣散;过高,则由于过度紧张,容易使人注意窄化,从而忽视有关的重要线索。只有适度的唤醒水平才会使人注意集中。

2. 扫视和警觉

注意包括中央注意与边缘注意。在注意中,像阅读就是一种扫视任务；而警觉则是对事物细微信号变化的察觉。

3. 注意的练习:识别自动化

学习初期需较多的注意,速度慢,正确率低。练习是使识别自动化的关键。

4. 斯图普效应

当让被试读出不同颜色的书写文字,如果文字名称与书写颜色一致,如"红"这个字用红色来写,而"绿"这个字用绿色来写,则平均反应时 63 毫秒；而不一致时,如"黄"这个字有红色来写,反应时为 110 毫秒。这种字的颜色与字的意义不一致对反应时的影响,称为斯图普效应。①

二、模式识别

(一)模式与模式识别的概念

所谓模式,是由若干元素或成分按一定关系形成的某种刺激结构,如符号、图形、图像、物体、音乐,都可看做由某些元素以一定方式构成的各种模式。所谓模式识别,是指一个人把输入的刺激信息(模式)与记忆中的有关信息相匹配,辨认出该刺激属于什么范畴的过程。模式识别经过分析阶段、比较阶段和决策阶段。

(二)模式识别的理论

1. 假设考验理论

这是一个以过去经验为基础的知觉加工理论。过去经验是以假设、期望等形式在知觉加工中起作用。

2. 直接作用理论

知觉所接受的自然界刺激是完整的,是各种刺激物的直接作

---

① J. R. Stroop(1935),"Studies of Interence in Serial Verbal Reaction", *Journal of Experimental Psychology*,18,pp.643-662.

用。刺激物具有两个主要特征:一是刺激物本身是有组织的;二是刺激物本身具有"提供能量",即其本身物质性与观察者眼中物体外表的联合作用。

3. 自下而上和自上而下加工理论

识别一棵大树,是先树叶还是先树干呢? 这涉及以下两种加工理论。自上而下加工是指概念驱动加工,即高层次信息表征开始,到低层次对感觉输入信息进行加工为止的知觉加工。自下而上加工是指材料驱动力加工,即从低层次的感觉输入分析开始,到高层次的抽象语义表征为止的知觉加工。

安德森研究表明,英语单词平均每个单词5个字母,每个字母有5个特征,那么读一页课文需15000次特征分析,对一个正常读者来说,每秒要分析100多个特征是不可能的。他对材料驱动加工提出了疑问。有人提出,应将这两个理论结合起来说明知觉加工的过程。

(三)模式识别的模型

1. 模板匹配模型

(1)模板:人在记忆中所储存的过去学习和生活中形成的各种刺激的拷贝,每一个模板与一个特定刺激物相联系。

(2)模板匹配要求模式与模板达到最大程度的重叠。

(3)模板匹配模型的缺点:

一是适应性差,如果全是以模板形式储存,则无法适应客观世界的各种变化刺激;二是模板匹配导致记忆负担太重。

2. 原型匹配模型

(1)原型是指一种假设的、典型的某类模式的示例。

(2)原型匹配是指从一类事物的具体形象中抽取出表现这类

事物共有形式或关键特征的一种抽象形式。

(3)随着知觉事物不断增加,模板逐渐演化为代表一类事物的实例原型,最后演化为具有概括性的内部表征原型,即抽象的原型。可以说,原型是动态的,随知识积累而不断完善。如,初学识字的儿童只认识正楷体字,随年龄的增长而逐渐认识出不同字体的字。

3. 特征匹配模型

(1)特征所有刺激模式都是由可以分解成若干元素按一定关系构成的,这些元素及其关系就是特征。如,字母 A 的特征是两条斜线在顶部相交约 45°,一条水平线与两条斜线的中间相交。人在经验中会形成一张刺激特征登记表。

(2)模式识别就是将这些特征与记忆中的特征进行比较,找到最佳匹配。

(3)识别过程:类似于魔营中的四道门卫。

A. 映像妖:将物理刺激转化为可接受的映像。

B. 特征妖:负责分解映像各种特征,如交叉线、水平线、曲线,每个妖负责一种特征。

C. 认知妖:计算符合该模型的特征越多,该妖就叫得越响。

D. 决策妖:经判断,叫得最响的就作为相应的输入刺激。

(4)该模型的优缺点

A. 优点:模式识别具有很强的适应性和灵活性,因为它不必直接将模式与记忆中的模板相比较,而是将主要特征与记忆中的特征相匹配,不必考虑刺激物之大小、方位等。

B. 局限性:在识别文字符号、简单几何图形及具有鲜明特征的事物时,特征匹配具有很高的精确度;当两个模式具有较多相同特征时,特征分析要花很多时间,识别时易混淆,且正确率低。

第三节 幼儿知觉学习的教育指导

本节从三个方面探讨幼儿知觉学习所涉及的字词学习、数学空间学习及绘画中空间表征等问题。

一、字词识别与幼儿教育指导

(一)字词识别中因素

1. 词优效应

卡特尔(J.M.Cattell,1886)发现,识别字词所需要的时间比识别一个字母或假词所需时间少,这就是所谓的词优效应。当字母或词呈现时间35至85毫秒时,被试对单个字母的识别正确率为75%,而对单词中字母的识别率则为85%,二者有显著水平差异。[①]

字词信息包括:图形信息、语音信息、词法信息、语义信息和句法信息。为了更好理解词优效应,以下概念应知道。

W 或 D——字母;

word——真字;

rowd——假字:符合拼写规则,但无意义;

orwd——非字。

2. 字型结构与字词识别

汉字字形结构有两个特征,一是笔画数:笔画数、部件数越多,加工速度就越慢;二是结构方式:汉字笔画、部件之间按一定空间

[①] 参见张必隐:《阅读心理学》,北京师范大学出版社1992年版。

位置关系搭配成字词的组合方式,负载字形的整体轮廓信息。根据汉字的结构方式,有独体字和合体字。合体字的四象限,左上角信息最多,右下角信息最少。

3. 词频效应

词频即字词的分布概率,指某一语言范围内字词出现的机会和相对次数。被试对词频高的词反应较快,这种现象称之为词频效应。

(1)英语:以 _ he 为结尾的词,若无其他线索,被试倾向于 the。

以百万为基础,下列英语单词的词频分别是:

the   69977
of   36411
and   28852
a   23237
I   5173
form   370
sen   30

(2)汉字"的"、"是"、"在"、"有"等是最高的高频字。

汉字常用字为 5552,而第一个字"的"占 5%,前 10 个字占 19%,前 30 字占 34%。

13800 万字材料中统计出的字频举例:

的(11873029)

我(41492)

红(5365)

悦(256)

匿（69）

肋（10）

超（5）

琛（1）

4．语境

语境：指语词的上下文，影响字词识别速度。如：

面包—黄油

医生—护士

面包—护士

医生—黄油

每一组前后两个词，先快速呈现第一个词，则对第二词做识别反应，结果发现："面包—黄油"、"医生—护士"两组反应是最快的。词的意义之间的关联促进了字词的识别，这是所谓语义启动效应。

5．与字词识别和阅读有关的几个概念

（1）易读性（legibility）：如书的排版是横行还是竖行容易读呢？研究表明，横行排版阅读的效果是最好的。

（2）冗余量：汉字因印刷问题而模糊不清，保留下来的部分在78％以上就可以辨识。

（3）词的透明性：如"马虎"与"红火"两词相比较，前者的透明性低，而后者透明性高。透明高的词识别较快。

（4）意义联想值：即在1分钟内某一词联想出其他词汇的数量。

（5）视声距：让被试朗读，然后打断，计算被试被打断的词与能够看到的、超过被打断的地方的词之间距离，即视声距。读者越熟练，视声距越长。

(二)幼儿识字学习的教学要点

1. 遵循字词本身的规律

作为图形文字,汉字具有独特的知觉规律。可多让幼儿去感知字形,通过操作、写画对字的结构有一个较好的心理表征。为此,应树立这样一个观念:幼儿学会识字的快慢、出现错误等并不重要。而幼儿有兴趣的识字过程更重要。另外,可根据词频的高低选取合适的字词,而且这些字词多与幼儿实际生活有联系,便于幼儿体验字词的实际意义。

2. 重视字词识别的心理过程

让幼儿在语境中学习识字,也是很好的方法。通过意义把字词联系起来,在有趣的游戏中让幼儿学习字词。阅读研究中发现的一些重要现象,像视声距等皆可用于来观察幼儿识字的过程;在识字中也应考虑词的意义联想值、词的透明性等。

二、数学与幼儿空间知觉学习

荷兰数学家弗洛登塔尔(Freudenthal,1973)说过:几何乃研究空间中形状和空间关系,它提供幼儿联结数学与真实世界的一个最佳机会,我们居住在一个形状与移动的时空世界里(NCTM,1991)。

(一)幼儿数学学习与空间知觉有直接联系

幼儿教学课程必须融入几何经验,纳入知觉学习范畴,这里有重要理由:几何可以改善空间能力(或称为"空间意识",spatial sense),而空间意识是指对于二、三维空间图形及其特征之相互关系,以及对图形变化结果的表征与直觉,是个人对周边环境以及环境中物体的一种直觉(NCTM,1990)。

有研究者(McGee,1979)提出了两种较大的空间能力:空间视像化(spatial visualization)与空间定位(spatial orientation)。前者是指在心理操作、旋转、扭转或倒置一个以图片呈现的刺激物;后者乃指有能力理解一个视觉形式的元素安排,以及有能力不被一个物体的方位变换所迷惑。霍佛(Hoffer,1977)提出了七项空间知觉能力[①]:

1. 眼与动作协调能力(eye-motor coordination):这是最根本的能力,在点状纸上连接各点成线以形成图形,在窄、直、弯曲或有角度的迷宫图纸里顺着路径描写路线。

2. 图形—背景知识能力(figure-ground perception):指从背景中分辨前景,即在充满交叉与隐藏式图形的复杂背景里指认某一特殊的组成部分。

3. 知觉恒常能力(perceptual constancy):指能辨识以各种方式呈现的图形(大小、光影度、质地、在空间中的位置),以及能分辨与其类似的几何图形。

4. 空间中位置知觉能力(position space perception):指寻求空间中一个物体与自己的关系(在前、在后、在下、在旁),幼儿若对此有困难,很可能有倒写或倒读现象。譬如无法辨认"9"与"6"、"d"与"b"、"p"与"q"等。

5. 空间关系知觉能力(perception of spatial relationships),指有能力看出两三个物体与自己的关系或这些物体间彼此的关系。

6. 视觉分辨能力(visual discrimination),指认物体间相似或相异之能力,像分类物体、几何模型教具和积木。

7. 视觉记忆能力(visual memory):指正确回忆现已不在视

[①] J. Del Grande(1990),"Spatial Sense", *Arethmetic Teacher*, 37(6), pp.14-20.

线内的物体,并且将其特质联结到其他看得见或看不见的物体。

总之,空间知觉能力包括在心理上可以将物体移位、旋转或翻转等。空间知觉能力活动在本质上是属变形转换性的,空间能力的改善与几何学习是互相促进的。

(二)空间能力是儿童代数学习的基础

早期的几何学习可作为将来发展其他数学概念的桥梁和基础,如:乘法概念常以长方形方格来表示;分数本身就涉及几何概念,运用切割之圆形或长方形来说明;运算可使用数线(number line)来显示(Hoffer,1988)。

(三)幼儿的知觉学习可促进数学的问题解决

丰富的几何与空间经验会培养解决问题的能力,因为运用几何与空间意识去想象、模拟或画出抽象的问题情景是非常有价值的解决问题策略。几何本身的知觉经验即为让幼儿学习解题思考的最佳问题来源之一。

总之,儿童数学中的几何教学应以知觉学习特点为基础,反之,数学学习、几何经验可促进幼儿知觉能力的发展,在某种意义上几何学习就是知觉能力的形成。

三、幼儿绘画促进空间知觉能力发展的教育指导

(一)儿童空间知觉能力发展的特点

皮亚杰研究表明,随年龄的增长儿童的空间概念是从拓扑观念向欧氏几何发展,[①]他认为:第一阶段儿童在6岁4个月前能再认熟悉的物体,可是却无法再认欧氏几何图形,如一个三角形。第

---

① 参见 R.W.柯普兰:《儿童怎样学习数学——皮亚杰研究的教育含义》,李其维、康清镳译,上海教育出版社1985年版,第241—315页。

二阶段是过渡阶段,儿童从 6 岁到 7 岁能再认某些欧氏图形而对另一些则不能胜任,儿童能将曲线图形如圆和椭圆从直线图形中区分出来,可是对这两类图形中的每一类却不能再进一步做出分析。儿童到了 9 岁进入第三阶段,已达到了复杂形状的综合,这时儿童的探索活动在本质上更加注重方法了。根据皮亚杰的研究,儿童对空间坐标体系认知,第一阶段 4 岁或 5 岁的儿童,对于水平面还不理解。第二阶段的 7 岁的儿童仍然没有固定的水平轴或垂直轴的概念。儿童对于构造空间中的参照系的认识还是不充分的。第三阶段 9 岁左右儿童,已建立了空间中作为固定参照系的水平轴和垂直轴的概念。

卡米洛夫-史密斯(Karmiloff-Smith,1979)认为,儿童的空间知觉能力是对空间形状位置的内隐的表征。[1] 儿童在画路线的时候形成一个符号系统,但在中途发生了变化,儿童从而引入了冗余符号。在冗余符号引入之后,儿童又回到原先认知上的经济性。随着最初系统的巩固并对某一特定任务的自动化——在这个任务中能迅速地掌握行为,因为解决方法的各成分已经在儿童的能力范围之内——儿童从材料驱动类型的纯粹目标导向活动转向集中于内部表征的各个成分,于是这些成分外显地表现出来。元程序过程就是原先使用的作为达到一个目标手段的程序成为其他元加工的输入,这些元加工重述这些程序,形成信息以某种形式表现出来。卡米洛夫-史密斯并不重视年龄阶段对认知发展的影响,她用符号领域探索 RR 模型和微发展变化,来说明儿童空间认知的

---

[1] 参见 A.卡米洛夫-史密斯:《超越模块性——认知科学的发展观》,缪小春译,华东师范大学出版社 2002 年版,第 133—141 页。

机制。

研究儿童空间位置认知[①]表明,8岁儿童能够很好地画出他们自己的国家,但是不能提取更多其他有关欧洲的知识,而10岁儿童能够画出8个左右的欧洲国家,尤其是在他们自己国家周围的国家(G. Axia et al.,1998)。

(二)通过绘画来发展幼儿空间能力的教育指导

1. 通过绘画、临摹几何图形来发展幼儿的空间知觉能力

皮亚杰关于幼儿最初的几何观念是拓扑的,而不是欧氏几何的发现,要求幼儿最初进行的几何(空间)活动类型应是拓扑性质的,这些活动应该建立在拓扑关系——相邻关系、分离关系、包围关系与次序关系的基础上。培养幼儿的拓扑的空间知觉能力可以让幼儿多临摹一些反映空间位置关系的图画,在幼儿绘画过程中提高其对空间位置复杂关系的理解。

2. 提倡幼儿画标志、模型和路线发展空间知觉能力

在教育中,可以让幼儿摆弄硬纸板或木头做成的模型。皮亚杰说,动作性活动对于幼儿理解空间观念具有无比巨大的重要性。教师可以让幼儿从许多形状的模型中拿出(他眼睛看不到)模型,来测试他理解几何图形的能力;也可以让幼儿画出该物体,以测试他对所给形状的抽象能力。一般说,画出图来比再认更加困难。

幼儿空间知觉能力的发展过程,依赖于他所具有的经验以及对周围世界的认识。研究中鼓励幼儿对他们在物质世界中看到的那些形状的模型进行讨论,比如硬纸箱、停车标记、铁路叉道口的

[①] G. Axia(1998), "Children Drawing Europe: the Effects of Nationality, Age and Teaching", *British Journal of Development Psychology*, 16, pp. 423-437.

标记或者桌面等。可以让幼儿画出这些标志,伴随着这些活动可以把各种图形名称教给幼儿。在日常生活中可以经常组织幼儿外出郊游或者度假。如果去比较近的地方,可以让幼儿把走过的路线图画出来,想想看到哪些标志物,可以丰富幼儿的地理知识,有助于幼儿空间知觉能力的发展。

总之,幼儿的空间知觉能力与数学、地理、绘画等学习科目有关,并提倡通过绘画、临摹、拓扑等空间经验促进幼儿空间认知发展及学科学习进步。

问题与思考

1. 用事实来说明,知觉是先天的还是后天的?
2. 注意影响学习的过程中表现出哪些有趣的现象?
3. 为什么幼儿空间能力发展与数学学习有密切关系?
4. 如何通过绘画来发展幼儿的空间知觉能力?

术语及定义

知觉:直接的视觉经验,表现为对环境中的某种信息源的揭示,是一切智力、活动发展的基础。

知觉恒常性:由于知觉的经验,无论什么条件都能理解、识别该事物之特征。

模式识别:一个人把输入的刺激信息(模式)与记忆中的有关信息相匹配,辨认出该刺激属于什么范畴的过程。

概念驱动加工:一种自上而下加工,即从高层次信息表征开始,到低层次对感觉输入信息进行加工为止的知觉加工。

材料驱动力加工:一种自下而上加工,即从低层次的感觉输入分析开始,到高层次的抽象的语义表征为止的知觉加工。

词优效应:识别字词所需要的时间比识别一个字母或假词所需时间少。

词频效应:被试对词频高的词识别反应时间较短的心理现象。

视声距:让被试朗读,然后打断,计算被试能够看到的、超过被打断的地方的词与被打断的词之间的距离。

空间意识:对于二、三维空间图形及其特征之间相互关系,以及对图形变化结果的表征与直觉。

第十八章　幼儿概念、原理学习及教育指导

概念是思维和语义表征的细胞,如同生物细胞一样。

——薇子

第一节　幼儿概念学习及教育指导

一、概念的含义、种类和结构

(一)概念分析

海尼斯和奈森(J. Hayness & R. Nissen,1971)把概念定义为:对各种刺激恒定方面的一致反应,而不管这个方面出现于何处。只要两个或两个以上的不同物体或事件能组成或归类在一起,并且根据其特征和属性可以与其他事物分开时,就存在一个概念(L. Bonrane,1966)。总之,所谓概念是指代表一类享有共同特性观念的符号。[①]

在逻辑学中,概念是反映事物本质属性的一种思维形式,是思维的最基本的单元。每一个概念可由以下四方面来分析:

1. 概念名称,每一个概念都可用一个词汇来命名。

[①] 参见陈琦、刘儒德主编:《当代教育心理学》,北京师范大学出版社1997年版,第139页。

2. 概念例证,即概念的例子。

3. 概念属性,每个概念都有本质特征或关键特征。

4. 概念定义,每个概念都可按照本质特征下一个定义。如"三角形是在平面上由三条线段围成的一个封闭图形"。

(二)概念的种类

1. 具体概念和抽象概念

按根据属性的概括程度,可分为具体概念与抽象概念。按事物的指认属性形成的概念为具体概念。按事物的内在的、本质的属性形成的概念为抽象概念。

2. 初级概念和二级概念

通过直接观察概念的若干正例、反例,从中分析、概括出概念的关键特征,这种概念叫初级概念。通过给概念下定义而获得的概念叫二级概念。

3. 前科学概念和科学概念

概念根据形成的途径不同可以分为前科学概念和科学概念。儿童入学前或人们在日常生活中获得的概念叫前科学概念,又称日常概念。科学概念是指在系统的教学活动中所形成的概念。

(三)概念的结构

概念是由哪些因素构成的?这些因素之间关系如何?关于概念的结构目前有三种模型[①]:

1. 特征模型

布恩(L. Bourne et al.,1979)提出了特征模型,认为概念是由

[①] 参见曹中平主编:《幼儿教育心理学》,辽宁师范大学出版社2002年版,第233—234页。

定义特征和概念规则有机结合而成的。概念在记忆中是由几组信息或成分来表示的。概念特征分为定义性特征和特异特征，前者指概念实例所具有的本质特征，后者指次要的、非本质的特征。有些概念是表示事物之间关系的，称为关系概念，如"较大"。

2. 原型模型

原型模型认为，概念主要以原型即它的最佳实例来表示，人们主要从最能说明概念的一个典型实例来理解概念。例如，在想到"鸟"时，人们往往会想到麻雀，而不大会想到鸵鸟和企鹅，麻雀就是"鸟"这个概念的原型。概念原型，比其他实例具有更多代表这个概念的共同属性。

3. 基于理论的模型

所谓理论，就是指在现实生活中概念的实质、特征及概念实例之间关系的知识总和。基于理论的模型认为，要掌握的概念存在于人们关于世界的知识体系之中。这个知识体系既包含概念各种特征的关系，也包含各种概念及实例之间的关系。对概念的掌握，就是建立在这个理论知识体系基础上的(Medin,1989)。这个模型强调人们所拥有的知识和当前情境的重要性。该模型的优势之一是它开始回答人们为什么会有分类的问题，认为分类体现了人们对情境、知识的理解和掌握的需要。

格尔曼(Gelman,1986)在实验中，首先教会儿童两个物体的新异特征，然后问他们哪一个特征同样适于一个新的事物。比如告诉儿童，火褐鸟用弄碎的食物喂它的孩子，蝙蝠则用乳汁喂它的孩子。然后问他们猫头鹰用什么喂它的孩子。虽然猫头鹰与蝙蝠有更大的相似性，但结果表明，即使4岁的孩子都能根据事物的分类而不是根据相似性来进行推论。也就是说,他们认为猫头鹰是用弄碎的食物而不是用乳汁喂它的孩子。①

二、幼儿概念学习的特点

(一)概念学习的两种方式

概念学习有两个理论,一是联结理论,认为概念学习是一个刺激反应的联结过程;二是假设理论,认为概念掌握是一个积极主动的建构过程。概念学习是一个解决问题的过程,即根据事实进行概括、提出假设,并将这一假设应用于日后遇到的事例中并加以检验。概念学习方式也有两种情况。

1. 概念形成

概念形成是个体形成概念的过程,是通过大量接触事例从而获得同类事物或现象的共同特征,并通过肯定或否定的例子来加以证实的过程。例如,一个50多岁的保姆抚养一个1岁儿童,孩子开始叫"奶奶"时,奶奶只代表抚养他的那个老太太(概念扩展不足)。以后他把所有人都叫奶奶(概念扩展过分)。保姆告诉他"老人是奶奶",他就把所有老人都叫奶奶而不分男女,以后保姆又告诉他男的不叫奶奶。渐渐地,他才掌握了奶奶这一概念,并能够正确称谓。

2. 概念同化

概念同化是指在学习前人已经形成概念的基础上通过下定义的方法来掌握新概念。通过类属学习,把新概念归入认知结构中的有关部分,并使新概念与这些部分建立相互联系的过程。类属

---

① S. A. Gelman & E. M. Markman(1986),"Categores and Induction in Young Children", *Cognition* 23, pp.183-209.

学习有两种模式：

一是派生下位学习模式：当新学习材料作为原先获得概念的特例，或作为原先获得概念的例证加以理解时，便产生派生下位学习。

二是相关下位学习模式：当新知识类属于原有的、具有较高概括水平的观念，使原有的观念得到扩展、精确化、限制或修饰，这种形式的下位学习模式称为相关下位学习模式。

(二)幼儿概念学习的特点

1. 概念学习的操作化

由于幼儿思维具有直觉行动性和具体形象性，借助操作学习和各种感觉器官，可以更好理解概念。幼儿概念学习表现出以下特点：

(1)概括的内容比较贫乏，每一个概念只代表一个具体事物的特征。

(2)概括的特征很多是外部的、非本质的。

(3)概括的内涵往往不精确，有时失之过宽，有时又失之过窄。

2. 概念学习的个性化

幼儿的概念是个性化的，幼儿概念学习也是个性化的。没有两个儿童具有同样的认知能力和同样的经验。无论哪个概念对幼儿来说都是独特的，但不是完全不同的东西。每个幼儿对概念掌握的深度和广度是不同的。

3. 概念学习的情绪化

幼儿学习概念总是交织着情绪的，所有概念都带有情绪色彩。幼儿对富有情绪色彩、与自己日常生活有关的概念更容易理解，记忆的效果也更好。

三、幼儿概念学习的教育指导

（一）幼儿错误概念的成因

1. 儿童可能接受错误的信息。成人有时传递给儿童一些错误信息，或儿童有时不能理解信息。①

2. 迷信会赋予错误的概念。迷信来自于具有权威的成人，比同伴的信息更让儿童坚信不疑。

3. 受经验局限，儿童有时不能很好判断事物。

4. 缺乏识辨能力，容易受骗。

5. 错误的推理产生错误的概念。如冬天为什么比夏天短，儿童会认为因为冬天受冷日子收缩，夏天日子受热膨胀。

6. 想象活跃。有时儿童往往把自己的想象当成事实。

7. 语言理解错误。许多错误是由于语言理解错误而产生。

如何对幼儿错误概念进行纠正呢？一是针对幼儿不合理地缩小概念，采用变式方式，多提供包括非本质特性的各种变式。二是针对幼儿不合理地扩大概念，即概念的内涵中包含的不是事物的本质而是其他特征，为此要多提供具有本质特征的变式。另外，用正确的语言提示事物的本质，给概念下一定义有助于幼儿科学地掌握概念。

（二）幼儿概念学习的教育指导

1. 确定概念类型法

为了研究概念，就创造了人工概念，即在实验室研究中人为定义的一类概念。概念的类型要明确，第一种是最简单的概念，只有

---

① 参见曹中平主编：《幼儿教育心理学》，辽宁师范大学出版社 2002 年版，第 250—251 页。

一个维度一个值;第二种概念是属性相加的"联结性的"概念;第三种是在逻辑上称为"析取概念",即至少涉及一种属性的几个值的联合;第四种称为"关系概念"。在学习概念时,一方面要确定概念的维度和值,另一方面要确定联系这些属性的规则。

2. 例证法

要设计足够数量的正例(positive instances)和反例(negative instances),让幼儿去感受。所谓例证法,就是多给幼儿提供具有不同典型的实例,同时引导他们总结出其中的共同特征。在实际教学中,教师也可画概念地图(concept map)[①],在概念关系中把各种事例穿起来,便于幼儿理解概念。

3. 变式法

所谓变式是概念正例的变化。变式法就是使提供给幼儿的各种直观材料或事例不断变换呈现的形式,让幼儿掌握概念的本质特征。从"做中学"(learning by doing)的角度分析,概念形成的过程也可以看成是问题解决的过程,即从问题到概念空间再到最后的目标空间。

第二节 幼儿原理学习与教育指导

一、原理学习

(一)原理学习的功能

1. 原理学习使儿童在纷繁复杂的事物和现象以及事物之间

[①] 参见 R.J.Sternberg & W. M. Williams:《教育心理学》,张厚粲译,中国轻工业出版社 2003 年版,第 279 页。

的关系中找出其规律性。

2. 如同概念的概括作用一样,原理学习可以简化和系统化。儿童对某些事物现象学习,不必事事从头进行观察、抽象、类比与辨别。

3. 真正掌握了原理,可以用来指导儿童的行为并解决遇到的新问题。

4. 原理学习可以为其他原理或更复杂的原理学习打下基础。

(二)原理学习的含义

原理是对概念之间关系的言语说明,原理是两个概念组成的最简单的形式结构,涉及三个或三个以上概念。有的原理很长,还可分解成几个较简单的部分,最后把它们放在一起,成为一个总的原理。对原理学习可从下面几点来理解:

1. 概念学习是原理学习的基础,它叙述的是概念之间的关系,而且这种关系是相当持久不变的。

2. 原理有很多种,在不同学科里其表现是很不一样的。在有的学科里可能是以定义性的概念表现出来的,以区别不同类型的观念;有的则是表现为使个人在特定情境中根据各种关系而做出反应的能力;有的是以科学公式表现出来。可见,原理学习在抽象性和复杂性方面有很大不同。

3. 原理不限于语言叙述。原理学习并不是单纯地像一个例题一样阐述规则的,而是人的一种内部状况,它能支配个人的行为。

原理学习中的一个极重要的问题是:能简单地用言语叙述概念之间的关系,说清一个例题,如:$2+2=4$,就是学习了原理。[①]

[①] 参见陈琦、刘儒德主编:《当代教育心理学》,北京师范大学出版社1997年版,第144页。

二、影响幼儿原理学习的因素及教育指导

（一）影响原理学习的因素

1. 内部因素

(1)对概念的学习和理解。由于原理是对概念关系的描述。因此从结构上讲，从过去经验的要求看，原理学习比概念学习要复杂得多。

(2)学习者个体的认知发展水平。原理学习涉及对概念之间联系和关系的叙述，这就需要有一定的认知发展水平，年龄越低，所能掌握的事物联系越简单。

(3)由于原理学习涉及对概念关系的言语叙述，因此语言能力也是很重要的内部条件，因为语言是一种抽象的符号，它能表达事物之间内在本质的联系。

2. 情境因素

原理学习外部条件体现在语言指令上。在原理学习中，言语线索可以给出一个整体的原理；有时，作为言语线索，不需要对整个规则做出一个准确的词语表达。

（二）幼儿原理学习的教育指导

1. 按步骤组织教学

(1)使儿童了解在习得一个原理以后预期出现的行为表现。如，学习了惯性原理说明日常生活中常遇到的问题。

(2)向儿童提问，旨在要求儿童回忆起以前组成新原理的概念，以及与新原理有关的旧原理，从而为引出新原理做好准备。

(3)用言语叙述，让儿童把原理中的概念按一定的顺序组合成链锁。

2. 按幼儿发展水平组织教学

幼儿在原理学习中常出现理解性的错误,其原因是:

(1)所学习的原理超出幼儿感知运动和具体形象思维的特点。学习原理中应考虑幼儿的具体形象思维和表征的特征,多为幼儿提供反映事物的内在联系的图片和实例。

(2)幼儿受已有概念的局限,表现出思维的惰性。如在计算中"越加越多"的观念,实际上,当一个数加零时,数量并未增加。为此,要加深对原理的理解,要善于使用变式培养幼儿去举一反三的能力,而不限于提供给幼儿感性的材料。

(3)幼儿思维常表现出单线性。由于幼儿智力水平低而只看到事物之间关系的某个方面,解题时不能运用所需的全部材料。在概念和原理教学中应特别注意到幼儿思维的这些特点。原理多时应分清主次、避免混淆或干扰。

3. 采用原理学习的多种方法

原理学习应根据原理本身属于哪个层次、概括程度如何而定,可尝试用归纳法(由例证到原理)、演绎法(由原理到例证),[①]也要鼓励幼儿去发现原理。

4. 强调原理应用与评定

提出合适的实际问题,要求幼儿进行语言描述,如何用所学原理去解决问题。同样,对原理学习的成就及时评定,以检查原理学习的质量。幼儿对原理是否记住、能否活用,必须及时测评。

---

① 参见邵瑞珍主编:《学与教的心理学》,华东师范大学出版社1990年版,第80—83页。

问题与思考

1. 幼儿概念学习的特点是什么？
2. 如何理解幼儿错误概念的成因及纠正方法？
3. 影响学习原理的因素有哪些？
4. 如何对幼儿原理学习进行教育指导？

术语及定义

定义性特征：概念实例所具有的本质特征。

抽象概念：按事物内在的、本质的属性形成的概念。

初级概念：通过直接观察概念的若干正例和反例，从中分析、概括出关键特征。

前科学概念：儿童入学前或人们在日常生活中获得的概念。

概念形成：通过大量接触事例从而获得同类事物或现象的共同特征，并通过肯定或否定的例子来加以证实的过程。

概念同化：在学习前人已经形成的概念基础上通过下定义方法来掌握新概念。

变式：概念正例的变化。

原理学习：简单地用言语叙述概念之间的关系，说清一个例题，如 $2+2=4$，就是学习了原理。

第十九章 幼儿问题解决及教育指导

> 解决问题的关键在于搜索问题空间,以期找到一条走出问题迷津的最佳路径。
>
> ——安德森

第一节 问题解决概述

一、问题的含义

对问题解决进行研究,首先就要搞清楚什么是问题。遇到某个事件,就要自发地对所碰到的事件情境进行表征。研究者认为,对问题的定义与表征是无法分离开来的。认知心理学认为,可以把问题表征为三种状态,即起始状态、目标状态以及中间状态。起始状态和目标状态是已知的,但是如何从起始状态达到目标状态的路径是未知的,这时就出现了一个问题(problem)。在解决问题研究中经常用梵塔问题(lower of Hanoi problem)的例子来做心理学实验。印度的主神梵天做了一个梵塔,它是在一个黄铜板上插三根宝石针,其中一根针自上而下按从小到大的顺序放上64个金片。64个金片全部移至另一根针上时,世界就会在一声霹雳中毁灭。这个作业要求,在移动铜板时小的压大的,从左边宝针移到右边宝针上去。实际上完成这个作业所花的时间是一个天文数字。

加涅认为，问题"必须是个体首次遇到的、且无现成的可回忆的经验加以解决的那种情境"。加涅在这个定义中比较好地限定了问题的情境，但他强调问题的个体性、首次性和非提取性，而不是对问题的起始状态、目标状态做出特殊的规定。

问题是这样一种情境，个体想做某件事，但不能马上知道做这件事所需采取的一系列措施。不管是简单还是复杂，持续的时间长还是短，每一个问题都必然包括四种成分：目的；个体已有的知识；障碍；方法。

二、问题解决的基本含义

对问题的内部心理表征有三种状态。事实上，对问题进行解决就是对问题内部表征的变换。当然这种变换需要有一定的条件和过程，即需要问题解决者具有一定的前提知识，使用一定的方法，付出一定的努力才能达到最终的目标状态。

安德森(J.R.Anderson)认为，问题解决应当具有以下三个特征[①]：(1)目标指向性。这种活动指向一定的目标，是为了达到某个预定的目的。(2)子目标分解。这种活动一般需要把最终目标分解成相互联系的子目标，然后分别加以解决，不是一步就可以完成的。(3)算子(operator)选择。算子是指能够将问题的一种状态转换成另一种状态的某种行动。对问题进行解决需要选择恰当的算子，并按照顺序有效地运用这些算子。算子是能够使问题从一种状态转换到另一种状态的行动。

---

① 参见吴庆麟等编著：《认知教学心理学》，上海科学技术出版社2000年版，第169页。

认知心理学家在对问题解决的心理过程加以研究时经常根据搜索的方式,将其分为两类:算法法和启发法。所谓算法法是指尽可能穷尽所有的可能途径来达到问题解决的方法;而启发法则是希望通过采取当前最满意的行动来达到问题解决的方法。算法法的寻找过程是繁杂的,但是这种方法最能解决问题;启发法是比较聪明而且常用的方法,但是有时无法解决问题。无论领域如何不同,问题情境怎样,解决问题的难易程度如何,解决问题都具有一些共同的特点:(1)解决问题是解决新的问题、初次遇到的问题。(2)在解决问题中,要把掌握的简单规则(包括概念)重新组合,以适用于当前问题。(3)问题一旦解决,人的能力或倾向随之发生变化。

总之,问题解决一般是指形成一个新的答案,超越过去所学规则的简单应用而产生一个解决方案。

三、问题解决的理论

(一)试误说

最早利用动物研究解决问题行为的是美国心理学家桑代克。他通过猫走迷笼的实验提出了试误说(trial error theory)。这一学说认为,问题解决是由刺激情境与适当反应之间形成的联结构成的,这种联结是通过尝试错误逐渐形成的。

(二)顿悟说

格式塔心理学家通过对高级动物猩猩的实验研究提出了顿悟说(insight theory),认为人遇到问题时会重组目前问题的情境结构,以弥补问题的缺口,达到新的完形,从而通过联想形成一种可行的问题解决方案。

(三)信息加工说

信息加工说认为,问题解决者把一种问题状态改变成另一种问题状态的操作,称之为算子(operator)。问题解决的过程就是利用算子从初始状态转变到目标状态的过程。

第二节 问题解决过程

一、问题解决的过程

(一)理解和表征问题阶段

1. 任务环境与问题空间

任务环境是指某个特定问题的一切可能的知识状态的集合,问题空间则是被试在解决问题的过程中形成的对任务的内部表征。任务环境包括问题呈现时的初始状态、要求达到的目标状态、问题在解决过程中可能遇到的各种中间状态,以及可以使用的算子和对算子的限制等搜索路径、搜索图或搜索树。

2. 对问题的理解与问题表征

理解实质上是一种转换过程,是内部的心理表征。如"和尚爬山"的问题[①]:一天早晨,刚刚日出,一个和尚开始沿着盘旋的山路爬一座高山,到山顶的一座庙里去。和尚向上爬时,速度时快时慢,而且在路上多次停下来休息吃随身带的东西。他到达这座庙时刚好日落。在庙里住了几天后,他开始沿着同样的路线下山,也是在日出时起程,行走速度也是时快时慢,而且沿路有多次停歇。当他到达山脚下时也将日落。请问:和尚在往返的路上,是否曾在一天中同一时刻通过沿路的同一点?答案是:一定会在同一时间

---

① 参见朱新明、李亦菲:《架设人与计算机的桥梁》,湖北教育出版社2000年版,第108—109页。

在同一点相遇。我们可以把一个和尚想象成两个和尚,一个上山一个下山,问题就容易解决了。解决问题的第一步是确定问题到底是什么。这意味着首先找出相关信息而忽略无关的细节,对问题进行表征,表征问题的任务是集中问题的所有句子达成对整个问题的准确理解。

(二)寻求解答阶段

1. 算法式和启发式

要寻求问题解决,就要在问题空间中搜索算子,这里有两种途径:

(1)算法式,是为达到某一个目标或解决某个问题而采取的一步一步程序。它通过与某一个特定的课题领域相联系。

(2)启发式,是使用一般的策略试图去解决问题。

启发式方法包括手段:

一是目的分析法,即将目标分成许多子目标,将问题划分为许多子问题,寻找解决每一个子问题的手段。

二是逆向反推法,应用反推法,从目标开始,退回到未解决的最初问题,这种方法对解决几何证明题有时非常有效。

三是爬山法,爬山法的基本思想是设立一个目标,然后选取与起始点邻近的未被访问的任一节点,向目标方向运动,逐步逼近目标。

四是类比解决问题法,指解决问题者在使用这种方法时,尝试将某一问题的解决结构用于指导解决另一问题。

2. 问题解决的内部指导策略

(1)目标递归策略

目标递归策略,其特点是在问题解决过程中不必用眼睛看具

表 19-1:常用的启发式方法

方法	爬山法	目的分析法	逆推法	类比法
基本含义	尽量减少现有状态与起始状态之间的差异	依据现有条件,分析可达到目标与要达到目标之间的差异,引进算子解决问题	将最终目标分解成相互联系的子目标,对子目标进行推演,逐步解决问题	根据结构的相似性,应用相同的原理对问题加以解决
主要特点	以相似性为指导	引进算子并使算子的应用条件适宜对问题的解决	子目标分解是前后连锁的	以结构的相似性为指导
主要优点	符合人们的日常习惯思路	具有广泛适用性	可以快速地解决问题	可方便、快捷地解决问题
不足之处	如果一味地追求相似性,可能会进入歧途,欲速不达	需要很强的记忆能力;对子目标的解决必须受一定的顺序约束;在解决极为复杂的问题时容易出错	子目标是相互依赖的,有可能陷入困境;只适宜于解决封闭性的问题	大多数人并不善于运用,而且容易被表面的相似性所迷惑
应用之处	不熟悉的领域	一般情况下,对问题解决都有用	一般的问题均可采用,特别适用于数学求证问题	最好是自己熟悉的特定领域
纠正方法	注意相似性与差异性的逻辑含义,以退为进,欲擒故纵	最好利用示意图来补足记忆和思维	对子目标的分解进行自我评价,并限定解决问题的途径	

体的东西,只要把内部目标记在脑子里,就可以一步一步循环,最后解决问题。这种策略使短时记忆承受着相当重的负担,因为必须记住最终的目的是什么、下一步应该移动什么、现在走到哪一步等等。

(2)模式策略

模式策略也是一种内部指导的策略。这个策略没有目标问题,只有几种可能的动作。

(3)机械记忆策略

这种策略是把做正确的一系列步骤死记硬背下来,以此来解决相同的或者相似的问题,这也是一种内部指导策略。

(4)知觉策略

知觉策略依赖于外界刺激,是刺激指导的策略。

(三)执行计划或尝试某种解答阶段

当表征某个问题并选好某种解决方案后,下一步就要执行计划、尝试解答。一些计算程序(Brow & Burton,1979)能查出儿童在解决减法问题中所出现的错误。儿童算法中存在的错误比老师想象的要多得多,他们总是从大数中减去小数,不管哪个数在上面。

(四)评价结果阶段

当选择并完成一个解决方案后就应对结果进行评价,评价的方法就是寻找能证实或证伪的解答证据。

二、知识丰富领域的问题解决:专家与新手的区别

(一)专家的知识与知觉特点

专家与新手在知识方面的不同点在于:一是专家知识的内容及其在记忆中的存储方式,可以表示为数据结构(data structure)、

图式(schema)或框架(framework)等;二是专家如何利用他们的知识去解决复杂问题,即如何完成具体任务的步骤或程序。

在知觉与再认方面,专家之所以能够很快地解决问题,是因为他能够准确地再认熟悉的组块,然后据此在长时记忆中提取相应的知识解决问题。① 如:一杯水,杯子里的水是一样多,是平衡的。在两个杯子上方分别悬挂的1克金子和1克银子,并使金子和银子都浸没在水中,由于金子比重较大,因此,金子的体积比银子的体积小,在这种情况下,天平是否平衡?

根据知觉来判断,一些人会认为放金子的这边会下降,因为金子的比重大;也会有人认为两边仍然是平衡的,因为金子和银子一样重。如果我们没有掌握有关的物理知识,会觉得这两种说法都有道理。但实际上,这两种答案都不对,正确的答案是放银子的这边重。它一定受到一个向下的浮力,这个力的大小与浮力相等。专家就能很好地解决这类问题。

(二)解决问题中专家和新手的差异

"专家"(expert),一般是指在某个特定领域有几千小时以上的问题解决经验的被试。没有两万小时以上的实际工作经验,任何人不可能成为世界级的专家,对"新手"(novice)、"前新手"(prenovice)就不一样了。因此,专家一步就能解决的问题,而新手要两步才能解决。专家的口语报告短,而且速度快,是因为许多中间的步骤没有在短时记忆中出现,所以报告不出来。而新手的口语报告多数是与问题有关的,很少提到题外的话。

---

① 参见朱新明、李亦菲:《架设人与计算机的桥梁》,湖北教育出版社2000年版,第132—138页。

专家和新手解决问题(如物理问题)的差异可以归纳为以下几个①：

1. 专家不注意中间过程，可以很快解决问题；新手需要很多中间过程，而且需要有意注意。

2. 新手先明确目的，从尾到头地解决问题；专家或者立即推理，或者搜集信息，从头到尾地解决问题，即是一种再认的过程。

3. 专家更多利用直觉，即根据生活经验的表征来解决问题；新手则更多地依赖正确的方程式来解决问题。

第三节 幼儿问题解决的影响因素及教育指导

一、影响问题解决的因素

(一)问题因素

1. 问题的刺激特点

问题中的事件在空间、位置、距离、时间等及表现出的特定功能，将影响个人对问题的理解和表征。在解决问题时，问题的具体性是很重要的。

2. 功能固着

功能固着(functional fixedness)，指一个人看到某个制品有一种惯常的用途后，就很难看出其他新用途，如果初次看到的物品用途越重要，也就越难看出它的其他用途。这会影响问题的解决。

3. 反应定势

---

① 参见吴庆麟等编著：《认知教学心理学》，上海科学技术出版社2000年版，第169—198页。

反应定势指以最熟悉的方式做出反应的倾向。定势有时有助于问题解决，有时会妨碍问题的解决。

4. 酝酿效应

当反复探索一个问题的解答而无结果时，就会把问题暂时搁置一边，经过几个小时、几天或几星期，然后再回过头来解决，这样可以很快找到解决方法。许多科学家在研究工作中都报告过许多类似经历，这种现象被称为酝酿效应。

(二)个人因素

1. 有关的背景知识

问题解决者具备有关背景知识，能促进对问题的表征和解答。探索技能在解决问题中不能替代实质性的知识。

2. 智慧水平

智慧水平高的幼儿有助于其对问题的解决。

3. 认知特性

个体对问题的敏感性、好奇心和综合能力都明显地影响到问题解决。

4. 动机的强度

一般来说，中等强度动机有助于对问题的解决。

5. 气质性格等个性特征

气质、性格等个性差异也影响着解决问题的效率。理想远大、意志坚强、情绪稳定、谦虚勤奋、富有创造精神等优良个性品质都会提高解决问题的效率。

二、幼儿问题解决的教育指导

一是要求幼儿主动质疑，激发幼儿提出问题和解决问题的内在动机。

二是给幼儿提供的问题难度要适当,过难的题目会使幼儿丢掉自信心,而过易的题目则不能给幼儿以挑战性。

三是帮助幼儿对问题形成正确表征,如:用学过的知识来解释问题,用草图、列表等回忆有关的信息。

四是帮助幼儿养成分析问题的习惯,对问题情境、问题的目标要很好地把握。

五是辅导幼儿善于从记忆中提取信息,鼓励幼儿从不同角度去看问题,要突破原来的事实和原则限制。

六是训练幼儿陈述自己的假设及其步骤的能力。

教师要给幼儿以充分的时间进行解答,实践证明,在时间紧迫的情况下让幼儿做难题,这种使幼儿草率了事的效果是不好的。教师也要鼓励幼儿验证解答,防止以偏赅全。

问题与思考

1. 问题解决的学说有哪些?
2. 在知识丰富领域的问题解决中,专家与新手的区别在哪里?
3. 如何理解幼儿问题解决的影响因素及教育指导?

术语及定义

问题:个体首次遇到的、且无现成的可回忆的经验加以解决的那种情境。

算法法:尽可能穷尽所有的可能途径来达到问题解决的方法。

算子:问题解决者把一种问题状态改变成另一种问题状态的操作。

问题空间：被试在解决问题的过程中形成的对任务的内部表征。

目的分析法：将目标分成许多子目标，将问题划分为许多子问题，寻找解决每一个子问题的手段。

逆向反推法：从目标开始，退回到未解决的最初的问题，这种方法对解决几何证明题有时非常有效。

爬山法：设立一个目标，然后选取与起始点邻近的未被访问的任一节点，向目标方向运动，逐步逼近目标。

类比解决问题法：解决问题者在使用这种方法时，尝试将某一问题的解决结构用于解决另一问题。

专家：在某个特定领域有几千小时以上的问题解决经验的被试。

功能固着：一个人看到某个制品有一种惯常的用途后，就很难看出它的其他新用途。

酝酿效应：当反复探索一个问题的解答而无结果时，把问题暂时搁置一边，经过几个小时、几天或几星期，然后再回过头来解决，这时常可以很快找到解决方法，这种现象被称为酝酿效应。

第二十章 幼儿学习策略及教育指导

> 学习其实就是一场游戏,它们之间的不同是,学习的游戏规则是你自己来设定的。
>
> ——郑鑫

第一节 幼儿学习策略概述

一、学习策略的界定与分类

(一)学习策略界定

众多学者试图从不同角度给出学习策略的定义,概括这些观点,可分为三种:第一种,把学习策略看做学习的规则系统;第二种,把学习策略看做学习过程或步骤;第三种,把学习策略看做学习活动。从规则系统到学习活动都不同程度地揭示学习策略的本质,综合起来,学习策略应该是学习者为了提高学习的效果,有目的有意识地制定的有关学习过程的复杂方案。[1] 当谈论学习策略时,至少要明白这个词汇有以下含义:(1)在学习的过程中产生,具有特定的目标和意动性;(2)受制于儿童本人,或者直接干预学习

---

① 参见陈琦、刘儒德主编:《当代教育心理学》,北京师范大学出版社1997年版,第180页。

环节,达到学习目标,或者通过提高儿童的认知功能,间接地达到目标;(3)学习策略随着儿童的目标期望值和任务难易度的变化而发生变化。

(二)学习策略的分类

研究学习策略的构成,很多学者做了大量的工作,并提出了自己的看法。比较有代表性的有以下几种。奈斯比特和舒克史密斯认为,学习策略由以下因素构成:(1)提问,即确定假说,构建目标和项目参量,寻求反馈以及联系任务等;(2)计划,即决定策略和实施一览表,精简项目或把问题分类,以及选择用哪种体力或脑力技巧来解决问题;(3)调控,即回答和发现最初的问题和意图;(4)审核,即对活动和结果作初步评估;(5)矫正,即再设计或再检查,包括矫正目标的设置;(6)自检,即对活动和项目作最后的自我评价。温斯坦(Weinstein,1985)认为学习策略包括:(1)认知信息加工策略;(2)积极学习策略;(3)辅助性策略;(4)元认知策略。[1]

丹瑟洛(Dansereau,1985)提出的观点认为,构成学习策略的应该是两种相互作用的成分:一个是基本策略,被用来直接操作课本材料,包括获得和存储信息的策略(有理解、回想、消化、扩展、复查五个子策略),提取和利用这些存储信息的策略(有理解、回想、详述、扩展和复查五个子策略);二是辅助性策略,被用来维持合适的进行学习的心理状态,包括计划和时间安排、专心管理以及监视与诊断三种策略。辅助性策略帮助儿童产生和维持某种内在状态,以使儿童有效完成基本策略。如果儿童的心理状态不是最佳,

---

[1] C. E. Weinstein & V. L. Underwood(1985),"Learning Strategies:The How of Learning", J. Segal, S. Chipman & R. Glaser (eds.), *Relating Instruction to Basic Research*, Hillsdale, NJ:Erlbaum.

那么基本策略对学习和操作的作用也不是最佳的。

获得普遍认可的是迈克卡等(Mckeachie et al.,1990)的分类法,认为学习策略包括:(1)认知策略,包括复述策略、精细加工策略和组织策略;(2)元认知策略,包括计划策略、监视策略、调节策略;(3)资源管理策略,包括时间管理、学习环境管理、努力管理和其他人的支持。[1]

二、元认知、自我调节学习与学习策略的关系

(一)元认知与学习策略的关系

元认知常常被简单定义为对认知的认知(Santrock,2008),比如,当分析到学习一项事务与另一项事务的难度差异时就是在运用元认知。[2] 相对于自我管理、执行功能等这些相似的术语,元认知主要强调对认知加工的监督与调节。弗拉维尔(Flavell,1979)的认知理论将元认知分为元认知知识和元认知控制两部分。元认知知识又分为三类:关于个人的知识(一般性知识和个体独特的学习经验)、关于任务的知识(任务的性质和加工类型的需求),以及关于学习策略的知识(包括认知策略、元认知策略和资源管理策略)。元认知控制就是所有旨在实现认知目标的监督和调节过程,包括计划、监视认知行为和检查这些行为的结果。[3]

学习策略是存储在长时记忆中的元认知知识的一部分。元认

---

[1] W. H. Mckeachie, P. R. Pintrch, Lin Yi-Guang, D. A. Smith & R. Sharma (1990), *Teaching and Learning in College Classroom: A Review of The Research Literature*(2nd ed.), Ann Arbor: University of Michigan.

[2] Santrock(2008), "Information Processing", *A Topical Approach to Life-Span Development*, NY: The McGraw-Hill Companies, pp.272-275.

[3] J. H. Flavell(1979), "Metacognition and Cognitive Monitoring: A New Area of Cognitive-Developmental Inquiry", *American Psychologist*, 34, pp.906-911.

知过程是在工作记忆中进行的,是运用存储在长时记忆中的元认知知识(包括学习策略)来控制和调节认知活动的过程。从某种角度说,元认知过程就是使用学习策略的过程。元认知能力就是指执行这一过程的能力。如果说学习策略是有关学习的动态过程的静态知识,那么元认知过程则是使用静态知识的动态过程。

(二)自我调节学习与学习策略的关系

自我调节学习是一种自主行为,包括设置目标、为达到目标而进行的行为调节、自我监视(元认知)、时间管理、生理和社会环境调节(Zimmerman & Risemberg,1997)。① 一般而言自我调节学习型的儿童具有如下特点:(1)熟悉并知道如何使用认知策略;(2)知道怎样计划、控制和管理他们的认知加工以达到个体目标(元认知);(3)他们会表现出一组动机信念和适应情绪,比如高度的学习效能感、采用对学习目标、学习任务是正性的情绪(高兴、满意、热情),控制和调整上述这些能力以达到任务要求或适应特定的学习情境;(4)他们计划和控制时间和精力,并知道如何创造和构建适宜的学习环境,比如找到一个适合学习的地方,当他们遇到困难时知道如何寻求教师和同学的帮助;(5)在情境允许的范围内,他们会投入更多精力来参与控制或管理学业任务、课堂气氛和建构;(6)为了避免注意力分散,维持注意力、精力和动机,能够运用一些意志策略。

宾特里奇(Pintrich,2000)将自我调节学习分成四个阶段:(1)前思考阶段的计划和激活,即目标设定、早前内容激活和元认

---

① B.J. Zimmerman & R. Risemberg(1997),"Self-Regulatory Dimensions of Academic Learning and Motivation", in G. D. Phye(ed.),*Handbook of Academic Learning:Construction of Knowledge*,San Diego,CA:Academic Press,pp.105-125.

知知识激活;(2)元认知意识监视;(3)控制,即选择和采用认知策略;(4)反馈,即认知评价。实际上,自我调节学习就是选择和使用学习策略的意愿与技能。[1]

三、学习策略对幼儿教育的价值

幼儿一般都具备一些策略的意识,但还不太会用语言来描述策略的使用。教师可以在游戏活动中设计策略总结环节,引导幼儿总结以前的学习策略。通过表述,幼儿不仅可以意识到已有的策略,而且还能上升到元认知层面,即能对前面学到的经验进行迁移,知道策略在何种条件下使用。如果教师不帮助幼儿对其已使用的有关策略进行概括、命名,下次遇到同样的情境时,幼儿仍然只是似有所悟,而始终不能看得很真切。一旦幼儿从自己的经验中提炼出了一些策略,这些策略便会显现出生命力,延续并扩展。因为这不是教师授予的,而是其在自己的学习经验中提升出来的,幼儿清楚这一策略的程序和适用的情境。相对于那些教师直接授予的策略而言,幼儿自己的策略更具有活性,激活的可能性更大。那些不是来自自身经验的策略则可能是一种"惰性的知识"。在总结环节还要注意,教师的提问要让幼儿清楚地理解自己是如何完成策略使用的。当追问展开时,幼儿的思维过程呈现于对话之中,不仅幼儿能更清晰地了解自己的思维过程,教师也能从幼儿的回答中对幼儿的思维加工序列有一个清晰的认识,有助于教师有的放矢,正确地引导幼儿。例如,有的时候,教师会发现幼儿明明使用了一些策略,但这些策略在幼儿反省时往往无法上升到话语层

---

[1] P. R. Pintrich(2000),"Multiple Goals, Multiple Pathways: The Role of Goal Orientation in Learning and Achievement", *Journal of Educational Psychology*, 92, pp. 544-555.

面,通过追问教师能够明白幼儿对哪些策略的掌握已上升到话语层面,哪些幼儿对其所使用的策略还局限于实践层面,教师应该通过什么样的支架帮助幼儿将实践层面的策略上升到话语层面。教师还要训练幼儿的多维视角,帮助幼儿增加策略收集的数量,让幼儿掌握的策略由无到有,由少到多,使策略的整体水平得到提高。

第二节 幼儿的三大学习策略

一、认知策略

幼儿的一般认知策略[①]与成人有所不同。成人的一般认知策略包括复述策略、精致策略和组织策略三种。根据一般认知策略的内涵,它是指在任何认知活动中都要使用到的指向认知目标的心理操作。对幼儿所从事的认知活动而言,一般认知策略包括模仿策略、复述策略和组织策略中的分类与联想策略。

(一)模仿策略

模仿是一种有意识的、综合性的能力,是对他者行为的一种学习,也是作为人的社会本质的有意识和无意识的表现。模仿是幼儿在认知活动中使用最多的一种策略。当然对模仿的对象还是具有选择性的,他们经常去模仿的总是那些在他们看来很优秀的同伴,而且在模仿的过程中会加以局部的改造与变形。模仿是幼儿的一种基本学习方式,通过模仿策略的运用,幼儿逐渐地掌握了认

---

① W.J. McKeachie, P. R. Pintrich, Lin, Yi-Guang, D. A. Smith & R. Sharma(1990), *Teaching and Learning in the College Classroom: A Review of the Research Literature* (2nd ed.), National Center for Reasearch in Postsecondary Teaching and Learning, Ann Arbor: University of Michigan.

识世界的方式。

(二)复述策略

复述策略就是通过重复的方式来加深记忆,幼儿在故事讲述、诗歌学习、拼图等活动中都要反复运用到这一策略。

(三)分类策略

分类策略是幼儿的一种组织策略,年龄很小的幼儿就已经能够运用分类策略了。如贝拉吉恩在对很小的婴儿进行加减运算的实验研究时,就发现幼儿很快就习得了哪些属于可能的习惯化事件,哪些属于不可能的去习惯化事件。

(四)联想策略

幼儿的典型特点是善于想象,能够在认知活动中运用大量的联想策略来解决问题。如在音乐欣赏活动中,幼儿说:我画的是斜线,因为人从山上走下来时,速度是最快的;我画的曲折线表示这个人在发抖,大灰狼在这里,要吃人了,这个人是跑得慢的,大灰狼是跑得快的;格子线表示打仗的时候,喊的声音很大,很害怕;我画的这个波浪线就表示我又害怕又紧张。

二、元认知策略

元认知策略是个体对认知过程进行调节和控制的能力,是学习者用来调节自己内部注意、记忆、思维等过程的技能,其功能在于使学习者不断反省自己的认识活动。幼儿的元认知策略是幼儿为了保证元认知活动的实现而采取的一些策略,分为计划策略、监控策略、检查策略和评价策略。

(一)计划策略

计划策略是指幼儿在活动的开始和活动的过程中,对活动所要实现的目标、活动所要使用的材料、活动中解决问题的策略、活动的时间等方面进行的预期和安排。

(二)监控策略

监控策略主要是指幼儿在认知过程中对计划的执行情况、自己和同伴的言语表达情况、策略使用的有效性、自己是否理解等方面进行监控。

(三)检查策略

检查策略是指幼儿为了认知任务的顺利完成而有意识地进行检查与补救的措施。检查分为过程中的检查和结束后的检查两种。

(四)评价策略

评价策略是指幼儿对自己的认知活动过程进行的反省性总结,包括认知任务完成的优劣、是否遇到困难、如何解决困难、所用策略是否有效、同伴如何影响其认知进程、是否进行检查、是否根据检查做了补救等。

三、资源管理策略

资源管理策略的实质是指从事认知活动的主体努力监控和调节认知情境,从而使认知活动任务顺利完成的一种策略。

(一)求助策略

求助是调节社会环境以促进学习的一种方法。当遇到困难的任务或者意识到需要帮助时,幼儿会更多地寻求援助。求助是幼儿进行反思性学习和元认知活动的一种外显表现。在认知活动中,幼儿首先要意识到困难是什么,才能做出向谁求助、求助什么、如何求助的行为。通过求助行为的发出,幼儿调节社会环境、社会资源,以使自己的认知活动得以顺利进行。

(二)时间管理策略

时间的意识性是认知活动中的一个重要元素,时间如何进行合理地分配、如何更有效地节约时间和利用时间是幼儿在认知活动中必须关注的。幼儿往往有一种"磨"的倾向，没有时间意识，需要教师不断地提醒才能形成最初的时间管理技能。前面的研究表明，幼儿对时间的监控与调节能力是非常弱的。

（三）情感策略

情感策略是指幼儿为了更好地完成认知任务而对自己的情绪状态的一种有意识的觉知。如幼儿意识到此时心里很烦躁那就不适合做一些精细的操作活动，而更适合做一些大肌肉的运动。同时在认知活动中，幼儿要能正确地对待困难和挫折，想办法解决遇到的困难，而不是每遇困难便心灰意冷。情感策略的运用有助于幼儿在认知活动中保持一种积极的心态。

（四）环境资源策略

环境是幼儿的第三位老师，环境中有取之不尽的资源。环境资源策略就是要求幼儿能够意识到环境所蕴涵的信息从而更好地解决问题。

（五）意志策略

意志策略（焦虑处理策略）。幼儿是极易分心的，注意力很不稳定。意志策略是幼儿运用一定的方式使自己的注意力始终专注于认知活动，对外界的干扰加以克制，对问题的困难程度进行适当处理等。

第三节 幼儿学习策略的培养

一、幼儿学习策略的培养目标和原则

（一）培养目标

1. 培养幼儿的兴趣,形成良好的学习心理;
2. 培养幼儿对策略的表述、概括和命名能力;
3. 培养幼儿自我监控意识和习惯;
4. 教会幼儿检验结果,对学习策略的使用进行评价,强化成功、纠正错误。

(二)培养原则

幼儿元认知能力的培养应注意以下原则:

第一,教师应注意培养幼儿积极的独立的自我意识,不断培植其自尊心,激励幼儿有顺利完成各项认知活动的需要。对幼儿在认知活动中的正确反应给予充分肯定,让他们获得初步的元认知体验,促使他们关注认知过程本身。

第二,教师应向幼儿讲解、示范各种认知策略、信息加工及自我调控的知识。这种活动应结合幼儿心理特征,寓教于乐,用观察模仿法、有指导的参与法、发现法及实例解释法等多种方式教学,让孩子们在浓厚的兴趣中掌握元认知的知识与技能。

第三,要加强元认知技能的训练。元认知技能是形成相应能力的中介通道,幼儿认知能力的提高有赖于元认知技能的训练。元认知技能涉及许多方面,有的研究者在谈及幼儿言语交际能力时,认为要指导幼儿正确操作语言符号及辅助系统,提高幼儿感知言语交际环境的能力,加强幼儿言语交际心理预备能力;有的研究者开展对幼儿记忆策略的训练。这实际上是对幼儿进行认知技能的训练。事实上,许多幼儿园教师早已注意对幼儿进行认知技能的训练。他们经常要求幼儿学会集中注意力,训练其正确知觉、记忆、思维、想象、言语表达和社会认知的方法;要幼儿养成提出学习或活动的计划,认真检查作业或操作的习惯等等。幼儿年纪虽小,但只要加强训练,逐步养成对活动反思(自检自控)的习惯,就能大大提高认知的效果。

第四,幼儿元认知能力的培养要循序渐进。要看到幼儿的自我意识与认知能力仍处于低水平状态,而元认知活动是一种层次较高的认知行为,这就要求幼教工作者根据幼儿心理发展的规律结合幼教课程大纲,因势利导、因材施教地在知识教育与行为引导中,有目的、有计划地对幼儿进行初步的元认知的教育与训练。

二、幼儿学习策略的培养方法

(一)自我调节学习

1. 帮助幼儿学会正确评价自己

正确的自我评价是幼儿树立自信心的前提,也是幼儿能够进行适当自我调节的基础。有了对自己较为客观正确的认识,幼儿才能产生对自我的认同,了解自己的长处与短处,接受自己的地位与现状,建立初步的自尊与自爱。这样,在受到外来不良刺激与影响时,幼儿就能够依靠对自己适当评价,及时调整心态,进行自我调节、自我激励,保持心理状态的稳定性。因此教师的评价在幼儿的心目中尤为重要,这样就要求教师真正做到爱护尊重每个孩子,肯定幼儿身上的每一个优点。教师在对孩子评价时要十分注意自己的言行,尽可能多地用积极的态度评价幼儿,以最大限度地来提高幼儿的自信心,使其产生自豪感荣誉感,使幼儿开始重视自己在别人心中的地位与形象。所以,在平时我们就要有针对性地开展一些谈话、活动,让幼儿通过讨论,了解自己的长处与短处,并经常采用个别鼓励与集体表扬等方式来帮助幼儿形成客观、正确的自我评价标准,以提高幼儿的自我调节能力。

2. 注重情感教育

首先要对人的情绪、情感有所识别,知道与人的喜怒哀乐等情绪相对应的面部表情,要让幼儿识别到什么会引起各种情感。情绪和情感的识别是建立在幼儿道德情感的基础之上的。比如,让幼儿知道自己在玩翻盖乐中正确率高、速度快是一件光荣的事,而产生高兴与自豪;让幼儿知道在交往中被同伴多次拒绝,没有人与他一起游戏,就会成为孤独的人,因而沮丧内疚;让幼儿知道在百货商店里与家长耍赖是错误的,因而惭愧等。表达情绪、情感过程包括表达和控制两个方面。表达就是把自己的情绪、情感通过不同的方式让别人体验、感受,而控制则是当情绪、情感的不当表达会影响一些人的当前利益时,个体能暂时抑制冲动。

其次重视道德情感的培养。道德情感对幼儿的行为有巨大的推动、调节作用,换言之,培养幼儿正确的是非观念,对幼儿的发展起巨大作用。

最后幼儿通过体验理解过程对事物投入自己的主观情感后,就会产生"主动、积极"的态度,也就是平常所说的"吸引"。这种吸引使幼儿产生对活动的兴趣,兴趣的产生可以促使幼儿抑制在活动中的不良影响因素,如拉一拉衣服上的小饰物、看一看教室的环境、想一想有趣的事情,而把注意力集中在当前的活动中。

3. 促进幼儿尝试自己解决问题

实践是提高幼儿自我调节能力的最好途径。在日常生活中,我们尽可能创设较多的机会给幼儿自己,让他们学会解决问题,提高自我调节能力。在学习和日常生活中,当幼儿遇到困难时,我们首先是鼓励幼儿去尝试、去探究,而不是简单的提供帮助和解决;当幼儿之间发生争执时,我们不再仅仅是争取及时解决纠纷、化解矛盾,而是有意识地让幼儿自己去解决,教师多说"你自己来处理"、"你说怎么办"等。有时,我们还组织一些讨论,例如"如果,这个小朋友是我,我该怎么办?"来提高幼儿的应变能力,进行心理自我调节能力的培养。另外,我们也通过组织一些较大的综合活动让幼儿增长见识,积累经验,提高自我调节能力。如在大班阶段我们经常开展"大带小"的活动。让幼儿通过照顾小班的小朋友,增强责任感,提高处理各种事件的能力。

(二)教师的教学

1. 通过讲解向幼儿传授学习策略知识

例如,在一项实验中,让幼儿观察一幅画上有哪些小动物。一组仅要求幼儿"仔细看,看了以后告诉老师画上面有哪些小动物",另一组除此之外还给以方法的指导:"先看树上有哪些,再看草地上有哪些,最后看水上有哪些",结果表明,对幼儿进行"按顺序观察"、"按类别记忆"的方法指导,有利于他们看图后回忆成绩的提高。

2. 促进学习策略的积累

学习策略的讲解虽然是必要的,但是必须和幼儿元认知的亲身体验相结合,才能使幼儿真正明白有关的元认知知识。国外的研究发现,幼儿在前述元认知记忆任务中不能准确判断自己一次能记多少张图片,但是在立定跳远的测试中能够比较准确地预料自己能跳多远。这是因为幼儿有比较多的"自己能跳多远"的体验,却很少有机会考察"自己能记多少"(学习一个知识时,要重复多少遍常由教师说了算,幼儿没有考察自己遗忘特点的机会)。由此可见,丰富幼儿的学习策略的运用体验是不可缺少的措施。

促进幼儿学习策略的积累有几种有效方法:

(1)认知冲突法

皮亚杰认为,冲突是幼儿心理发展的动力。与同伴的交流能促进幼儿心理的发展,是因为在交往中幼儿更容易意识到自己和他人之间存在的认识上的冲突。交往中的冲突能促进幼儿元认知的发展,将冲突和学习策略的传授结合起来,这种训练方法的促进作用更大。

(2)行为引导法

行为引导法是指设法引导出幼儿的适当行为,然后再让他们体验适当行为的良好后果,从而产生对学习策略应用效果的切身体验。"知道该怎么做"和"实际怎么做"并不是一回事。如果幼儿只知道应该怎么做,而没有实际那样去做,那么就很难积累到学习策略使用的体验。可见,在传授学习策略时,使幼儿知道了应该怎样做之后,就要设法创造条件,让他们实际上那样去做一做。

3.训练对学习策略使用过程的监控

这种监控能力是在学习策略知识和策略运用体验基础上发展起来的。同时,监控又能促进知识和体验的进一步积累。常用的几种训练方法是:

(1)叙述依据法

指幼儿在思考问题的过程当中,每得到一个结果(或思考一步)都要求他们说出自己思考的依据或理由,问他们"你是怎么知道的"或"你是怎么想出来的"。

人在思考问题时,注意往往单纯地指向客体、指向问题,而较少指向自身的思维方式。要求幼儿在思考、判断时说出自己的思考依据,就会将他们的注意力引向自己的认知过程。从而实施对自己认知过程的监控。例如,幼儿在解答问题时常爱用胡乱猜测的方法。在叙述思考依据的时候,使他们逐步认识到不能胡乱猜测,说话要有证据,推理要有依据。

(2) 启发提问法

指通过向幼儿提出一些启发性的问题，促使他们有效地运用所学到的学习策略。启发的前提是幼儿已经掌握了策略知识。例如，让幼儿记一系列画片，如书、帽子、铅笔等，要求幼儿自己设法记住这些画片，然后要告诉教师有哪些画。结果表明，不同的幼儿使用了不同的策略，自然记忆效果不同。总结起来，至少有如下几种策略，浏览、复述、预期、分段复习预期、系列联想法等。教师可以设法使幼儿了解这几种策略并体现其不同效果，从而认识到分段预期法是最有效的策略。如果没有这种训练，幼儿不会自觉地使用高效的策略，仍旧习惯于一种低效率的方法。教师可以在记忆练习中实施启发提问法，例如：每一个任务开始之前就问幼儿："用什么方法去记好呀？"任务之中插问："你用的什么方法？这个方法好不好？"

(3) 自我提醒法

训练幼儿自我提醒的能力——"我要用聪明的办法"。幼儿虽然不识字，但能识画。在训练初期，可以用一两张画片来表示自我提醒的内容。幼儿在完成实验任务时，把此卡片放在面前起提示作用。当然，随着训练的进展，可以逐步地取消这种外部提示，变为幼儿的一种思考习惯。

问题与思考

1. 对幼儿进行元认知能力训练有何意义？
2. 幼儿元认知训练应该注意哪些事项？
3. 幼儿的认知策略有哪些？
4. 如何指导幼儿提高元认知能力？

术语及定义

学习策略：学习者为了提高学习的效果，有目的有意识地制订的有关学习过程的复杂方案。

自我调节学习：一种自主行为，包括设置目标、为达到目标而进行的行为调节、自我监视（元认知）、时间管理、生理和社会环境调节。

复述策略：通过重复的方式来加深记忆的策略。

元认知策略：个体对认知过程进行调节和控制的能力，是学习者用来调节自己内部注意、记忆、思维等过程的技能，其功能在于使学习者不断反省自己的认识活动。

计划策略：指幼儿在活动的开始和活动的过程中，对活动所要实现的目标、活动所要使用的材料、活动中解决问题的策略、活动的时间等方面进行的预期和安排。

监控策略：幼儿在认知过程中对计划的执行情况、自己和同伴的言语表达情况、策略使用的有效性、自己是否理解等方面进行监控。

检查策略：幼儿为了认知任务的顺利完成而有意识地进行检查与补救的措施。检查分为过程中的检查和结束后的检查两种。

评价策略：幼儿对自己的认知活动过程进行的反省性总结，包括认知任务完成的优劣、是否遇到困难、如何解决困难、所用策略是否有效、同伴如何影响其认知进程、是否进行检查、是否根据检查做了补救等。

资源管理策略：指从事认知活动的主体努力监控和调节认知情境，从而使认知活动任务顺利完成的一种策略。

第二十一章　幼儿创造性学习及教育指导

> 心理安全和心理自由,是创造力发展的两个一般条件。
>
> ——罗杰斯

第一节　创造性概述

一、创造性

(一)创造性含义

创造性是根据一定目的、在已有知识经验的基础上,用新颖、独特的方法产生出具有社会或个人价值劳动产品的心理品质。创造性是通过什么表现的呢?是通过有创意的作品。有创意的作品具备三点[①]:

1. 新颖,即不同于寻常人的、出乎人意料的、令人惊奇的;
2. 实用,即有实用性、有价值;
3. 品质,即必须有较高的品质。一个人可能有创造性、有创造潜能,但真正做出有创意的作品又是另外一回事。

创造性存在两种状态:一是潜在状态,指创造性以某些心理、

---

① 参见罗伯·史登堡等:《不同凡响的创造力》,洪兰译,中国城市出版社2000年版,第16—17页。

行为能力的静态形式存在；二是显现状态，以创造产品的形式体现出来。只有创造出产品来，创造性才能从潜在状态转化为显现状态，才可以说是真正的创造性。

（二）创造性价值

幼儿创造性价值何在？下面做两点说明：

1. 幼儿创造性在个体整个一生中有重要作用与地位。如一些建筑大师回忆童年经验表明，他们在幼儿时期有很好的建构经验。

2. 幼儿创造性对其整个心理发展具有重要的作用。研究表明，创造性给幼儿带来情感上极大的自我满足，有利于形成良好的社会适应能力。

下面是创造性价值的两个例子，一个例子是：两个小男孩在森林中碰到一只凶猛的灰熊朝他们冲过来。要了解这两个孩子的反应，首先看看这两个孩子：第一个孩子有高智商，成绩很好，是老师眼中的好学生，老师和家长都认为他很聪明，他自己也觉得自己很聪明；第二个孩子没有那么高的智商，成绩也没有那么好，在教师眼中也不大受欢迎，有些人也觉得他不太合群，甚至有人根本就认为他是一个怪人。当灰熊冲过来时，第一个孩子在估算熊的速度与他们之间的距离，居然算出有17.9秒能追上他们。显然他聪明极了，他回头看同伴时，他惊奇地发现，同伴已脱下登山鞋，换上了跑步鞋。第一个男孩说："你真够笨！我们不太可能跑过灰熊。"他的同伴说："你说得很对，我是跑不过灰熊，但我只要跑赢你就可以了。"结果，第一个男孩子被熊吃了，第二个孩子跑到安全的地方了。第一个孩子很聪明，但第二个孩子有创意。我们教育不应该只教死的书本知识，而是让孩子能灵活适应世界，不能学傻了。

另一个是老师具有创造性策略的例子：一个墨西哥幼儿园老师，用一个创意策略找出了谁偷了一本书。班上的小朋友都不愿意承认自己偷了书，所以老师就给每一个小朋友一根一样的小树枝，告诉他们偷书人的树枝会在晚上长大，第二天早上小朋友再交回来时，老师就知道谁偷了。当然，偷书的小孩子心中会充满恐惧，因为她的树枝在晚上会长大，老师就知道是谁做的了。她要怎么办呢？她把树枝折短，这样一来她的树枝就和其他小朋友的树枝一样长了，老师就不知道是她做的了。当然，这个小朋友所做的正是老师所期待的，于是第二天老师就知道谁偷了书。

（三）创造性层次

有人把创造性按照从萌发到形成的动态过程划分为三个水平，即前创造性、潜创造性和真创造性。前创造性是创造性的雏形，如儿童的幻想。潜创造性对本人来说是新颖的、独特的，但人类已发明了，或者说只是具有创造成果的可能性；而真创造性是提供给社会有价值的成果。人本主义心理学家马斯洛把创造性区分为两级水平：优秀级，独特的创造性；普通级，自我实现的创造性。这是在环境中学习的结果。

泰勒（I. A. Taylor, 1975）把创造性分为五个层次：

1. 表现性创造（expressive creativity），创造性的低级层次独立表现，其主要特征是自发性与自由活动。

2. 技术性创造（technical creativity），这一层次以熟练精巧为特色，与独创和新颖的关系不甚密切。

3. 发明性创造（inventive creativity），发明反映新颖设计或新的组合，或以新的方法解决旧问题。

4. 首创性创造（original creativity），意味着革新、标新立异。

5. 杰出性创造(emergent creativity)，杰出性创造往往具有很复杂的形式，创造出深奥的原理或精深的思想。

幼儿的创造就是善于组织自己的"材料"。幼儿创造性主要属于表现性创造，是一种了解和接触新事物的"心向"。

二、创造的过程

(一)四个阶段论

华莱士(G. Wallas,1962)提出创造过程"四个阶段论"：

1. 准备阶段。了解问题性质，形成自己的知识，尝试寻找初步解决问题的方法。

2. 酝酿阶段。将问题暂时搁置起来，个体并没有做有意识的工作，问题解决处于潜伏状态。

3. 明朗阶段。问题解决一下子豁然开朗起来，情绪非常高涨，所有困扰一一化解，问题顺利解决。

4. 验证分析阶段。个体对整个创造过程进行反思，并检验解决问题的方法是否正确。

(二)三重境界论

我国晚清著名学者王国维提出做学问的"三重境界"：

1. "悬想"阶段，即"昨夜西风凋碧树，独上高楼，望尽天涯路"。

2. "苦索"阶段，即"衣带渐宽终不悔，为伊消得人憔悴"。

3. "顿悟"阶段，即"众里寻她千百度，蓦然回首，那人却在灯火阑珊处"。

科学家、艺术家的创造过程无不经过这样的阶段。

下面几个问题的解决就反映出创造的过程。问题一："水莲花"(water lilies)问题。《美国科学家》杂志刊登了一文(Sternberg,1986)：“在夏天开始时,水塘里有一株水莲花,这株水莲花每24小时增加一倍,在第60天时,这个水塘充满了莲花。请问哪一天这个水塘是半满着水莲花的？”如果采用逆向思维来思考,就容易解决这个问题。正确答案为"第59天",因为莲花每24小时增加一倍,而这个水塘是第60天充满了莲花。问题二：约翰家有5个兄弟,每个兄弟都有一个姐妹,假如把约翰太太也算在内的话,这个家庭有几位女性？答案为两位女性,母亲与女儿,这个女儿是与兄弟共同的姐妹。问题三：一个农夫有17只羊,除了9只以外,其余都从篱笆破洞跑出去了,请问还剩几只羊？答案为9只。

第二节 影响创造性的六大因素

一、智慧在创造性中的作用

(一)综合智慧

综合智慧即领悟力,指以新的角度看问题。包括两点：

1. 对问题重新界定

爱因斯坦(1938)说过："把一个旧问题从新角度来看是需要创意的想象力,这造成了科学上真正的进步。"对问题界定是可以测量的,测量问题解决的正确与速度有两个方法：一是"概念投射问题",有创意的人可以很快从原有的、约定俗成的观念跳到一个不寻常的概念上。二是新奇的类比。如"金鱼对鱼缸就好像猪对____(鸟笼、猪圈、优雅、肮脏)"。

2. 顿悟

顿悟是一种看问题的新方法,仿佛突然出现在心头,一个使你感到惊奇和高兴的念头。

现实教育中,糟糕的是老师排斥所有的其他解决方法,只准儿童用老师的方法,如果儿童不同意就一定是错的。这种心胸狭窄、目光短浅的事例很多,都是儿童创造性的大敌。

(二)分析智慧

分析智慧是指看出哪个方法是好的、有前途的想法,然后利用知识把问题解决。它包括基本的分析能力:(1)了解手边有一个问题需要去做。(2)找出问题究竟是什么。(3)采取适当的策略(Sternberg,1981)。[①] 研究表明,具有分析智慧的人会花较多时间放在整体的、全面的计划上,而花比较少的时间放在细节计划上;相反,较不聪明的人时间分配恰好相反。可以说,有创意的思考是需要时间的。有的人领悟力很好,点子很多,但分析智慧差,不知道哪个点子是最好的,或者不能将好的点子付之行动,只是把想法停留在半空中。这是缺乏分析智慧的表现,是无法有创意的。

(三)实用智慧

实用智慧是指能够把自己成果表现出来的能力。

现实生活中,有不少人眼高手低、好高骛远、狂妄自大,就是缺乏实用智慧的事例。找到一个有兴趣的想法是一回事,有足够敏感度了解别人对你的想法是否感兴趣又是一回事。与人沟通最大的报酬,不是说服本来就支持你的人,而是说服原来不相信你的人。这都表现出实用智慧,是创造性所不可缺少的。

二、知识在创造性中的作用

一个人必须具有相当的专业知识,才谈得上有创意。很多人

[①] 参见罗伯·史登堡等:《不同凡响的创造力》,洪兰译,中国城市出版社2000年版,第162—174页。

由于缺乏背景知识,而觉得自己是第一个想出某个想法的人。一个非常令人沉痛的例子就是印度大数学家拉巴纽安,他花了一辈子的心血"重新发现"了许多数学定理,而他不与外界接触,其实这些定理早已被西方数学家所证明了。

(一)正式知识

正式知识,指某一领域或某一职业知识是从书本、从正规学校的教育中得来的。正式知识对创造性有什么帮助呢?这里有五点:

1. 避免去重新发明"无知风险"。你提出有新意的、很好的想法,对于一个领域来说,可能早已为人提过了。

2. 帮助你提出与他人不同的观点。

3. 帮助你创造出高品质的作品。

4. 帮助你集中心思去思考新的东西。

5. 从偶然现象中发现创造的源泉。

20世纪60年代美国出现的"新数学"、"新物理"等教学改革运动就是鼓励孩子去思考。但这个改革一败涂地,原因就是没有把知识内容教给孩子。一个好的课程,首先要教给孩子专门领域的知识,还要教会孩子如何思考这些内容。

正式知识是有代价的,因为知识帮助思考,同时又阻碍思考的发展,即所谓的"固定效应"。歌德说过:"后天习得的习惯是一个没有窗户的城堡,它把看外界的新方式隔绝了。"[1]

(二)非正式知识

非正式知识,指与某一领域相关的知识不是从书本中习得的。

---

[1] 转引自罗伯·史登堡等:《不同凡响的创造力》,洪兰译,中国城市出版社2000年版,第190页。

如,怎样博得上司的好感这类知识。要想获得成功就需这两方面的知识来帮助适应环境。

日常生活中缺乏的非正式知识,如习惯性拖延时间,不尝试去完成自己不喜欢的工作。为此可以考虑做以下几点:

1. 等到真正想做时再开始。这个忠告没用,因为你永远可能不想做。

2. 花一些时间想想为什么不喜欢做这个工作,然后想法改变自己的心态。这个策略是有效的。

3. 摆脱所有使你分心的东西。假如,你想做完某件事,不接电话、不开门,一直到做完为止。

4. 强迫自己开始每天花一些时间从最容易的部分开始做起。

日常生活中大大小小的顿悟、感想,对别人来说没有什么意义,但对儿童自己来说意义很大。儿童可能不会在科学、文学上有石破天惊的发现,但应用非正式知识就会以完善的方式去解决每一天发现的问题。

三、思维方式在创造性中的作用

思维方式,不是智慧也不是能力,是运用已有智慧的方法。

(一)思维的功能形式

1. 立法形式

(1)做一件事,喜欢计划做什么、怎么去做;

(2)喜欢以自己的方式去做;

(3)做事情没有固定框框。

这是一种有效的、有创意的思维方式。

2. 行政形式

(1)做什么事情都有界限,知道该如何做;

(2)喜欢照指示去做；

(3)喜欢步骤很清楚的计划，只要照做，就有答案。

3. 司法形式

(1)喜欢分析他人行为；

(2)喜欢做可以评估他人的工作；

(3)喜欢能让自己表达意见的工作。

这种具有批判性的思考方式对创造性来说是最重要的。

(二)思维方式的形式

1. 君主型

(1)喜欢做完一件事，再做另一件事；

(2)喜欢做一件事时全力以赴，把所有时间和精力都投进去，不喜欢同时有几个计划；

(3)喜欢一做到底，不喜欢被打扰或被其他事务来分心，可以从早到晚不休息。

如果儿童是这种个性，又有创造天才，就应引导他把其潜能全部发挥出来。

2. 阶层型

(1)喜欢把所有要做的事，先排序，从第一件事做下去；

(2)做一件事，很清楚该从哪点做起；

(3)写作时，强调重点，忽略细节。

这类儿童能四平八稳去做事情，比较自觉。大部分有创意的儿童应具备这种特点，因为每个人都不能 24 小时有创意。

3. 寡头型

(1)当有几件事都重要时，总想办法同时处理完；

(2)有时不能决定该先做哪件事情；

(3)把工作的每一部分都看得很重要。

这类儿童也许有能力、有知识去做创造性工作,但由于不能很快决策顺序,因此无法使他向前、发挥其能力。

4．无政府型

(1)事先无组织计划就开始做事;

(2)对于有兴趣的问题常让思想自由游荡;

(3)谈到有兴趣的议题时,想到什么就说什么。

这是一种用随机方式解决问题的人。对于创造性来说,无政府形态好坏兼有,好的方面就像天线一样接受各种连接不断的信息;坏的方面是没有自我戒律,很难把天马行空的想法落实到创意上。

(三)思维方式的层次

1．整体形态

(1)喜欢做没有细节的琐事;

(2)做事强调宏观的视野和整体的情况;

(3)做决定时不考虑细节。

通常只有从烦琐的细节中摆脱出来的儿童,才会看到创意的解决问题方法。

2．局部形态

(1)喜欢做需要处理细节的问题;

(2)只有处理完所有细节问题才对作业满意;

(3)写文章时喜欢注意一点,反复推敲,直到所有疑点都解决了。

这类儿童喜欢细节,非常实际、实用,一点不浪费。有创意的人应该比较注意整体,但有时也应注意细节。

(四)教学应用

1. 高、低年级的教师

低年级的教师多立法形态,少行政形态。原因是:(1)低年级、年幼的孩子比较吸引立法形态的教师。(2)高年级由于课程死板又有各种考试,所以教学工作很少自由,因此高年级教师多行政形态。总之,低年级教师较有冒险性,喜欢探索,也鼓励儿童做有创意的探索。

2. 不同年纪的教师

年纪大的教师一般属于行政型、局部型和保守型。这三种形态混合在一起就是所谓"权威性三角"(authoritarian triangle),即一个僵化的、不能变通的、没有创意的生活态度。可以说,年轻教师更有创意,原因是:(1)年纪大的教师越来越有权威;(2)团队效应,多年来的团队效应,老教师趋于一种团体精神。

3. 不同学科的教师

教科学的教师(数学、自然)有局部形态,而人文教师比较倾向于自由型。因为自然科学的东西大都由"事实"构成,不太有随意性,而且要记住细节、知识,而人文科学在不断接受不同的哲学理念,而且人文科学反映的现实社会的生活方式也是比较自由的。但幼儿园阶段,孩子接触到的科学概念是初步的,与真正的科学概念是不同的,应该有广泛的想法与念头,应激发孩子科学方面的兴趣。

四、人格特质在创造性中的作用

儿童一些重要的人格特质与其创造性有较高相关。

(一)冒险性

这是创造性的关键所在。不盲从别人,但最后使自己变成笑柄的可能性是存在的,要想成为一个有创意的人就一定要冒这个险。一般来说,高风险,高收益(high risk, high pay off);低风险,低收益。研究表明,在绘画领域,冒风险与绘画创意之间有较高的相关性。教育中教师很少鼓励儿童去冒险,无论是安全方面,还是价值观念方面。

(二)面对障碍时的坚持

一个有创意的人需要有勇气站出来,一般来说,越是聪慧的想法越是不容易为大家所接受。19世纪匈牙利医生西蒙·威斯,认为产褥热是产妇接触到外科医生未洗之手的细菌感染而导致的,结果受到同行的强烈抵制,最后自杀身亡。

(三)对含糊不明的容忍

对含糊不明的容忍是指,在一个问题还未界定或还未形成解决方法时,就会遇到这种情况。但如果想使创造潜能发挥到最高点就需要容忍含糊不明状态的不舒服感觉,直到你的产品达到最满意的效果。

(四)接受新经验

人本主义代表罗杰斯认为,开诚布公地接受是创造性的关键。科斯塔(1985)研究认为,开放的人是对自己的内在自我及其所生存的世界都感到好奇的人,愿意体验别人不愿体验的经验。开放儿童的六种形态是:(1)对幻想的开放,指愿意探索自己内在心灵世界,使他们心智游荡。(2)对美学的开放,指愿意欣赏、重视各种艺术表达方式。(3)对感觉的开放,指愿意接受自己的情绪,无论是正面的或负面的。(4)对行动的开放,指愿意尝试新的活动。(5)想法的开放,指有学术好奇心,愿意去尝试新想法。(6)对价值的开放,指的是人愿意并且可以重新审视他们最基本的生活价值观。[1]

---

[1] 参见罗伯·史登堡等:《不同凡响的创造力》,洪兰译,中国城市出版社2000年版,第271—272页。

(五)对自己有信心

有创意的儿童相信自己,信任自己的判断,不相信别人。自信心的表现:(1)情绪独立:即内心稳重、有意见不随便出口、态度保留。(2)智慧独立:思考问题时自信十足,不依赖于别人。(3)社会标准独立,不为世俗习惯所束缚,不附和别人。

总之,自信心是唯一使自己不气馁的精神支柱。假如儿童有信心、有勇气为理想而奋斗,就有机会为自己的创意打出一片天下。

五、动机与创造性的关系

要想发挥潜力真正达到创意,这个人一定要有很强的动机才行。这个动机是外在的,如金钱、名誉、地位,也可以是内在的,如:自我实现。外在和内在目标一样有效,它使一个人专注于手边的工作。

父母的推力与孩子的自发动力哪个重要?父母总是希望孩子做得更好,但父母的推动力远比不上孩子内心的自发动力。心理学家很早就知道孩子会表现得很好,只要父母偶尔推他一把就好了。假如父母不停地推反而不会成功。在今天这种连幼儿园都要竞争的社会里,很难让父母不去拼命地推动孩子。但问题是,一个永远被父母推了才会动的孩子,也就永远学不会推动自己。

有时外在动机会逐渐损害内在动机,下面是史登堡9岁儿子曾自告奋勇要替他剪草的例子。史登堡非常不喜欢剪草,而他儿子非常喜欢(不了解他儿子为什么喜欢剪草,这大概是一种自发的内驱力、好奇心)。他儿子替他剪草,史登堡后来觉得有罪恶感,觉得儿子做工但没拿工钱,于是就塞给儿子一块钱作为工钱。儿子很感激,直到后来下了雪也不必剪草了,大家相安无事。第二年夏天,他再让儿子去剪草时,儿子说:"当然可以,但是今年我剪一次要两块钱。"史登堡说,今年并没有通货膨胀达到100%,不能过一个冬天就涨了一倍。但他儿子仍不接受,最后妥协各让一步,他儿子内心忿忿不平觉得自己吃了亏。一开始他儿子喜欢剪草,但后来付钱给他,他就是为了钱而做事了。最后,外在动机超过了内在动机。

六、环境因素在创造性中的作用

环境有时会扼杀儿童的创意。这里有一个例子,幼儿园大班了解天空太阳系时,老师想出一个好办法,让幼儿打扮成太空人的样子去探索火星。教师的这个想法很好,但有个小朋友进一步建议说,她要打扮成火星人的样子去迎接太空人。老师马上否决了她的提议,说:"我们都知道火星上没有人。"这显然不是鼓励创意的做法。当幼儿有了新的想法但却被压抑、埋在心里,这是很可悲的事情。

创造性需要一个支持的环境来促进它,还是需要一个低迷的环境来激发它呢?

(一)人本主义认为,创造性的理想环境是没有压力的、友好的社会气氛。在没有批评的环境里长大,可以自由表达、无条件地被人接受、信赖和友爱,这些有利于创造性发现。

(二)与人本主义相反,环境主义认为,可以用训练方法去增强有创意的行为。如脑力激荡小组、竞赛、奖励,都会对创造性产生正面影响。

不良的环境可锻炼出创造性。像不愉快的生活经验、压力、焦虑等从心理健康来说是不好的,却是创造性发展的基本要素。史登堡认为,一个完全良好的支持环境,不需要人去抗争什么,但对创造性发展来说不一定全是理想的。结论是,应该有一个大致良好的创意环境,但里面有些挫折也是必要的。

第三节 幼儿创造性测验及教育指导

一、幼儿创造性测验

幼儿创造性测验是依据幼儿操作结果去评定其创造性水平。

(一)幼儿创造性测验的方法

1. 主观评定法

主观评定法是指由有关专家或专门研究者按照一定的标准,对幼儿创造性进行评价的一种方法。如传统的测验,短时间内说出砖头的用途,幼儿有多种回答,如"砖头可以造楼房","砖头可以铺路","武术的人可以用手指将砖头钻个孔"等。对幼儿的这些答案可做出评定以确定其创造水平。

2. 作品分析法

作品分析法是指通过幼儿按要求完成的作品进行定性和定量分析,从而鉴定其创造性水平的方法。以作品为中心的测验,包括写作、绘画和科学等方面。如幼儿绘画作品"以昆虫眼光看世界",表现出较高的创造性。画中昆虫有复眼,包括许多个眼睛,从其复眼里可看到对昆虫生命有威胁的东西——一罐杀虫剂、一只皮鞋、一个苍蝇和一辆汽车等。这是一幅很有创意的作品。

3. 测验法

测验法就是通过心理测验形式对幼儿创造性进行测量的一种方法。如投射性测验,主要通过三种方式对幼儿创造性进行测量:

第一,提供一些不完整的句子或故事,让幼儿自由补充,使之完整；

第二，提供一些简单的线条框架，让幼儿在此基础之上画出完整的图画；

第三，提供一些意义模糊的墨迹图，让幼儿对它加以解释。

(二)托兰斯的创造性测验量表

托兰斯于1966年编制了由12个分测验构成的三套创造性测量表。[①]

第一套是关于言语的创造性思维量表。由7个分测验构成：

(1)提问题。要求受测者列出他对画中内容所想到的一切问题。

(2)猜后果。要求列出图画事件可能的后果。

(3)猜原因。要求列出图画事件可能的原因。

(4)产品改造。要对一个玩具图形列出所有可能的改进方法。

(5)非常用途问题。要求被试对同一问题做出尽可能多的回答。

(6)非常问题。要求对同一事物提出尽可能多的不寻常问题。

(7)假想。要求推断一种不可能发生的事件将出现的各种可能后果。

第二套是关于图画的创造性思维量表，由3个分测验构成：

(1)图画构造。要求被试把一个有鲜艳颜色的图形贴在一张白纸的任何位置上，说明一段有趣的故事。

(2)未完成图形。被试以几条简单的线条为开端完成一幅图

[①] E. Torrance(1966), *Torrance Tests of Creative Thinking：Norms-Technical Manual*, Princeton，NJ：Personnel Press.

并加以命名。

(3)圆圈或平行线测验。在短的平行线或圆上尽可能多地画出不相同的图画。

第三套是关于听觉形象方面的测验量表,由两个分测验构成:声音意象(sounds and images)和拟声词想象。各种声音刺激都呈现三次,要求受测者分别说出、写出由某种声音所联想到的事物或活动。

二、幼儿创造性学习的教育指导

(一)影响幼儿创造性学习的因素

1. 幼儿创造性的发展特点

研究者用图画、不完全物体图片和墨迹图考察幼儿的创造想象水平,结果发现:4岁幼儿创造想象到达最高水平;5岁以后逐渐下降。同样,托兰斯研究也表明,5岁是幼儿创造性发展的下降时期。

2. 幼儿创造性学习的特点

创造性学习是指,保护和培养幼儿创造性学习方式,强调幼儿学习的主体性和能动性,强调自我建构、自我发现。幼儿创造性学习具有以下特点:

(1)幼儿的创造性学习主要体现在创造性游戏中。游戏的不确定性给幼儿带来了问题,从而使他们获得解决问题和做出决定的能力。

(2)幼儿的创造性学习主要借助于想象来实现。在创造性学习过程中,创造性想象的作用和地位很突出。

(3)幼儿创造性学习受情绪影响大。在创造过程中始终是充满明显积极情绪的,鲜明的情绪是激发幼儿强烈创造需要的基础。

3. 教师的态度

幼儿园能够提供一个安全自由和富有刺激的教育活动环境来培养幼儿的创造性,在这里,教师的态度最重要。教师应具备的特点包括:

(1)教师本身具有创造性;

(2)教师有强烈的求知欲;

(3)创设宽容、理解、温暖的班集体环境;

(4)具有与幼儿在一起共同学习的态度;

(5)注重对创造活动过程的评价以激发幼儿的创造渴望。

传统教育思想中的教师表现出的消极因素包括:

(1)过分追求成功。这使得幼儿过多寻求优异成绩,以获得教师与同伴的承认,削弱了个人的创新。

(2)以同龄人的行为作为楷模,其后果是使幼儿不断修正自己的行为,控制自己,使自己与榜样行为一样,削弱了创造的主动性。

(3)禁止幼儿怀疑和提问。

(4)教师不能容忍幼儿嬉戏的态度,把幼儿的幽默与诙谐看成是对学校纪律与秩序的违反。

(5)对创造行为抱有偏见,把它看成是一种变态行为并进行讽刺和讥笑。

4. 课堂气氛

课堂气氛指课堂教学中所表现出来的情绪状态。开放式的课堂,包括在空间上的灵活性、幼儿对活动选择的主动性、学习材料的丰富性、开展小组活动等。这种气氛有助于幼儿进行批判性探究,发展幼儿的好奇心和冒险精神。

5. 同伴关系

在同伴团体中,幼儿处于一种平等、非权威的气氛中,幼儿之间具有极大的吸引力。有助于幼儿互相模仿、学习对方的创造方法和技巧。

6. 幼儿个人的内在特点

(1)注意的持久性,在创造性学习中,幼儿注意稳定的时间较为持久。

(2)喜欢对事物加以组织、条理化,不能忍受事物间的不协调。

(3)能从不同角度了解事物。

(4)游戏活动前对教师的指导很感兴趣。

(5)幼儿的创造性思维往往有暂时的沉默与犹豫。

(6)对观察、探寻和操纵物体有一种不可遏止的倾向,这种倾向可能就是成人的好奇心,创造发明的萌芽。

(7)喜欢以幻想作为学习与解决问题的方式。

(8)喜欢编故事和作曲。

相反,幼儿不适宜创造性的人格特点有:

(1)胆怯,会导致幼儿害怕失败、放弃努力。

(2)过分自我批评,消极的自我概念、自我无助感使幼儿的思想过于呆板,缺乏想象力。

(3)懒惰,天才来自勤奋,懒惰使幼儿无所作为。

(4)从众,害怕与众不同,易受外界影响,因而倾向于不独立思考,不相信自己独立思考,最后变得唯命是从、人云亦云。

(5)狭隘、人格结构不和谐,难以有所创造。

(6)刻板、固执和偏见使幼儿目光短浅、思想僵化,往往不易接受新事物、新观点。

(7)骄傲,使幼儿观察力的敏感度与思维紧张度降低,缺乏好奇心和上进心。

(二)幼儿创造性教育途径

1. 提供给幼儿自我表现的材料

自我表现的材料是指教师为发展创造性而给幼儿提供的绘画、描图、泥工、绣花、舞蹈等活动材料。开展这方面活动教师应注意[①]：

(1)教师在自我表现材料的活动中应尽量不干预。

(2)教师应理解和尊重幼儿的现有发展水平，以重视幼儿操作活动的过程为主，而不是结果。

(3)教师应给幼儿提供足够的时间和空间，并给予正确的评价。

(4)教师应给有疑虑的幼儿不参与活动的权利。

(5)教师要对自我表现本身进行评价。

2. 创造性思维训练

创造性思维训练的模式有很多种，如威廉斯的创造与精致教学模式、吉尔福特创造思维模式、泰勒发展多元才能的创造性思维教学模式等。[②] 这类教学和训练强调幼儿的自由和创造过程。

对幼儿的创造性思维训练可以在教师指导下进行。具体说来，一方面在幼儿园教学中采用创造性教学形式，如在美术教学时让幼儿填补图形。另一方面每天给幼儿训练题目，促进幼儿在流畅性、变通性和独创性方面的发展。

3. 教师的有效教育

[①] 参见曹中平主编：《幼儿教育心理学》，辽宁师范大学出版社2002年版，第330—332页。

[②] 参见陈龙安：《创造性思维与教学》，中国轻工业出版社，第51—73页。

(1)教育者必须确信每个幼儿都有创造性

幼儿的创新创造就在于他用自己的眼睛、大脑去发现自己不曾知晓的一切。因此,教师应将工作的重点放在激发幼儿自主观察、想象、表达和动手操作上,并以此培养幼儿对生活、对自然以及对社会的探索欲望和精神,为未来创造性发展打下坚实的基础。

(2)确立幼儿的主体地位

在以往的实践中,教师对幼儿活动过程的价值重视不够,对幼儿活动结果评价过严,缺少宽容与鼓励,对幼儿活动过程控制程度过高,常常以自己的主导作用替代幼儿的主体地位,成了幼儿创造性萌发的羁绊,因此解放幼儿,让其用自己的眼睛去观察世界,用自己的语言表达所想,用自己的头脑去思考问题,用自己的双手去感受自然和社会,这些是最重要的。这样成长的幼儿就会具有创造性。

(3)坚持在一日生活中培养幼儿的创造性意识

幼儿学习的是生活经验而不是系统的知识,生活本身就是幼儿园的课程。幼儿园活动、游戏和教育活动都是幼儿创造性教育的途径和载体,不能单纯依赖某一领域教育来培养幼儿的创造性。

问题与思考

1. 影响幼儿创造性学习的因素有哪些?
2. 如何理解托兰斯的创造性测验?
3. 幼儿创造性教育的途径有哪些?

术语及定义

创造性:根据一定的目的,在已有知识经验的基础上,用新颖、独特的方法产生出具有社会或个人价值劳动产品的心理品质。

综合智慧:领悟力,指以新的角度看问题。

分析智慧:通过分析看出哪个方法是好的、有前途的想法,然后利用知识把问题解决。

实用智慧:能够把自己成果表现出来的能力。

主观评定法:由有关专家或专门研究者按照一定的标准,对幼儿创造性进行评价的一种方法。

作品分析法:通过幼儿按要求完成的作品进行定性和定量分析,从而鉴定其创造性水平的方法。

第二十二章　幼儿情商发展及教育指导

> 良好的情商教育在于一种氛围：积极、安全、相互尊重和充满关爱。
>
> ——林言子

第一节　情商及情商的理论

一、情商概述

（一）情商的含义

情商的全称应该是"情绪智能商数"，相对于"智力"而言，指的是"情绪智力"。情商反映了个人管理情绪的能力，包括识别自己和他人的情绪、驾驭情绪、自我控制以及自我激励等情绪能力。情商概念的提出，进一步动摇了智商决定一切的统治地位，使人们认识到一个人成才和成为社会的栋梁，不仅要靠智力因素，也要靠情绪智力。心理学家认为，幼儿是生活在一个情绪的世界里。幼儿情绪智力发展非常迅速，因此关心幼儿的情绪，了解幼儿情绪能力发展的水平和特点，了解师幼互动对幼儿情绪智力发展的影响，具有极为深远的意义。成人自信乐观或悲观的人生观都是在其年幼时形成的。[1]

---

[1]　参见吴忆峰主编：《智商、情商和潜智能开发》，广东高等教育出版社2000年版，第59—60页。

(二)情商概念的产生及其发展

早在20世纪40年代,桑代克就提出了情商智力概念。20世纪80年代,哈佛大学心理学家加德纳在重新定义智力时提出了"多元智力理论",将智力的外延推广到传统智力概念之外,他认为人的智力可划分为语言智力、数理逻辑智力、空间智力、音乐智力、肌体—运动智力、内省智力和人际智力等。内省能力包括对自我情绪状态的认知,而人际智力则包括了了解他人情绪、性情、动机和欲望等的能力,这两种智力可归为情绪智力。

1990年,美国心理学家塞洛维和梅耶提出:"情绪智力是一个人准确评价和表达情绪的能力、有效地调节情绪的能力以及将情绪体验用于驱动、计划和追求成功等动机和意志过程的能力。"[①] 1993年,他们又进行重新界定:情绪智力是区分和调节自己和他人情绪的能力,以及运用情绪信息引导思维的能力。1995年美国哈佛大学脑科学教授、《纽约时报》科学专栏作家戈尔曼(Danier Gelman)出版了《情绪智力》一书,提出了情商(emotional quotient)的概念。戈尔曼著作的出版引起了全世界的轰动。

1997年我国图书市场也掀起了情商(EQ)狂潮。卢佳楣(2002)指出,以上的定义只是情绪智力的外延而不是内涵,即使是外延也没有囊括情绪智力的所有内容。他认为,情绪智力是顺利完成任务的情感活动所必需的个性心理特征。

二、情商的理论

(一)加德纳的人格智力理论

[①] 徐光兴:《情绪智力的测定与训练》,上海科学技术出版社1999年版,第30—31页。

在《心的构造》一书中,加德纳对智力至上主义提出了质疑,认为那种主张智力不优异就不能取得人生成功的观点是错误的。

人的智慧和能力是多种多样的,大致可以分为七大类。其中两类是学习能力方面的智力,包括语言能力和数学、推理能力;艺术家和建筑家显示的是空间能力;魔术师或体育家所显示的是身体运动能力;音乐大师表现的音乐想象能力。剩下两种智能被加德纳称为"人格智能",分别是人际交往能力和内心洞察能力。前一种能力常见于领袖人物身上,后一种能力经常表现在杰出的心理医生、精神分析学家身上。加德纳的"人格智能"说为后来的"情绪智力"理论发展提供了新的依据和思路。以后,加德纳不断充实、完善他的"智力多元性"理论。他提出了"人格智力"的本质,即"认知他人的情绪、气质、动机、愿望等并做出适当应付、处理事物的能力"。而"内省智力"指的是"能够把握自己的情感,辨别自身的情绪变化,使个人具有适应行为的能力"。

(二)塞洛维的"情绪智能"理论

心理学家塞洛维将加德纳的"人格智能"的基本思想进一步阐述,为情绪智力学说奠定了理论基础。人格智能可阐述为五个方面:

1. 认知自己的情绪

这是情绪智能中最基本也是最重要的因素。一个不能认知自己情绪的人,只会淹没在感情的汹涌急流中;一个能够把握、明白自己情绪的人,很少会迷失自己的人生方向,在生活中也会充满自信。

2. 自我情感的调控

妥善地管理、调控自己的情感,首先要认知自己的情绪。不善于调控自我情感的人,会无休止地与自己不愉快的情绪作战;相反,善于调控自我情感的人,即使身处逆境之中,也会奋发而起,有所作为。

3．自我激励的能力

超越自身的喜怒哀乐之情,控制自我的冲动感,是取得成功的一种重要素质。自强不息、自我激励的人,也是一个富有创造力、能承受挫折、可以取得成功的人。

4．认知、理解他人感情的能力

这是重要的人际关系处理能力,是一种人与人之间心心相印的共感能力。这种共感能力是建立在自我情绪认知基础上的,由己及人,对他人所表现、对社会生活的感觉信号能敏感地加以接受。具有这种能力的人可以成为杰出的教师、心理医生或商业家。

5．妥善处理人际关系的能力

人际关系的处理能力是建立在认知理解他人感情基础上、具有妥善处理人际关系能力。大多领袖、社会名人具有这种能力,也是事业成功的基础。

(三)梅耶的"三类型"情绪认知处理理论

梅耶从人格理论出发,将人如何处理自己的情绪方式分成三大类型[①]:

1．自我认知型

这一类型的人能明确地把握自己的情绪变化,妥善处理自己的感情,自我调控能力强,能较早地摆脱不快、忧郁的情绪,保持健

---

① 参见徐光兴:《情绪智力的测定与训练》,上海科学技术出版社1999年版,第31—32页。

全的心理状态和积极的人生观。因此,这一人格类型也可称为"积极型"。

2. 自我埋没型

这一类型的人常常沉溺在自己情感波涛之中而不能自拔,不能认知自己的情绪变化状态。一旦陷入不快、忧郁的情绪中常常不能自控或悲观绝望。因此,这一人格类型也可称为"盲目型"。

3. 自我放任型

这一类型的人能够认知自我情绪的变化,但不能妥善地处理、管理自己的情绪。换句话说,他们只是被动地接受自己的情绪,而不是主动、努力去改变自己的情绪,喜则容易冲动,忧则容易悲观绝望,缺乏积极的调控能力。因此,这一人格类型也可称为"消极型"。

梅耶认为,"自我情绪的认知"是一种对自我内在心理状态的观察、内心反省的能力。自我情绪的认知和自我行为的变化,这两者是不可分的。比如孩子间的争吵打架,大人能制止住孩子的打架斗殴行为,但并不能解除孩子的愤怒情绪。"他抢了我的玩具!"孩子觉得他的愤怒是有理由的,当然愤怒的情绪是不能被制止的。只有当他认识到自己的情绪是在愤怒,愤怒的感情会产生不适当的行为,这种不适当的行为对人对己都会造成伤害,才有可能控制住自己的愤怒情绪。要制止不适当的行为产生的伤害,首先要认识、放弃自己愤怒的感情,这样个人行为的改变才是有效果的。

(四)戈尔曼的情绪智商理论

戈尔曼依据塞洛维和梅耶的"人格智能"的理论框架,来区分"情绪智商"和智力不同,阐述情绪智能理论的全貌。其主要观点包括:

1. 情绪智商和智力不是对立的概念,而是两种异质的能力。决定人生幸福或成功的常常不是智力,而是情绪智商。情绪智商对于人格的成长具有重要的意义和作用。

2. 具有高情绪智商品质的人,有较高的"自我认知",善于运用和表达自己的感情。而不善于调控自己感情的人,容易患上神经症以及出现其他各种心理症状。妥善处理自己的情绪,首先要控制自我的激情、愤怒、忧郁和不安等感觉,学会情绪自我调节的方法。

3. 具有高情绪智商品质的人,能够推己及人,能够正确地认知他人的感情,具有良好的共感能力。从幼儿起就培养儿童的共感能力,能够防止青少年情感失控。而共感能力又能发展和促进儿童的人际交往能力和社会活动能力。

戈尔曼在情绪智商理论中,最重要的部分是对情绪的自我认知,即从自我感情、行为调控开始,然后发展到对他人感情的理解、认知,也就是共感能力。这种认知、共感,归根结底是和一个人的人格能力、社会能力联系在一起的,成为情绪智商的基本根源。

(五)情绪智力的九要素理论

许远理和李亦菲(2000)从两个维度,一是"操作"维度,包括认知、表达和调节;二是"对象"维度,包括自我情绪、他人情绪和环境情绪,[①]形成3×3的二维情绪智力模型,具体是:

1. 认知自我情绪的能力;
2. 表达自我情绪的能力;
3. 调节自我情绪的能力;

---

① 参见许远理、李亦菲:《情绪智力魔方》,北京广播学院出版社2000年版。

4. 认知他人情绪的能力；
5. 表达他人情绪的能力；
6. 调节他人情绪的能力；
7. 认知环境情绪的能力；
8. 表达环境情绪的能力；
9. 调节环境情绪的能力。

第二节 幼儿情商发展的特点

幼儿出生后两年间，各种情绪会在不同时间陆续出现。早期的婴儿就会表达兴趣、悲伤、厌恶和满足等最初的情绪。而后2岁半到6岁则出现其他的情绪，如生气、哀伤、惊讶、害怕，其中如尴尬、害羞、内疚和骄傲等复杂情绪则在出生后第二年或第三年出现，而且与认知发展是紧密联系的。雷威斯等人认为，自我意识的情绪（如尴尬）要一直到儿童能从镜中或照片中认出自己时才会出现；而自我评价的情绪（如害羞、内疚和骄傲），则需要让儿童评估其行为是否为可接受的，需要对自我认知及行为规范有确切了解。幼儿情绪发展的另一个表现就是，许多较大的幼儿开始会隐藏某些情绪（如哭泣和焦躁），以操纵同伴的情绪和保持自己的面子。

一、幼儿情绪自我认知的发展特点

婴儿期的自我知觉能力还是相当薄弱的，他们把自我与外界混沌一体，把其他婴儿哭泣当成自己的行为并跟着啼哭起来。婴儿是依靠情绪方式与外界建立联系的。在教育的影响下，幼儿的自我意识（自我评价、自我体验、自我控制）是随着年龄而发展的，如：情绪自我体验在3岁幼儿身上还不明显，其转折期在4至6

岁,这个时期的幼儿大多数表现出情绪的自我体验。

幼儿自我情绪体验,由与生理需要相联系的情绪体验(愉快、愤怒)逐渐向社会性情感体验(委屈、自尊、羞愧感)过渡并向前发展,又表现出易受暗示性。在幼儿情绪体验中最值得重视的是自尊感。自尊需要得到满足将会使人感到自信,体验到自我的价值,从而产生积极的自我的肯定。

二、幼儿情绪自我处境认知的发展特点

初生婴儿的情绪表现形式较为单调,个体间差异较小。入学前幼儿其情绪表达是很外露的,喜怒哀乐毫不掩饰,高兴了就笑,害怕了就哭,不太懂得掩饰自己的真实情绪。

随着幼儿年龄的增长,由于父母的塑造和指导,幼儿就形成与其所处的社会文化背景所期望的情绪表现形式。幼儿慢慢懂得什么样的情绪表现不受他人欢迎,于是就会避开引起自己某种情绪的情境或掩饰自己的情绪。比如,在幼儿园经常发脾气是不受教师和同伴欢迎的,而胆怯也可能被别人耻笑,动不动就哭就更没面子。

三、幼儿情绪表达的发展特点

麦克尔森认为,情感表达是伴随被感觉到情感而出现脸部、声音和身体活动的可观察到的变化,其性质和特点在很大程度上是受一个人驱力水平、动机状态、价值观念以及其家庭和社会成员的行为和情感所决定的。[①] 幼儿情绪表达已不同于更小的儿童,不再是单纯的个体情绪反应,而是综合了社会文化和他人因素的结

[①] 参见李燕:《幼儿情绪智力的发展与培养》,中国轻工业出版社2002年版,第122—123页。

果。幼儿的情感表达呈现这样的趋势：表达内容是由生物性需要转向社会性需要；表达方式则由表情动作转向言语报告。

卢格认为,儿童的情绪表达包括积极的和消极的两种情况。儿童的积极情感源于爱的体验在家庭中得到充分的发展,然后逐渐延伸到外部世界,诸如玩具、同龄伙伴、陌生人等。霍夫曼等研究表明,学会关心和爱护他人的儿童,显示出较强的情感能力和社会能力,高兴、愉快和幽默等其他积极性情感也会随之发生。儿童的消极情绪,即防御型情感,作为不愉快的表达方式,通常会引起忧虑以及随之引发的个体行为的改变。防御性情感是令人不愉快的,经常被照料者压制着不让表达,诸如哭泣、愤怒、恐惧和焦虑等,容易引发精神疾患等更严重的问题。[1]

四、幼儿情绪延迟满足能力的发展特点

（一）出生到2岁半

婴儿是没有多少耐心的。对婴儿来说,忍耐意味着等待2至3分钟,如果此后他的需要还不能得到满足,他的哭声会越来越大,然后会把刚学到的一点点耐心都忘了。如果成人的反应是及时的、一致的、坚持的,让幼儿相信他的需要将会得到满足。这样幼儿就会信任成人,下次可以等待更长的时间。

（二）幼儿2岁到3岁

这个阶段幼儿是以自我为中心的,缺乏耐心和忍受挫折的能力,习惯于把自己的需要放在第一位。

（三）幼儿3岁到6岁

---

[1] 参见 David Whitebread:《小学教学心理学》,赵萍、王薇译,中国轻工业出版社2002年版,第367—368页。

这个阶段幼儿已经具有初步为等待长远目标而抑制即时满足的能力。当孩子成为群体中的一员时,他自己的需要不论多么紧急也得考虑到其他孩子的需要。幼儿的延迟满足能力在发展,但还不老练,不能持续。

五、幼儿移情能力的发展特点

幼儿移情能力是情绪、认知和道德判断等综合因素发展的结果。国外研究[①]表明,幼儿移情能力表现为:

(一)幼儿能够判断他人的情感并指出相应的情感性质,比如快乐、恐惧和忧伤等情感的认知。

(二)幼儿能够从他人的情感角度出发预测自己的思考和行动,例如幼儿知道小朋友的玩具摔坏了就可能会难过、会哭。

(三)幼儿具有情绪的反应性,能够体验和分享他人的情感,比如幼儿会因为同伴的哭泣而跟着伤心。研究表明,幼儿已经具备了一定的移情能力,特别是对于基础情感之一的"快乐"所产生的移情,而对于诸如"悲伤"、"愤怒"等较复杂、较高级的情绪在理解上有一定的困难。

六、幼儿同伴关系发展的特点

同伴交往对儿童的社会适应性及心理健康有重要影响。

(一)6个月的婴儿

婴儿可以相互触摸和观望,以哭泣来对其他婴儿的哭泣做出反应。

(二)6个月到2岁的幼儿

---

① 参见李燕:《幼儿情绪智力的发展与培养》,中国轻工业出版社2002年版,第132—135页。

幼儿交往的社会性逐渐加强。幼儿同伴交往可分为：一是物质中心阶段，即幼儿之间虽有相互作用，但大部分注意都指向玩具或物体而很少指向其他幼儿；二是简单相互作用阶段，此时幼儿对同伴的行为能做出反应并常常试图支配其他幼儿的行为；三是互补的相互作用阶段，出现一些更复杂的社会性互动行为，对他人行为的模仿更为常见，出现了互动的或互补角色关系，如："追赶者"、"躲藏者"和"寻找者"之类的游戏。

（三）3岁后的幼儿

在游戏中幼儿互借玩具，彼此间语言交流及共同合作逐渐增多。幼儿沟通能力受到社会性发展和语言发展等方面的制约。幼儿开始敢与同伴之间进行会话交往。幼儿之间交往也很容易产生冲突，这是沟通不畅的最激烈的表现形式，多发生在物品的分配或活动机会寻求时。

第三节 幼儿情商的教育指导

一、幼儿情商的家庭教育指导

弗洛伊德认为，早期的经验不但影响着人的身心健康，而且决定着幼儿一生的发展。童年对安全感和不安全感的体验可能影响到成年后的情感状态。家庭教育是奠定幼儿情感智力的基础。

（一）重视与幼儿的情感交流

父母与幼儿每一次小小的感情交流都是对幼儿进行情感教育的机会。幼儿出生后的几周，就会盯着父母的脸看好长时间，然后泛出一个甜甜的微笑，如果你回应一个笑脸，他会笑得更加灿烂。要抓紧机会向婴幼儿输入高级情感，并引导他输出高级情感。早期的交流主要是靠表情、目光、姿势和语气,而不是语言本身。数月的幼儿就会用凝视和头的姿势与成人交流,告诉成人他是否满足、不快或害怕。如果幼儿对某件事情失去兴趣,便会把头转开;如果他不想让你干某件事,便会把头低下。

(二)关注幼儿的情绪变化

幼儿情绪苦恼,有的父母认为只不过是件小事,会采取置之不理的态度,而不是利用这个机会增进同幼儿的情感,或帮助幼儿学会处理情绪问题。父母有时也会安抚幼儿的情绪,但用的办法是小恩小惠,只要幼儿不再伤心或生气就行了。然而,高明的父母首先是认真对待幼儿的情绪,努力了解幼儿苦恼的原因。例如,幼儿生气时,引导幼儿冷静,然后努力帮助幼儿用积极的办法安抚自己的情绪。

(三)善良仁爱地对待幼儿

在幼儿闹情绪时,有些父母通常都是声色俱厉地批评指责或予以惩罚。这种肉体和情感虐待,有可能使幼儿泯灭最基本的移情之心。他们长大后,就会产生抗拒和消极的情感和态度。与此相反,父母如果抓住各种机会鼓励子女关心他人,理解其他幼儿的痛苦,天长日久,在善良仁爱的教育下,幼儿自然也具有移情心。

(四)富有积极意义地"约束"

1. 对幼儿的限制和约束应当合理、清楚。如果可能,应写下并公布这些规定。

2. 幼儿开始调皮时要先警告或提醒,以培养幼儿自控能力。

3. 用表扬和欣赏来肯定好的行为,鼓励幼儿持之以恒。

4. 防患于未然,及时发现并排除影响幼儿的不良因素。

5. 对于幼儿违反规定和限制,不管其是否故意,应立即给予适当的、恰如其分的"批评"。

二、幼儿情商的教育指导

幼儿园是否单独开设一门情绪教育课并不是唯一重要的,关键是怎样进行情绪教育以打动幼儿的内心。教师只有对幼儿的各种情绪有清楚的认识才能控制孩子,才能有意识地对幼儿情商发展起潜移默化的作用。

(一)幼儿情商教育模式

1. 情知教育模式

情知教育模式认为,把"情"与"知"两个客观过程有意识地统一于教学活动中,会收到相得益彰的效果。

2. 情境教学模式

情境教学模式是运用教师言语、情感、教学内容以及课堂气氛和环境,造就一个广阔的心理场,从而促使幼儿主动积极地投入学习活动,达到和谐发展的目标。通过生活情境、实物演示情境、音乐渲染情境、图画再现情境、扮演体会情境、语言描绘情境等途径,创设与教材有关的环境,促使幼儿从感受美到热爱美、理解美。

3. 爱的系列教育模式

该模式把爱国之情的培养在幼儿园阶段具体化,即爱幼儿园、爱小伙伴、爱小动物和爱玩具。这一模式把德育的目标体系、内容体系与情感智力结合起来,具有理论上和操作上的推广价值。

4. 艺术教育模式

艺术教育模式包括审美化课程、审美化教学过程、审美创造活动和审美化教育环境四个方面。运用艺术手段影响幼儿感情的发展,强调艺术与科学教育有互补作用。

5. "赏识—成功"教育模式

赏识教育的具体内容是"八个学会":

学会信任:看到幼儿的长处,欣赏他,以他为自豪。

学会尊重:倾听幼儿说话,并向他请教。

学会理解:和幼儿做朋友,进行心灵沟通,真正理解幼儿的行为。

学会宽容:幼儿出现问题时,成人要进行反思;幼儿有错误时,成人要耐心等待。

学会暗示:利用"比喻"手法,对幼儿悟性进行开导,启发幼儿进行自我教育。

学会提醒:对幼儿的缺点要对事不对人,不能看到缺点就把整个人给否定了,要在不伤幼儿自尊的情况下鼓励他自己改正。

学会激励:每个幼儿都有优缺点,要看到幼儿的闪光点,满腔热情地激励他,使他的闪光点更加扩大。

学会督促:督促不是监视,不是管制,而是在尊重和信任之下的陪伴,要学会陪伴。

(二)幼儿园情商教育要借鉴西方的理论和课程

1. 借鉴西方情绪智力教育的理论

在我国传统文化教育中,情感教育融于传统的道德教育,强调对幼儿毫无保留地关怀,高度重视伦理道德教育。西方国家重视在交往过程中培养幼儿的亲社会行为;我国幼儿伦理价值观念教育实施较早、要求较全、标准较高,对基本情绪的认知教育和对自己情绪状态的认识的研究,与西方有较大差距。英国的夏山学校快乐教育、体谅教育等[①]值得我们借鉴。对于幼儿情绪能力的培

---

① 参见石中英、王卫东:《情感教育》,教育科学出版社1999年版,第114—115页。

养应学习西方先进的理论,重视幼儿自我情绪的认知管理、自我情绪表达及对他人的情绪认知和人际交往能力。

2. 借鉴西方情绪智力的课程

在美国有专门的幼儿情商教育课程,所谓"自我科学"的课程。在日常教学中、在幼儿解决有争议的问题中训练幼儿的情绪智力。如,大班的阅读课上有青蛙与蟾蜍的一个故事:青蛙急于想找正在冬眠的朋友蟾蜍玩,就搞了个恶作剧想让蟾蜍早点醒过来。老师以这个故事引导幼儿讨论,什么是友谊?什么是被人捉弄的感觉?进一步在一系列活动中引入有关自我意识、关心朋友的需要、遭到戏弄的感受、与朋友分享情绪等。

问题与思考

1. 如何理解情绪智力的理论?
2. 幼儿情绪智商的发展特点是什么?
3. 在幼儿园怎样开展情绪智力教育?

术语及定义

情商:"情绪智能商数"或"情绪智力",反映了个人管理情绪的能力。

防御型情感:作为不愉快的情绪表达方式,通常会引起忧虑以及随之引发的个体行为的改变。

自我情绪认知:一种对自我内在心理状态的观察、内心反省的能力。

共感能力:从自我感情、行为的调控开始,然后发展到对他人感情的理解、认知。

第二十三章 幼儿阅读、书写及教育指导

  阅读就是把文字的视觉信息输入大脑,同时也激活音、义信息,对文字进行解码和意义提取。这是一个复杂的认知过程。

——张必隐

第一节 阅读心理及幼儿阅读教育指导

  当儿童在成长中、在学校里开始接触文字,用视觉去识别、理解文字时,就涉及阅读过程的心理机制,即进入阅读心理学的范畴。阅读心理学应用的实践领域是文字教育和阅读教学。

  近些年阅读研究在国外涌现出大量的研究成果,阅读教育在国内也日益受到人们的重视。早期阅读作为幼儿园语言教育的一个重要内容,已越来越引起人们的关注。然而,在现实中,有些幼儿虽从幼儿园毕业,却没有学会的基本阅读技巧,甚至出现阅读困难现象。这就造成了他们与同龄人学习和能力上的差距。难怪有学者提出:阅读能力是幼儿重要的学习能力之一。由此可见,积极开展幼儿早期阅读的研究,寻找优化幼儿园早期阅读教学的途径和方法,对幼儿有目的、有计划地进行系统的阅读指导,培养提高幼儿阅读能力,具有重要的现实意义。

一、幼儿阅读的心理过程

关于幼儿早期阅读的心理过程存在不同的观点。一些学者认为,阅读基本上是一个解码过程,也就是说在书写符号及口说语音之间建立联结。一旦学会这种联结的人就可称为读者。幼儿已经知道了许多口语的意义,因此早期阅读就是为幼儿提供与字音联结的书写符号,在理解文字的信息过程中,建立书写语言和口语之间的连接,从而成为一名真正的读者。另一些学者虽然同意成功的阅读初学者必须学会字音联结,但同时也认为阅读过程比解码过程更复杂。[①] 阅读是从印刷文字中获得意义,阅读理解有两种方式:一是直接理解,指从字的外形特征直接得到意义;二是间接理解,通过以字音为中介来得知意义。

研究表明,幼儿已学会了字的发音,而幼儿的早期阅读是通过字音来得知词义的。在幼儿园教育中,早期阅读就是在幼儿理解意义之前必须让幼儿把熟悉的文字符号转换成更熟悉的口语符号,利用选择性的信息(字形、字音和字义)来加速理解的过程。

阅读的实质是一个解决问题的过程,是幼儿运用已有的图式来解释新的信息,并对信息进行编码和理解的过程。这一过程包括了所有听、说、读、写的要求。我们将书写文字视为表达口语的视觉符号,也可以将口语编码成一系列的文字,通过思考解码其意义。幼儿从书写文字中所获得的意义,通常是幼儿在已经学会说的口语范围内。只有在幼儿日趋成熟时,他们阅读词的数量才会超过所听过的词的数量。

二、早期阅读的教育指导

[①] 参见张必隐:《阅读心理学》,北京师范大学出版社1992年版。

(一) 阅读教学的形式

1. 集体化阅读教学

每一年龄段的幼儿都有一些基本的特征和共性的需求。集体化阅读教学是运用正式的教学形式,对幼儿进行阅读基础课程的教学,是提高幼儿阅读教学效率的一个良好途径。教师可以利用正式的阅读教学让幼儿掌握一些基本的阅读技巧,如:一页一页地翻阅图书、根据画面理解故事内容、掌握一些最基本的认字技巧等。根据规程中的阅读要求,给予幼儿一些基本的故事、儿歌作品等文学作品进行阅读,以此促进幼儿的阅读能力。

2. 个别化阅读教学

开设个人化阅读课程的目的在于处理不同的教学课程,以适应幼儿不同的需求。幼儿发展的差异导致了每一个组别中的儿童有不同的兴趣、学习形态及阅读能力。

个人化阅读教学既不是提供单一的方法,也不是提供一个单一的教学组织架构。相反地,它给予儿童各种书籍,包括课外读物及基本读本。课外读物有许多不同的主题以及在程度上不同,这样儿童就可以选择适合自己学习进度的书籍进行自由的阅读。[1]可以运用一些非正式的听、说、读、写的阅读游戏,在教室里开辟一个图书角或者书写角等,引导幼儿在操作、讨论、大声的朗诵中进行阅读学习。教师可以记录情况,再根据实际情况对具有不同能力的幼儿进行分组,提供相应的阅读材料,让幼儿在与材料、教师、同伴的互动中得到早期阅读能力的培养,从而使不同的幼儿都能

---

[1] 参见林泳海、崔同花、沈毅敏:"浅谈幼儿的阅读教学",《上海托幼》2003 年第 3 期。

在原有的阅读基础上有所提高。

3. 计算机辅助教学

计算机辅助教学（CAI）是一种个人化的教学模式，强调幼儿与电脑之间产生互动。由于电脑有美丽的画面、动态的形象、具体的情节，非常接近幼儿的需求，所以深受幼儿的喜爱。同时幼儿还可以通过电脑阅读给予的正确评判，更清楚地了解自己的阅读能力。

在幼儿早期阅读中，可以充分地引进CAI这一形式进行幼儿的阅读指导。将优秀的文学作品制成CAI软件，根据文学作品的内容设计一些有趣的动画、文字和说明，并配上相应的提问和练习题，让幼儿在键盘上按键回答。如教师在进行童话故事《梨子小提琴》的教学中，通过动画制作，再配上优美的音乐旋律来进行辅助教学，一下子就吸引了幼儿的注意，激起了幼儿阅读故事的兴趣，并让幼儿很直观地理解了故事的含义。教师又设计了一些图文并茂的相关问题，让幼儿根据自己对故事的理解程度在电脑中进行操作练习。

(二) 幼儿阅读教学的具体要求

1. 运用全语言理念引导幼儿自然阅读

一些作家（Holdaway,1986；Smith,1988）建议，在可以一起学习"写"及"说"的情况下，"写"可以（也应该）如同"说"一般自然地习得。他们提倡用自然的或全语言（whole language）的方法来学习书写文字。① 全语言是近年来欲改变语言及读写能力教育的尝试，它是在过去的二三十年间才出现的。在这段期间，语言及语言

---

① 参见崔同花：《幼儿全语言理论与实践》，科学出版社2002年版，第2—4页。

学习的研究(尤其是学习写字)已被当做支持全语言的理论基础。最初,全语言的概念是基于阅读过程的研究。留心这种方法的教育学者以全语言之名强化这个语言教改运动。全语言是一个信念系统,并非是一个严格的方案或一系列的活动。所谓"全",即语言是完整的,不是支离破碎的技能;语言技能和语言策略的学习是在完整的情境、真实的言语实践中形成的,语言经验渗透在全部的课程中;班级学习与儿童的全部生活融为一体。全语言的重要原则(Saracho,1993)是:

(1)语言是不可分割的整体,不可分成拼字、阅读、写字等独立的部分。幼儿是教学的主体,而老师和幼儿一起发展、共同参与教学。幼儿在教学中是一个主动的角色,并使教学对他们有意义。"有意义"就是全语言的关键字。

(2)在全语言中,刚开始阅读时是通过儿童生活中真实的故事、诗、标语以及印刷品来教他们字母及发音。

(3)过程、结果以及内容是一体的。虽然重点在于阅读、写字及了解的过程,但是,结果和造成结果的事件却能解释过程。

(4)教师和儿童主导自己的教育生活。当他们和一个独特的文化及历史环境互动时,他们就有能力去创造课程并解决问题。教与学和整个大环境的价值观息息相关。

全语言教学理念强调要让幼儿采用多种形式和手段,在真实背景下有意识地、愉快地接受早期阅读的教育。全语言是把听、说、读、写视为幼儿生活中的一个统一的、整体的语言经验过程。全语言学习法就是让幼儿运用自然方法学习阅读,就好像学习说话时一样,它的最大功效是使幼儿拥有阅读学习的刺激和机会。

幼儿在日常生活中,常常会感到有沟通的需要,并在沟通的过程中主动地构建了语言知识。在这个过程中,教师可以自然地参与幼儿的阅读,与幼儿在共同的生活、游戏、学习情境中,尝试自然阅读欣赏的乐趣,理解阅读内容的含义;鼓励幼儿去理解文字所表达的寓意;营造幼儿大胆尝试阅读的氛围。

2. 丰富幼儿的阅读经验

(1)图书阅读经验

它包括翻阅图书的经验,学习掌握一般的翻阅图书的方式和规则;读懂图书的内容,学会看画面人物表情、动作、背景以及串联起来发生的事件;理解图书画面、文字与口语对应关系的经验,学会用口语讲出画面内容,或听老师用口语念出画面文字的内容;图书创造的经验,积极尝试自己制作图书。

(2)前识字经验

前识字经验包括懂得文字的具体意义,念出声来,将文字符号、口语符号与概念对应起来。例如:看到"猫"就知道是什么东西,会念猫;理解文字的功用,如:可以将想说的话写成书信,让别人了解里面的意思;了解一些识字的规律等。另外,幼儿开始学习阅读时,也学会一些认字的技巧,其中字的结构分析是一种很重要的技巧。语音学分析是另一种重要的技巧。认字虽然很重要,但却只是刚开始阅读的一部分。儿童也必须很快地掌握字义,能联结书写文字及口说文字,并且能很快把符号转换成观念。

(3)前书写经验

幼儿天生就有书写的需要。根据这一需要,有意识地帮助幼儿积累有关汉字书写的经验。如了解一些书写工具、书写姿势和一些汉字基本的框架等,鼓励幼儿进行任何形式的书写活动,如:

写写画画自己的名字、看到的字,把自己一天中感兴趣的事情记下来等,并以此积累幼儿的书写经验,为幼儿阅读做好准备。

3. 将阅读融入幼儿的生活

研究表明,即使幼儿最简单的阅读过程仍包含大范围的知觉、联想及认知等要素。虽然这些要素有不同含义,但是它们是相互关联的。阅读也绝对不只是一系列的字音联结。幼儿信步走在超市走道时,可以认出并念出包装上的名字,因为在电视、广告中幼儿对这些字耳熟能详。这可能不是真正意义上的"阅读",但是早期阅读似乎就是这个样子;在尝试着从文字中了解意义时,幼儿学会使用许多种方法及线索来阅读。

教师应该了解幼儿阅读方面的知识,创造出一个充满丰富的书面材料的环境,包括老师和幼儿使用过的图表、海报及标语等,引导幼儿学习把口语文字变成书面文字并说出句子。在日常生活中,让幼儿充分感受书面语言,潜移默化地接受有关方面语言知识。

4. 及时对幼儿阅读进行评价

阅读教学评价法,是通过对幼儿进行阅读能力测试,如:阅读准备、阅读兴趣、阅读技巧、阅读效果等,从而寻找出最佳的指导方法。安斯贝彻(Anspache,1986)曾建议教师将观察幼儿是否有好的想象力、语言能力、听力、社会与情绪行为以及学习阅读的兴趣,作为准备度的指标。也可以将幼儿对于印刷品特色、阅读过程及目的、印刷品中文字的特点,以及音位知识,作为评价幼儿阅读准备度的指标(Schickedanz,1982)。[1]

---

[1] Lesley Mandel Morrow(2001),*Literacy Development in the Early Years: Helping Children Read and Write*, Allyn & Bacon, A Pearson Education Company.

研究表明,幼儿阅读成就的取得不仅与成熟度相关,同时也跟特定的学习技巧,像视听辨识力、对出版物熟悉度以及文字名称的认识等有关。因此,教师在引导幼儿进行正式阅读教学之前有必要通过阅读评价,了解幼儿阅读能力的现状,帮助幼儿学会一些阅读的技巧,然后选择一些利于幼儿接受的阅读课程。这是教师指导幼儿阅读,提高阅读教学效率的一个重要方面。另外,幼儿园中总有个别幼儿被认为有阅读学习障碍,如:识字困难、笔画、结构辨认易出错、阅读困难等方面的问题,这种现象是客观存在的。教师可以观察这些幼儿读、说、写的能力,适时适宜地进行早期的介入,耐心地加以鼓励引导,使阅读困难的幼儿也会与同龄人一样体验阅读的快乐,获得成功。

第二节 字词学习的因素及幼儿识字教育指导

字词学习是开展阅读活动的基础,应加强幼儿的识字教育。

一、影响字词学习的因素

字词是由字母或笔画构成的,它是按一定规则和顺序组织起来的有意义的字母串或图形文字。字词究竟具有什么特点使其本身容易被学习呢?或者说,是哪些因素影响到字词的学习呢?

(一)词形

词形特征指字词的外部轮廓、字词长度或笔画数量、开头字母和结尾字母等方面。在阅读活动中(特别是速读时),人们通常只对字词的外部轮廓和内部特征做出迅速分析,而很少(或者说不必要)仔细提取它的每一个特征或笔画。

布鲁克斯(Brooks,1977)发现,加工大小写交替书写的字词(如 SnapSHoT)比加工全是大小写的词慢 30 毫秒。[①] 字词中开头和结尾字母在识别中起主要作用(Oleron & Danset,1963),说明字词的起始字母和结尾字母传递着大量的信息。

对拼音文字来说,字词的视觉加工依靠其外部轮廓和首尾字母就可以较顺利地完成,在一定条件下(如快速呈现、掩蔽、速读),字词识别不一定依赖于对其全部组成字母的学习和分析。汉字和拼音文字属于不同的文字体系,它的整体性占有优势。

周先庚(1929)用省略恢复法研究了半字对汉字识别的影响,结果发现,被试由半字写出整体字的平均正确率为 60%,而保留汉字的上半部有利于汉字的学习。汉字的偏旁多在上部或左部,而写字也总是先写上,后写右。曾性初等(1965)使用了三种省略方法(省前、略后、保框)和六种省略水平(10%,20%,30%,40%,50%,60%)让被试进行恢复语句的实验。结果发现,在语句中汉字得到了较好的恢复。当笔画省略在 30%以下时,三种省略方法几乎保持了 100%的辨认率。随着省略水平升高,汉字的辨认率下降。三种省略方式之间存在显著的差异。保框式省略,辨认效果较好;省后式稍差,省前式最差。这说明,保留字的"形状"有利于汉字的恢复;汉字前面的笔画比后面的笔画似乎携带了更多的信息。这一结论与以英语为材料所得到的结果是完全一致的。

日本学者(Kaiho & Inukai,1982)曾做过一个实验,要求 554 个被试在十个方面评价小学生学习的 881 个汉字,然后用因素分析对结果进行统计,发现下面三个特征在汉字识别中有重要作用:

---

① 参见彭聃龄主编:《语言心理学》,北京师范大学出版社 1991 年版。

(1)直长笔画的对称字与斜短笔画的非对称字;(2)少笔画字与多笔画字;(3)长形字与方块字或圆形字。上述第一个方面与拼音字母的重要特征"外部倾斜"相一致,第三个特征与"高度"特征相一致。因为拼音字母比汉字简单,所以没有与汉字的笔画复杂性相对应的特征。

(二)可音读性与正字法

每一种文字都有全社会公认的统一的标准形体,用这种标准的形体来规范文字的书写和使用就是正字法。不同的文字体系有不同的正字法,如汉字中纠正错字、别字、规定简化字、淘汰异体字;拼音文字中订正拼法、规定大写字母用法、移行规则等。标点符号使用法也属于正字法。

在拼音文字中,符合正字法的词都是可音读的,即具有可音读性,但未必都有意义。比如,"sland"、"bay"就是符合拼写规则,可以音读但没有意义的非字词。通常情况下,这类非词叫做"假字词"。大量实验证明,可音读性与正字法在字词学习中具有重要的作用。

(三)词义

字词是音、形、义的结合体,词义是字词学习的重要变量。当人的眼睛接触到那个字,那个字的意义便很自然地呈现出来,即使他想使它不出来都不行。著名的斯图普干扰实验(Stroop effect)便可说明这一现象。1935年斯图普给实验组被试呈现一些颜色词,这些颜色词是用不同颜色的墨水书写的。例如"红"(red)这个词用蓝色墨水书写,"白"(white)这个词用绿色墨水书写。被试的任务是读出墨水的颜色("蓝"或"绿"),越快越好。结果发现,实验组的阅读时间比控制组要慢得多。后来研究者用不同文字、数字做刺激也发现了同样现象。这类实验表明,词的意义不可避免地要影响到知觉,字词学习时,词义的到达是自动化的、不可控制的。

词的意义非常复杂,它分为词汇意义和语法意义两大方面。在词的意义中,除了它所表现的概念以外,还包括其他一些成分,即感情色彩、风格特征、某些补充的观点和各种联想等。因此,不同的字词其意义的丰富程度是不同的。从20世纪50年代以来,语言学家和心理学家共同研究了这些问题。1952年,诺布尔把格莱兹(Glaze,1928)的联想值概念扩充到真字词的研究,把意义定义为刺激与反应之间的关系,人为字词意义的差别可以用意义值这个概念来表示。所谓意义值,是指在一定时间内(通常为一分钟),对某一词联想的词汇数量的平均值。单位时间内,某个词引起的联想词越多,该词的意义值就越大。许多心理学家以词的意义值作为指标研究了词的意义在成对联系学习、字词再认、回忆等作业中的作用。

台湾心理学家叶重新和刘英茂(1972)测量了意义值等因素对汉字认识阈的影响。实验考察了意义值、笔画数、组合方式及字形四种因素,将四个因素按不同层次组合成72个汉字,并用速示器呈现,用极限法求得名词的学习阈限的平均值。结果发现,意义值及笔画数对识别阈限有显著影响,而词的组合及字形对识别阈限影响不显著。

(四)词频

词频是指某个词在书面语言中,通常是在报刊、杂志、教材中的使用次数。从这个意义上讲,它是一个客观变量。但是,每个人对同一个词又有不同的经验,熟悉程度不尽相同,因此,相对于频度的总体指标而言,它又是一个主观变量。彭聃龄等人(1987,

1988)用汉字进行的实验也获得了类似的结果。在命名任务中,给被试呈现使用频率高低不同的单个汉字,让他们读出来。结果发现,成人对单个汉字进行命名的反应时间与汉字使用频率的对数成正比。

(五)语境或上下文

任何一种语言交际活动都是具体的、在一定的时间和空间里进行的,或者说都离不开什么人说、对谁说、在什么时间说、什么场合说以及说到什么事情等,这些使用语言时的环境就是通常所说的语境。语境通常分为两种,即狭义语境和广义语境,或称为小语境和大语境,前者指书面语的上下文或口语的前言后语所形成的语言环境,后者是指语言表达时的具体环境(既可指具体场合,也可指社会环境)。心理学上所说的语境通常是狭义语境(小语境)。

20世纪70年代以来,迈耶等(Meyer et al.,1971,1974,1975)用两种很有趣的方法研究了语境对字词学习的影响。前一个相关语境词的语义促进了后一个词的音读加工,导致了目标词语音表征的快速激活。这种效应叫做语义启动效应。Meyer等人给被试呈现下列成对的刺激让被试做词汇决定:

Nurse——Doctor(词,有意义联系的词)

Bread——Doctor(词,无意义联系的词)

Wine——Plame(词,非词)

Plame——Wine(非词,词)

Pable——Reab(非词,非词)

非词是通过随机变化词的一个字母得来的(如 Read-Reab)。呈现方法也是每对词连续呈现,每次只呈现一个。被试的任务不是音读,而是判断每个字母串是词还是非词。实验发现,如果呈现的是两个词,这两个词又有意义联系,被试对第二个词的判断时间比两个词无意义联系时的判断时间显著短(约快40至50毫秒)。这一结果再次表明,语境词的语义导致了目标词的语义表征的快速激活,促进了对字词的识别。

感觉信息和非感觉信息之间是相互作用的,它们共同影响着字词的学习。语境信息能够弥补感觉信息的不足。1975年,迈耶等人把上述两种实验方法做了改进。他们用随机形式排列的点子作为视觉噪音来降低第二个刺激的清晰度。实验发现,当第二个刺激与第一个刺激有意义联系时,无论是命名任务还是词汇判断任务,噪音的影响都会降低。这表明,噪音所衰减的感觉信息量由相关语境所提供的非感觉信息弥补上了。

(六)情绪状态等主观因素

麦克基尼斯研究了情绪状态对字词识别的作用。给被试快速呈现一些词,有的是中性词(如苹果、河流),不能引起情绪反应;有的是情绪词(强奸、阴茎),会引起较大的情绪波动。要求被判断所呈现的刺激,并用心理电流计记录被试情绪反应。结果,被试对情绪词的反应阈限较高。实验认为,存在一种以"知觉防卫"机制形式出现的焦虑回避反应,保护被试不受关键词中令人不快的含义侵犯。

二、幼儿识字的教育指导

(一)识字教育应受到重视

1. 目前识字教育在幼儿园没有受到足够重视

1952年中央教育部颁布《幼儿园暂行规程》,明确规定幼儿园"不进行识字,不进行测验"以后,识字教育一直作为一个尘封的课题在幼儿园无人涉足。但是,亚洲汉字文化圈的其他国家和地区多对幼儿进行早期识字教育。

现代社会随着幼教领域所涉及范围的不断拓展,许多的专家学者又以新的观念、新的角度去观察中国的汉字,引起愈来愈多的人的重视和探索。1996年6月1日,教育部开始实施《幼儿园教育指导纲要(试行)》这个学前教育的指导性文件。该《纲要》中涉及识字教育的有两条:"培养幼儿对生活中常见的简单标记和文字符号的兴趣";"利用图书、绘画和其他多种方式,引发幼儿对书籍、阅读和书写的兴趣,培养前阅读和前书写技能"。[①]"前阅读"的说法没有把识字问题明确地提出来,这是令人遗憾的事情。

可以说,识字教育是中国传统文化的精粹,应该是中国的第五大发明,[②]理应受到重视。另外,幼儿园的识字教育受到忽略,这是与现代心理学对早期儿童语言认知的研究成果相违背的。

2. 识字教育可促进幼儿的智慧发展

识字教育是人类文化教育的遗产之一,古今中外皆有之。控制论的创始人维纳3岁时开始识字,4岁大量阅读;德国著名诗人歌德也是4岁就开始读书识字的。识字教育在我国源远流长,积累了丰富经验。不少名人都是从幼年开始识字的:李白5岁诵六甲;白居易在6岁就能作诗;郭沫若3岁识字,7岁作诗。

1982年5月,心理学家查德·林博士在英国《自然》杂志上发表了一篇文章,震动了世界。他们对英、美、法、德、日五国儿童进行智商测查,结果是:英、美、法、德四国儿童平均智商都是100,唯独日本儿童智商为111;在英、美、法、德各国100名儿童里,智商

[①] 参见中国学前教育研究会:《中华人民共和国幼儿教育重要文献汇编》,北京师范大学出版社1999年版,第420—430页。

[②] 参见安子介:《解开汉字之谜》,(香港)瑞福有限公司1991年版,第2页。

达130的各国都只有2名,唯独日本有10名。科学家们最终得出日本幼儿智商高的原因是:他们从小就学习汉字。

科学家们又对日本儿童智商做了详细测查:6岁入小学时,没识汉字幼儿的智商平均也是100,同欧美四国幼儿的智商一样;5岁开始学汉字,入小学前学1年,智商可达110;4岁开始学,入学前学2年,智商可达120;3岁开始学,入小学前学3年汉字,智商可达130以上。

为什么识字能促进智力发展呢?安子介先生和郭可教先生在《汉字科学的新发展》一书中指出,拼音文字主要是音码在大脑左半球上发生作用,而汉字是形码、音码、义码在大脑两半球上同时发生作用,所以拼音文字可称为"单脑文字",汉字可称为"复脑文字"。针对国内外种种有关汉字认知与大脑两半球关系的不同看法,郭可教先生对正常人进行了实验,结论依然是:汉字认知具有"复脑效应"。汉字的表意性、方块性最适宜于幼儿整体模式识别和自然记忆能力极强的认知特点。所以对幼儿进行科学识字教育,不只是有利于右脑开发,而是有利于大脑左右两半球的协调发展。

幼儿识字后求知兴趣大大增强,他们都喜欢寻找一些图书看。开始时断断续续地读,似懂非懂地看,当掌握一定数量文字后就开始阅读。在阅读中语言迅速得到发展,能背儿歌、童谣、复述故事。由于语言文字是思维的工具,幼儿在语言发展的同时思维能力也相应得到发展。

(二)幼儿园识字教育

1. 利用汉字字形的特点

汉字是我们中华民族的文化瑰宝,为了加深幼儿对文字意义的理解,可以编讲象形文字的故事。如认"木"字,先出示木字背面的图画和古代象形文字,讲述从图画到文字的故事,幼儿在听故事中,认识了"木"字。由此幼儿识字兴趣被激活了,很快能认识了许多象形字:山、水、石、土等。还可指导幼儿进行自编象形文字故事,如"一人在地里种田累了,来到树荫下靠在树桩上休息,人木相靠就是休息的'休'字"。在编讲文字故事中发展了幼儿的思维想象以及创造能力,加深了对文字意义的理解。

教师系统化地介绍汉字,使幼儿对汉字结构有一个明确的了解,初步感受汉字的造型特点。例如:学习偏旁"氵"可分几个步骤:一是教会幼儿认读汉字:海、浪、汗、泪、沙等,使幼儿知道以"氵"为偏旁的汉字均与水有关。二是使幼儿根据"氵"的字结构进行发散性思维,归纳、复习多种汉字。三是让幼儿体验与汉字接触的快乐情感,采用字与画结合的直观设计,启发幼儿想象。问幼儿:"你还见到哪些字有'氵'?"幼儿说出除了课堂上出示的"海浪、流泪、出汗、橙汁、洗澡"等词外,还想出了"泽、江、河、洋、沈、洁"等字。幼儿表现得兴趣盎然,显示出汉字对于他们的吸引力。

2. 识字与阅读相结合

从语文学习要求看,掌握 2000 个汉字可以基本学会阅读。幼儿在幼儿园阶段的识字量是多少呢? 综合各类研究,至少是 500 至 600 字。实验证明,250 至 500 字之间,幼儿最易混淆,是一个"关口"。4 至 7 岁是幼儿阅读兴趣的关键期。幼儿的兴趣主要来源于直接经验,但直接经验受到生活环境的限制,阅读可以帮助幼儿突破这一限制。在阅读中既扩大了幼儿的知识面,又可强化幼儿对字词的理解。

3. 幼儿园开展识字教育的有效途径

(1)创设有文字的阅读空间

汉字是图案和蕴意巧妙结合的文字,幼儿看汉字就像看一张简单的画。日常生活中小朋友在看图画书的时候会对汉字加以猜测,有时几个人在一起争论,有时干脆跑来问老师:这是什么字呀?所有这些迹象都表明,幼儿内心深处具有对汉字的强烈探索和认知欲望,因此要为幼儿创设一个有文字的阅读空间。

(2)游戏识字

汉字是一种抽象的概念符号,如果是单一识字会感到枯燥,所以识字应与幼儿自发自愿的游戏结合才能取得事半功倍的效果。如:制作多套识字扑克、印章、大小字卡、棋类,进行图文匹配游戏等。

(3)生活识字

生活识字包括:一是创设识字环境,开始学习时就在各游戏角贴上了不同的汉字,引导幼儿进行观察,让他们知道有了汉字标记。二是利用生活习惯,将文字认读和识记渗透到幼儿具体、真实的生活中,如:在漱洗室墙壁上贴着字条"我们爱清洁",或儿歌"哗哗流水清又清,洗洗小手讲卫生,伸出手儿比一比,看谁洗得最干净"。

第三节 早期书写及书写教育指导

文字是人类文明传承的工具,无怪乎当看到幼儿们拿起笔在一张张白纸上从"任意驰骋"的天马行空到"跃然纸上"的篇篇作品,大人们要欢呼雀跃了。但在学前期的语言教育领域,与阅读、听说教育相比,书写教育却一直受到忽视。普遍的担忧是,由于书写是一项对小肌肉动作、手眼协调、注意力、思维等综合要求较高的活动,对正处于身心发展的学龄前儿童来说恐怕难以胜任;而且进入小学进行的书写教育才是正规的教育活动,因为书写在笔顺、拼写等方面都有比较严格的要求。而学前期幼儿的书写具有自由松散的特点,会对学龄儿童按笔画书写带来一定负面影响。

然而研究表明,随着幼儿年龄的增长,其读写经验逐渐增多,读写能力逐步增强。幼儿后期即具备了读书、写字的教育基础。反对学前儿童进行书写活动的观点实际上是来自于成人的一种主观想法,脱离幼儿书写发展实际状况,仅将学前期看做小学教育的准备阶段。本节将对有关书写的问题进行讨论。

一、早期书写的概述

(一)早期书写的含义

幼儿的早期书写与"真正的书写"不同,2至5岁幼儿所进行的模拟书写尤其如此。它经常掺杂着潦草的笔迹、奇怪的线条和随意安排的可识别的字形,这些书写作品往往与特定的场景结合在一起,通过幼儿的口头解释才可被阅读和理解。这种早期的作品并不是语言的替代品,更确切地说,它是语言的伴随物,是一种扩展和精心的阐述。在此基础上,幼儿才开始逐渐地独立写出能跨越距离和时空的作品。幼儿的书写含义主要包括以下几个方面:一是书写的功能、使用和目的;二是书面语言的形式和特点;三是书写的过程。幼儿应了解书写可以做什么,尤其是如何书写;应懂得书写是什么样子,即它的独特拼写和作品的不同形式;还应懂得如何书写,如何在环境中尝试书写。为了更好地了解早期书写的含义,下面对早期书写与涂鸦、绘画进行简单的比较。

(二)早期书写和涂鸦

大多数幼儿在18个月时就能拿起笔在纸上乱写、乱涂、乱画。

幼儿最初书写的东西具有随机性,水平也参差不齐,反映其缺乏良好的协调和控制能力,主要以涂鸦为主。幼儿随协调和控制能力的发展,可以写画形状和图案,如:线条、点和圆圈等,也算得上是书写或绘画作品。幼儿早期书写作品类似于涂鸦。

幼儿往往从开始胡乱书写到有意识地模仿书写,经常在看见大人写东西后尽快去模仿,并且这时写的东西要比其他任何时候更接近实际。幼儿从涂鸦到有意识书写的年龄取决于他们对书写语言的运用,以及成人或同伴对其"作品"的反应。成人或同伴对其"作品"显现出兴趣和热情的时间越早,幼儿开始有意识书写的年龄就越早。

(三) 书写和绘画

就幼儿而言,书写与绘画是紧密联系在一起的,表现出同等重要又相辅相成。幼儿将绘画和书写结合起来的方式有多种,甚至早期的书写就是一种绘画。那些初学书写的幼儿经常在书面文字中夹杂图画来表达思想。幼儿早期书写经验主要集中在绘画上,这是因为绘画比书写更得心应手,更容易控制。例如,国外一项研究,乔茜6岁时编了她的第一个故事——有四个颜色鲜艳的人物画像,每一个人物头上都有一块解说词,上面分别写着四个成年人的名字。在这幅画的下面,乔茜写道:"他们正在路上走。"

二、国外、国内对幼儿书写的研究

(一) 从理论发展的历史看幼儿书写的可行性

传统的阅读"准备度"概念,来自于20世纪早期的格塞尔(Gesell)的发展成熟论,强调成熟是阅读准备度的先决条件。这个观点认为,幼儿读写学习应具备必要的技能,遵循一定的标准,在成熟的基础上,在一定时期突然开始学会书写,因此需要等待幼儿的成熟时间。①

　　20世纪五六十年代,认知发展研究以及关键期概念的提出使等待成熟的观点受到质疑,有关读写准备的课程与教学即转向积极的方面:内容包括听觉的辨别与记忆、视觉方位的辨别与记忆、字词辨认、眼手协调,以及学习其他一般感觉运动和认知的技巧,如:区分语音、字形和字义、认识部分和整体的关系等(Robison & Schwartz,1982)。总体来说,传统读写教育倾向于行为主义的教学模式。其假设是,感觉运动技巧和一般认知技巧都可以转换成读写技巧,即幼儿需要接受一系列与读写有关的感觉运动和认知技巧的训练,才能习得读写的能力。然而这方面的相关证据却很少。

　　当代兴起的"读写萌发"(Emergent Literacy,简称 EL)理念,最早由克雷(M.Clay,1966)在他的博士论文萌发阅读行为(emergent reading behavior)中第一次使用。② 这个理念从幼儿早期读写能力发展出发,打破了传统语言教学的"准备度"对读写教育的束缚,认为幼儿学习书写和学习口语一样是一个自然发展的过程。幼儿从日常生活中接受文字刺激,并主动地进行假设、验证、发明和建构与文字有关的读写知识,从而自然地促进幼儿读写能力的发展。读写萌发将读和写视为一体,强调幼儿在读写过程中是一个主动学习者和建构者。读写是在真实的生活情境中逐渐发展起来的,是个体与环境互动的过程,幼儿在此过程中寻求文字使用的意义。

　　由此可见,从发展成熟论的等待到行为主义的训练,再到"读

---

　　① 参见黄瑞琴:《幼儿的语文经验》,(台湾)五南图书出版公司1993年版,第66—71页。

　　② Jaoan Brooks Mclane & Gailian Dowley McNamee(1990), *Early Literacy*, Clay, *What Did I Write?*, Harvard University Press.

写萌发"观念的自然书写,表明:在自然情境中早期读写教育符合幼儿的自然发展的状况,是重要的也是可行的。

(二)国外实验研究:幼儿书写发展的特点

根据国外研究,幼儿书写发展的特点(Bums & Temple,1988)表现为:

1. 幼儿通常都很主动地学习写字。

2. 幼儿必须在有意义的环境中使用语言和文字才能学习写字。

3. 幼儿学习写字是借假设、尝试和逐渐修正有关语言运用和书写系统的规则而学会正确的写字方式。

4. 幼儿能开始使用正确写字方式,通常并非是直接教学的立即结果,而是逐步地理解学习过程。

5. 幼儿在学习写字时,必须有机会配合自身不同的需要和目的,有意识地使用和发挥语言文字的功能。

6. 书写语言是很复杂的,没有人能完全地描述和说明其规则和内涵,因此无法给予幼儿十分明确的说明和解释,而主要是幼儿运用自己的力量去学习。

由于学前儿童生理和心理处于特殊的发展阶段,其书写发展也具有自身的特点。了解这些特点是我们进行学前期书写教育的基础和依据。

(三)国内研究:早期儿童书写的发展特点

为调查幼儿汉字书写的现状,找出汉字书写的发展特点和规律及其是否与幼儿空间分析(space analysis)有关联,林泳海等(2002)对幼儿名字书写的一般发展状况进行了研究,[①]以期为早

[①] 参见林泳海、崔同花、沈毅敏:"3.5—6.5岁儿童写字书写的发展研究",载崔同花主编:《幼儿全语言教学理论与实践》,科学出版社2002年版。

期书写教育提供支持证据。很多幼儿学会正确书写的第一个词汇便是自己的名字,他们对名字的书写比较熟悉,能采用不同的书写方式,笔迹上也有一些变化。因此通过对幼儿名字书写的研究,可以了解幼儿书写发展的一般规律。

1. 名字书写发展趋向

幼儿名字书写从3.5岁到6.5岁是在不断发展的。由于汉字是一种图形文字,汉字书写需要一定的空间能力,这一时期书写的发展与其思维发展的象征性特点紧密相连。研究发现,5.5岁儿童近一半能够较好地书写自己名字。

2. 名字书写的笔顺情况

3.5岁和4.5岁幼儿基本上不能按笔顺来书写,一小部分5.5岁幼儿可以按笔顺书写名字。而到了小学一年级这种情况完全改观,这是幼儿随年龄增大、书写技能提高以及教育训练的结果。

3. 绘画技能与名字书写的关系

幼儿绘画技能水平比起书写技能表现得更好些,说明书写是一种比绘画更困难的活动。幼儿的文字书写经验不仅涉及认知技巧,而且它本身就是一个复杂的社会心理语言活动。幼儿写字反应呈现出情感、知识、沟通和创造性的个别差异。借助于绘画和文字的想象力和读写萌发的经验,幼儿才能够对文字书写有很好的理解。

总之,幼儿书写作品在内容上反映出他们对中国文字特质所做的各种假设与发明,而在形式上逐渐趋向传统的规范,大多数幼儿的书写形式接近中国文字结构。即使非正确的错别字,也在外形上近似。5.5岁幼儿一部分可以规范书写,6.5岁大部分幼儿能做到"正确规范"。在学前期进行相应的书写教育是以幼儿认知发展特点和幼儿书写现状为基础的,也是可行的。

三、早期书写教育的问题及教育指导

(一)幼儿书写教育存在的问题

1. 书写笔顺问题

是否要求幼儿一开始就按笔顺书写是汉语书写教育中一个有争议的问题。幼儿在学前阶段的书写处于一种自然状态,不能过分强调笔顺,否则将与幼儿认知发展相矛盾,但小学书写教育却对笔顺有了较为正式严格的要求。幼儿书写是一种复杂的空间探索活动,书写历程对幼儿认知发展与求知功能非常重要,幼儿书写教育中是否应当包括笔顺指导,这是一个值得思考的问题。

2. 早期书写教育是鼓励还是禁止的问题

有关教育部门负责人不太提倡幼儿过早识字或写字,甚至对此表示反对。小学教师对幼儿不能按笔顺写字感到不可接受和不能忍受,因为这较难与小学教育接轨。各地区不平衡,有的地方师资较容易在书写教育方面走偏。同时,有的书法家认为幼儿园的一套书写教法是不正规的,他们更是看不懂幼儿握笔的样子。此外,有些家长也持反对意见,因为他们不接受幼儿握笔的姿势和写字难看的样子。这些看法均反映出对早期书写教育的不支持。实际上这是来自成人的一种标准和观点,并未从幼儿书写、写字实际需求和发展出发。

3. 幼儿园书写教法尚待完善的问题

早期书写教育究竟是否应当拿出专门的时间来指导,指导时教师应对幼儿书写有多大程度上的介入,如何针对幼儿发展水平不等而进行区别指导,以及如何在书写过程中使幼儿始终保持一定的兴趣,并将书写与其他活动结合起来进行教学,这些问题均值得教师进一步探索。

(二)幼儿园书写教育指导[①]

1. 幼儿园应当充分认识到对学前儿童进行书写教育的必要性和可行性,激发幼儿对书写的兴趣,采取正面的、积极的态度对待书写教育。

2. 在对幼儿进行书写指导时可采取多种教育手段,如独立写、分享写、交流写等手段,使幼儿的读写经验与实际生活联系起来,让幼儿觉得书写是有意义的,能满足其认知与情感的需要。

3. 应当着力创设富有情境性的读写环境,将其渗入到幼儿的一日生活和各项活动中去,尤其注意与幼儿游戏相结合。

4. 幼儿园应当做好书写教育的宣传和成果展示活动,以期望争取得到包括家长、社区的广泛支持。

(三)家庭书写教育指导

1. 家长应当善于发现幼儿对书写的兴趣所在,在日常生活中给幼儿提供其书写的一点一滴的机会。

2. 家中有许多书写材料,父母或其他成人在家里写字,这对幼儿是极好的示范。应当经常鼓励幼儿写字,并积极指导幼儿书写自己的名字或其他感兴趣的字。

3. 家中的读写事件通常是有意义、功能性的,因为其自然地发生在日常事件中,没有脱离广泛的语言情境,且往往是幼儿自发而起、自我引导的。这时,成人与幼儿的关系应当是合作伙伴,成人并不是单向的教导者,应使幼儿在自由轻松的氛围中习得书写技能。

[①] 参见林泳海、李琳、崔同花、沈毅敏:"幼儿书写与书写教育",《学前教育研究》2004年第3期。

综上所述,早期进行写字教育是可行的也是很重要的。正如高尚仁在研究中提到,书写的增长作用不仅仅在于简单的知觉区别工作和认知神经心理作业,而且也作用于较高等的心理过程,例如:抽象推理和空间关系;书写文字的意义,在于其既是儿童所感兴趣的事情,又能使幼儿在认知上经验一种复杂历程。坦普尔等(Temple et al., 1988)认为,幼儿书写学习和发展过程中,通常都能很主动地学习并学会正确的书写方式。[①]

书写语言是很复杂的事情,是一种发展自我意识和力量的象征。幼儿园和家庭应当充分认识到,早期书写教育在儿童发展中的重要作用。教师和家长应积极探索适宜的教学方法,创设有利于幼儿书写的生活环境,推动早期书写教育理论和实践的进一步发展。

问题与思考

1. 影响字词识别和学习的因素有哪些?
2. 幼儿早期书写发展的特点是什么?
3. 如何对幼儿识字进行教育指导?
4. 如何对待幼儿书写教育存在的问题及教育指导?

术语及定义

阅读:运用已有的图式来解释来自视觉的文字信息,并对信息进行编码和理解的过程。

[①] C. Temple, R. Natyan, N. Burres & F. Temple (1988), *The Beginning of Writing*, Newton, MA: Allyn and Bacon.

字词：由字母或笔画构成的，是按一定规则和顺序组织起来的有意义的字母串或图形文字。

词形特征：字词的外部轮廓、字词长度或笔画数量、开头字母和结尾字母等特征。

正字法：每一种文字具有全社会公认的统一的标准文字的书写形体。

语境：通常分为小语境和大语境，前者指书面语的上下文或口语的前言后语所形成的语言环境，后者是指语言表达时的具体环境（既可指具体场合，也可指社会环境）。

可音读性：在拼音文字中，符合正字法的词都是可以音读的但未必都有意义的这种特性。

假词：如"sland"、"bay"等符合拼写规则、可以音读但没有意义的非字词。

词的意义值：在一定时间内（通常为一分钟），对某一字词的平均联想的词的数量。

词频：某个字词在书面语言中，通常是在报刊、杂志、教材中的使用次数。

早期书写：早期儿童所进行的模拟书写经常掺杂着潦草的笔迹、奇怪的线条和随意安排的可识别的字形。

阅读"准备度"：关于读写教育的一个概念，即幼儿读写学习应具备必要的技能，阅读学习应以成熟为基础。

读写萌发：一种新理念，即幼儿早期读写能力发展是一个自然发展的过程，幼儿从日常生活中接受文字刺激，并主动地进行假设、验证、发明和建构与文字有关的读写知识。

第二十四章　幼儿双语认知及教育指导

双语者具有语言优势,更易于概念形成,且大脑更灵活。

——兰伯特

随着全球化进程的加速,越来越多的年轻父母开始关注幼儿在中文环境下英语学习水平的提高,英语教学低龄化趋势日趋明显。20世纪90年代以来,以课程与教材为核心的外语课程改革从理论和实践的角度为外语教育全面实施素质教育打下了良好基础,其成效有目共睹。在学前教育阶段,越来越多的幼儿园以"英语教育"为特色,引进外籍教师,培训本园教师,开设英语兴趣班,并积极探索英语教学与汉语环境的融合性教学,幼儿双语(英语)学习蓬勃展开。

第一节　双语含义和双语认知的理论基础

一、双语的含义

不同的研究者对双语有不同的界定,如像母语一样熟练地使用非母语语言;交替地使用两种语言;能够用两种语言完成有意义的话语。在这里我们把双语定义为:能够理解和运用两种语言。

二、双语与认知的关系

20世纪60年代以前的一些研究认为,双语对儿童认知的发展起消极作用。60年代以后的大多数研究认为双语能促进儿童某些认知能力的发展,主要表现在:

(一)双语能促进儿童认知灵活性、创造性、概念形成、视—空能力、类比推理、分类技能、场独立性等的发展。[①]

伊恩科·沃勒尔(Ianco-Worrall,1972)、康明斯(Cummins,1978)研究发现年龄较小双语儿童比同龄的单语儿童有更大的认知灵活性;陶伦思(Torrance,1970)研究发现双语儿童在流畅性、独创性和精致性方面胜过单语儿童;迪亚兹(Diaz,1983,1985)研究发现第二语言水平较低的儿童其双语水平的提高对认知能力(视觉和言语能力)或类比推理能力的变化有积极影响;白田(Hakuta,1987)研究发现年龄较小儿童的双语水平对非言语智力的变化有显著影响;小中(Konaka,1997)研究表明双语的水平对发散思维能力有显著的预测作用;理查德利(Ricciardelli,1992)研究表明双语既影响创造力,又受到创造力的影响,这意味着双语和认知之间的关系可能不是单向的,而是双向的相互影响的。

(二)双语儿童表现出更高水平的元语言意识,尤其是表现在语言加工的控制方面

元语言意识(Metalinguistic Awareness)是双语儿童认知发

---

① 参见龚少英:"双语(英语)与认知发展关系的近期研究进展",《心理科学进展》2002年第4期。

展研究的一个重要内容。维果茨基(Vygotsty)[①]和利奥波德(Leopold)[②]都主张双语能够促进儿童元语言意识的发展。维果茨基在《语言与思维》一书中提出"外语促进了更高形式的母语的掌握。儿童学着把他自己的语言看做许多系统中的一个特殊系统,在更为一般的类别上看待它的现象,并且导致他意识其语言的运作"。利奥波德第一个采用日记法观察他女儿成为双语者的过程,发现他女儿掌握双语的一个重要结果是对语言任意性的意识(An Awareness of the Arbitrary Nature of Language),即对任一语言的意识。利奥波德认为这种能力是获得双语的一个直接结果。由此利奥波德认为双语能够促进儿童对语言的客观意识。这一看法与维果茨基的主张是一致的。

伊恩·沃勒尔(1972)研究表明,双语儿童偏好语义,能更好地将语音与语义区分开来。在名称互换任务中,双语儿童能更好地意识到词和它所指代的物体之间的任意性;康明斯(1978)研究亦表明双语能提高儿童的元语言意识,并且能促进对语言输入进行定向分析的能力;叶德兰(Yelland,1993)等的研究同样说明了有限的双语经验就能促进儿童元语言意识的发展。

比亚韦斯托克(Bialystok,2001)从信息加工的角度对双语和元语言意识的关系进行研究,开创了双语认知发展研究的一个新阶段,同时获得了双语与认知发展间的普遍的关系,即双语能促进儿童元语言意识尤其是注意控制的发展。这种加工控制优势具有领域普遍性。

---

① 维果茨基:《思维与语言》,李维译,浙江教育出版社1997年版,第110页。
② W. E. Tunmer, C. Pratt & M. L. Herriman(1984), *Metalinguistic Awareness in Children*, Berlin: Springer-Verlag, pp. 169-187.

三、双语认知的理论基础

(一)双语词汇表征理论

1. 共同表征理论

共同表征理论认为,两种语言的形式分别存储在不同的表征系统中,但是与同一语义表征系统相联结,有共同的语义表征,存储在同一个语义系统中。两种语言在形式层次上是分别表征的,但是在语义层次上却是共同表征的,即两个独立存储的语言形式系统与一个语义系统相联结。共同存储理论的支持者认为,两种语言形式之间的转化可以通过形式层次上的词汇联结进行,又可以通过概念的中介进行。但是,非熟练的双语者两种语言形式的转换是通过形式层次或者词汇联结实现的;熟练的双语者两种语言形式的转换是通过概念中介实现的;非熟练的双语者在表征形式的联结中,二语到一语的联结为强联结,一语到二语的联结为弱联结,二语与概念的联结强度很弱。随着双语熟练水平的提高,二语与概念的联结强度加强。联结方式取决于双语者的语言熟练程度。

2. 独立表征理论

独立表征理论认为,两种语言的语义表征是彼此独立的,它们分别储存在不同的语义系统中,既有各自的形式表征,又有各自独立的语义表征。独立存储理论的支持者认为,人关于世界的知识绝大部分是通过语言来编码的,由不同语言编码的经验不可能完全相同。所以,不同的语言形式、语义分别储存在不同的系统中,语言的形式和语义是不可分割的整体。因此,语言形式的转换必须通过语义的途径,或者说语言形式的转化是通过语义特征之间相似特征的匹配来完成的。后来提出语言形式和语义两种不同形式的表征是可以分离的。德格鲁特(DeGroot)等提出,即使双语者的语义是分别表征的,两种语言形式的转换也可以直接在形式层次上做出。

3. 混合表征理论

20世纪90年代后,为调和共同表征理论和独立表征理论的分歧,学者们提出了混合理论。混合理论认为,两种语言的语义,一部分是共同表征,一部分是独立表征的,其语义表征的方式依赖一定的条件而变化。两种语言在形式层次分别表征,而在语义层次则根据两种语言之间的形态的相似性呈现不同的存储特征。形态相似的部分共同表征,形态不同的部分分别表征。其中一个重要的条件,就是一种语言的词汇及其翻译词的语义重叠程度。如果两者语义重叠程度高,它们就共同表征,否则就独立表征。混合理论对两种语言相互转化的方式的看法与共同表征理论和独立表征理论是相同的,即语言形式的转化既可以在形式层次上进行,也可以通过语义中介进行。

(二) 双语语码转换

在语言使用过程中由一种语言转向另一种语言的过程,就是语码转换(Language Switch),双语者两种语言之间的语码转换机制是双语研究的重要问题之一。近些年来,心理语言学家和认知神经科学家分别从行为层面和认知神经层面对双语者的语码转换机制进行了大量的研究,提出了一些语码转换的理论。

1. 双语语码转换的抑制控制模型

抑制控制对于双语语言加工至关重要,抑制控制模型(IC,Inhibitory Control Model)是由格林(Green)提出的。该模型认为,双语者言语产生中的词汇提取在词条水平上完成,并且与语言标记(Language Tag)的使用密切相关。为了开始某一种语言的交流,说话者决定并选择一个"特定语言图式"(如汉语),抑制其他的语言图式(如英语)。目标语中词汇的选择通过语言标志在词条水平上发生,并且抑制另一种语言的词条而获得。因此,当一个语言"标志"不符合目标语言时,选择的"语言任务图式"就会抑制被激活的词条。在这种情况下,通过抑制不一致的非目标语言控制得以实现。在 IC 模式中,语言任务图式独立于双语词汇—语义系统而存在,竞争和冲突可想而知。该模式认为,为了选择一个语言图式,说话人必须首先抑制非目标语言图式。因此,语言之间的转换需要改变非目标语言的过去的抑制状态,这一过程需要时间的耗损。但是,转换的耗损是不对称的:从弱势语言转换到优势语言比从优势语言转换到弱势语言所花费的时间长。原因在于,抑制优势语言难度更大,需要更多的时间被重新激活。

2. 双语语码转换的耗损机制

语码转换耗损(Switching Cost)最初是在心理学家研究两种不同难度的认知任务进行切换时发现的。心理学家认为,在双语研究中,双语者对两种语言掌握的熟练程度不同,会导致加工两种语言的难度不同,因此在两种语言之间进行转换时,也应该出现转换耗损。双语语码转换耗损的机制主要从两个方面来解释:一是来自大脑词库的内部因素;二是大脑词库的外部因素。研究表明,双语语码转换耗损可能来自大脑词库内部成分的相互作用。

格兰杰(Grainger)和伯维兰(Beauvillain)采用词汇判断任务研究了英—法双语者的语言转换耗损。在实验一中,他对实验中呈现的英语和法语单词进行了控制,对于每个英文单词,在法语中存在词形相似的单词,而且能根据法语的形音转换规则进行拼读,同样对于每个法语单词,在英语中也存在词形相似的英文单词,而且能根据英语的形音转换规则拼读。结果发现,被试在英、法单词之间转换时存在转换耗损。在实验二中,他们选择了一些词形具有语言特异性的英法单词,即对于一种语言的单词,在另一种语言中不存在词形相似的单词。结果发现,语码转换耗损消失了。作者认为,在实验二中,词形的改变导致了语码转换耗损的消失,因此语码转换耗损来源于大脑词库内部两种语言之间相互抑制。[①]

但托马斯(Thomas)和奥尔波特(Allport)的研究得出了不同的结论。他们认为在格兰杰和伯维兰的实验二中,词形具有特异性的单词全部是真词,被试在进行词汇判断时,会很快表现出这一特征,并形成相应的策略来帮助完成任务,而不需要在词汇通达之后再进行真假判断,从而导致被试的反应时变快,语码转换耗损消失。托马斯和奥尔波特在实验中加入一些词形具有特异性的假词,以阻止被试形成策略,并采用了两种词汇判断范式:语言相容(Language-inclusive)和语言排除(Language-exclusive)。在语言相容的范式中,被试需对所有属于英语和法语的单词做肯定反应,而在语言排除范式中,被试者只对英语真词做肯定反应,或者只对法语真词做肯定反应。结果发现,语码转换耗损仍然存在,并不随词形特异性而消失。因此,他们认为双语者的语码转换耗损并不是大脑词库的内部因素造成的。

此外,考斯塔(Costa)等的研究也不支持语码转换耗损源于大脑词库内部因素的观点。他认为双语者在识别单词时,会以相等的程度同时激活两种语言,但是大脑仅选择加工目标语言,不会受

[①] J. Grainger & C. Beauvillain(1987), Language Blocking and Lexical Access in Bilinguals, *Quarterly Journal of Experimental Psychology*, 39, pp. 295-319.

到非目标语言的影响。① 换句话说,双语者的大脑中似乎有一种选择过滤机制,能够从同时激活的两种语言中选择一种语言进行加工,不需要抑制非目标语言。因此,语码转换耗损并非来自大脑词库内部。

四、双语认知理论的教育启示

双语认知理论告诉我们,第一,一语和二语之间的联系是一个动态变化的过程。在非熟练阶段,二语到一语的联结强。随着双语熟练程度的提高,一语到二语的联结逐渐加强。这就要求我们在教学中,要加强一语和二语的联系,实现一语和二语的交叉学习。改变单纯的二语到一语的学习方式,增加一语到二语的学习方式,尽快提高一语到二语的联结强度。第二,双语之间的转化既可以是形式上的,也可以是语义上的,这就要求我们在教学中,要加强二者之间的语音语义,尤其是音译词和对等词的学习。

第二节 幼儿双语学习的价值和特点

一、幼儿双语(英语)学习的价值

(一)早期双语(英语)者的二语熟练程度高于晚期双语(英语)者

脑机能的 fMRI 研究表明,儿童时期开始学习第二语言的早双语(英语)者与成年后学习第二语言的晚双语(英语)者,在处理

---

① A. Costa & M. Santesteban(2004), Lexical Access in Bilingual Speech Production: Evidence from Language Switching in Highly Proficient Bilinguals and L2 Learners, *Journal of Memory and Language*, 50, pp. 491-511.

第二语言时激活的脑区是不同的。"晚双语（英语）者第一语言（L1）与第二语言（L2）的脑区在左额下叶内有差别，L1 偏前，L2 偏后。但早双语（英语）者 L1 与 L2 活动区相重叠。"[①]人脑中维尔尼克区和布洛卡区是负责语言的，这项研究表明，无论是早双语（英语）者还是晚双语（英语）者，维尔尼克区的激活在处理两种语言时差别不大，而在布洛卡区两种语言区的解剖关系与学习第二语言的年龄有关。这说明，学习第二语言的年龄决定了人类大脑处理第二语言的脑区的功能组织结构不同。fMRI 研究也表明，在西班牙语和英语早期双语（英语）者大脑中，第一语言和第二语言激活的脑区是重叠的。两项研究从认知神经科学的角度说明，由于处理第二语言的脑区功能组织不同，晚期双语（英语）者与早期双语（英语）者相比，第二语言的熟练程度是不可能相同的，揭示了成年人学习第二语言为什么远不如幼儿的原因之一。

（二）幼儿期是学习语言的关键期

现代科学研究表明，幼儿期是儿童语言发展能力发展迅速的时期，是儿童增加词汇数量最快的时期，是口头语言发展的关键时期。因此，幼儿期是儿童语言发展的最关键的时期。如果在语言发展的关键期内，儿童未曾得到第二语言的学习和训练，那么在学前期后，儿童语言中枢的调节、控制机制，无论从发音到书写，还是从外部语言到内部语言，都已经形成了与第一语言相吻合和协调的整套控制模式。这时候再接受第二语言的学习就有可能得到事倍功半的效果。

---

① 梁德慧、王晓艳："fMRI、ERPs 技术框架下的双语（英语）认知研究"，《河南大学学报（社会科学版）》2007 年第 4 期。

(三)幼儿具有自身独特的语言学习的方式

幼儿学习语言首先是从听开始学习,不是逐个词地去记,而是整句地去学。这正符合幼儿的学习习惯、学习方式和学习特点。在语法的掌握上,幼儿具有独特的获得语法结构和自动应用组词成句规则的能力。比如,幼儿学习语言往往按照思维的顺序从一个简单的动词开始深入下去,逐步掌握复杂的语言表达,这种方式易于促进记忆,且使之更为牢固和扎实。

由于幼儿具有生理上固有的潜在优势及自身独特的语言学习的方式,因此他们学习第二语言绝不会像成人那样千辛万苦,绞尽脑汁。只要有合适的环境和良好的方法,他们就可以在轻松愉快的气氛中进行卓有成效的学习,学习效率是惊人的。

(四)双语(英语)学习有利于促进幼儿元语言意识的发展

维果茨基提出,双语(英语)能够促进幼儿元语言意识的发展。研究也表明,双语(英语)学习能促进幼儿元语言意识的发展,尤其是在单词意识和句法意识领域。但是,只有当幼儿在两种语言达到一定的熟练程度时,双语(英语)优势才会显现:双语(英语)水平越高,优势越明显,范围也越广。而且,这种优势主要在年龄较小的"双语(英语)幼儿"身上表现出来。随着年龄的增长,这种优势可能会逐渐减弱直至消失。这也正是幼儿期开始学习双语(英语)的价值所在。

(五)双语(英语)学习有利于增强幼儿的阅读能力

来自双语(英语)研究方面的证据表明:双语(英语)者的任何两种语言之间的语音意识都可以互相迁移,如一个汉语—英语双语(英语)者在学习英语阅读时,表现出的语音意识和阅读效能与英语单语者相比具有更大的优势(Bialystok,2002)。这说明幼儿的语音意识并未和语言的具体语音经验联系在一起,而只和抽象的语音表征相联系。

二、幼儿双语(英语)学习与教学的特点和问题

(一)幼儿双语(英语)学习的"准习得方式"

学习语言的最好方式是习得,客观上存在着两大类无意识性习得:一类是"纯无意识性习得",另一类是"准无意识性习得"。由于条件所限,我国大部分幼儿园幼儿双语(英语)的习得方式是一种"准习得方式"。比如,有的幼儿园聘请了以英语为母语的外籍教师来教授英语,虽然从外部条件上提供了幼儿习得英语的语言环境,但其英语教学较多采用鹦鹉学舌式的模仿和机械运作式的重复,教师的反复强化使幼儿在教学过程中大多是以有意识的学习为主,也难以进行以自然的、无意识的获得方式为内部特征的语言习得,更有甚者请以英语为母语的外籍教师全天候组织幼儿的一日活动,利用母语无意识习得的方法来组织幼儿的英语学习,主张英语学习遵循母语习得方式,认为让幼儿暴露于标准语言之下应该足以产生充分的无意识学习,于是乎幼儿大部分时间甚至完全沉浸在英语环境中进行学习。但幼儿放学回家以后接触的环境仍然是母语环境,并不完全具备语言习得的外部环境条件。我国幼儿习得英语的方式是一种近似习得,即"准习得"的学习。

(二)幼儿双语(英语)教学比较枯燥

目前对我国幼儿英语教育的理念与价值取向,已经达成一些基本共识,如学前阶段的幼儿英语教育应当不仅着眼于为小学以后的英语学习打下一定的知识基础,更应当为幼儿一生的学习和发展打下良好的基础。因此,在幼儿英语教育活动中,培养幼儿对英语的学习兴趣应是幼儿英语教育的首要目标。从幼儿身心发展

的特点来看,幼儿阶段的英语学习应以听说学习为主,而不宜进行读写教学。但是,我国部分幼儿园对幼儿的要求过高,他们不仅要求幼儿要会听、会说,而且要求幼儿会写,有的甚至还要求写作文。增加难度后,严重的挫伤了幼儿学习英语的积极性,影响了以后幼儿对英语的学习兴趣。

(三)幼儿双语(英语)教师英语素养较低

由于国情所限,我国大部分幼儿园的双语(英语)教师的母语都是汉语,本身的英语水平有限,学历水平不高,自身的英语素质欠缺,因此,严重影响了幼儿的英语学习水平的提高。而其他国家或地区,比如,加拿大、新加坡或我国的香港、台湾地区,凡是将外语当做"第二语言"学习的学校,其英语教师相当一部分是外籍教师,即这些英语教师本人的母语就是英语。我国外语教师语言水平总体上是不能与外籍教师相比的,因此英语教学的双向交流和语言表达的自由度和准确度在很大程度上也就受到了限制。这也成为我国幼儿学习外语的一大特点,即他们主要是在以汉语为母语而自身的英语水平又有限的英语教师的指导下学习英语的。

第三节 幼儿双语教育指导

幼儿双语(英语)教学的理念已渗入学龄前儿童语言教学模式中,是有利于发展幼儿语言能力的。但如何开展双语(英语)教育,如何使幼儿在第二语言的习得上得到最优化的效果,是我们所关注的问题,不能简单地将幼儿双语(英语)教育等同于教幼儿学习一门外语。开展幼儿双语(英语)教育应注重以下问题的研究。

一、引导教师注重有关双语理论的学习

理论是基础。只有掌握了扎实的理论,才能更好地进行实践。作为在一线从事教学的教师,实践经验是比较丰富的,如果再加上正确的理论做指导,那就会如虎添翼,取得事半功倍的效果。教师在教学过程中不仅要掌握教育教学的基本理论,还要掌握某一领域的具体理论。针对双语(英语)教学来说,要掌握有关双语(英语)学习领域的理论。比如,根据双语(英语)共同表征的理论,在双语(英语)学习过程中,非熟练的双语(英语)者在表征形式的联结中,二语到一语的联结为强联结,一语到二语的联结为弱联结,二语与概念的联结强度很弱。随着双语(英语)熟练水平的提高,二语与概念的联结强度加强。这就提示我们,在教学过程中要加强一语到二语的练习。为什么这样说呢?因为再学习二语的过程中,我们的教法一般是先给出一个二语单词,幼儿进行学习,然后学习这个二语单词所对应的一语的含义。我们的学习过程注重的就是二语到一语,因此二语到一语的联系强,一语到二语的联系弱。这就要求我们在教学中要加强一语到二语的学习,合理地分配学习时间。最好进行一语到二语,二语到一语的交叉学习。

二、努力营造良好的双语学习环境

环境在育人中起重要的作用。幼儿园要按照幼儿学习双语(英语)的"准习得特点",努力创造良好的学习双语(英语)的氛围,让幼儿置身于双语(英语)的海洋,做到校园宣传活动双语(英语)化。

幼儿园的宣传用语、指示语、欢迎词,幼儿园内绿化树的名称,以及包括教师制作的各种标牌、板报、课程表、值日表等都可以双语(英语)化,让幼儿园角角落落成为双语(英语)教育的课堂,让幼儿处处看到双语(英语)。

幼儿园开展的各种活动双语(英语)化。比如,儿童节的双语(英语)歌咏比赛、故事比赛、表演比赛等。幼儿园的校园广播用双语(英语)播放儿歌、童谣、绕口令等双语(英语)节目,营造幼儿听、说的氛围,让幼儿时时听到双语(英语)。

三、创造合适的幼儿双语教学模式

合适的幼儿双语(英语)教学模式可以充分调动起幼儿的积极性和主动性,培养幼儿的双语(英语)学习兴趣。建立合适的双语(英语)教学模式应该从下面几个方面做起:

(一)教学目标和教学内容恰当

按照幼儿认知发展特点和双语认知理论,确定幼儿应该掌握的双语(英语)知识与技能,目标应当尽量生活化、活动化,使每个幼儿全面、和谐、富有个性地发展。

教学内容并不要求千篇一律,更不应当只遵从于某种幼儿双语(英语)教材。教师在了解不同年龄阶段幼儿认知特点的基础上,选择年龄适宜性的教学内容,在幼儿最近发展区内进行引导性教学。幼儿双语(英语)教学内容应当来自于生活,并应用于生活,体现语言学习的真正价值,并使幼儿在学习过程中体验到乐趣。教师在内容选择的过程中应当注意到不同幼儿的差异,材料本身有难有易,对幼儿的要求有高有低,从而激发每个幼儿学习和运用双语(英语)的积极性,实现幼儿双语(英语)教育的根本目的。教师应当敏感地捕捉某些生成主题的教育价值,及时灵活地调整双语(英语)教育内容,在与幼儿的积极对话中提高双语(英语)教育质量。

(二)教学过程适当

在教育活动发起上可以采取按照教师设计的逻辑链顺序发起、围绕一个或几个主题发起、教师和幼儿共同发起、幼儿发起等几种方式。

在不同的双语(英语)教育活动发起的基础上,教师可以采取相应的教育活动组织形式。比如,按照双语认知理论,注重双语的交叉学习,加强一语和二语的联系,加强双语(英语)对等词和音译词的学习,提高双语相互间的联结强度等。

(三)教学方法得当

幼儿双语(英语)教学是一个整体系统,教学活动中学与教的过程也是一个多维度、多层次、多因素的复杂整体,采用单一的教学方法,用统一的步调和要求规范每一个幼儿,是不合适的。因此,要在不同情境下综合使用不同的双语(英语)教学方法来实现双语(英语)教学的高质量。比如,可以采取下列方法:逻辑链方法、话题伞方法、丛林路径方法、角色扮演法、小组研究法等各种各样的方法充分调动幼儿双语(英语)学习的积极性和提高学习兴趣。

此外,还要制定切合实际的教育评价目标等。

四、培养高水平的幼儿双语教师

要想提高幼儿双语(英语)的教育水平,就要造就一支高素质的幼儿教师队伍,幼儿教师不仅要双语(英语)好,还要具备扎实的心理学尤其是幼儿教育心理学的专业知识。幼儿园可以通过实行园本教研、读书式自我培训、专业指导式培训、有效的激励和竞赛机制等几个方面提高教师的业务水平。

幼儿教师一般都比较年轻,他们的上进心较强,在合适的环境下一般都能自觉提高自身素质,以适应幼儿教育工作的需要。通过竞赛措施,使教师有机会展示自己的优异素质是提高教师素质的重要途径。如以学期为单位举行教师的艺术能力竞赛,可以使教师主动加强艺术素质的训练,以提高自己的水平,并争取在竞赛中取得优异成绩;以学年为单位可以组织一些教学技能竞赛和幼教科研能力竞赛,这种竞赛活动对提高教师的整体业务素质作用十分明显。如果结合教师的素质竞赛活动,同时适当辅以奖励措施,效果会更好。

问题与思考

1. 如何理解双语与认知的关系?
2. 双语表征的理论有哪些?
3. 如何认识幼儿双语学习的价值?
4. 幼儿双语学习的特点有哪些?
5. 应在哪些方面加强幼儿双语教育的指导?

术语及定义

元语言意识:是指个体思考和反思语言的特征和运作的能力。

语言的任意性的意识:即对词的语音与其意义间关系的任意性和词与它的指代物体间的任意性的意识。

表征:认知心理学常用的一个术语,指信息在头脑中存在的方式。

抑制控制:也称执行控制,是执行性功能的核心成分,指在追求认知表征目标时抑制无关刺激反应的能力。

图式:是指头脑中对信息的编码表征,包括所有储存在长时记忆库中的信息组织结构,它将存在于我们周围和头脑中的大量信息分门别类,帮助我们以相对经济的方式对这些信息进行加工。

纯无意识性习得:是指语言的学习主要发生在母语或近似母

语的环境中,习得的语言知识是隐含的,并具有实用性。

准无意识性习得:指的是介于有意识和无意识之间的一种习得。有时是有意识的,有时是无意识的。习得的语言既包含隐性知识,又包含明确的知识,同时具有一定的实际表达技能。

第二十五章　幼儿数学认知及教育指导

要理解这个宇宙……就必须首先学会理解语言和构成语言的字母,而它是用数学写成的。

——伽利略

第一节　幼儿数学概念的认知及教育指导

一、数学概念的心理表征

(一)数学概念的心理表征及其特征分析

1. 数学概念的心理表征

数学概念涉及的"概念定义"(concept definition)和"概念心象"(concept image)是不同的。概念心象是指与概念直接相联系的"整体性"认知结构,包括相应的心智图像、对其性质的认识和有关过程的记忆,可直接称为概念的"心理表征"(mental representation)。[①] 心理表征的一些主要特征:

第一,丰富性。个体关于某一概念的心理表征往往包括有多种不同的成分,如:心智图像、有关的性质和过程等。心智图像既

[①] 参见郑毓信等:《认知科学建构主义与数学教育》,上海教育出版社1998年版,第101—103页。

可以是一种直观形象,也可能是语言的或符号的;再者,个体关于某一概念的心理表征又往往包括对某个特例的记忆。

第二,个体性。概念的心理表征从属于各个具体的人,并在很大程度上是因人而异的。如:逻辑型数学家和直觉型数学家是不同的。

第三,相关性。指心理表征的各个成分并非互不相关,而是具有一定的相互联系。

第四,可变性。心理表征并非是某种先验的、绝对不变的东西,而是依赖于后天经验和学习,并处于经常变化之中。

2. 数学概念的理解

对数学"概念的正确理解"即建立"恰当的"心理表征,主要表现为以下两个方面:

第一,所说的心理表征应当正确反映概念的本质。如:把"函数"的概念与解析式图像这两种表达形式过分紧密地联系起来,以致把是否具有解析表达式或能否做出相应的图像看成函数的本质特性,这种做法是不恰当的。

第二,心理表征在新的学习活动或"问题解决"中起重要作用,正确的心理表征会使问题容易解决。

3. 数学家和儿童的差异

数学家和尚不成熟的儿童对数学概念的心理表征是不同的。不成熟的儿童的心理表征表现出如下特点:

第一,分散性和不一致性。指在儿童关于数学概念的心理表征中,各种成分往往并没有能构成一个有机的整体。

第二,僵滞性。指在解题或数学学习活动中,儿童往往不善于在心理表征的不同侧面(或者不同的心理表征)之间进行转换,从而难以找出对于求解所面临问题较为合适的心理表征。

当然,数学家关于抽象数学概念的心理表征与儿童又具有一定的共同点,即心理表征的整合性和统一性,心理表征的各个成分是高度统一、相互一致的。当然,在数学家那里,心理表征的各个侧面又具有较大的可转移性(灵活性),如:由形式定义转移到直观形象,或由直观形象转移到形式定义,等等。

(二) 幼儿数学概念形成的教育指导

抽象数学概念的教学是帮助幼儿建立起恰当的心理表征。为此应注意以下几点:

1. 概念学习以幼儿已有的经验和知识作为基础

幼儿的头脑不应被看成一个"空洞的容器",在其中可以任意地加入所希望的任意东西;恰恰相反,幼儿的学习活动以其已有的经验和知识作为必要的基础。为了帮助幼儿掌握负数的概念,特别是如何去进行包括含有负数的运算,如 $4-10=?$ 以生活中的经验来帮助理解题意。对儿童说:"我有 4 粒花生,一个孩子要10粒,现在我这里花生多了还是少了?""少了多少呢?"幼儿回答:"少了 6 粒"。"直观性"和"经验性"对于幼儿学习负数概念来说,是绝对必要的。考伦特(R. Courant)说,一个人必须牢记,"具体"和"抽象"、"个别"和"一般"这些术语在数学中没有稳定的和绝对的含义。它们主要涉及一个思想框架,一个知识状态以及数学本体的特征。例如,熟悉事物很容易被看做具体的。[①]

---

① 参见郑毓信等:《认知科学建构主义与数学教育》,上海教育出版社 1998 年版,第 108—111 页。

2. 直观形象有一定的局限性

直观形象和经验有具体性和特殊性的特征,因此也有一定的局限性。在极限概念教学中,引进的往往就是数列的极限。"极限"这一概念往往就包含有"不可超越"的含义(如"速度的极限"等);类似地,当用"趋近"、"接近于"等概念来对数列的极限进行说明时,很容易造成这样的印象:作为一个过程,数列的项永远不可能与其极限相等。即使幼儿对数学概念的理解是初步的,使用教学上的直观很重要,也要鼓励幼儿去概括、抽象和演绎。

3. 数学概念从冲突到新的整合

幼儿对数学概念的形式定义与其朴素观念有时会不一致,甚至产生冲突。数学教育就要引导幼儿自觉认识到这种不一致性,通过必要的观念冲突达到新的整合,纠正原先的错误概念。有的幼儿考试很好,但不能解决实际问题,就是这种不一致和冲突的例子。由于已有朴素观念的"(相对)稳定性"(顽固性),幼儿对概念形式定义的学习往往建立在被动接受与机械记忆之上,因此,如果缺乏必要的引导,那么随着时间的推移,所说的整合很可能走向了错误。幼儿对数学概念的认识有时是朴素的,往往在不同认识的水平上产生冲突。教师就需要适时抓住机遇,使幼儿对数学概念的认识产生新的整合。

二、幼儿感知集合的特点及教育指导

(一)幼儿学习感知集合的价值

1. 感知集合是幼儿数认知的基础

卡波(Carper,1942)认为,对数的整体知觉是数认知的基础。整体知觉是认识数量的第一个途径(Klahr et al.,1976)。大部分心理学家都承认,幼儿不会精确计数之前就存在对数的整体知觉。

俄罗斯教育家列乌申娜认为："幼儿最初形成的是关于元素的含糊的数量观念,而后是关于作为统一整体的集合的概念,在这个基础上发展对集合的比较的兴趣和更准确地确定集合中元素数量的兴趣,以后幼儿才能掌握计数的技巧和数数的概念。"[①]

2. 感知集合及其元素是计数的前提

幼儿学会按物点数,正确地说出总数,也就是说,理解某数的实际含义,这才是幼儿初步数概念形成的标志。但幼儿学会计数之前往往经过一个手口不一致的点数阶段。这种还不能把自然数列集合的元素与被数物体集合的元素建立一一对应关系,说明幼儿还缺乏对集合元素的感知,缺乏对两个集合间元素的对应比较,致使学习计数和掌握最初数概念产生了困难。只有先让幼儿对集合中元素的确切感知和学会用一一对应的方法对两个具体的集合元素进行比较,并在比较的基础上确定它们的相等与不等之后,幼儿才开始对计数活动感兴趣,才能建立起抽象的数词与手点的物体间的一一对应关系,从而学会计数,形成初步的数概念。

3. 感知集合及其包含关系有利于掌握数的组成

在自然数的系列中,每一个数都包含在它的后继数里边,即1包含在2里,2包含在3里。在数出一组物体的数目时,幼儿要在头脑中把它们放进一种类包含关系之中。如果不知道最后数到的数包含了全部所数的物体,没有类包含的逻辑观念,就不能把握好整体与部分的关系,因而也就不能掌握数的组成。

数组成实质是总数与部分数之间的等量关系以及部分数之间

---

① 参见列乌申娜:《学前儿童初步数概念的形成》,曹筱宁等译,人民教育出版社1982年版。

的互补和互换的关系。两个相等或不相等的子群又以互补和互换的相互关系统一在一个总数之中。这种总数与部分数关系也可称之为数群与子群的关系。用"韦恩图"可以直观地表示集合的这种包含关系。总之,感知集合及其包含关系有利于掌握数的组成。

(二)幼儿感知集合发展的特点

1．泛化笼统的知觉阶段

幼儿3岁前感知集合,没有明显的集合界限,不是一个元素接一个元素地去感知。例如幼儿在玩积木时,在他不注意的时候拿走几块,他是不会觉察到的。这时他感知的只是一堆不确定的、模糊不清的东西,即泛化的、笼统的。

2．感知有限集合阶段

3岁幼儿已经能在集合的界限以内来感知集合了,但他们还缺乏对集合所有元素的明确知觉,不会注意集合中的每一个元素。如,幼儿给5个娃娃喂水,往往只喂第一个和最后一个,而不注意那些排在中间的娃娃,这说明幼儿把注意力只集中在集合的界限上,从而削弱了对所有组成元素的注意。

3．感知集合元素阶段

4岁或5岁的幼儿能把一个集合的元素一个对一个地摆放到另一个集合相应的元素上,可以不超出集合的界限,逐步达到准确的一一对应,说明幼儿已能注意到集合中元素的个数。另外,这个阶段幼儿还可以不用数数,而用一一对应的方法比较,来确定两个物体组之间的等量或不等量关系,这实际上是对集合中元素知觉的精确化表现。

4．感知集与子集包含关系阶段

方富熹等(1986)对3至7岁幼儿理解类包含关系能力做过实

验比较。① 实验中把三只背着救生圈的小猪并排放着,其中有两只穿着红裤衩,问幼儿:"背救生圈的小猪多还是穿红裤衩的小猪多?"结果,幼儿回答正确人数分别是,4岁为5%,5岁为45%,6岁为65%。6岁幼儿对集与子集包含关系的理解从5岁时的45%上升到65%,说明幼儿对集与子集包含关系的理解是随年龄逐步在提高的。

(三)幼儿感知集合的教育指导

1. 教师要了解有关集合的一般知识

集合有三个特性:(1)一个集合中的元素必须是确定的;(2)一个集合中的元素必须是互异的,例如3以内自然数集合不能表示为{1,2,2,3},其中的"2,2"是相同的,只能作为一个元素;(3)一个集合里的元素与顺序无关,就是说它具有无序性的特性。表示集合常用的方法有列举法、描述法和文氏图(韦恩图)表示法。数与数之间可以进行加、减、乘、除运算,集合之间也存在着运算,即通常所指的交集、并集、差集、补集的运算。

2. 加强集合概念在数学教学中的渗透

集合是现代数学的一个最基本的概念,学习函数、泛函数、概率论、拓扑学等高等数学几乎都离不开集合,甚至整个数学都可以建立在集合的基础之上。20世纪六七十年代国际上兴起的"中小学数学现代化"运动,在教材中最显著的变化就是引进了集合的概念,在现代幼儿数学教学中同样也渗透了集合的概念。在幼儿数学教学中,数量关系、空间关系、时间关系等内容都可以渗透集合的概念。

---

① 参见方富熹、方格:"学前儿童分类初步实验研究",《心理学报》1986年第2期。

3. 利用多种感觉分析器来感知集合

列乌申娜认为,"将不同分析器感受的同类对象(物体或现象、声音、运动等等)的总体叫做集合",就是强调幼儿在运用各种分析器的游戏活动中感知集合的重要性。

三、幼儿数量的认知特点及教育指导[①]

(一)数与量

幼儿生活与数量密不可分,他们其实就是生活在一个数量的世界里。"数"是可以计数的量,用一定的数目来表示事物总数,通常称之为分离量,因为构成它的集合的每一个个体都是一个一个地分开而独立的。而"量"通常是指连续量,相对于分离量,其组成是连续成一体、无法独立一个一个地分开。

(二)幼儿数与量认知特点

1. 皮亚杰的研究

在幼儿数与量概念的发展方面,皮亚杰做了大量研究。首先,有关数(分离量)概念发展,其主要观点为:一是对于数与其他数学概念之真正理解是源于儿童的智力发展,这些概念的发展是独立自发、无人教导的(Piaget,1953);二是数目守恒不变性的能力是数概念理解的先决条件,儿童到6岁半左右就会自然形成这样的能力(Piaget et al.,1952)。所谓数目守恒,是指其数目在排列形式上发生变化但数目不变(Ginsburg,1988)。皮亚杰认为,虽然幼儿在6岁半以前会唱数、计数甚而会做一些简单的加减运算,但是他不具有守恒(conservation)能力,因此都不算是对数目有真正的了解。皮亚杰曾拿一排实物(约六七个硬币、纽扣或糖果)给幼

---

① 参见林泳海:"幼儿数量的认知特点及教学",《山东教育》2002年第9期。

儿看,请幼儿建构一组与这些实物一样多(同数)的东西;然后将其中一排实物拉长或缩短,再询问幼儿两组实物数目是否一样多。从此实验中发现幼儿对数的理解有三个发展阶段:

第一阶段(4岁左右):是对数概念无法理解的阶段,无法运用一一对应关系来建构两组相同数目的物体,通常幼儿焦点集中于以排列出实物的长度是否相同来判定两组数目是否同等。

第二阶段(5至6岁):是过渡时期,幼儿会运用一一对应关系来建构相同的数目,但对于一一对应关系不能充分理解;当其所排出的一一对应关系被破坏(拉长或缩短其中一组实物)后,幼儿就无法肯定两排物品的同等性,即认为二组实物数量不同了。此时,幼儿知觉已经扩展了,有时注意到长度,有时会注意密度,不像第一阶段幼儿经常只注意长度。有时他会坚持认为比较长的那排数目多,因为它比较长;有时却坚持比较短的那排数目多,因为它比较密。

第三阶段(6岁半以后):是对数概念真正理解的阶段,幼儿已能用各种方法建构数目的相同性。例如:用计数或用一一对应方式知道数目的守恒,不管外观安排如何变化。

依上可知,第一、二阶段幼儿深受知觉的外观影响,在进行数量判断时是根据其整体外形(general shape),将分离量看成是连续的形态。

根据皮亚杰研究,幼儿守恒能力的获得是其"去自我中心能力"的结果,它涉及三种逻辑之协调(Ginsburg,1988):

一为相互性(reciprocity):某部分增加了就会抵消(平衡)另一减少的部分,两者都具有补偿作用。例如:水由一个矮宽杯子倒入一个高窄杯子中,水的高度增加,但宽度却减少了,因此二者仍然一样多。

二为同一性(identity):从始至终都涉及同样的数与量,没有增加,也没有拿走任何东西。

三为逆反性(negation):某一改变状态在心里以同等但反向的转换,被逆回到原来状态。例如:水是从 B 杯倒入不同形状的 C 杯中,它可以再回到原来的 B 杯中,回到初始等量二杯水(A、B)的状态。

相互性与逆反思维能力均为可逆性能力(reversibility)的一种。幼儿之所以没有数量守恒概念,大多是由于缺乏可逆性思考能力,无法回到事物本来状态。由于幼儿先决的逻辑结构尚未发展,无法了解数目或算数,在数学上是无能的(Baroody,1992)。进而言之,皮亚杰认为,"数目"与"集合"源起于相同的运算机能,若对某一个无法完全了解则另一个也无法了解;集合逻辑包括了整体与部分的关系,数目也是如此,只不过区别在于数目的组成部分是属同质的单位,加减法理解涉及层级包含的部分与整体关系。总之,数目建构与逻辑发展是共生的、同步发展的。

卡密(Kamii,1985,1989)扩展了皮亚杰有关"数目建构乃结合了类包含(hierarchical inclusion)与次序(order)两种关系"的观点。在"十"系统的建构上,"顺序"乃指 1、2、3、4……在心理上连串成一线之排列;"类包含"意指 1 包含于 2、2 包含于 3、3 包含于 4……的层层包含关系。当幼儿说 8 时,如果理解了数的概念,这个 8 是指所有的 8 个东西,而非仅指最后一个东西,在其心灵上已有层级包含所有的实物。

2. 幼儿数量能力的发展特点

皮亚杰的数目守恒实验受到了不少人的批评。幼儿在守恒实验中往往受到知觉上的误导或干扰,因而影响其判断;事实上,若没有这些干扰,幼儿守恒能力的表现往往比较好。研究者发现,幼儿的数目守恒能力比皮亚杰学派所认定的六七岁要早得多。

有不少学者更进一步地批评皮亚杰所认定的幼儿在数学上是完全无能的看法,如格尔曼和格里斯林(Gelman & Gallistel,1978)说,为正确了解幼儿数学知识,应该重视幼儿可以做的事(what they can do),而不是关注其不能做的事。近年来有相当多的研究表明,幼儿的确有数量方面的能力,对数量概念有一些了解。金伯格(Ginsburg,1989)对幼儿能力表现统称之为非正式算术(informal arithmetic),[1]并认为是幼儿时期最大的成就之一。非正式算术的发展表现对多少、序列、相等、唱数、计数等能力,即数量方面的能力。

3 至 4 岁幼儿已能对少量的实物作相当正确的判断,通常幼儿在不会计算的情况下,其判断是基于直觉的物理外观,亦即两组东西所占的空间大小,其实这是相当合理的策略。一般而言,数量多少(或同等)与其所占的空间大小是有关系的,而 5 至 6 岁幼儿其数量概念就有了较快的发展。

(三)幼儿数量的学习特点及教育指导

1. 幼儿数量的学习特点

(1)自发性与自我引导[2]。幼儿非正式算术多半是自我启动、

---

[1] H.P.Ginsburg(1989), *Children's Arithmetic:How They Learn It And How You Teach It*, Tex.:Pro-Ed.

[2] 参见周淑惠:《幼儿数学新编——教材教法》,(台湾)心理出版社 1996 年版,第 46 页,第 66—68 页。

自我引导的(周淑惠,1996)。幼儿非常喜欢唱数,不间断地"唱数",即使错了也会自我纠正或请教大人,甚至一见到可数的实物就马上计数,重复地练习,乐此不疲。在解决生活中实际问题时,幼儿通过对计数实质的反复思考和直觉,发明了"数全部的"、"往上继续计数"等方面的计算法。总之,幼儿对数量有热切的学习动力和好奇心,并渴望理解周围的世界,是一个活跃的学习者。

(2)建构与发明性。"往上继续计数"与"数全部的"等加法策略,甚至选择性"上增"、"下减"的加减法策略都是幼儿自己发明的,并不一定是经他人教导的。幼儿的数学建构能力令人惊奇。

(3)情境与实用性。幼儿对数量的学习基本上是在自然生活与游戏情境中为解决问题而引发的,与日常生活密不可分。

(4)直觉与具体性。数学是具体的、看得见的、摸得着的、可以数算的,若要幼儿计算想象中的事物就必须寻找替代物。

教学的首要任务就是提供一个丰富且刺激的环境,尽量回应与支持幼儿的兴趣。所谓丰富且刺激的环境包括人为支持、协助,以及与各种具体可数物、玩具、教具的提供。

2. 幼儿数量学习的教育指导

(1)数量教学要多联系幼儿生活实际经验

幼儿数量教学要尽量从生活中取材。金伯格(Ginsburg,1989)指出,将幼儿的数量活动基于具体实物与行动中是有好处的。在缺少具体实物和其他具体经验的前提下,幼儿可能将数量关系和数字运算看成一个武断、无意义的游戏。在幼儿活动室里,要布置各式各样的实物和教具,例如:小贝壳、小石块、纽扣、豆子,供计数用的小动物模型、筹码、小方块积木、套锁小方块(interlocking cubes)、各类型数棒、十进位积木(base-ten blocks)、天平等,都尽量让幼儿操作,以发展数量概念。像自制各式扑克牌卡、点数卡、板面游戏、数字卡、数条等,都可以供幼儿操作与游戏。

(2)重视幼儿解决问题和推理

在幼儿的数学教室里洋溢着与生活有关的、各种各样的数学"情境问题",并充满激发思考的各种问题;幼儿则忙碌着操作教具,与其他幼儿互相讨论、将问题以行动演示出来、在纸上书画等。

(3)鼓励相互交流

幼儿可以发明自己对数量的理解及心理运算方法,因此适宜的课程是鼓励幼儿之间或幼儿与老师之间交流,谈论所学的数学。这种互动会强化幼儿思考数学和理解数学的信念。

在数学学习中,引导幼儿学会社会互动的技巧,避免"放任"和"封闭"两个极端。师幼之间要形成默契和良性互动,教师把学习的权利交给幼儿,让幼儿真正成为数学学习的主人。

第二节 幼儿计数和运算的基本技能及教育指导

一、幼儿计数技能的特点及教育指导

(一)计数的起源与内涵

人类祖先的最初数概念,只不过是一种比鸟类高强不了多少的原始数觉。毫无疑问,如果人类单凭这种直接的数的知觉,在计算技术上就不会比鸟类有什么进步。人类因经过一连串的特殊环境,才学会了一种对未来生活有巨大影响的数学技巧,即计数活动。正是由于有了计数活动,人类才赢得了用数来表达我们的宇宙的惊人成就。

在远古渔猎穴居时代,人们为了记录时间与财产就使用很多种方法进行计数活动,像一对一的堆石法、结绳法,或在树枝、骨头、石板上刻画记号。猎人为了计数有多少张兽皮,就在每张兽皮上割下一小片保存下来。到了农业、商业社会,由于更复杂的生活需要,就发明了1、2、3等自然数的计数系统。可以说,计数活动在人类文明发展史中解决实际问题,对抽象数目概念和数学的进一步发展起着重要作用。

人类为什么要计数?无非是要确定物体的数量,这就是计数的目的。计数需要采取逐一点数的操作手段,最后用某一个数词表示这群物体的数量。计数活动就是一种有目的、有手段、有结果的操作活动,其结果表现为数的形式。幼儿的计数技能是数概念形成的重要手段。幼儿计数过程包括:(1)内容方面,依次说出数词;从集合(物体群)中区分出每一个元素(对象);使每个数词只与集合中的一个元素相对应;说出总数。(2)形式方面,计数活动由手的动作和语言动作两个部分组成,这两部分的动作各自遵循由低水平到高水平、由外部展开向内部压缩的发展过程。

(二)幼儿计数技能的发展及影响因素分析

1. 幼儿计数技能发展的特点

(1)3岁幼儿计数技能尚未形成

吕静等(1984)研究了幼小儿童掌握计数的过程。幼儿早期学习计数一般要经过如下过程:"口头说数——按物点数(点数实物)——说出总数。"这个过程,既是掌握计数活动的过程,又是掌握最初数概念的过程[①]:

[①] 吕静、吕田、王伟红:"在幼儿数概念发生的研究",《心理科学通讯》1984年第3期。

一是口头说数,俗称"顺口溜",是口头按顺序说出自然数的能力。它仅是口头上的唱数,没有手与实物的对应。

二是按物点数,即用手逐一指点物体,同时有顺序地说出数词,使说出的一个数词与手点的一个物体一一对应。按物点数要求儿童做到手口一致,既不重复也不漏数。

三是说出总数,指按物点数后,特别说出的最后一个数词代表所数过的物体的总数量,即回答"一共是几个"的问题。会按物点数不是计数活动的终结,只有说出总数才是计数过程的完结,才能称之学会了计数。说出总数具有重要的意义。

(2) 4 至 5 岁幼儿计数技能初步形成

这个年龄幼儿计数能力基本上得到了巩固,主要表现为:

一是较好地掌握计数活动。在学会计数的基础上反复练习,幼儿的计数能力逐渐趋向巩固,克服了手口不一致的现象,能正确地计数并说出总数。

二是计数范围扩大到 20。4 至 5 岁儿童大部分能正确地点数 20 以内的物体并能说出总数,而且能按指定的数正确取出相应数量的物体。

(3) 5 至 6 岁幼儿能按群计数

按群计数就是计数时不以单个物体为单位,而是以数群(物体群)为单位,如:以 2 为单位计数(双数)就是 2、4、6、8、10。以 10 为单位计数是 10、20、30、40……。按群计数是数群概念初步发展的标志之一,因为数群概念是指能将代表一个物体群的数作为一个整体去把握,而无须用实物和逐一计数确定物体群的数量。这种能力要求具有一定的数抽象水平,才能在没有实物的情况下,理解和运用口头说出的相应数目。可以说,幼儿能按群计数标志其数概念有了飞跃发展。

2. 幼儿计数技能的因素分析

(1)教育及文化背景

幼儿计数技能的发展是环境及教育影响的结果,不同地区和不同的文化背景造成幼儿计数能力的个别差异或地区差异。

(2)计数的对象和计数方式

计数的对象和方式也影响到幼儿的计数活动,表现为:

一是在空间分布相同的情况下,点数物体的大小对儿童计数活动产生影响。例如,把体积约为10立方厘米的玩具动物排成一行让幼儿点数,比点围棋子效果好。

二是物体的空间排列形式对幼儿计数也会产生影响。有规则的空间排列有助于计数的正确。

三是计数活动方式也会影响幼儿计数的水平。例如,幼儿一边从容器中一个一个地取出物体,一边计数,较为困难。

四是同时呈现并继续保持不变的计数对象,较有利于儿童的计数活动;而相继呈现并先后更替计数对象则较难计数。例如,让儿童计数有节奏的敲击声(相继呈现计数对象),成绩不如通过目视点数实物(不变的计数对象)。如果让儿童自己一面击鼓(铃)一面计数,则计数成绩更低。

(三)计数技能发展的教育指导

1. 数觉活动不能代替计数

有学者曾提出过这样一种观点,幼儿在未学会计数之前,具有对小数量物体直接认知(也可称整体知觉)的能力,即数觉。整体知觉是认识数量的第一个途径,是一种无须社会传递的技术(D. Klahr & J. G. Wallace,1976)。这种计数前出现的直接认知小数量物体数目的数觉能力,是否可以作为幼儿掌握最初数概念的主要活动呢？林嘉绥认为,对小数量物体数目的整体知觉是幼儿数概念发展过程中的一种现象,它不是幼儿形成最初数概念的一种主要途径,有两个原因：

一是幼儿直接认知物体数目只局限于小数量的范围。一般只能认识 4 以内的数,再大些数目就要依靠计数了。计数不受视觉广度的限制,一旦幼儿掌握了数的顺序及手口一致对应的计数方法,就能顺利地学习 10 以内甚至更大一些的数了。

二是俄罗斯在 20 世纪初的幼儿数学教育的历史上,相当长的时间里是按照整体知觉的方法进行数教育的,后来这种方法受到列乌申娜的批评,她说："一群物体感知论的拥护者试图给群以这样或那样标准化的形状,以帮助认识它,但是在这种情况下所辨认出的是形状,而不是数量。"

2. 提倡各种形式的计数活动

根据有关研究(Charlesworth,1991)和教学实践的总结,为了提高幼儿计数技能可采取以下措施[①]：

(1)提供给幼儿可以计数的各种各样的物品。如：不同形状、不同颜色、不同属性的物体,让幼儿从中体会数概念并不依赖于物品的具体属性,它是抽象的。

(2)使计数成为幼儿生活和游戏的一部分。如：教学楼的楼梯数、活动室里桌椅数目等。如：在积木游戏中,数数所搭的楼房共由几块积木构成的。让幼儿在经验中对数概念有更深刻的表征。

---

① R. Charlesworth & D. Radeloff (1991), *Experiences in Math for Young Children*, Dilmar Publishers Inc., p.67.

(3)用种种方式计数。如:顺着数、倒着数、单数数、双数数,也可以 5、7、10 等群数,也可使用各种感官,如:目数、听数、触摸数、心里数等。让幼儿充分体会数量抽象的意义和具体的各种表现。

二、幼儿加减运算技能的特点及教育指导

(一)加减运算技能的分析

1. 加法和减法

如果数 a 与 b 都是自然数,在自然数列中的数 a 之后再数出 b 个数来,恰好对应于自然数列中的数 c,则数 c 叫做数 a 与 b 的和,用 a+b 表示,可以写成 c=a+b。求和的运算叫做加法。已知两个数 a 与 b,如果存在一个数 c,使得 c+b=a,那么 c 叫做 a 与 b 的差,求两数差的运算叫做减法。减法是加法的逆运算。

2. 加里培林对运算过程的研究

加里培林在研究中拟定了不同性质运算技能发展的五个阶段:

第一阶段,当儿童在运用物体图像时已掌握了教师教给他的全部运算;

第二阶段,活动还同从前一样,只不过一些运算简化了,因为运算在一定程度上更概括了;

第三阶段,这个阶段特别重要,就是不用直观材料而大声地将运算过程说出来;

第四阶段,儿童不出声运算,说明儿童已经理解,有计划、完整地掌握运算;

第五阶段,儿童不依赖旁人任何提示而默默进行全部必要的运算。

以上反映出加里培林关于儿童运算过程从展开到内化的思想。

(二) 幼儿加减运算技能发展的特点

1. 福森的研究

儿童学习简单加法发展有四个阶段(Fuson,1982):

(1) 全数(counting-all)阶段,即儿童利用娴熟的技能来解加法问题。儿童解 m + n = ____ 的问题,所用的策略是从 0 开始往上数 m 次,然后再从 m 往上数 n 次。6 至 8 岁儿童有 20% 使用这种全数策略。

(2) 续数(counting-on)阶段,即儿童利用计数技能,是比全数更高明的策略。对于 m + n = ____ 的问题,儿童从 m 开始,然后往上数 n 次。续数一个较有效的策略是从大数开始数,儿童从两个加数中较大数开始,然后往上数较小数的次数。

(3) 已知事实(known facts)阶段,指儿童记得很简单的问题答案,他们只是从记忆中提取答案而不需要数,如 2 + 2 = ____ 的问题,儿童直接反应是"4"。

(4) 衍生事实(derived facts)阶段,指儿童利用他们所知的一些加法事实来发现相关问题的答案。卡彭特(Carpenter,1980)观察儿童解 6 + 8 = ____ 问题的过程:6 + 6 = 12,再加 2 等于 14。另外还有儿童推理,"从 8 取出 1,然后给 6,7 + 7 = 14"。这个衍生事实的例子显示儿童能够使用一些已知事实策略,配合加法、减法知识来解决很多问题。

2. 林嘉绥的研究[①]

对幼儿 10 以内加减运算特点表现为(林嘉绥,1994):

[①] 参见林嘉绥、李丹玲:《学前儿童数学教育》,北京师范大学出版社 1994 年版,第 160—161 页。

(1)4岁以前。一般来说,4岁以前的儿童基本上不会加减运算。他们不懂加减的含义,更不会使用"+"、"-"、"="等运算符号,也不会自己动手将实物分开或合拢进行加减运算,但他们却能解答一些与生活实际有密切联系的应用题。

(2)4至5岁。4岁以后,儿童能借助于动作将实物合并或取走后进行加减运算。但这种运算不能脱离具体的实物,而且运算的方法是逐一计数,即通过重新点数总数或剩余数得出结果。他们对于抽象的加减运算如"2加1等于几"不能理解,也不感兴趣。但值得注意的是,4岁以后的儿童已经表现出初步的运用表象进行加减运算的能力。

(3)5至6岁。儿童能够利用表象进行加减运算,在运算方法上出现了逐一加减。他们能将学到的顺着数和倒着数的方法运用到加减的运算中去。多数儿童可以不用摆弄实物,而是用眼睛注视物体,心中默默地进行逐一加减运算。这种加减方法是以第一组物体的总数为起点,开始逐一计数,直到数完第二组物体为止。

(4)5岁半至6岁。随着数群概念的发展,特别是在学习了数的组成以后,儿童不仅能运用数的组成知识进行加减运算,而且运用表象解答口头应用题的能力也进一步提高,并摆脱了逐一加减的水平,达到按数群运算的程度。儿童加减运算方法的进步,实质上反映了儿童在加减运算中思维抽象性的发展。

3. 幼儿加减运算技能发展的一般规律

(1)从实物加减运算到用表象、用符号运算

实物加减是指以实物或图片等直观教具为工具,让儿童进行加减运算。即让儿童根据运算要求,看着实物或图片等直观教具算出得数。表象水平的加减运算,是指运用表象进行加减,

不借助于直观的物体,在头脑中依靠对形象化物体的再现进行加减运算。符号水平的加减运算也称为数概念水平的数运算,是指无须依靠实物的直观作用或表象而直接用抽象的数字符号进行运算。

(2)从口头应用题运算过渡到式题运算

应用题运算要求幼儿根据应用题的已知条件和未知条件进行分析、判断,然后列出算式再进行运算;而式题,只要根据式题中的数字及运算符号直接进行运算。

(3)从逐一加减过渡到按数群加减

幼儿在学习加减运算时,有一个从逐一加减过渡到按数群加减的发展过程。所谓逐一加减就是用计数方法进行运算。幼儿最初进行加法运算时,先把两组物体合并在一起,再从头开始逐一计数,然后说出它们一共是几个。所谓按数群加减,就是指儿童对所说的数或数字已能作为一个整体去把握,从而进行抽象的数群之间的加减运算。儿童从逐一加减到按数群加减的发展过程,正是儿童加减运算中思维抽象性发展的反映。

(4)从加法运算过渡到减法运算

幼儿学习加减运算时,先学会理解的是加法运算,学习减法要难于加法。幼儿最初运用逐一计数方法进行加减运算,即运用顺数和倒数的方法来计算的。减法运算时,得用倒数的方法才能解决。而顺着数容易,倒着数难,同样幼儿学习加法比减法来得容易。

由于减法是加法的逆运算,幼儿用数的组成知识学习减法时,需具备对三个数群关系进行的逆向思维,即将两个部分数合起来等于总数(等量关系),转换成总数减去一个部分数,等于另一个部分数(逆反关系)。儿童掌握数群之间的逆反关系要难于掌握等量关系,所以学习减法难于加法。

(三)幼儿加减运算技能的教育指导

1. 运用实物、半抽象物和符号进行加减运算教学

(1)运用实物

实物加减的教学一般是在教5以内的加减法时进行的,教学中不出现加号、减号、等号,口头也不讲这些符号名称,不列算式,只是借助直观教具,结合口头应用题来分析说明运算过程。

(2)运用半抽象物和符号

让幼儿通过点子卡片等,运用数觉和较直观的形式很容易进行运算。让幼儿认识加号、减号、等号和10个阿拉伯数字符号,教师应讲清符号的名称、意义、读法及在算式中的位置等问题,引导幼儿正确运用运算符号列出算式,巩固练习算式中每个符号及每个数代表的意思,并要求用数的组成知识算出得数。

2. 运用多种感官形式、口头和动作操作学习加减运算

(1)视觉练习、听觉练习和触摸觉练习

如,老师敲小铃,幼儿跟着老师一起敲小铃,请大家算出一共敲了几下小铃。让儿童运用听觉记住声响次数,进行加减运算。

(2)口头比赛练习

如,比赛"争红旗",把儿童分两组,每组一个一个回答山脚下的算式题,回答对的就往上一步算下一道题,错的,由下一个儿童重新算,看哪组先到达山顶,争得红旗。

(3)书面练习

例如,要求幼儿把式题和相应的数用线连起来。教师把写好式题的纸发给幼儿,每人一张,要求幼儿在纸上填写每道试题的

答数。

3. 启发幼儿在生活中学会实用算术

幼儿所创的实用算术是非常具体的,给予的问题必须在其面前配合具体实物,方能解出。根据金柏格的研究,幼儿通常会以手指或手边实物计数来运算。在没有实物可计数时,有些幼儿用手指代表看不见的东西,有些幼儿则大声计数。雷斯尼克(Resnick,1983)认为,幼儿之所以会发明简单的计算策略,是因为运用"心理数线"(mental number line)去表达数目,发展对数目的了解。不管幼儿采用哪种计算策略,成人都要鼓励他、引导他,使幼儿能更快地掌握加减运算的技能。

第三节 幼儿计算和解决问题的策略及教育指导

一、估计和心算的策略

数量的估计和心算都是主要的数学技能。

(一)估计

估计(estimation)这是一种珍贵的数学技能,可帮解题者评估其答案的正确性,有助于解题的自我监控。瑞斯等人(Reys et al.,1982)调查了优秀儿童所使用的三个最普遍估计策略:

1. 改良(reformulation):将数目整化使之较好处理。如 503 + 495 + 486 = ? 可以使三个加数整化为 500,500 + 500 + 500 = 1500,答案大约为 1500。

2. 转化(translation):把加法转化为乘法。500 + 500 + 500 = 1500,转化为 500×3 = 1500。

3. 补偿(compensation):在上题中使用补偿法,得知得数比

1500 少,因为整化为 500 时,加的比减的多。

(二)心算(mental calculation)

心算指在脑中而不在纸上计算的能力。心算的目标是求得精确的答案,而非约略估计(Gagne et al.,1993)。善于心算者和不善于心算者之间有四种策略的差异(Hope & Sherrill,1987):

1. 纸笔心算类比

儿童使用和纸笔一样的方式计算。

2. 分配(distribution)策略

儿童将一个或多个因素转化成一连串的和或差,然后使用加、减、分数或细分法的分配来计算答案。如 $8\times421=?$ 儿童采用下列策略:

$8\times400=3200$

$8\times20=160$

$8\times1=8$,一共 3368

3. 因素分解策略(factoring)

与分配法类似,只是转化为一连串的积或商。

4. 提取策略(retrieval)

不善于心算者大部分依赖"纸笔类比"策略,而善于心算者使用分配策略(54%)、因素分解策略(14%)以及提取策略(22%),如 25×25,解题者直接从记忆中提取 625。

二、解题策略的两个关键因素

(一)元认知

数学解题中的"元认知",指解题者对于自身所从事的解题活动(包括解题策略的选择、整个过程的组织、目前所从事工作在整个解题过程的作用等)的自我意识、自我分析(包括评估)和自我调

整。不成功的解题者有以下特点[①]:

1. 往往不加思考地采取某一方法或解题途径;

2. 总是在各种可能的"解题途径"之间徘徊,而对自己在干什么,特别是为什么要这样干始终缺乏明确的认识;

3. 在沿着某一解题途径走下去时,又往往不能对自己目前的处境做出清醒的评估并由此而做出必要的调整,而只是"一股劲地往前走",直至最终陷入了僵局而不知所措。这既遇到不可克服的困难,又获得了某种结果但却对于解决原来的问题毫无作用。

一个好的解题者则清楚地表现了如下的"素质":

1. 在具体地采用某一方法或解题途径前应对各种可能性进行仔细考虑;

2. 在整个解题过程中能做到"心中有数",即清楚地知道自己在干什么和为什么要这样干;

3. 能对目前的处境做出清醒的评估,从而做出必要的调整,即使出现了错误,也不会简单地抛弃已有的工作,而是力图从中吸取有益的成分;

4. 在成功地解决问题以后,能自觉地对所进行的工作进行回顾,特别是考虑是否存在更为有效的解题途径。

(二) 观念

所谓"观念"(或信念,belief),在此是指解题者的数学观、数学教育观及对于自我解题能力的认识和信念等。对于数学学习,有些儿童形成了一些不正确的信念、态度等,反过来这些观念又对其

[①] 参见郑毓信等:《认知科学建构主义与数学教育》,上海教育出版社1998年版,第92—93页。

进一步学习活动包括解题活动产生了严重的消极影响。

儿童十分普遍的一些错误观(信)念[①]:

1. 只有书呆子才会喜欢数学;
2. 数学是无意义的,是与日常生活毫无联系的;
3. 学习数学的方法就是记忆和模仿,你不用去理解,也不可能真正搞懂;
4. 教师的职责是"给予",儿童的职责则是"接受";
5. 没有学过的东西就不可能懂,只有天才才能在数学中做出发明创造;
6. 教师所给出的每个问题都是可解的,我解不出来是因为不够聪明;
7. 每个问题都只有唯一的正确答案;
8. 每个问题都只有唯一的正确解题方法;
9. 每个问题都只需花费5至10分钟就可解决,否则就不可能单凭自己的努力获得解决;
10. 教师是最后的仲裁者,儿童所给出的解答的对错和解题方法的"好坏"都由教师最终裁定;
11. 数学证明只是对一些人们早已了解的东西去进行检验,从而就只是一种"数学游戏",而没有任何真正的价值;
12. 观察和实验是靠不住的,因而在数学中就没有任何地位;
13. 猜想在数学中也没有任何地位,因为数学是完全严格的。

这些观念对于儿童学习数学有消极影响。

[①] 参见林泳海:"幼儿学习自编、解答应用题的特点及教学",《山东教育》2003年第5—6期。

(三)不同解题策略的儿童

西格勒(Siegler,1988)曾探讨一年级儿童所采用的解题策略,发现了三类儿童:

一是完美主义者(perfectionists):除非特别自信的提取答案,否则倾向于使用数的策略来获得答案。二是优秀儿童(good students):比较注意冒危险来争取速度,所以他们比较喜欢进取而不喜欢数数。三是不优秀儿童(not-so-good students):喜欢较快地提取答案,只是他们提取的答案往往是错误的。

三、幼儿解答应用题的特点及教育指导

(一)幼儿加减应用题的结构特点

应用题作为数学问题具有一定的情境。在情境中有一个要达到的目标,通往目标的路线被阻塞,于是就产生了问题(Kilpartrick,1985)。儿童的简单加减运算应用题包含三种结构:

1. 数量关系结构,有四种形式:

$$M = B + A \ (5 = 3 + 2)$$
$$M = A + B \ (5 = 2 + 3)$$
$$A = M - B \ (2 = 5 - 3)$$
$$B = M - A \ (3 = 5 - 2)$$

2. 框架结构,包括三个变量,即两个条件和一个问题。

3. 情境结构,对数量关系做情境性表征,即指各种不同的题材。

应用题中所涉及的对问题情境的表征或者说对问题的理解,对于解题起着关键的作用。幼儿的加减法应用题涉及三种语义图式:变化图式、比较图式和合并图式。幼儿对语义图式的加工活动直接影响其方法的选择,同时反映幼儿对有关数学概念的掌握

程度。

(二)幼儿解答应用题的认知特点

根据刘凡研究,幼儿对三类题型的解答结果(以正确率为标准)如下表所示。

表 25-1:幼儿对三类题型的解答结果

题型		目标题	通过率(%)		
			4岁	5岁	6岁
变化图式	(结果集未知)	小明有3个苹果,小丽又给了他2个,现在小明有几个?	60	97	97
	(结果集未知)	小明有5个橘子,给了小丽2个,小明现在有几个橘子?	23	73	97
合并图式	(超集未知)	小明有3块糖,小丽有2块,他们一共有几块糖?	33	73	97
	(子集未知)	小明、小丽合起来有5块糖,有3块是小明的,小丽有几块糖?	0	7	63
比较图式	(差集未知)	小明有5个橘子,小丽有3个,小明比小丽多几个橘子?	37	70	93
	(比较集未知)	小明有3个苹果,小丽比小明多了3个,小丽有几个苹果?	37	70	93

每个问题至少有三个句子分别表达条件和问题信息,这三个句子有特定语义相依关系和应用题必须满足的逻辑关系。幼儿对于不同类型题目语义图式理解特点为:

1. 变化题,相依关系的词多为动词"有……给……",若幼儿缺乏这种逻辑的认识则会犯错误。他们往往以自然情境去猜测每个句子的意思。

2. 合并题,幼儿未能掌握总体与部分的关系。不能根据句子中的语义信息去推断两个集之间的关系,而是把超集和子集表征为两组互不相关的客体。另外,幼儿还曲解"一共"这个词,而对"合起来"的表达方式更容易接受。

3. 比较题,幼儿的错误表征是把一个关系命题解释为一个陈述命题而造成的。如把"小丽比小明多3个"理解为"小丽有了3个",对"比……多"不理解。幼儿还缺乏一个完整的较概括的比较图式。

总之,合并题和比较题的错误归因于幼儿缺乏解题中数量关系所必需的语义图式。变化题的错误则是幼儿并不具备最基本的数量关系所需的语义图式。变化的错误则是幼儿并非不具备最基本的数量关系知识,而是缺乏应用题的逻辑结构知识,即应用题表征图式。比起语义图式来,应用题图式指的是,问题解决者对应用题的结构特征、作用及意义的理解。当然语义结构简单的算术应用题有极强的语词成分,阅读能力在解决问题中起着不可忽视的作用。

(三)幼儿自编和解答应用题的教育指导

在教学中,要把握幼儿自编和解答应用题的错误类型,有效地示范指导。

1. 了解幼儿经常犯的错误

(1)幼儿容易对应用题的情节产生泛化

幼儿在自编应用题时,往往被应用题中的情节内容所吸引而产生一系列的联想,转移了编题的思路。例如:给幼儿小猴图片,让幼儿根据树上小猴与地上小猴的数量编加法题,幼儿会说:"树上有2只小猴,他们真好玩,跑得可快了……"结果忘了编题的任务。

(2) 幼儿不能完整地理解应用题结构

应用题由情节、数量关系两部分构成,数量关系中又包括已知条件和未知条件。幼儿在自编应用题时,根据应用题的结构,按照"一件事,两个数,一个问题"的模式进行编题,但幼儿在刚学编题时对这种结构模式还不能完整地运用,主要表现在两个方面:

一是缺少已知条件中的一个数。例如:"河里原来有 2 条小鱼,现在一共有几条小鱼?"

二是不会提出问题。幼儿在自编应用题时,有时没有问题。例如:"树上原来有 2 只小鸟,后来又飞来 1 只小鸟",编题就这么结束了。有时幼儿讲了已知条件后,接着出现的是运算结果。

(3) 所编应用题的内容脱离生活实际

由于受知识和生活经验的限制,幼儿编出的题目常常违反了生活逻辑和自然规律。例如:"爸爸买来 1 部汽车,妈妈又买来 2 部,我家里现在有几部汽车?"

2. 自编应用题教学要给幼儿恰当示范

(1) 幼儿具有一定的加减运算基础,即对数量关系较熟练地掌握,否则,编题就成了无本之木。

(2) 使幼儿明确两个已知数和一个未知数,即两个条件和一个问题,这三者缺一不可。

(3) 要求幼儿编题使用的语言要简练、清楚、明确,不同于讲故事、谜语,同时,设计的问题情景要符合生活实际,不能违犯生活逻辑;四是编题的形式可多种多样,可根据日常活动内容编、看图编题、给出算术题以及无条件编题。也可让幼儿完全凭借自己的兴趣和能力脱离教具凭自己想象去编题,充分发挥其创造性。

3.鼓励幼儿以多种方式编题、解题

幼儿可根据自己的能力、偏好,采用自己能掌握的方式和策略来编题和解题。如:鼓励幼儿把解题的过程记录下来,让幼儿分享解题记录的乐趣,也鼓励幼儿合作解题。幼儿在互动中,学会从各种角度去看问题、解问题,同时也提高自我的反省能力。因要出题给同伴做,就必须具备检验解题过程及结果合理性的能力,即察觉别人不同的思考路线,以此拓展自己的学习经验,获得新的知识。让幼儿以口述、算式和图形符号等不同方式来帮助编题和解题。

问题与思考

1. 幼儿学习感知集合的价值是什么?
2. 幼儿计数技能影响因素有哪些?
3. 幼儿估计和心算策略有哪些?
4. 如何根据幼儿数与量的学习特点进行教学?
5. 儿童学习数学的错误观念有哪些?
6. 怎样理解幼儿加减运算技能发展的一般规律?
7. 怎样理解幼儿解答应用题的特点及教育指导?

术语及定义

心理表征:与概念直接相联系的"整体性"认知结构,包括相应的心智图像、对其性质的认识和有关过程的记忆等。

类包含:幼儿在头脑中形成的一种数的关系,即在自然数的系列中,每一个数都包含在它的后继数里边,即1包含在2里,2包含在3里。

分离量:可以计数的量,用一定的数目来表示事物总数,构成

它的集合的每一个个体都是一个一个分开而独立。

连续量：相对于分离量，其组成连续成一体、无法独立一个一个地分开。

数目守恒：数目的排列形式发生变化但数目不变。

非正式算术：幼儿很小时具有的数量方面的能力，可表现为多少、序列、相等、唱数、计数等。

计数：采取逐一点数的操作，最后用某一个数词表示这群物体的数量。

按群计数：计数时不以单个物体为单位，而是以数群（物体群）为单位。

数觉：幼儿在未学会计数之前，具有对小数量物体直接知觉的能力。

估计：一种珍贵的数学技能，可帮解题者评估其答案的正确性和自我监控。

心算：在脑中而不在纸上计算的能力，其目标是求得精确的答案，而非约略估计。

观念：或称信念，是指解题者的数学观、数学教育观及对于自我解题能力的认识和信念等。

第二十六章 幼儿科学认知及教育指导

除了儿童,我们很少有人花费时间来思考:为什么自然界是这样的?宇宙是怎样形成的?是否一直存在?是否有一天时间会倒流并且能影响从前发生的事情?是否有人类能够知道的极限?……在我们的社会中,父母与教师们仍习惯用耸耸肩来回答这些问题。

——萨根

第一节 幼儿科学教育的认知基础

一、科学知识获得的建构主义理论

(一)科学概念是经过个人建构获得的

根据皮亚杰建构主义的原理,每个学习者必须以对他(她)自己有意义的方式去学习。① 学习只有在与个体头脑中已有的知识、经历或概念建立联系时才能真正发生。幼儿真正学到的并不是他(她)在周围环境中所看到的客体的复制品,而是他(她)自己思考与加工处理的结果。

---

① 参见刘占兰、沈心燕:《让幼儿在主动探索中学习科学》,北京师范大学出版社2001年版。

对同一件事,不同的人会根据自己已有的经验做出不同的解释,没有两个人会以同样的方式内化同一经验。因此,教师试图"传递"或"传授"给幼儿知识,但幼儿不一定会以教师所期待的方式进行学习。教师有责任去了解每个幼儿是怎样建构自己的信息的,然后帮助他们以有意义的、令他们信服的方式将新的经验吸收到已有经验和知识中去。通过不断地探究、思考以及解决自己头脑中的认知冲突,幼儿已经建构了大量科学概念。教师可以通过提问来了解幼儿如何建构与主题相关的经验。然后,教师引导幼儿进行探究,在探究中,鼓励幼儿亲自开展调查研究并得出他们自己的结论。教师和幼儿一起活动,从而了解幼儿是怎样建构新信息的,然后帮助幼儿以更有效的、更有意义的方式去重构信息,形成正确的结论。

(二)认知失衡是科学学习的一个必要前提

只有去寻找对认知失衡的解释,学习才有可能发生。如果已有知识、信念能够解释所有事情,那么无须进行更深层次的解释。正如研究者(Dennett,1991)认为,大脑必须做的唯一工作就是利用一切手段去满足认知渴望——满足人类的各种好奇心,如果对某一话题表现出不感兴趣或消极的态度,自然就没必要为这个话题准备任何材料(不痛不痒之处,无须抓痒)。

建构主义的教师通过创设环境,鼓励幼儿对自己已有的观点产生怀疑并对正在发生的现象提出疑问,来激发幼儿产生认知的不平衡。然后,教师让幼儿自己面对这种与他自己先前的经验发生冲突的情境,鼓励幼儿质疑他的经验。幼儿则会基于已有经验,对现有情况做出预测。当所做出的预测错误时,他们就会对自己先前的观点产生怀疑。这使得幼儿的已有经验显露了出来,从而使教师能知道幼儿头脑里想的是什么,并有机会以更有效的方式帮助幼儿重构包含对他们更有意义的新信息在内的观念。

为了帮助幼儿重构先前已有的观念,教师可以鼓励幼儿去调查研究,或向幼儿介绍科学界普遍认可的、对概念的最低限度的理解,这样可以让他们以更适合于自己的方式将新现象、新思想、新经验、新观察与自己已有的知识联系起来。

(三)先前经验对科学概念理解具有重要作用

幼儿在开始正式学习时,已经有一些关于自然世界的观念。这些观念来源于他们的观察与经验,而对幼儿知识来说,有些还来自他人的传授。幼儿有些观念与当今普遍认可的科学理论是一致的,如有些动物(如蛇)会冬眠、水流成河以及轨道越陡玩具车下滑得越快等。然而,也有一些观念与当今普遍认可的科学理论是不一致的。例如,幼儿认为驼峰能储水(实际上驼峰储存脂肪,是能量而不是水);影子是活的以及重球比轻球落得快;等等。把先前的经验和教师传递的经验结合起来去理解科学概念是必要的。

(四)幼儿科学概念的获得过程

1.幼儿科学概念的转变

建构新理解则意味着概念转变。建构主义的一个基本原则是,只有幼儿对已有概念不满意时才会出现概念转变,而不是因为别人告诉了什么。例如,一个幼儿认为一个纽扣可以长成一棵植物,即使你告诉他那是错的,也不会改变他的观点。但是通过种下纽扣和种子并观察实验结果,幼儿亲眼看到自己以前的认识是不正确时,才会改变以前的概念。

在传统的科学教育中,教师提供知识而幼儿学习知识。教师评价幼儿是否学会了这些知识,评价的典型方式就是提问。有时,幼儿的回答被认为是正确的,有时则被说成是错误的。而评价最看重的是幼儿回答的合理性,而不是其正确与否。根据前面所讨论的合理性原则来判断幼儿回答的合理性(解释力、预测力、能被他人所认可),我们要探询幼儿这样回答的原因,而不是简单地宣布他们的答案是正确的还是错误的。以这种方式,幼儿就能拥有思考的自主权,不断保持发现、好奇与探究的热情。

作为成年人,我们经常经历这样的现象:自己先前的概念较难改变。有些争论激烈的问题,如堕胎问题、生物进化论以及有关死刑问题等。很可能你对这些问题有一套极其成熟的见解,此时,世界上所有的花言巧语都很难改变你的观念。

2.幼儿科学概念的自我建构

如果幼儿形成的某一新概念似乎比以前更可信,他就会暂时地接受它,并以它取代先前的观点。为了能被长久地接受,新概念必须具有以下三个条件:

(1)新概念必须具有解释力。它必须要对每一种现象都有合理的解释。例如,在"什么有磁性,什么没有磁性"的调查活动中,幼儿也许会认为硬币有磁性。磁铁吸引,通过用硬币来做实验,经过内化形成新概念,即"硬币没有磁性"。

(2)新概念必须具有预测力。它必须能对将来要发生的那些现象,在尚未试验的情况下做出准确预测。例如,根据"硬币没有磁性"这一新概念,必须能准确地推断出"国外的硬币也没有磁性"这一概念。

(3)新概念必须能被他人所认可。在分组活动的相互讨论中,幼儿讲出自己的想法,并倾听他人看法,在此基础上形成自己的观点。当幼儿听到他人(包括教师)提出的批评意见,以及幼儿自己都没有想过的问题时,他们便会修正与完善自己的观点,这个过程有时被称为"社会建构主义"。在这一过程中幼儿把他人的见解吸收作为新经验,以帮助个体建构新概念。例如,如果小组或班里某一个人曾遇到一个有磁性的硬币,那么正在调查磁性的幼儿就必须以某种方式处理这一信息,或者以某种方式解释这个不曾预料的现象。要鼓励幼儿多与他人分享经验,并向他人证明新概念的解释与预测能力。对同一问题,不同的人会有不同的探讨方法,而通过交流分享,可以暴露出每个人思考方式的弱点与长处。这样,集体的思想可能就比个人相互分离的思想更合理。幼儿作为个体来建构自己的概念,但幼儿与教师以及其他幼儿的交流,则有助于幼儿拓展自己的思维,并把他人的思想融合进来。

二、儿童科学思维的形式

儿童在到达青春期以前,不可能经历完全概念性的思维,也不可能有真正的概念。维果茨基认为,学龄前和小学阶段的课程都必须是在一个"前概念"水平层次上的,只有快到青春期时(也许从较为成熟的小学六年级开始),才能开始有抽象的概念思维。[①]

儿童的科学思维包括四种形式:

一是混合思维:即通过同时性的感觉把偶然的事件联系起来的思维。例如,一个幼儿正在看一本连环画,突然响起了一声霹雳,房间都晃动了。他不再看书,因为"看书会引起打雷"。这是思维的第一步,常常表现在幼儿园幼儿身上。这是幼儿试图解释他们周围世界的那种反射式思维的主要方式。

二是复合思维:比混合思维稍高级些,是基于感知到的外在相

---

① 参见维果茨基:《思维与语言》,李维译,浙江教育出版社1997年版。

似之处的思维。事物因为其大小、颜色或形状相同而被联系起来。可以根据一个或几个共同的特征把它们分配在一个组里，或者各种事物因为有类似的功能而被分在一个组里。如：刀、叉、勺为一组，自行车、小汽车、公共汽车、火车为另一组。

复合思维是一种易变性的思维。有时候，随着组内事物的增加，把它们联系起来的共同特征会改变：一件衬衣和一只袜子被联系到一起，因为它们都是蓝色的；然后加进了一只皮鞋，因为皮鞋和袜子都是穿在脚上的；然后又加进一只钱包，因为钱包和皮鞋一样是用皮革做的等等。因此，这种思维也叫做"链式复合思维"。

三是前概念思维：即连接复合思维和真正概念思维的桥梁，其特点是已发展成为抽象思维，但又总和具体事物保持着某种联系。当一个幼儿开始用抽象的词语代替具体的可感知的词语思考时，他就进入这个"前概念思维"的阶段了。

儿童开始使用抽象的词汇时，也就有了新的思想，语言变得更丰富了。儿童从复合思维向完全概念的思维方向发展，快到前概念阶段末尾时，儿童已像成人那样使用适当的词和短语了，但是对这些词和短语所表达的概念还没有达到抽象的理解。在陈述时一般会夹杂一些具体性的叙述。随后，逐渐地、不知不觉地实现了这一变化，完成了向完全抽象思维的转化。

四是概念思维：即在思考时所用的词汇和短语并没有联系具体的形象，而是把一些抽象概念与另一些抽象概念联系起来。在思考时可以同时联系几件事。例如，可以把"民主"一词，与一般的人民、一组特别的人，或与统治力量、自由选择的权利等从属概念联系起来。

第二节 幼儿科学教育指导

一、新课程背景下幼儿科学教学的含义

新课程背景下幼儿科学教学,即所谓的过程导向教学,是运用建构主义的方法,把科学内容当做掌握过程的媒介,让幼儿去发现学习。在教学中,学习是在学习者自身内部发生的过程,幼儿越是卷入得深,就越是有动力积极去学习。这样,教师就成了这样的设计师,把幼儿园变成提供这种经历的活动中心,变成内容丰富的环境,在这里,幼儿作为未来的公民和未来的科学家,可以发现客观事物间的各种关系和联系,在思想上建立起用来解释这些关系和联系的模型,发现对各种现象的理解。

二、幼儿科学教育的目标

一是使幼儿获得终生受用的科学思维的方式、方法。激发幼儿对科学的兴趣,激发幼儿的学习欲望、创造欲望、发现欲望,把幼儿对世界的片段认识逐步形成新的总体认识。

二是培养幼儿的调查能力;培养幼儿具有科学素养;培养幼儿在日常生活中理解科学的能力。

三是渗透数字和数学知识,通过科学和数学的有机结合,使幼儿在数学能力发展方面有所收获;渗透文字和读写活动,使幼儿在科学教育中获得语言和文字方面的能力;通过绘画表征活动,使幼儿加深对科学概念的理解。

四是强调过程导向的教育活动以科学研究过程为类比。科学家是怎样研究科学的呢?随着时间的流逝,人们逐渐认识到科学家是通过观察现象、提出问题、形成理论以发现更多的信息或观

点。科学过程包括12步：观察、分类、交流、测量、预测、推断、识别与控制变量、形成与验证假设、解释数据、界定变量的操作定义、实验与建立模型。[①]

在科学过程导向的基础上，教师鼓励幼儿运用科学过程来探究科学。这种方法在20世纪60年代许多大胆而新颖的科学教学项目中均有体现。像一些科学活动，"种子生长"、"配对与测量"活动就适合幼儿，能促进幼儿科学过程的发展，引导幼儿自己开展调查研究。过程导向的科学研究，强调的是探索发现，这同样适合于幼儿科学活动。

三、科学教学过程

(一)探究、操作材料和讨论

1.科学探究

科学探究，指教学上通过参与活动来发展好奇心，让幼儿对重力、摩擦力、惯性等原理进行研究。活动包括：在活动横木上悬挂书包，增加或减去一个，以考察重量；突然从活动横木上跳下来，以研究重力；让物体从斜坡上滑下来，以考察摩擦力；制作纸飞机并推动它，以考察重力、摩擦力、惯性和力的合力。每一种经验都会导致幼儿对这种经验的分析，而幼儿最终都能找到问题"为什么"的答案。

2.操作材料

教师要选择每个幼儿都要用的材料。有了材料，幼儿可以自己工作。教师通过听取幼儿谈论自己的发现，帮助他们形成自己

---

① 参见周川：《科学的教育价值》，江苏教育出版社1993年版。

的看法。①

材料的结构,是指材料在被使用时揭示自然现象间的某种关系。磁铁、铁块、镍块和铜块集合到一起就有了一种结构。磁铁和某些金属能发生相互作用,和另一些金属则不发生相互作用。在支配这些材料时发现一个新概念,便是磁铁的特性。选择材料时既要以它们和重要的科学概念相关作为基础,也要照顾到它们对幼儿可能具有的心理上的含义。

结构体现意义或关系具有不同的层次水平。给幼儿提供与沉浮有关的材料,如:发卡、海绵、钥匙、弹子、乒乓球、软木塞、开瓶器、小木条、开了个大孔的乒乓球、小纸杯、肥皂块。幼儿探索和操作这些材料,会由低到高经历几个不同层次水平:第一层水平,幼儿通常在发现轻的东西会浮起来、重的东西会沉下去之后就感到满足了。第二层水平,幼儿发现里面有空气的东西会浮。即使在看不到空气可以占据空间的情况下,也可推断出空气的存在。第三层水平,幼儿会发现同样大小的东西,重的会沉下去。第四层水平,幼儿会发现漂浮现象有广泛的表现:有些固体也可以说是浮在另外一些固体上。比重小的物质浮在比重大的物体之上。

如何选择材料也是一个重要问题。教学永远是一种个人的艺术,教师可以根据自己的情况和幼儿的要求来使用材料。但是,下面这些有指导性的原则应该遵守:一是材料应和科学上的一个重要的概念有关;使用这些材料应该能揭示许多有关的现象,这就是我们称之为"结构"的特性。这些材料应该能引起幼儿的兴趣。事

---

① 参见管培红、王益红主编:《幼儿园科学教育的理论与实践》,中国环境科学出版社 2005 年版。

实上,任何一套好的材料都能适合于不同年龄或能力悬殊的幼儿。幼儿基于这些材料带给他们的经历,可以在不同水平层次上得出意义。二是这些材料应有多种的相互作用;应该有较大的余地,能用许多不同的路径进行探索研究。应该让幼儿能在讨论中提出不同的发现,因为这些发现中的大多数将会和相关的从属概念有关,每个人都会对建立和丰富概念做出贡献。如果一套材料在进行一项活动后就没有什么可用的了,那么,它就不可能提供丰富的学习基础。三是每个幼儿都应有足够的材料。每样东西的数目不一定和幼儿的人数相等,但是,每一个幼儿都应该有足够的,在探索相互作用中的关键材料。

3. 讨论

在经过探究材料的经历之后,每个幼儿内心已经有了相当的尚未开发出来的前语言学习——一种可以用语言表达的潜力。集体研讨,对每个用自己的话表达了自己想法的幼儿都会产生意义。通过对几个人的具体化思想提供有用的词语和说法鼓励意义的发展,并且给以新的机会,帮助幼儿听到自己的话,让那些意识到自己所说的话没有传达出自己的意思的幼儿改变或澄清自己的说法。由于幼儿在研讨中常常表达出内在的相似之处,同伴之间可以互相修正、补充和强化,从而能丰富幼儿发现的意义。

在讨论中那些很少发言或根本没有发言的幼儿有作用吗?兰本达给我们的回答是肯定的。他们虽然没有说话,但他们听的时候肯定进行着相当的思考,并且在鉴别同伴们的谈论。[①] 幼儿在

---

① 参见兰本达等:《小学科学教育的"探究—研讨"教学法》,陈德璋等译,人民教育出版社1983年版。

讨论会上听别人讲话时所进行的思维,类似于成人默默地思考某个问题时的思维。

由低级到高级,形成一个具有不同水平层次的等级结构,像一座金字塔。在金字塔的底部层次是无数的刺激、动觉的学习,含糊的可能性。通常幼儿能列举出的资料比一次讨论会产生的要多得多,但还不包括所有留在肌肉和神经里的接受的外围经验,谈论发现和积累互相结合的所学到的东西(通常集中于一两个领域)会刺激内在语言。尽管内在语言一般集中于某个具体问题的一部分,它吸取了大量以前没有思考过的,但作为前语言的学习和存在于外围水平层次上的经验,其内在的相似之处和类比就在这个层次上得到发展。考察记录中清楚的总结——数量更少,但更加精确——组成了思维的最高层次,即金字塔的顶点。

集体讨论的作用可以归纳为以下几个方面:(1)使感觉更加敏锐。(2)从幼儿的集体观察和用自己的语言表达交流观察到的情况之中引出矛盾事件。(3)使内在的相似之处得以被发现和陈述。(4)建立起解释模型。(5)提出新的问题从而激发进一步的探索研究。(6)使潜在的学习成为现实,使前语言和前意识的经历经过有意识的探究而成为意识。(7)使学习能动地由具体向抽象运动。(8)使思维和语言互相结合而丰富思想。

(二)概念引入

首先是幼儿探究教师给出的某一概念,以查明幼儿能发现什么。幼儿动手探究是在教师的支持促进而不是直接指导下进行的。幼儿探究之后,在概念解释与引入阶段,使幼儿的发现与教师直接指导下的科学知识建立起了稳固的联系。在幼儿把自己的发现与已经掌握的科学概念比较时,教师则充当较为传统的角色。

最后，教师鼓励幼儿调查相关的新的问题与情境的关系，以进一步探究该概念。这时，教师再次充当了支持促进者的角色，而不是直接指导者。之后，幼儿不断深入调查，开始对另一个新概念的探究。这样，新的循环开始了。科学知识是幼儿探究科学和掌握探究能力的跳板。发展科学探究能力离不开科学内容，而科学探究能力获得后，又可促进幼儿对新的科学内容的学习。幼儿可以利用植物、动物等知识来学习观察，对叶子、季节图片进行分类，幼儿可以采用标准化或非标准化的方法测量实验数据；幼儿可以预测，在没有光的情况下，人们将怎样生活？盲人是怎样生活的？

教师提问和倾听幼儿的回答，试图理解幼儿是如何建构课程中提出的概念的。教师不断探索，提出更多的问题，而其中一些问题是要帮助幼儿集中他们的思维，另一些则是要帮助教师发现幼儿正在思考什么。

(三)科学发现

科学发现就是"解决问题"，使幼儿处于有结构材料之中，在讨论会上进行研讨，创造了一种新的学习环境，这既非常相似于传递信息，也是一个发现过程。①

幼儿科学发现有两类：一是自由发现，幼儿能自由选择，幼儿可表现出内在的、继续前进的某种动力。此时，幼儿好像一个艺术家进入了自己的创作一样。二是在科学活动中的发现，耕耘于科学之田上的真正科学家和教室里的"小考察家"有基本的相似之处，也有重要的区别。幼儿进行某种形式的发现或实验，并不被称

---

① 参见管培红、王益红主编：《幼儿园科学教育的理论与实践》，中国环境科学出版社2005年版。

为科学家,但是的确在"搞科学",其意思是,为了探求对所观察的事物有条理的解释,和对这些解释进行检验而从事于对物质宇宙的探索。

科学家只能在这个限制之内找到自己的位置——从事近于自己兴趣的发现。但是幼儿并不是自己选择做实验用的材料,而是需要教师把材料放在他面前,让幼儿自由地、按自己的愿望去支配和使用这些材料。

幼儿具有一个科学家所经历的最起码的经历:面对着不知道的东西,进行自由探索;受自己直觉预感的支配,和伙伴分享各自的发现;共同合作推出解释,并对假设的理论进行验证。科学家将自己的成果发表出来,幼儿则把自己的发现画下来或口述由老师写下来,然后,记在考察记录里供大家看。

幼儿与科学家所不同的是:科学家所面临的问题是人类真正未知的,发现的过程可能要花上几个月、几年,甚至要经过几代人的努力。对于幼儿来说,材料是事先选择好的,他们能在一个很短的时间内发现科学家已知的东西。

三、幼儿科学教育的教学方法

(一)以数学、文字和绘画表征为倾向的科学教学法[①]

1.数字、数学的渗透

科学活动中学习主题的内容,许多是与数学活动相融合的。而数学活动部分内容本身就是科学探索的一部分,如排序、测量、守恒等。把科学学习的内容与幼儿数学知识联系起来。例如,科学的测量活动,本身也是数学测量活动。

---

① 参见林泳海、刘名卓主编:《幼儿园教学模式与案例》,高等教育出版社 2008 年版。

数学的知识面很广,数概念、空间、时间、逻辑推理等所有内容,几乎都可跟科学的具体活动有关联。在幼儿科学活动的探索过程中,也很容易经验到数学方面的知识。

2.文字和阅读的介入

(1)科学概念以汉字来表示

幼儿阶段,对汉字的认识已经成为可能,许多幼儿园将早期阅读融入幼儿的学习活动之中,让幼儿在图文阅读中,学习汉字。在科学活动中,"汉字"的出现,有助于幼儿对科学知识的掌握,加深幼儿对科学现象的了解,对科学概念的理解。由于汉字本身的表意性,汉字本身有时就意味科学的分类。如植物几乎都有"木"字旁;金属都有"金"字旁;与水相关的都有"水"偏旁。幼儿学习的科学概念,都以"汉字"的方式呈现出来,可以加深幼儿对科学概念的掌握。

(2)记录幼儿的回答,让幼儿接触文字

在全组活动的背景下,教师边提问边在记录纸上记下幼儿的回答,以形成一份班级观点记录,供大家不时地翻阅。同时,紧挨着幼儿的回答写上他(她)的名字,这有助于强化书面回答,增强回答者的主人翁意识。再就是在记录纸上写下全组讨论达成的结论及其理由,并在结论旁边写上幼儿的名字。这种讨论要一直进行下去,直到所有幼儿都发表了意见。

在科学活动中,数据表要包含计划探索物品的图片及文字说明,还要留出空格,以便记录幼儿可能会涉及的其他物品。同时,为了鼓励阅读,教师可以在图片上添上物品的全名。而为了鼓励书写,对于幼儿想探究而数据表中没有的物品,教师可以要求幼儿写下其名称或画上符号。为此,幼儿首先要清楚探究的物品是什么,然后在数据表上写下名称或首字符,必要时可以在教师的帮助下完成。

(3) 鼓励幼儿创造性书写

通过科学项目中的创造性书写活动,幼儿可以表达一些能够表明自己理解的观点。例如,要求幼儿写下一则故事,叙述在幼儿园操场上发现一只恐龙,并配上插图,这只恐龙在做什么?它有多大?幼儿在干什么?他们感觉如何?或者幼儿可以写下一则短故事,讲一只动物伪装得很好,在自然环境中它很难被看见,一个偶然的机会它因迷路进入了不同的环境。这只动物发生了什么事?它做了什么?它感觉如何?幼儿在早期幼儿科学教育中学到的很多主题都有助于他们进行创造性书写。总之,学习读写和喜爱读写都是早期幼儿教育中最重要的目标。读写和科学探索可以相互补充,而且将读写纳入早期幼儿科学课程的方式有很多。幼儿文学作品可以作为引子,激发幼儿对活动的兴趣;同时还可以用做参考资料,用于探索性的拓展活动、检验探究结果、实践科学过程以及其他任何一个服务于科学项目的目的。而在教师记录幼儿的回答以供全班观看时,幼儿就可以体会书写的价值。幼儿可以充分运用他们的书写技能,记录探索活动,帮助编写班级通讯,撰写创造性作品,并从事其他许多在逻辑上伴随、推动、拓展和丰富科学项目的书写活动。

3. 绘画表征

(1) 鼓励幼儿通过绘画来表达对科学的理解

绘画可唤起幼儿的回忆,加强幼儿对科学的印象,更好地理解科学的过程。绘画最能反映出幼儿真实的科学思维的具体内容。[1]

---

[1] 参见杜玫:《幼儿美术与创造性思维发展》,北京科学技术出版社 2006 年版。

(2)通过写写画画来做科学日记

许多早期幼儿教师鼓励幼儿写画科学日记。一种科学日记是在笔记本上写下有关科学的内容。其条目可以包括：简要介绍探索中的发现，总结课堂上发生的特殊的科学事件，描述幼儿自己做的与科学相关的活动，总结和家人一起开展的与科学相关的旅行，及其他想写下来或画下来，以及想写在日记里的与科学相关的内容。

另一种科学日记是文件夹，可以把幼儿对教师布置的任务的书面回答、已完成的班级活页和数据表、创造性书写作品以及教师布置的其他书面材料都放进文件夹里。还可以把幼儿已做的但教师未布置的、与科学活动相关的书面记录放进文件夹里，比如与科学相关的电视节目、录像、电影以及旅行等诸如此类的内容。

开家长会时，可以把科学日记和档案袋一起交给家长阅读，因为科学日记反映了活动中的个人表现以及幼儿在科学上的进步，而这不一定就会在档案袋里有所体现。

(二)具体的科学教学方法

1. 详细计划，确定过程导向的目标；
2. 将课程更多地与过程而非结果相联系；
3. 在计划中说明符合逻辑的过程和概念的发展脉络；
4. 提供动手做的学习活动材料；
5. 提出开放性的探究问题；
6. 鼓励幼儿提问；
7. 鼓励幼儿提出各种想法；
8. 鼓励幼儿研究自己提出的问题和想法；
9. 运用幼儿的问题和回答发展主题；

10.鼓励运用多种信息资源,包括出版的材料、多媒体、电子通信和人;

11.避免提供答案或解释;

12.鼓励幼儿对所观察到的现象说出为什么;

13.鼓励幼儿讨论和质询其他任何人的概念;

14.鼓励幼儿反思;

15.对个体的需要做出反应;

16.将主题与幼儿的生活相联系;

17.鼓励幼儿联系数学知识;

18.鼓励幼儿进行文字活动;

19.鼓励幼儿用绘画来表达科学思想。

四、教师在幼儿科学教育中的作用

教师在探究开始时要给幼儿提供经过仔细选择的、能促进幼儿探究和发现的材料。材料既要简单,能为每个幼儿开辟一条有趣的探察之路,又要丰富,让幼儿有可能通过多种多样的学习路子去探索。

教师的作用还在于引起进一步的探究。[①]

(一)具体措施

1.选择适合于幼儿发现的知识经验

在幼儿科学教育中运用发现法、探索法不仅仅是简单地为幼儿提供自由探索、独立发现的机会,而且要考虑一系列的问题。首先要考虑的就是"什么样的知识更值得重新发现"。发现法一般是指对结论性知识的重新发现。

[①] 参见刘占兰:《学前儿童科学教育》,北京师范大学出版社2008年版。

幼儿的知识经验有限,但幼儿所能理解的结论性知识经验并不少,以往常识教育的内容为我们提供了许多这方面的线索。那么,该选择什么样的知识经验让幼儿去重新发现呢?只有那些具有重要方法和方法论意义的知识经验才值得去重新发现。"发现法应给予那些镌刻着对人类发现产生过重大影响且至今仍有价值的科学方法的知识"。

任何一种揭示客观事物及规律的知识,都具有方法的意义,但意义的大小不同。如各类具体动、植物形态知识就大可不必去一一发现了。虽然这些知识对幼儿来说可能是新的,但对于科学方法来说可能是雷同的。原理性知识有更大的方法价值,它们是学者们运用一定的科学思维方法对感性经验加工得来的,而生物的进化及其对环境的适应则需要幼儿去重新发现,这使幼儿能在一定程度上体验到进化论这一认识生命本质的重要方法。

(二)提供材料

要在短时间内实现让幼儿经历探究发现的过程,就必须提供与发现内容相适宜的结构好的材料,支持幼儿的探究。[①] 在探究之前,教师的作用在于提供材料,引发幼儿的探究兴趣。在探究过程中,在关键的时刻增加和补充材料能激发幼儿进一步活动,促进他们进一步深入思考和实验。

幼儿自由探索可沉浮的各种东西时,教师可以观察并判断投放新材料的时机。当教师发现幼儿想让有些东西沉下去,另一些东西浮起来时,才把铝箔发给他们。幼儿探索如何接亮小电珠时,经过一段时间的探索,需要某种东西把电池、电线和电珠固定住

---

① 参见刘占兰:《学前儿童科学教育》,北京师范大学出版社2008年版。

时,才发给他们胶带;当他们费了好大的劲儿要剥掉电线的塑料包皮时,教师才拿出剥皮钳子来。教师在发给幼儿这些材料时讲的话不应带有任何指导性,常用的语言应该是"也许你会用到这个"。这可以引发幼儿进一步的思考和发现。

可见,引入某种材料的时机也是非常重要的。判断出恰当的时机是一名教师对幼儿的需要、对幼儿同材料之间的相互作用所达到的阶段做出的评估结果。

(三)不干涉,但给予必要的帮助

发现法强调的是事物的性质及关系应该由幼儿自己通过亲身经历去发现,而不是按照教师告诉他的结果或实验步骤去做。教师不要做示范,不要直接告诉幼儿,也不要老是在一个幼儿旁边转来转去,更不要提出"你在干什么呢?""你是在做……吗?"等明知故问的问题,以免打断幼儿的思路。

教师也要学会保持必要的沉默,学会倾听幼儿的想法和做法,接纳和听取所有幼儿的解释。尤其在小组探究时,幼儿将自发地谈出他们的想法,并倾向于互相支持和补充,更少依赖于教师,而是依据探究和操作的结果做出解释。相反,在幼儿探索期间进行不必要的询问和评论会打断幼儿的思路和操作过程,而且,运用表扬会使幼儿怀疑或中止自己的探究。

但教师在幼儿探究时不是袖手旁观,而是观察、思考、判断幼儿的需要和已经达到的水平,并给予必要的帮助。一般来说,在幼儿的探究和发现过程中最可能发生两个方面的情况,需要教师给予及时的帮助:一是发生感情上的危机:我们不能让幼儿在探究时失去心理上的安全感。二是发现中遇到挫折:让幼儿经历挫折,这也是搞科学的一个部分,也是幼儿科学经历中不可避免的,不可缺少的一种经历。但教师一定要清楚,这种挫折应该控制在幼儿个人能够忍受的限度之内。幼儿在探究和发现过程中碰到障碍和遇到挫折时,教师应善于判断每个幼儿忍受挫折的限度,给予适时的帮助,使幼儿探究的兴趣和积极性不致消失。

(四)指出矛盾引起进一步的探究

在探究和发现的过程中,幼儿常常不去注意那些矛盾的事件,常常需要教师引起他们的注意。一旦幼儿觉察到矛盾的事件,他们将进一步进行探究。

一块冰凉的铁片在十几个幼儿中间传递着,每个幼儿都放在两手中间感觉一下,并表达他们的感受。如果这时教师不把矛盾的事实提出来,幼儿注意不到。教师这时说:"刚才蒙蒙(第一个小朋友)和小明(最后一个小朋友)拿的是同一块铁片,为什么会有不同的感觉呢?"这会引起幼儿进一步的探讨与探究。

需要注意的是,教师在指出幼儿明显矛盾的说法时,态度不应带有任何的倾向性(导向性)。他应该让幼儿感觉到他只是表达这样一个意思:两种观察或操作具有同样的价值!尤其在幼儿观点明显存有正误时,教师更应注意做到这一点。当教师不在幼儿的观点中进行裁决或选择时,幼儿会受到激励和挑战,从而引发他们去思考、去实践、去进一步发现。①

(五)组织讨论,使幼儿向概念迈进

探究和操作后的讨论会大大促进幼儿的发现,帮助他们澄清和发展所发现的意义及其关系。在有了探究材料的经历后,每个

---

① 参见兰本达等:《小学科学教育的"探究—研讨"教学法》,陈德璋等译,人民教育出版社1983年版。

幼儿都获得了相应的经验,有了关于事物特性及其关系的感性认识,也就是说,他们有了一种可以用语言表达的感性基础或潜力。在我们的幼儿教育实践中,有些教育者认为让幼儿自由探索和发现就不应该再有集体(或小组)的探讨和概括,否则,就成了"传授"了。事实上,同伴间的探讨和交流是幼儿"科学工作"的组成部分,它有助于将幼儿的发现引向深入。尤其是当幼儿有大致相同的探究材料和经历时,交流和研讨更有意义。

应该注意的是,教师在组织幼儿研讨中的作用不是替幼儿概括,更不应脱离幼儿的直接经验向幼儿传授知识或直接告诉他什么,而是做一个倾听者、促进者和引导者。

第一步是鼓励幼儿轮流表达自己的观察和发现。

这时,幼儿最好坐成一个圆圈,轮流把各种事实罗列和表达出来,让每个人都了解到从不同的角度看到的共同的情况。教师在这个阶段不常说话,只是用点头、微笑或简短的语言鼓励幼儿的表达,幼儿是主角,每个幼儿都谈出自己的看法。教师这时要基本记住并判断幼儿的观点。

第二步是教师从幼儿看上去不相干的观察和发言中把矛盾抽出来,引导幼儿深入思考。如:"铁很凉,很凉";"铁不凉";"铁和手一样热乎"。

教师讲出这种矛盾时所用的语气要特别注意。我们在前文已经说过,但在这里还要强调:教师的语气不要带有任何倾向性,要让幼儿都受到鼓励,让他们感觉到他们讲的都是最终的真理!教师鼓励的是:幼儿的说法是在诚实、认真仔细、不轻信、没有偏见的考察和探究的基础上得到的。并提出问题引起幼儿的进一步思考:"为什么都是乒乓球,会有沉有浮呢?"或者问:"你们两个用的是同一个乒乓球吗?"

第三步是在幼儿意见和观点的基础上,把幼儿的探究和发现简明地整理出来。

应该强调的是,这种概括和整理应基本上采用幼儿的原话,是在幼儿的经验范围内,教师不附加任何幼儿没有经验的或不能理解的概念。

总之,我们有大量证据证明,如果让一个幼儿去自由探究有结构的材料,让他和同伴们在研讨中交流想法,他能够发现许多事实,找出许多关系,并讲清楚这些发现。也可以说,他是在结构材料限定的探究领域之内重演科学发现的历史,重新发现有历史意义的重要事实和关系,注意到各种现象并做出解释。这种过程使幼儿体验到一种发现的喜悦和能胜任的感觉,让他们在大约半个小时的时间里做到了第一个发现者用了许多星期或许多年才做到的事。

问题与思考

1. 如何从心理学的角度理解科学学习?
2. 幼儿的科学思维包括哪些内容?
3. 幼儿科学教育的目标是什么?
4. 如何理解新课程背景下幼儿科学教学?
5. 怎样驾驭幼儿科学教育的教学过程?
6. 教师在幼儿科学教育中可以采取哪些具体的措施?

术语及定义

混合思维:即通过同时性的感觉把偶然的事件联系起来的

思维。

复合思维：比混合思维稍高级些，是基于感知到的外在相似之处的思维，复合思维是一种易变性的思维。

前概念思维：即连接复合思维和真正概念思维的桥梁，其特点是已发展成为抽象思维，但却又总和具体事物保持着某种联系。

概念思维：即在思考时所用的词汇和短语并没有联系具体的形象，而是把一些抽象概念与另一些抽象概念联系起来，在思考时可以同时联系几件事。

科学探究：科学探究，指教学上通过参与活动来发展好奇心，让幼儿对重力、摩擦力、惯性等原理进行研究。科学探究是一种有理论指导的探究，是一种系统的调查研究活动。

科学发现：科学发现也就是"解决问题"，即让幼儿处于有结构的材料之中，在讨论会上进行研讨，创造了一种新的学习环境，这既非常相似于传递信息，也是一个发现过程。

第二十七章 幼儿绘画心理及教育指导

我一生都在像孩子们那样学习画画。

——毕加索

第一节 幼儿绘画的心理特点

一、幼儿绘画的年龄特征

儿童不同时期的绘画之间存在着心智、个性心理状态、天资和后天教育的差异。要了解不同阶段儿童绘画的发展，给儿童作品正确的指导，就要将不同年龄阶段的儿童绘画分别对待。根据年龄的差异，儿童绘画可分为四个阶段。①

(一)涂鸦期(1—3岁)

1.涂鸦表现

1—3岁儿童能画出断断续续的线或各种曲线。这是幼儿绘画所走出的第一步，称之为错画、乱笔画或涂鸦。根据水平的高低，涂鸦可分为以下四个发展阶段：

(1)未分化的涂鸦。由于幼儿动作不协调，只能画一些凌乱的

---

① 参见林泳海：" 幼儿绘画心理(一)：儿童绘画的发展阶段"，《幼儿教育》1985年第11期。

线条。

(2)控制涂鸦。手和眼能配合,手能控制动作,能在纸上左右、上下地画出一些直线。

(3)圆形涂鸦。重复画一些圆圈。

(4)命名涂鸦。这个阶段的幼儿虽不能画出具体形象,但已能明显地表达意图,一边画画,一边自语,"这是妈妈","这是大树"。

2.涂鸦原因解释

涂鸦在幼儿身上表现得最为明显。除了幼儿手的力量不足、缺乏绘画技能外,还有其他心理原因:

(1)在涂鸦中,幼儿能获得肌肉的满足。一般幼儿的运动快感有两种。一是被动快感,如母亲轻轻推动摇篮,幼儿便会得到这种有节奏运动的快感;二是主动快感,如幼儿自己在床上扑腾扑腾地运动,通过这种无目的、无控制的运动,幼儿感到快乐。

(2)模仿和强化。幼儿看到爸爸妈妈或哥哥姐姐写字、作画,由于好奇心,便产生了涂画的动机,模仿着去画。成人看到孩子能拿笔画便去表扬鼓励,幼儿对自己所画的各种形状、颜色的线条感到满足,都能进一步加强幼儿自己涂画的愿望。

(3)精神分析学派心理学认为,涂鸦是一种反抗或报复行为。如同幼儿弄脏衣服、弄湿尿布、弄坏各种玩具一样,目的是为了引起母亲的注意。由此可见,涂鸦为幼儿所喜爱,是由其生理和心理特点所决定的。

3.涂鸦期绘画教育指导

幼儿喜欢到处涂抹,于是用笔在纸上、书上、墙上等地方画点、画线的涂鸦行为就出现了。这些最初在纸上留下的点、线痕迹就是涂鸦画。涂鸦实际上是他们的感知觉和动作有了一定的发展与协调之后对周围环境做出的一种新探索,是一种新的动作练习。这种练习基本上是一种手臂动作。当然,不能说幼儿涂鸦根本没有表现意图,仅是一种游戏活动,享受涂鸦动作带来的那种有节奏的主动地"动"的运动快感,仅是对纸上、墙上出现的各种各样的线条的视觉感官满足。

幼儿无目的地乱涂乱画,是幼儿基于对笔的兴趣,也是幼儿对自我的发现。幼儿的涂画是没有规则和不受客观影响的,这是人绘画能力的最早表现。这一时期是幼儿绘画的萌芽状态,需要家长细心地观察和耐心培育。家长应积极参与幼儿的绘画游戏,多与幼儿进行交流,与幼儿共同在涂鸦中做绘画游戏,使幼儿创作的无意义图形成为有内容的符号图形,及时更换幼儿使用的彩笔,激发幼儿对色彩的兴趣。

(二)象征期(3—6岁)

1. 幼儿绘画的特点

(1)用象征性的符号表现物体的特征

幼儿笔下有些奇怪有趣的人,这只能说是代表人的符号。他们所画的画,只能说是"概念性的画"。例如,幼儿的人物画,轮廓样子相差无几,只是高大一点的是老人和父母,矮小一点的是小朋友,长头发、穿裙子的是女的,短头发、穿短裤的是男的。

3—6岁幼儿的思维具有行动性与具体形象性的特点,同时由于手的能力不断增加,所画出的图形都具有象征意义。如,用圆圈代表头,两点代表眼睛,两条竖线代表腿。这个时期的儿童画,在成人看来是不像样子的,但幼儿能说他所画的是什么。此期的幼儿对绘画的兴趣极高,想象力和创造力极为丰富,是绘画表现的最佳期。

(2) 儿童画表现出平面性或二维性

幼儿会将环境中立体物的各个面都画出来,如将公共汽车由立体到平面展开来画,即"幼儿画他所知,不是画他所见"。幼儿对于直接感知的物体特征,毫无顾忌地画出来。如,幼儿知道桌子的面是圆的,有四条腿,那么在画桌子时,他们会不加考虑就画出一个圆面,并加上四条腿;如果画出的桌子只是两条腿或者三条腿,那他们是不能理解的。

"透明"画,指幼儿在绘画表现时,总认为凡是客观存在的东西,都必须把它们画出来,虽然是重叠的两物,但画面上还是互不遮挡,全然不考虑透视的绘画现象。这种透明式的画法,宛如幼儿的视线像 X 光一样穿透任何东西,所以也称为"X 光画法"。如,海里的鱼虾、水草都看得一清二楚。日本心理学家称这一特点为"X"射线式。形成幼儿这个绘画特点的原因:一是幼儿绘画技能的缺乏,不能正确表现物体;二是幼儿思维的直观性和具体形象性。

展开式,又称"异方向同存式"或"视点游走式",指幼儿从不同角度观察到的事物在同一个画面上表现出来的绘画现象。画中的人物、事物由中心向四周或上下或左右展开的画法。

"透明"画和展开式的画法是幼儿心理发展的产物。皮亚杰曾称 2 岁左右的幼儿发生过一次"哥白尼式的革命",即幼儿已获得了客体的永久性——虽然物体看不见、摸不着,但他们仍然知道这个物体是存在的。这种客体的永久性在幼儿绘画领域中的表现就是"透明"画和展开式的画法。

(3) 绘画的夸张性

这个时期的幼儿往往把他所觉察到的物体以夸张的形式表现

出来。例如，平时小朋友的鼻子往往被忽略，而画"闻花小朋友"，那鼻子就画得又长又大，极为突出。夸张的形式，一是把他认为重要的部分画得突出，以表达其感觉的强烈。二是由于夸大了一部分而不得不使另一部分变形。比如吃西瓜的小朋友，要捧起又圆又大的西瓜，他的手臂不得不拉长。

形成这个特点的主要原因，是幼儿把想象当成现实，把渴望当成真实。而幼儿的"夸张"法实际上是他们画其所注意、所关心的事物，忽略了其他部分的"顾此失彼"的做法，是对事物的相互关系缺乏比较和认识的表现，是幼儿的自我中心在绘画领域中的表现。

这一时期幼儿试图用图形来表达头脑中感知的具体事物，幼儿在幼儿园接受了初期绘画教育或是受同龄伙伴的影响，开始能够使用线条和色彩表达思想意图。但这一时期孩子的脑和手还不能协调一致，所画出的物象颇为夸张，表现出幼儿强烈的主观感受和表现欲望。

(4) 拟人化表现

幼儿所画的向日葵、太阳等，就画得像"人"一样，有一个笑脸，有眼、嘴和鼻子。总之，把所画物体，都画成"人"一样的形象。把山、树都看成像人一样有感情、有思想。这是幼儿思维的自我中心性的表现。拟人化，指幼儿把无生命的物体或有生命的动、植物画得和人一样，不仅赋予它们以生命，而且赋予它们一切人所具有的特点和本领的绘画现象。这种拟人化的表现，是他们心理发展中泛灵论的反映。幼儿的知觉正处于对自己和经验不加区分，认为一切事物都与自己一样具有相同的心理。通过这种泛灵论，幼儿把自己的情感和意识赋予整个世界，使之生命化。同时，他们也觉得自己和它们更亲近，对它们易于理解和交流。但是，幼儿绘画中的这种拟人化的表现与成人绘画中的拟人化有着本质的区别,前者是其心理发展到一定阶段后的自然产物,并非他们的刻意追求;后者却是艺术家们利用了幼儿的泛灵论心理而蓄意创造出来的拟人化的形式,其目的在于使幼儿看了产生亲切感。

(5)基线式

幼儿往往在画纸的底部画出一条长长的线条作为地面的标志,把整个画面分成地上和地下两部分,所有地面上的物体都在基底线上排列成一排,表示这些物体处于同一水平高度上,体现了所谓基线式的特点。

2.绘画教育指导

象征期的绘画首先是一种有目的、有意识的绘画活动,表现为:(1)造型上,幼儿常常用所画的图像来表达自己的意象,这种图像仅是一种象征的图式。其典型表现就是幼儿笔下的"蝌蚪人",即这些图像仅是简单的几何图形和线条的组合,是一种实物的替代物,常常只具备物体的最基本部分,多半是粗略的、不完全的,往往会遗漏部分特征,没有整体感,结构有时不合理。(2)色彩上,这时幼儿的辨色能力大大提高,对颜色开始有自己的喜好,已开始试图用色彩来表现自己的情感。但不太注意整个画面色彩的和谐美。涂色上常常是"涂不满轮廓"或"涂出轮廓外"。(3)空间构图上,幼儿在画面上所画形象较多,用一种很随机、很偶然的方式,把物体罗列在纸上,把每个物体或每个人都画成单独的形象,而不注意物体间的大小比例,但已经开始试图表现物体的空间关系了。

在这个时期,要给幼儿创造良好绘画环境,给他们准备好绘画工具,并教给他们使用各种工具、材料的方法。为了发展幼儿的观察力,应该让他们多参与各类活动并多接触大自然。注意培养幼儿独立思考的能力。及时地对幼儿进行表扬和鼓励，让幼儿保持对绘画的浓厚兴趣。

（三）造型期（6—8岁）

这一阶段幼儿创作欲望高涨，是绘画活动的高峰期。他们以自我为中心，创造了许多自己独特的绘画方法，并且其画法也逐渐稳定下来，形成一种所谓"概念画"。从造型上看，幼儿喜欢用较为流畅、熟练的线条表现物体的整体形象，并用一些细节来表现事物的基本特征，其结构合理，各部分之间的关系基本正确。从色彩上看，幼儿对颜色的认识已日趋精细和完善，他们注意按照物体的固有色来着色，用色彩来表达情感的能力也有显著的提高。在涂色时，不仅能做到均匀地涂，而且不涂出轮廓线。从空间构图上看，画中形象丰富，开始注意物体的大小比例，但还把握不住分寸。有时会夸大感知印象较深的东西，形象与形象之间有一定的联系，基本上能反映主题。出现了基线式的画法，逐渐发展为散点式构图，多层并列式和遮挡式的构图，使画面看上去有深度感。

教师应特别注意对幼儿进行正确的指导，避免单一化、成人化、概念化的倾向，那样会导致作品失去幼儿画的特点和意义。

（四）再现期（8岁以后）

幼儿在学校接受了较为规范的绘画教育和训练，心理和生理条件逐渐成熟，开始追求成人化的审美标准。表现为：对形象有了初步掌握，开始追求准确性，比较注重作品的写实性。这种观念的改变，使幼儿对自己过去的绘画表现出怀疑的态度，甚至会产生失望的情绪。幼儿的兴趣会出现两极分化：一部分幼儿可能会放弃绘画，兴趣转移到科学、文学或语言领域；另一部分人渴望能像成人那样画出客观的逼真效果。处在这一转型时期，教师要特别注意引导这一部分幼儿进入绘画专业学习的领域。

二、幼儿绘画的特点分析

(一)幼儿绘画中"圆"的分析[①]

儿童绘画发展的第一个阶段是涂鸦期。幼儿在乱涂中,出现了许多圆圈。在幼儿绘画的基本形成阶段,椭圆或圆就更多地出现了,并且随着幼儿对这种图形的辨认以及不断重复地画,从而使得椭圆或圆变得好看,同时,也出现以圆滑为基本形式的曲线和弧形。

幼儿在早期绘画中,不一定对圆圈很关注,他们只是对物体各部分描绘的先后顺序感兴趣,如在画一个小朋友时,先画身体,然后再画身体各部分,像耳朵、眼睛、鼻子、嘴巴、脚、腿、手、胳膊等,最后画上衣服。虽然幼儿画的各部分很混乱,但都具有圆、椭圆、圆滑曲线或弧线的形式。

在幼儿的图画上,我们似乎看到了他们的动作轨迹,而且也能感受到他们表现出的极大的创造性。如,一个4岁的小女孩创作了一个男人在花园里劳动的情景,右部的漩涡状式样代表了一个割草机,所画的圆形线条不仅再现了机器的转动,而且也显示了幼儿绘画时手部动作的特征。

幼儿在绘画过程中,一旦探索到用自己所画的具有"圆"特征的线条可以代表其他事物时,他们便会积极地以自己所描绘的圆圈、线条表现各种事物、人物、汽车、锯齿、一本书等。在成人看来,幼儿的图画都是由一些圆圈圈组成的,但是对于幼儿来讲,他们并不能分辨是圆形还是方形。他们画的圆圈也不具备圆的性质,只

---

① 参见林泳海:"幼儿绘画中圆的心理分析",《幼儿教育》1987年第3期。

是用来代表事物所固有的性质——致密性或集中性。但在幼儿的视觉上，他们对于圆形还是感兴趣的或者说是偏爱的。心理学家罗艾斯经过实验后指出，幼儿总是愿意从一堆不同形状的物体之中挑选出圆的形状，即使首先要求幼儿挑出菱形物体，幼儿仍然不自觉地挑出圆形，由此可见幼儿对于圆的偏爱。

实际上，以一个中心为对称的圆形，不突出任何一个方向，作为一种最简单的视觉形式，我们成人也很喜爱它。平时的物体若是比较模糊，我们也总是知觉成一个圆形。圆的完美性能引起人的注意和兴趣。由此可以想到：幼儿一出生，可以说是处在一个圆形弧形的世界里，母亲的脸，母亲的眼珠，奶瓶……都是圆形的。胳膊围绕肩部运动的轨迹，手里的纸风车运动的轨迹，公园里的旋转飞机的运动轨迹，也是呈弧度旋转的。"圆"的经验或许形成了幼儿对圆的偏爱，并喜欢用"圆"来表现事物。

在视知觉中，幼儿如果没能将事物区分开来，就往往用最简单的图形来描绘，即点、圆或球。当然，幼儿进一步地发展，就可以用同心圆或者把许多小的圆变成较大的圆。如，可以把小圆大圆看成是耳朵或头的代表。同样，在儿童图中也表现出各种"包含关系"，如，一个人住在一个房间、一节车厢里，或食物装在盘子里，身体裹在衣服里。

幼儿用圆圈代表事物的水平也是不断发展的。幼儿不仅画同心圆，而且能在同心圆上加上放射线，用来表示各种不同事物：一个抽象的图案；一朵花；周围长满树的池塘；一个长满头发的人；手指向外伸开的巴掌；一个灯泡位于中心的吊灯；一个正跑步的人，等等。

幼儿在这些图画中，往往牺牲了事物的逼真性而寻求式样结构上的简单性和对称性。幼儿在绘画中不是机械地去模仿,而是在以自己的智慧去发明创造。幼儿喜欢用圆形来描述事物,是幼儿独特的心理特征所诱使和决定的。幼儿绘画的心理秘密实在值得去探索。

(二)幼儿绘画作品的特点

古德曼(Goodman)认为绘画主要有三个特性[①]:(1)充实性:指的是符号象征在艺术作品中比在非艺术性的物体中表现的方面相对更多些。比如某种线条,如果是用来表示绘画中的山脉,便具有艺术的机能,因为我们既能注意到线条再现的东西(如"山的轮廓线"),又能注意到线条的各个属性(粗细、色彩、明亮度等)。但是,同样的线条用来表示股票价格指数的记录,就没有了艺术的机能,我们只注意到各点在纵轴上的相对高度,而无视线条的肌理、色彩等属性。当一个符号产生审美效果时,它的特征就比非审美效果更多地得到了显示。(2)表现性:指的是一件艺术作品通过含蓄隐喻的手法表达心理状态和感觉的性质。在绘画中是指不但能再现(represent)事物和场面,而且能够表现情感和非视觉的性质。能让欣赏者超越再现性(画的是什么),理解作者表现的意图,这样的画,便具有艺术机能。艺术品的象征是通过表现而典型地得以实现的,绘画能够表现悲哀、喧闹、炎热或者平静,而地图或图表却没有这种特性。(3)结构性:调和事物的部分与部分之间,构成整体的平衡。事物的结构性,是艺术作品中极为重要的因素之一。

---

① 参见高雪梅、郑持军、李红:"儿童绘画表现性发展的研究进展",《心理科学进展》2003年第11期。

儿童画的形式即作品的造型手段,是指绘画的形式因素,包括构图、色彩和线条等。儿童画的具体表现是①:

1. 构图

构图、布局的一般法则有:(1)对比,如线条的虚实、疏密;色彩的冷暖,形体的大小等;(2)均衡,如对称式均衡,线条布置是否适宜等;(3)节奏,指视觉中心设置和视觉节奏的起伏、韵律。而幼儿在构图中往往是不遵循这些法则的。

幼儿最初阶段的构图是零乱式,即不考虑各形象之间联系,把要画的形象任意堆积到画面上,不分远近、前后;不分上下、左右。这与幼儿无绘画主题有关,因此整个画面不均衡,也没有节奏,看起来乱七八糟。幼儿构图的第二阶段,是并列式。即能分出天空和地面,把天上的各物体,如太阳、云、飞机、鸟等并列在一起,放在画面的上部,把地面上的各物体如房屋、树、人等并列放在画面的下部。

幼儿构图不断发展,会出现基线式构图。在纸上画一条长线,表示地面,并在基线上添加物体。幼儿构图还有一些特点,如,画的"人"往往是头大脚小或头重脚轻。在比例位置方面,高低不当,给人以飞升或沉降的感觉,显得孤独无援。幼儿缺乏透视技巧,要幼儿运用阴影与反影的透视规律,使画面有立体感和空间感,这是比较困难的,但对一些初步透视法,幼儿还是可以接受的。

2. 色彩

色彩主要以太阳的红、橙、黄、绿、青、蓝、紫七种色光为标准。色彩可分为原色(红、黄、蓝为三原色)、间色(二种原色配合而成)、

---

① 林泳海:"幼儿绘画的特点",《幼儿教育》1985年第12期。

复色和补色(红与绿、黄与紫、青与橙互为补色)。幼儿一般喜欢彩色,对黑白则不喜欢。其实成人也如此,原因是彩色使人觉得新鲜好看。人眼对彩色光波很敏感,彩色光波长短不一,据测查,幼儿对各种颜色的喜欢程度,依次是红、橙、黄、蓝、绿、紫、青、白、黑和灰。红、橙光波最长,是暖色,给人以热烈、兴奋的心理感觉。

在用色方面,幼儿往往表现为用自己喜欢的色一气画完,整个画面是一种颜色;或者轮换着用自己喜欢的颜色笔画,往往根据自己的兴趣绘画色彩浓重、花哨。由于幼儿不能用物体固有色来涂抹,画上出现不少错误。如,把太阳画成蓝色,把花画成绿色,或者房顶红一块绿一块,花花绿绿。

在装饰画中,需要用各种颜色。画装饰画,能充分满足幼儿在色彩方面的愿望。

3.线条

不同的线条,有不同的艺术效果:水平线开阔平静,垂直线庄严高耸,波浪线缓缓蠕动,斜线有运动感觉,曲线柔美流畅。最初,幼儿是意识不到的。在运用线条方面,幼儿是比较随意的。

教会幼儿用这些最基本的线条表现物体是很重要的。

(三)幼儿绘画过程的特点

创造艺术作品,作者都要经过对生活的体验,进行艺术构思,然后构图,幼儿绘画也离不开这个过程。由于幼儿具有直觉行动思维(即在行动中思维)的特点,使得幼儿的艺术构思与创作融为一体,即一边进行艺术思维,一边进行艺术表现。这在较小的孩子身上表现得更为突出,较大的幼儿,具体形象思维不断发展。幼儿作画,主要依靠头脑中形成的表象。幼儿的想象力极为丰富,特别富于创造性,这在绘画作品中表现很多。幼儿在绘画过程中,往往醉心于作画，有时还一边画，一边自言自语。有时由于技能不够，难以表达所要表现的物体，就用语言描述来补充画面的不足。

幼儿抽象思维很不发达，缺乏概括性和意志力。在绘画创造过程中表现为绘画主题很不稳定。不是先确定好了主题再去作画，而是不断转换主题，越小的幼儿表现越明显。例如，幼儿画人，对于画出的不像样的人，他自己也不满意，大人问他画的什么，他指着不太规则的圆脑袋说是鸡蛋，再问他，他说画的气球，因为鸡蛋旁边有根长线，确实像气球。

在自由画中，幼儿思维是极活跃的。幼儿能想到很久以前的事，能把自己生活中的许多形象在头脑中加工改造，创造出许多独特的新形象，并以幼儿独有的创作方法表现出来，富有幻想色彩和浪漫色彩。意愿画可以使幼儿的想象力得到充分发挥。

(四) 幼儿美术欣赏过程的特点

美术欣赏的心理过程，主要是通过视觉对艺术形象感知，在大脑中形成许多表象，然后与旧有经验相联系，产生对作品的体验。美术欣赏过程，实际上是充满联想、想象和再创造的过程。绘画作品，作为世界共同"文学"，幼儿很小就极为感兴趣。

2岁幼儿就喜欢看画。例如，当他们接触到自己所熟悉的形象时，往往连续不断地大喊大叫，有时为画中受欺负的小动物打抱不平，或把画中的坏人涂黑。显然，两岁的孩子把画中的形象当成现实，把画中的东西看成有生命、思想感情的人。

到了3岁，幼儿尚不能分出画面的主次，往往被画面上的鲜艳色彩所吸引，而且只能说出人物动作或个别情景，对画面的主题难以概括。这和思维发展水平是相一致的。

4—5岁幼儿能概括出画面上的主要形象，也能概括出简单的情节。到了6岁,便能概括出画面,并能用语言表达出来,且产生鉴赏的客观标准——"像不像"。

绘画欣赏,既能扩大幼儿生活的视野,也能促进其心理的发展,特别是促进欣赏水平的提高。欣赏过程和创作过程是密切相关的,欣赏水平的提高促进创作技能的发展,懂得绘画创作的多种材料、工具,并有好的绘画技能,才能较好地学会欣赏。在教学上应该重视提高幼儿的欣赏能力。

(五)幼儿泥工活动的特点

1.泥工的价值

做泥工是学前期幼儿喜爱的活动。幼儿能在泥工活动中,把自己内心蕴藏的情感、思想表达出来。泥工对促进幼儿的身心发展极为有利,[①]表现在三个方面:一是发展幼儿手动作的灵活性,促进大脑对手肌肉群的控制,并使之协调;二是能使幼儿的视觉、动觉积极活动,这对于幼儿认识空间、发展视知觉、形成空间想象、空间概念大有裨益。三是能吸引幼儿去探索、发现,发挥聪明才智。这对于幼儿创造力的发展有积极影响。

2.幼儿泥工活动的发展特点

1—3岁的幼儿,正处在和绘画中的涂鸦期一样的无意图造型阶段。给幼儿一块黏土,会反复压挤,无目的地拍打,随意改变黏土的形状,弄成圆形、球形,或不成其形。其实,幼儿并不关心制成了什么东西,他们感兴趣的是使用黏土的整个过程,只是觉得捏、握、抓黏土挺有意思。究其原因,是幼儿握在手里的黏土能给他一些刺激,能使他在玩中感到快乐。幼儿活动的目的性、有意性差,

---

① 参见林泳海:"幼儿泥工活动的心理分析",《幼儿教育》1986年第5期。

幼儿手的运动能力、肌肉动作发展还很不完善,自己无法控制手中的泥巴。

4—6岁幼儿,处在有意图造型倾向阶段。在初期,幼儿有意识想做出某一形状,由于手的技能还没有很好发展,做出的泥塑往往不像样子。但在做的过程中能表现出和泥工符号物有关的想象活动,如"这是鸡蛋"、"这是汽车"。幼儿做泥工往往用分解法,即将单一的一团泥,通过捏、拉,组合各部分成为他所希望做的物体。这意味着幼儿的形态概念还比较模糊,所抽出的各部分只是符号而已。到了后期,幼儿的小肌肉群和手指的灵活性已经得到发展,能够用黏土制成明确的东西,而且所有的物体趋向细致、精巧。幼儿能在泥塑头像上,用棉花当头发,按上豆粒做眼睛,按上小木棒做腿。特别是,此时幼儿还能给所做物体命名,这是幼儿大脑与外界信息交流的重要形式。

此时,幼儿做泥工的方法是综合法。即把整个泥团分成几个泥块,再把各部分连起来组合成一个整体。这是由于这个阶段后期的幼儿,具体形象思维已相当发达,不再像婴儿一样受知觉情景影响那样大。幼儿可以依靠头脑中的表象,知道怎样把一个有多种形状的物体分解成几部分,并知道怎样把他们综合起来,成为自己要做的物体。

第二节 绘画促进幼儿空间能力与创造力的发展

一、皮亚杰对儿童绘画表现出的空间认知能力的研究

(一)幼儿绘画最初表现出拓扑性质

让儿童临摹几何图形分析儿童空间认知的拓扑能力。通过让

不同年龄儿童临摹各种几何图形,皮亚杰发现儿童对生活的空间或世界的认识最初是一片混沌、毫无组织的,具有拓扑的性质。①儿童对于欧氏图形如圆、菱形和正方形等是封闭图形的认识还全是相同的,画这些图形时全都使用相同的方式。皮亚杰总结说,在儿童掌握了拓扑关系后,还要经历一段相当长的时间,他才能形成欧式几何与投影几何的概念。

让儿童画一张图来表示一个他曾经看到过的但是现在不在眼前的物体,通常用这种方法来研究儿童构成心理表象的能力。儿童的这些图画证实了儿童所具有的空间概念是拓扑的而不是欧氏的。

一位4岁半的儿童画一匹马和一个骑马的人,作为一位艺术家的儿子,他在图中把骑马人的头画得很大,下面四条粗线代表两只臂膀和两条腿。在图中可以观察到拓扑观念或相邻关系,如骑马人是在马的上方,还可以观察到分离的概念,如两臂和两腿是画成与脸和身体分离的。但是不能观察到次序概念(这是相邻与分离的综合)。骑马人的臂和腿的位置没有体现出次序观念。画中也没有把身体与头部分开。

图中人的脸封闭或包围着眼睛和嘴巴,正确地表现出拓扑的封闭概念。假如儿童没有拓扑的封闭概念,那就可以把一只眼睛画到脸的外面去。儿童对欧氏几何与透视关系是缺乏理解的,马的四只脚的长短与位置反映了这一点。不过从画上可以看出,马是在跑的,而这也许正是这位年幼的艺术家要表达的全部内容吧!

---

① 参见何平、林泳海、王妙怡:"儿童绘画中空间认知能力的研究评",《西南民族大学学报》2004年第10期。

(二)教育指导

皮亚杰认为儿童最初的几何观念是拓扑的,而不是欧氏几何的。要求托儿所、幼儿园最初进行的几何(空间)活动类型应是拓扑性质的,这些活动应该建立在拓扑关系——相邻关系、分离关系、包围关系与次序关系上。

培养儿童的拓扑能力可以让儿童多临摹一些反映空间位置关系的图画,在儿童画的过程中提出相关位置的问题,提高儿童对空间位置的理解。还可以让儿童区分关系密切的各种图形。另外,提倡儿童对各种形状进行物理探索的方法(例如让儿童摆弄硬纸板或木头做成的模型)。皮亚杰认为:动作性的活动对于儿童理解空间观念具有无比巨大的重要性。教师可以让儿童从许多形状的模型中拿出给他摆弄过但没有让他看到过的模型,来测试他理解几何图形的能力。也可以让儿童画出该物体,以测试他所给形状的能力。表象的再现,比如说画出某物体的图来,比再认更加困难。

二、卡米洛夫-史密斯对儿童绘画的空间表征研究

(一)儿童绘画 RR 模型和微发生变化

卡米洛夫-史密斯(Karmiloff-Smith,1979)提出了一个核心概念:表征重述 RR(Representational Rdescription),其核心目的在于把心理中的内隐知识变成心理的外显知识的过程。[1] 这个过程先是在一个领域内发生,然后扩展到几个领域。微发展发生在行为掌握之后,即达到一致稳定状态之后。

---

[1] 何平、林泳海、王妙怡:"儿童绘画中空间认知能力的研究评",《西南民族大学学报》2004 年第 10 期。

研究微发展的变化包括外部记忆装置的创造。只有已经完全有能力完成符号任务的被试才参加测试。任务的设计要求被试必须根据他们的能力当场创造新的解决方法。如，向儿童呈现12米长的一卷卷好的纸，上面有一所房子到一所医院的道路轨迹。道路上有20个分支点，一个分支导致死胡同，另一个可使儿童继续走向目标。任务是开玩具救护车把一个病人从纸卷一端的房子沿着弯曲的道路送到医院。在练习的时候鼓励儿童开车时在纸上写下一些标记，在以后可用它们避免走入死胡同。

儿童形成一种适合于所有分支点的符号系统，但在中途发生了变化。人们这时必须求助于内源性原因，因为不能引用符号系统的失败或不一致来解释行为的变化。如，儿童在绘画中，严格使整个任务中每一个分支点都能成为完全恰当的、经济的符号。每个分支点上决定的次序，内隐地编码于儿童在记录纸上画的一系列图画中。儿童能一直继续使用同样的符号系统，因为它是再现重要的信息。对于地图任务的部分典型解决方法（卡米洛夫—史密斯，1979），为什么儿童不继续使用他们适当的、经济的符号方法呢？在儿童执行任务时，有趣的微发展变化出现了。很容易肯定的是，符号足以表示哪一个分支导向医院，哪一个导向死路。但在一些分支点使用这种适当的符号之后，儿童忽然引入了冗余信息，找到解决方法。这两个儿童开始时是再现一系列分支点，这是可以一直使用下去的解决方法。然而，以后两个儿童都在少数几个分支上改变了经济的符号方法：一个在正确的分支上加上一个箭头，在不正确的分支上画上一个十字；另一个在正确分支上加上"是"，在不正确的分支旁边加上"不"。在两种情况下，附加的信息是十分完整的。

(二)教育指导

儿童空间认知的发展过程,依赖于他所具有的经验,以及对周围世界的认识。通过鼓励儿童对他们在物理世界中看到的那些形状的模型进行讨论,如,硬纸箱、停车标记、铁路交叉口的标记或者桌面等,可以让儿童画出这些标志,伴随着这些活动可以把各种图形教给儿童。

儿童日常生活中所经历的东西影响着儿童的认知结构的形成,在日常生活中可以经常组织儿童外出郊游或者度假。如果去比较近的地方,可以让儿童把走过的路线图画出来,想想看到哪些标志物,可以丰富儿童的地理知识,并且有助于儿童空间认知的发展。

总之,儿童的空间认知与数学、地理、绘画等科目的学习有关,提倡通过绘画、临摹、拓扑等空间经验促进儿童空间认知的发展,并由此促使儿童学科学习的进步。

三、为发展幼儿绘画创造力而设计的教育活动

(一)教育目标

在绘画教学中,以艺术审美为中心,把美感的培养辐射到各种活动中去,使审美经验与非审美经验得到互渗、互补和互相转移,促进幼儿审美心理和一般心理同步地协调发展,最终促进幼儿创造力的极大发展。

(二)绘画内容选择

选择幼儿绘画内容的来源有:

(1)幼儿熟悉的游戏,或日常生活中所看到和体验到的事情,如扮家家酒、帮妈妈做家务、打仗游戏、采摘水果等。

(2)从远足、参观、游园会和运动会中,增加幼儿所感受的经

验,如参观牧场、参加舞蹈表演、敲打乐器演奏和赛跑等。

(3)以故事的情节和想象为画题。如看羊的孩子、三只小猪、小红帽和西游记等。

(4)以幼儿从幻想或梦想的世界里所感触到的事物为画题。如肩膀生长翅膀飞入太空,和嫦娥仙女共舞等。

(5)配合幼儿园的教学内容,如我们的国旗、节日(国庆节、端午节、元宵节、中秋节)和认识中国等。

选择画题和内容,必须顾虑到幼儿的体验程度和感受的深度,如此,幼儿才能表现出强烈的情感,而其所完成的作品才能震撼人心。①

(三)绘画过程指导

1.丰富幼儿的经验

生活的经验。积累非审美的认识经验、实用经验、社会交往经验和情绪经验,丰富现实性表象,为感知的定向、为理解和想象的进行、为情感的产生提供丰富的源泉。

环境的经验。师生共同创设审美艺术化的环境。可以选择贴近生活的题材进行艺术创作,用创作成品布置环境,也可以把生活常规提升为艺术的表达方式。通过共同讨论的方式,欣赏日常生活所接触到和所看到的种种事物。

艺术作品的经验。系统地开展以艺术品为媒介、以审美欣赏为核心,实现多元价值的艺术欣赏和艺术创造活动,将由外向内的艺术再加工和由内向外的艺术制作实践有机结合,改变过去"重内

---

① 参见高爱民、林泳海:"美术教学促进幼儿创造力发展",《上海托幼》2002年第11期。

容轻形式、重模仿轻创造、重制作轻欣赏"的倾向,实现审美心理的各个方面从对立走向统一的互补。

艺术形式的渗透。把渗透在其他事物中或艺术中的形式审美特征——对称、均衡、重复变化、对立统一等加以突出,使其与儿童的意识层面相互作用,从而提高儿童对形式审美特征的直觉敏感性和迁移应用的有意性。重视欣赏教学,以共同讨论的方式,欣赏幼儿的作品和名画。

2.用美术的构成要素唤起幼儿的情意象征

(1)色彩。绿色象征大自然的勃勃生机,象征和平,给人温馨、宁静、纯真的感受;黑色象征死亡危险,使人产生恐惧、压抑等体验。让幼儿感知不同的色彩,并对不同的色彩产生不同内心感受。

(2)线和型。竖、直线表现挺拔、坚毅、呆板、凝固;水平线表示平静、沉稳;粗直线表现沉重、有力;细直线表现轻快、灵活;曲线表现柔和、流动、委婉、轻盈、优雅、机敏;放射线表现开朗、伸展、高兴、生长。让孩子练习一些不同的线条并表达出不同的感受。

(3)形式美。对称与均衡、重复与变化、整齐与散乱的统一。

3.培养幼儿创造力的四种教学方式

(1)手工制作及与绘画相合

这种美术与手工制作相结合的教学方式,是把绘画融于游戏之中,激发幼儿的学习和创作的欲望,提高美术教学的功能。根据儿童发展的需要,"美劳"混合教学可以有效果的完成教学的任务,是值得发扬的。

这种教学的过程是:利用幼儿喜欢对纸去撕、捏、搓的心理,从"玩"纸的游戏中,引导绘画的创作。

(2)共同创作画发挥集体的创造热情

共同创作画的教学,并不是一件困难的事。在共同创作中,给予幼儿合作的机会,不仅能增进合群、互助的人际关系的学习,而且可以增进他们的兴趣,使其各自发挥创作的想象力。共同创作画在幼儿美术教学中应该多提倡。共同创作画的教学过程,由于幼儿发展状况不同,教学方式自然也不相同,教师只要让幼儿以游戏的方式来共同创作,能描画出连贯的情景就可以了。

(3)诗、故事与绘画相结合

诗歌或故事与绘画同属艺术范围,同样都是净化人们的心境、美化生活、启发智慧,让人们的心灵得到无限的喜悦。因此,诗歌或故事与绘画的教学在高层的精神上是相通的。这种结合方式就是把诗或故事的内容,或从诗中得到灵感用形象表现在画面上。这里的诗或故事都是幼儿自己叙述或自编的,经由老师记录下来的,正因为是儿童亲身生活的体验以及想象的意境,所以最能引起儿童的共鸣,极容易用画面表达出来。

(4)音乐与绘画的结合

美术创作是基于许多能力(语言、诗歌、音乐等能力)共同发挥作用的。史怀哲(Schweitzer)是一位名音乐家,他说,一个人的灵魂里,有许多艺术家居住在一起,他的创作,是基于这些艺术家的共同作用而产生的。幼儿的美术创作也是基于上述的能力共同发挥作用的,其中节奏感,也扮演着重要的角色。因此,节奏能力在美术教育上是不能被忽略的。幼儿的绘画的创作中,随着节奏的变化而手舞足蹈,口中念念有词;所以,在美术教育上,引导幼儿将音乐节奏感情组织起来,适当表现在画面上,这是一项新鲜、有趣的教学方式。因此在绘画中辅以音乐的优美旋律,对于激发幼儿创造力有好处。

4.在绘画活动指导中对教师的具体要求

不为孩子选内容。教师或父母尽量避免替代幼儿选定画题或内容。要让幼儿按照自己的意思来选择画题作画,布置画面内容,这样才不会发生阻碍幼儿的作画欲望和降低创造兴趣的现象。

尊重孩子的作品。要以幼儿为本位的立场来指导幼儿作画并尊重他们。如对幼儿说,你的画看起来非常有趣;汽车、火车都跑得真快,我好想坐!这种以幼儿为本位的指导方式,将使幼儿更乐于作画,更乐于表现自己,更能发展其创造力。

不强迫幼儿作画。幼儿作画兴趣的浓淡,以他们创作欲望的强弱而定。教师和父母不要无理强迫幼儿作画,这样将令幼儿对绘画产生厌恶和抗拒心理。

合理称赞。对幼儿的图画要适当称赞,但避免过度夸奖,其后果造成幼儿老是喜欢画同一种图画,而又想获得夸奖的现象,那么,幼儿的绘画内容将难以开展和多元化发展。称赞的方式,以美国的教育家及心理家吉诺特博士所说的最适当:赞美要诚恳,具体说出被赞美人的努力与良好行为,而不是针对被赞美者本身。

不必过多重视清洁。幼儿作画总会带来一些脏乱,尤其是地板和墙壁多少会沾染水渍和颜料,这是极为正常的现象。父母和教师不要因为怕房间或教室被弄脏,而限制他们的行动,这样是无法使幼儿对绘画产生兴趣的。

问题与思考

1. 幼儿绘画的年龄阶段的特点是什么?
2. 象征期幼儿绘画的特点是什么?
3. 通过绘画培养幼儿创造力的教学方式有哪些?

术语及定义

涂鸦:1—3岁儿童能画出断断续续的线或各种曲线,这是儿童绘画所走出的第一步,也称之为错画、乱笔画。

拟人化:指幼儿把无生命的物体或有生命的动、植物画得和人一样,不仅赋予它们以生命,而且赋予它们一切人所具有的特点和本领的绘画现象。

蝌蚪人:幼儿笔下图像仅仅是简单的几何图形和线条的组合,是一种实物的替代物,常常只具备物体的最基本部分,多半是粗略的、不完全的,往往会遗漏部分特征,没有整体感,结构有时不合理。

第二十八章 幼儿音乐心理及教育指导

大凡健康的儿童无论是游戏、散步或工作,本能地都爱唱歌,表现出音乐的律动。

——陈鹤琴

第一节 幼儿音乐心理概述

一、音乐心理研究背景

(一)音乐心理含义及其研究发展

音乐心理反映的是音乐与人的行为、心理过程的互动关系及其规律。19世纪中叶的实验心理学的兴起叩开了现代音乐心理研究的大门。这个时期的心理学家主要致力于研究音响与感觉之间的关系,所研究的内容以音响心理为主,对音乐心理的研究只占其中一小部分。例如德国心理学家黑尔姆霍尔茨(1821—1894)通过调查及系统观察法研究了乐音与感觉的问题。施通普夫研究了人们感觉的差异性,并探讨了协和与不协和的问题。20世纪初,心理学家逐渐对音乐心理进行专门研究,侧重于音乐与心理的关系。如西肖尔提出了如何测验音乐才能的问题,库特研究了音乐创造的心理过程与曲式之间的关系等。随着心理学的发展,涌现出构造主义、机能主义、格式塔、精神分析等心理学派,它们对音乐心理存在不同的解释。20世纪50年代以后,信息论、控制论和人工智能学的出现,使音乐心理学从研究声音的属性、音乐才能、音乐天资等问题进入到音乐的感知、认识过程及其本质的探讨,并越来越多地借助科学仪器对音乐心理活动过程做出进一步的分析。

(二)我国音乐心理研究特点

有关音乐心理发展的本土化研究还比较薄弱。我国古代论著蕴藏了丰富的音乐心理思想,但对其进行比较完整而系统研究的成果也不多。春秋战国时期诸子百家的论著中对音乐心理的探讨,主要关注音乐与自然的关系、音乐沟通"天人"、音乐与人心理、情感的密切联系,音乐主体的心理特征在音乐活动中的强大作用等强调人本主义文化内涵的研究。近代以来国内学者对音乐心理学做了很多方面的探索,取得了不少研究成果,但有些领域的研究还比较粗浅,如对音乐知觉和认知的研究过多强调了欣赏过程,对于音乐认知方法的研究、心理声学的研究、音乐形象和音乐创造思维等都没有足够重视。近年来,人们越来越注重对音乐、社会与文化背景的相互影响以及音乐与社会心理的相互影响等方面的研究。因为任何音乐活动在本质上都是社会的,这也应该是音乐心理学所要解释的问题。

二、幼儿音乐心理

音乐心理是指人从事音乐活动的心理状态及心理能力,有人把这两者称为音乐感知。

音乐能力,也有人把音乐感一并归于能力范畴,统称为音乐心理能力。它不是一种单一的能力,而是各种能力的组合。其中,居于核心地位的是音乐感受能力,它又被称为音乐的情感体验能力、音乐感或简称乐感。音乐心理能力结构是以音乐的感受能力为核心的五方面能力所构成①：

(一)音乐感知能力

音乐感知能力是音乐审美能力最基本的因素，是感知和听辨音乐音响形式的能力。它主要表现在感知音乐客体形式所表达的意境及情调上。幼儿要达到对音乐的体验，正常的听觉是一个非常基础的前提。因为听觉为我们对音高、音强、音长、音色、节奏的分辨提供了便利。失去听觉就会使人对音乐的理解变得困难。此外，知觉是人对事物进行整体和直接把握的心理条件。它不仅受人生理素质因素的影响，而且依赖于人的知识和经验，受各种心理因素，如兴趣、需要、动机、情绪等的制约。音乐知觉最重要的是对音乐整体感受能力，从整体上感受、体验音乐要素，这种音乐知觉能力与注意、记忆、兴趣、爱好有着密切的联系。

(二)音乐记忆能力

音乐记忆能力是大脑听觉思维的音乐表象存储能力，表现为对音乐的识记，保持和再现的过程。音乐记忆的过程需要多个感觉通道参与，如视觉、触觉、听觉等。视觉将音乐符号的形状输入脑中，触觉帮助人们熟悉音符的位置以及如何动作等，听觉将符号的声音"刻录"在脑中，形成连贯的音响和旋律。人们接触音乐时，首先将音乐的基本信息储存在短时记忆中，形成初步印象。而音乐保持就是将短时记忆中获取的音乐信息，通过重复练习、弹奏将音乐保持在长时记忆中，这是一个强化、加深印象以形成稳定神经联结的过程，音乐再现则表示将音准、节奏、调式和风格、和声，甚

---

① 参见郁文武、谢嘉辛编著：《音乐教育与教学法》，高等教育出版社1991年版，第22页。

至伴奏乐器的种类和演唱者气息和技巧等准确地表达出来。音乐记忆是音乐想象的基础。

(三)音乐想象能力

音乐想象力指以原有的或现实的音乐映像为媒介,聆听、回忆和创造新音乐的心理过程。① 英国学者科林伍德说过:"我们所倾听的音乐是想象力用各种方式加以修补过的那种声音,其他艺术也是如此。"可见,储存在脑中的音乐映像并不是呆板的一成不变的材料,而是经过大脑主动地、自由地、活跃地再造后形成的与当时情境、情绪密切相关的声音。音乐想象能力在幼儿音乐活动中,如创造音乐、认识音乐、改造音乐、音乐表演和音乐欣赏等活动中都起着非常重要的作用。如果此时让孩子根据音乐编动作,或者通过现有曲调创作新歌词等可以培养他们的音乐想象能力。

(四)音乐运动能力

音乐运动能力是把音乐音响内化或转化为身体张弛运动的能力,一般又称为节奏感。但实际上音乐的运动能力要远远超过节奏感觉的范围,它包含人们在聆听、演唱、演奏音乐时的全部身体运动机能状态的感觉能力。人身体的运动节奏会与音乐的节奏产生共鸣,这种共鸣是人的本能。例如,婴幼儿在听到节奏鲜明的音乐时会晃动身体手舞足蹈。幼儿音乐运动能力主要表现在身体对音乐的表现力以及对节奏感的把握上。

(五)音乐情感

所谓音乐情感指的是人与音乐的交互过程中所产生的包括各

---

① 参见郁文武、谢嘉辛编著:《音乐教育与教学法》,高等教育出版社1991年版。

种人类感情因素的心理过程。① 俗语有曰："言为心声。"任何语言都是为表达内心的所思所想服务的，音乐是一种很富感染力的独具特色的语言，它通过歌词、曲调、节奏、音响等来表达人类丰富的情感活动。感受音乐就是人们通过音乐活动达到对音乐由表及里的情感认识。有学者认为音乐感受能力实质上是音乐的情绪体验能力，或对音乐产生情绪反应的能力。可见，音乐情感在音乐心理中的重要性。音乐与其他艺术形式一样，都具有源于生活，并高于生活的特点。幼儿音乐情感能力需要在良好的音乐教育生活中去历练。

三、幼儿音乐学习的重要性

（一）促进脑发育、提高学习效率

心理生理学家发现大脑左右半球的功能差异。对于大多数人来说，左半球是处理语言信息的"优势半球"，它还能完成那些复杂、连续、有分析的活动，以及熟练地进行数学计算。右半球则是掌管空间知觉的能力，感知和分析非语言性的视觉图像的"优势半球"。音乐和艺术能力以及情绪反应等与右半球有更大的关系。右半球主要从事形象思维，是创造力的源泉，是艺术和经验学习的中枢。对于正常人来说，大脑左右两半球的功能是均衡和协调发展的，既各司其职又密切配合，二者相辅相成，构成一个统一的控制系统。若没有左脑功能的开发，右脑功能也不可能完全开发，反之亦然。幼儿学习音乐能激活右半球的功能，而左半球主要负责

---

① 金妍锐："音乐认知发展视域——音乐情感认知研究"，《魅力中国》2010年第6期。

对抽象内容的加工,这样就使得两半球会均匀配合协同活动,从整体上开发大脑,不致使大脑很快疲劳,这对记忆的持久性和牢固性大有益处,使幼儿学习中的记忆力提高。

(二)促进身体健康

生理心理学研究表明情绪反应总会伴随生理上的变化,如肌肉、血管、内脏及内分泌器官的功能,都会随着情绪的变化而变化。近年来,音乐和身体健康的联系越来越受到研究者的关注。这种联系表现在音乐所激发的情绪对生理的作用上。目前有些音乐已经开始被应用于慢性病治疗、身心康复等领域。可见,音乐有可能通过调整人的情绪促进生理健康。那么,良好的音乐教育可以改善幼儿的情绪状态,为其身体的发育带来益处。这表现在一方面幼儿好动的需要可在音乐活动中获得满足;另一方面音乐中的节奏契合人体的活动,可以调节机体内环境,节省体力消耗,使机体身心达到愉悦状态,使生理的自我需求容易得到满足。

(三)促进幼儿语言的发展

音乐是一种抒发情意的工具,是语言的另一种形式,它有一套异于口头语言的符号系统。好的乐曲或歌曲包含了丰富精美的音乐语汇,幼儿学习到这样的音乐,不但获得了音乐语言美的享受,而且扩大了音乐语汇以及词汇的积累,增加对文学语言的理解和运用能力。在音乐教学中,教师通过要求儿童正确的发音吐字和感知音乐节奏,能帮助幼儿养成良好的语言表达习惯,如适当的语速,规范的发音,准确的措辞等。音乐与口语也有许多相通之处,比如都存在音调的抑扬顿挫,音色的变化等表情达意的因素,教师有意识地抓住机会提高幼儿捕捉这些表情因素能力,这对幼儿的口语表达能力的发展也是很有益的。此外,学习唱歌可有规律的锻炼喉部肌肉进而形成一种运动模式,有助于幼儿说话能力的改善。

(四)优化情绪情感

音乐的主旨是反映人类生活的,人们用它来抒发情感,陶冶性情,愉悦生活。音乐有益智的功能,能集中注意、激活思维、发展语言、丰富想象的作用,可以促进幼儿智慧发展;此外,音乐有调节情绪的功能,幼儿期是情绪发展的主要时期,借助音乐可以转移幼儿的不良情绪,改变幼儿的不良行为。在音乐学习中,随着音乐所表现的喜、怒、哀、乐,美妙的音乐使幼儿心情舒畅,思维活跃,形成他们对和谐美、自然美及艺术美的追求,也培养了幼儿爱他人、爱社会的情感,极大地丰富了幼儿的精神世界。

第二节 幼儿音乐心理发展及音乐欣赏

一、幼儿音乐能力的产生与发展

幼儿期的大脑可塑性强,是学习音乐的黄金期。已有的研究表明,婴幼儿天生就对音乐感兴趣,他们很注意周围环境中的音乐之声,并能很快将其与别的声音相区别,并且可以伴随音乐自然地做出反应。可见,幼儿很早就表现出对音乐的感知能力。那么,幼儿音乐心理能力发展具有哪些阶段呢?

(一)对声音的简单反应阶段

0—1岁这个时期婴儿的音乐听觉还不太精细,也较迟缓。他们能对声音做出简单的反应,比如分辨声音的高低,区别一般的铃声或门声,把自己的声音从其他声音中区分出来等。他们对令人愉快的乐音感兴趣,并且可以保持对它较为持久注意。在满周岁时孩子有的有较好的节奏感,能用身躯动作表现出来。①

(二)歌唱、节奏感知、身体动作阶段

国外学者布里杰 1961 年研究发现,2—3 岁幼儿倾听音乐时,会运用身体的动作如模仿发音、节奏律动等来表达对音乐的反应。他们常常保持一种类型的动作去贯穿一种节奏的体验。此外,这个年龄段的幼儿可以辨认四度、五度音程,出现了最初的学习音乐活动,能把听到的歌曲片断模仿唱出,也可以模仿弹琴拉琴的动作。这时音乐记忆迅速发展,可以记住两三个乐句。在这个时期可以是幼儿音乐教育的开始阶段。3—4 岁后的幼儿能感知旋律轮廓。如此时开始学习某种乐器的演奏,可以培养绝对音高感,并开始以变化的动作去配合节奏。②

(三)有意感知、深入理解音乐阶段

3—7 岁,幼儿的语言能力得到快速发展,能够把注意的焦点放在某一特定的音乐概念上,运用语言符号媒介手段去帮助幼儿理解和形成有关概念。幼儿在 4—5 岁,听音乐时明显的身体反应减少,有意识地听音乐的成分增加,有兴趣地、有意识听音乐的能力逐年增强。他们能辨识音高、音区,能重复简单的节奏。③ 5—6 岁能理解、分辨响亮之声和柔和之声。能从一些简单的旋律或节奏模式中辨认出相同的部分,且这个时期的孩子有更持久的兴趣和更专注的注意态度去听有细节的故事和音乐。4—6 岁幼儿的动作和节奏更为协调一致,能够通过乐器演奏较为深刻的理解音

---

① 参见王丽红:"儿童音乐心理学浅说",《艺术教育》2008 年第 2 期。
② 参见罗小平、黄虹编译:《最新音乐心理荟萃》,中国文联出版公司 1995 年版。
③ 参见赵宗光主编:《音乐教育心理学概论》,上海音乐出版社 2003 年版,第 139 页。

色、力度、音高、节奏、速度等。此外，该时期幼儿对欣赏音乐的能力也有提高。

上述的阶段是基于一般的幼儿音乐心理特征而划分的。各阶段有各自的特点，又有相互的渗透。幼儿音乐能力的发展没有绝对界限，且幼儿之间各方面都有很大差异。有的幼儿有超常的音乐心理特征，表现出突出的音乐天赋；但有一些幼儿对音乐反应较为缓慢，落后于正常的音乐年龄心理特征。这些个性特征对教学者来说是需要分别对待和处理的。

二、幼儿音乐欣赏

音乐欣赏是指以具体音乐作品为对象，通过聆听的方式及其他辅助手段来体验和领悟音乐，从而得到精神愉悦的一种审美活动。古语有云："凡音之起，皆由心生。"人是动了感情，才去歌唱的。当语言无足以淋漓畅快表达自己的情感时，借助音乐就是不错的选择。即使是简单的几句歌唱，也能够传达歌者口头语言的未尽之意。音乐抒情达意的功能可见一斑。那么，对音乐的欣赏就是透过音乐外显的音高、力度、节奏、音色、音质等来体察音乐内在的意境，体味音乐传达的情韵，达到对创作者思想及知、情、意的体悟。而于幼儿而言，对音乐的欣赏，首先要通过倾听音乐作品，对它能够有基本的感知，再在对音乐的整体感觉基础上达到对它深层内涵的理解与体悟。

（一）倾听

倾听是理解、欣赏任何声音的前提条件。音乐欣赏主要是通过"听"来进行的。幼儿对各种声音有敏锐的感觉和细微的辨别能力，这为他们欣赏音乐打下良好的基础。那么，勤于倾听，培养良好的倾听的态度、习惯与能力是幼儿欣赏音乐的重要环节。有研究表明,4—6岁儿童,在良好教育的影响下,倾听的主动性、自觉性和听辨能力可以获得很好的发展。他们除了能够认真地按要求倾听和进行听辨、描述以外,还会较多地主动倾听环境中声音和音乐,如在专门组织的音乐活动中,他们不但能够听出音乐的速度、力度、节拍型的变化,而且还能够听出乐段、乐名之间的重复和变化,他们不但能够听出音乐在情绪性质方面的差异,而且还能够听出某些明显的风格差异。

(二)理解

音乐是通过旋律、节奏、节拍、速度、音色等音乐语言来塑造形象,阐发内心情绪情感的。幼儿通过对音乐语言的理解,简单的分析判断来感受、记忆、再现和了解音乐作品所描绘的事物形象和意境。可见,理解是音乐欣赏的重要组成部分。幼儿对音乐的理解主要包括:对音乐情绪、情感的理解;对音乐所引发的想象、联想内容的理解;对音乐所传达的思想内容的理解;对音乐形式结构本身的理解。进入幼儿园以后,在良好教育影响下,3岁幼儿可能初步获得以下的发展:学会理解他们所熟悉的歌曲的歌词的内容和思想,学会理解乐曲或歌曲中性质鲜明的音乐情绪。4—6岁幼儿,在良好教育影响下,不但能够较好地理解歌词内容稍微复杂的歌曲,而且对乐曲的理解力也有了大幅度提高。

(三)创造性表现

音乐是一门特殊的艺术,艺术之美,在于它给予人的无限的想象力与创造力。对音乐的创造性表现是音乐欣赏的最终目的。在理解的基础上对音乐的大胆表现,是激发幼儿创造力的途径。幼儿在音乐活动中的独特想法、富有想象力的动作,通过说故事、写诗歌、画画的形式来表达他们对音乐的理解都是创造性表现,教师应给予肯定和鼓励。有人认为音乐欣赏活动的核心价值在于激发幼儿审美情趣与审美情感,感受音乐欣赏活动带来的愉悦,体验自由表达与创造的乐趣。因此,良好的教育应允许并接纳幼儿独特的想法和表现方式。幼儿在这样的氛围中才可能努力追求更具个性和创造性的表现,激发更多的创造性行为。

第三节 幼儿的音乐教育指导

一、音乐教学方法

音乐教学方法是为了完成音乐教学任务,教师和幼儿在共同活动中采用的手段,是一种为了达到音乐教育目的而调整教师和幼儿相互联系的活动的方法。

(一)讲授法

讲授法又称口述法,是教师通过口头语言进行教学的一种方法。它主要包括讲述、讲解、讲演三种方式。讲述,是教师向儿童描绘某些事物现象,叙述事件发生、发展的过程,使幼儿形成鲜明的表象和概念。讲解,主要是教师对一些较复杂的问题、概念、定理和原则等,进行较系统而严密的解释。因此,讲授基本乐理、发声器官原理、乐器构造等较为抽象知识时,可以使用讲解法。讲演,是以翔实的材料、严密的逻辑、精湛的语言较系统地阐述原理、论证问题、归纳总结的方法。类似于演说或报告的形式。运用讲授法时要注意唤起幼儿的注意和兴趣,启发幼儿的思维和想象,否则,很容易形成注入式教学。

(二)唱歌教学法

唱歌教学是常用的一种教学法,是通过教师对乐曲的正确歌唱,要求幼儿进行模仿学习的方法。唱歌涉及的基本技能主要包括四个方面,分别是姿势、呼吸、发声和吐字。唱歌时,教师要求幼儿姿势动作要准确,如精神饱满、身体端正、口型正确、自然放松等;呼吸要调整到平和、自然;发出的声音圆润、有力、甜美,在这个环节中可强调用丹田运气。一般地,可将呼吸与发声结合进行练习。咬字吐字方面要求清晰、准确。在新歌教学上,应包括新课导入、范唱、简约介绍、学习歌词和旋律、分析和复习歌曲、巩固学习等几个教学步骤。在唱法上对幼儿使用听唱法。

(三)演示法

它是教师在课堂上通过各种教具进行示范性表演,或通过现代化教学手段使幼儿获得感性知识的方法。演示法在音乐教学中应用较多。音乐教学中的演示手段主要包括四种:一是聆听音响、观察动作。它的特点是能突破时空界限,使静态的乐谱变成动态的音响、图像,使抽象的概念理论具体化。二是教师示范性的演唱、演奏、律动等技术动作的讲解。三是对幼儿的演唱、演奏使用摄像录音等办法及时反馈他们的学习情况,这有利于幼儿音乐水平的提高。四是用实物(乐器、模型、图画、图表)等直观性教具做演示,使幼儿获得感性知识。演示法直观性强,很容易吸引儿童的注意力,激发他们的学习兴趣,丰富感性知识,发展观察力和想象力。

(四)律动教学法

律动是指人体随着音乐的旋律和节奏做有规律的协调的动作,如拍手、摇头、跺脚、摆动身躯等。幼儿具有跟随音乐律动的本能。该教学法因势利导,在音乐教学中将这习惯加以利用并赋予新的内容,符合幼儿身心特点。律动教学法主张让幼儿从身心两方面去感受音乐,而不只是简单地用听觉学习。实践证明,律动教学可激发儿童的学习兴趣,充分调动幼儿的学习积极性,增强音乐的节奏感和动作的协调性,加深幼儿对音乐作品的理解和感受。当今,著名的音乐教育体系,如达尔克罗兹的体态律动教学法,把律动教学放在重要的位置。

(五)游戏法

游戏法是指儿童在游戏活动中能随着音乐的不同情绪、节奏、节拍的变化,有表情地进行律动、模仿动作和即兴动作,学做音乐游戏。学习或自编动作进行唱歌表演、集体舞等。游戏法能让幼儿轻松地参与音乐活动,容易获得对音乐的兴趣。在游戏中对音乐的自由表达还可激发他们的想象力、创造力。教学中要求幼儿注意音乐与动作的配合,有意识地培养他们的乐感。教师要创造幼儿发挥想象的情境;确定他们的角色,使他们较快地进入角色;此外,要让尽可能多的幼儿参与。

(六)视唱、练耳、乐理教学法

该方法综合了视谱而歌、听觉训练、音乐知识三要素,对幼儿的要求较高。通过"视唱"要求幼儿掌握五线谱及各种高、中、低谱号,区别不同音之间音高的不同等;通过"练耳"训练幼儿靠听觉分辨音程、和弦、节奏,能把听到的音或曲调用五线谱准确记录下来,还要能够听辨和弦,分析和弦的性质、功能等;通过"乐理"知识的传授,让幼儿了解简单的音乐理论基础知识,提高对音乐的感受性以及在音乐学习中对音高及乐谱的理解能力。教学中,视唱要音准,节奏方面要注意由易而难;练耳可以用听辨、模唱和听记等方法进行;乐理教学要与视唱、练耳、唱歌、欣赏教学密切结合。

(七)音乐欣赏教学法

该方法是以欣赏音乐为主的教学方法,是指教师在教学中创设一定情境,利用一定的教材内容及艺术形式,使幼儿通过体验客观事物的真善美,陶冶情操,培养其浓厚的学习兴趣,正确的学习态度,崇高的审美理想和鉴赏能力。目的是扩大幼儿的音乐视野,丰富他们的音乐知识,提高他们的鉴赏力和对音乐的兴趣与爱好。音乐欣赏教学法应是多种多样的,要培养幼儿的听辨力、记忆力和想象力。要选取既有艺术价值又有教育意义的中外古今的优秀作品为教材。教材排列次序要由浅入深,由具体到抽象。音乐欣赏教学欣赏的方式有:教师演唱、演奏或听唱片、听录音,参加音乐会,听电影、电视、广播、戏剧表演中的音乐,以及欣赏歌咏比赛会的节目等。

除了上述这些教学法外,还有器乐教学法、练习法等,在此不一一介绍。教师在教学中应根据幼儿以及学校的实际情况选择合适的教学方法。

二、音乐教育模式

音乐教育模式在教学实践基础上,富有成效的教学方式逐渐成为固定的模式,即教育模式。在此,介绍几种国外的音乐教育模式。

(一)达尔克罗兹音乐教育模式

1.基本理念

瑞士音乐家和教育家达尔克罗兹通过大量的教学经验,发现了人本身动作具有节奏性,它与音乐的节奏存在相融之处。他认为人是可以通过自身的运动将内心的情绪转译为音乐的,人体本身就是乐器。儿童通过音乐有规律地动作,有利于深入感受和理解音乐。因此,要进行音乐训练,只训练耳朵、嗓音、手指等是不够的,必须练好人的体态、姿势及各种形体动作,使儿童能够融入乐曲,体悟音乐传递的情感。这种乐曲和动作的结合对于建立节奏感,培养创造力,深化感情,促进各方面学习能力都有积极作用。

2.主要目标与特点

(1)训练儿童如何有效地利用听觉去感受及理解音乐,而且是以教师的即兴伴奏为主。

(2)要求儿童以身体为乐器,时刻把听到的音乐因素用各种身体动作表达出来,以培养幼儿利用听觉获得轻松、协调的节奏感。

(3)教学方式主要是游戏,发现个别儿童散漫时立即变换,保持新鲜状态。

(4)教师的音乐才能、发现问题的能力、及时诱导等的"即兴能力",与教学效果直接相关。

(5)来自不同音乐功底的儿童都适合上这种课。

3.教学方式与内容

(1)听音乐,用动作表现音乐,讲授为辅。在教学中,强调动作应有乐感,如"走"的练习;一般从教速度开始,让全班儿童按规定速度走路或摇摆,然后加上喜、怒、悲、惧等感情,速度不能改变;还要探索不同的方向感,如向前、向后、向右等,探索紧张和放松的感觉,想象在水中、泥沙中划动臂和脚等。探索不同的走路方式,如并跳、跑跳等,启发儿童想象。

(2)视听练耳和即兴演奏。通过训练耳朵,使身体与语言、歌声相结合,培养儿童的音乐表现力。这种视唱法与一般的不同,它先采用一线谱,通过读、唱音名来认谱。后按等时值读每个唱名,再练习以不同速度或临时用教具指谱视唱法。根据主旋律配以丰富的和声和音型,边创作,边用乐器伴奏。即兴演奏中要求儿童根据主旋律配以丰富的和声和音型,边创作,边用乐器演奏。

(二)奥尔夫音乐教育模式

1. 基本理念

卡尔·奥尔夫是德国的作曲家和音乐家。他认为,表达思想和情绪,是人类的本能欲望,并通过语言、歌唱(含乐器演奏)、舞蹈等形式自然地流露。但是儿童并不是都喜欢用唱歌来表达自己对音乐的感受,要启发孩子的音乐天赋,最好以类似做游戏的方式演奏乐器作为开端。奥尔夫重视儿童创造性思维,鼓励幼儿通过节奏创造他们自己的音乐。不要求儿童一成不变地模仿老师,而是让幼儿接触音乐实践开始,培养兴趣后再通过一系列不断深化的表演活动来掌握音乐。

2. 主要目标与特点

该模式主要目的在于以乐器的音响来唤起儿童对音乐的感受,通过元素性音乐活动来培养儿童的创造性。

奥尔夫音乐教育模式特点在于:

(1)有一套专门的乐器。为避免因人为调音而出现音准问题,他采用有固定音高的旋律打击乐器,如木琴、钢片琴、铝板琴和有固定音高的各种节奏打击乐器,如三脚架、梆子、铃鼓等,大家称之为"奥尔夫乐器"。

(2)强调民族化,强调音乐教学一定要结合本国、本民族、本地区的语言、音调、名歌和打击乐器进行。

(3)主张创造,反对固定不变,照搬教学模式。

(4)从元素性音乐入手。奥尔夫认为元素性的音乐绝不是单独的音乐,它只是和动作、舞蹈、语言紧密结合在一起的,是一种人们必须自己参与的音乐。

3. 内容与教学方式

(1)奥尔夫教学法通过拍手跺脚等动作学习节奏表现,然后在规定的节拍中即兴进行节奏变化,形成节奏的"合奏",再通过简单的不同音高打击乐器的演奏,形成短小合奏。由易到难,一直能够即兴地给固定的旋律配器。

(2)为诗歌、故事朗读配乐,为音乐选择合适的动作表演和为舞蹈动作配乐。

(3)歌唱活动。

(4)儿童自己设计音乐(包括伴奏、合奏的安排和创作)。

(三)铃木音乐教育模式

1. 基本理念

铃木镇一认为音乐才能并非生来就具有的。音乐好比语言,要掌握一种语言,最好是从小开始学。开始得越早,越能将这种语言掌握得像母语一样。因此,他强调外部环境的作用,只要儿童稍有掌握某种乐器的能力,就可以让他们学。他认为人类唯一的天赋是学习的本能;音乐能力也是人类有待开发的能力之一,只要父母用心安排,老师费心指导,人人都可学好音乐,有希望成为音乐家。

2. 主要目标与特点

在培养目标上坚持:

(1)强调培养儿童对音乐的兴趣。铃木认为通过不同形式的音乐活动,培养儿童对乐器的兴趣,直到他们非常希望像玩玩具一样地玩乐器。

(2)强调培养幼儿音乐记忆力。

(3)强调培养良好的人格与缔造伟大理想。铃木认为音乐教育只是手段,高超人格和伟大理想的培育,才是音乐教育的最后目标。

该模式主要特点包括:

(1)音乐教育应当及早开始,认为三四岁的儿童就可以学习器乐。

(2)通过"聆听音乐",熟悉"音乐的语言",培养儿童对音乐的兴趣。

(3)父母亲陪同学习。个别课家长要一起出席,帮忙笔记,学习调音等,并帮助儿童了解刚开始学习的各种难处。家长在家就是小提琴辅导老师,应陪同小孩每天练习,鼓励非强迫他们,尤其是旧的曲子,要不断地复习。学习的过程中由父母亲帮忙修正音符、指法,训练好儿童耳朵的听音能力等。

(4)强调合作而非竞争。铃木音乐教学法鼓励儿童合作学习,而非竞争,学习者应该互相帮助。儿童与儿童、家长与儿童、教师与儿童之间保持正向积极的鼓励态度。

3.教学方式

(1)集体课与个别课相结合。集体课上,儿童练习合奏,不同程度的儿童一起上课,可以互相激发,提高兴趣,加快进度;从中,儿童可以感受到个别课所没有的音乐体验。集体课一般要与个别课交叉进行。教学达到一定程度时就让幼儿组织音乐会,进行独奏或合奏,以提高表演的兴趣和自信以及应变能力。

(2)母语式的教学。铃木因为和他的侄子生活而顿悟语言学习,他的教学法也被称为母语教学法。他认为音乐和语言一样,都是人和人沟通的一种方法,人人都能学会这么复杂的语言系统,也可以把音乐学好。人类学习语言,首先很长的一段时间是在"听",然后试着模仿发出简单的音,再发展成词或句子,进度缓慢,并经过反复的练习,得到父母的鼓励,再继续更进一步练习,这一理论成了他音乐教学的重要哲学基础之一。

(3)小提琴教学。小提琴音色美音的不断追求,是铃木不断强调的重点。他推广小提琴教学,鼓励儿童的母亲参与学习,协助儿童学习。

(四)柯达伊音乐教育模式

1.基本理念

柯达伊的音乐教育理念主要是一种民族的、全民的音乐教育思想。他希望通过音乐教育来提高匈牙利民族的国民素质,主张孩子们在音乐中获得创造性和乐趣,丰富精神生活。

2.主要目标与特点

(1)培养音乐文化水平——用传统的音乐语言思考、读写和创作的能力。

(2)通过使用自己祖国的民间音乐遗产给予他们一种文化认同感,通过本民族的民间音乐知识进一步了解其他民族和文化。

(3)提高所有儿童的表演能力——在班级、合唱队里演唱、参加重奏团与管弦乐队——把参加集体音乐活动作为丰富生活的一种方法。

(4)让世界伟大的音乐作品成为儿童的财富。

它的特点是以集体歌唱为主要教学形式,教材大多取自于匈牙利民歌或以本民族风格创作的多声部合唱,以五音阶为视唱教学支柱,采用首调唱名法及柯尔文手势等教法。

3.教学方式

(1)民间音乐教学。柯达伊把民间歌曲、民间音乐看做民族文化的优秀结晶,极富民族文化生命力,是民族历史文化积淀的完美艺术。所以在儿童音乐教育的早期阶段,柯达伊教育体系就采用多种方法使儿童热爱民间音乐,积累民族音乐语言,建立民族音乐思维方式,柯达伊指出,民间音乐能给予儿童更多见识,能增强洞察力,民间歌曲结合着动作和活动是比单纯的歌唱更复杂的形式,传统中的朴实、原始、有趣味的特殊性影响着儿童,儿童的想象力和创造力使得那些民间音乐中简单的儿童游戏歌曲有了数不尽的变化,歌唱游戏、民间儿童歌曲是发展民族特点、发展民族潜意识的最好基础。①

(2)歌唱、合唱教学。歌唱教学是柯达伊音乐教育模式的一个重要特征。歌喉是每个人都有的"乐器",唱歌是任何人都能参与的,所以说普及音乐教育是切实可行的;同时,歌唱能给人最直接、真实的音乐体验;歌唱训练具有丰富的学习内容,音准、节奏、速度、音乐表现形式、曲式分析、和声功能等等。此外,通过合唱训练能发展儿童多声部和声听觉,并且能够培养儿童与他人团结协作的能力。

(3)首调唱名法。首调唱名法是读谱方法的一种,较之固定唱名法它有更多的优越性。首调唱名法的特点是,唱名与一定的调式相联系,调式感明显,音调感自然,易学易唱,便于掌握和应用。譬如,按照我们的习惯和感觉,每当提起自然大调(不管其调性如何)立刻会在我们脑子里反映出 do、re、mi、fa、sol、la、si 这样一串调式音阶的唱名来。用什么音当主音便是什么大调。柯达伊按照儿童自然的认知规律,打乱了传统的音阶级进排列的教学顺序,结

---

① 杨帆:"新教育理念下的现代幼儿音乐教育",内蒙古师范大学 2008 年硕士论文,第 11—12 页。

合着最接近儿童生活的四分音符、八分音符节奏,从两三个音级的儿童歌曲引入,逐渐学习五声音调、七声音调等各种调式旋律,并同时在多个调性位置上学习,而不再是长时间停留在 C 大调音阶上追求绝对音高的巩固。使用首调唱名法可以帮助儿童很快地学会读谱,还可以使最基础的和声感知训练很容易地引入到儿童音乐教育中。

问题与思考

1. 幼儿音乐心理的构成是什么?
2. 幼儿音乐心理发展的特点是什么?
3. 幼儿如何进行音乐欣赏?
4. 如何认识幼儿音乐学习的重要性?
5. 幼儿音乐教育方法包括哪些?
6. 各种音乐教学模式的理念、目标、特点和教学方式是什么?

术语及定义

音乐心理:音乐心理指的是人从事音乐活动的心理状态及心理能力,有人把它这两者称为音乐感和音乐能力,也有人把音乐感一并归于能力范畴,统称为音乐心理能力。

音乐感知能力:是音乐审美能力最基本的因素,是感知和听辨音乐音响形式的能力。

音乐记忆能力:大脑听觉思维的音乐表象存储能力。

音乐想象能力:听觉思维的音乐造型能力以及音乐听觉思维向其他各种思维的自由联想能力。

音乐运动能力:把音乐音响内化或转化为身体张弛运动的能

力,又称为节奏感,但实际上远远超过节奏感觉的范围,它包含人们在聆听、演唱、演奏音乐时的全部身体运动机能状态的感觉能力。

音乐情感:是对音乐的情绪体验能力,或称对音乐产生情绪反应的能力。

音乐欣赏:指以具体音乐作品为对象,通过聆听的方式及其他辅助手段来体验和领悟音乐,从而得到精神愉悦的一种审美活动。

音乐教学方法:是为了完成音乐教学任务,教师和幼儿在共同活动中采用的手段,是一种为了达到音乐教育目的而调整教师和幼儿相互联系的活动的方法。

达尔克罗兹音乐教育模式:由瑞士音乐家和教育家达尔克罗兹创立,将体态律动与视唱练耳相结合的一种教育模式。

奥尔夫音乐教育模式:一个综合性的教育整体。在奥尔夫的音乐课堂中,孩子们有机会进入丰富的艺术世界,音乐不再仅仅是旋律和节奏,而是与儿歌说白、律动、舞蹈、戏剧表演甚至是绘画、雕塑等视觉艺术相联系。

铃木音乐教育模式:是日本铃木镇一发展的一种独特教学模式。该模式提出许多值得重视的概念,如:爱的口号,才能不是天生的,没有失败的学习,学习自零岁起,能讲话就能学音乐,强调父母亲在子女学习乐器过程中角色的重要性。

柯达伊音乐教育模式:由匈牙利著名作曲家、音乐教育家佐尔丹·柯达伊创立。它以集体歌唱为主要教学形式,教材大多取自于匈牙利民歌或以本民族风格创作的多声部合唱,以五音阶为视唱教学支柱,采用首调唱名法及柯尔文手势等教法,有高度严谨的结构。

第二十九章　幼儿道德心理及教育指导

良知不是像语言或踢球这样的一种能力,也不是受人生经历、社会现象、知识文化、行为方式多方面影响的终生课题,但它从儿童早期就开始发展了。

——林言子

第一节　道德与道德教育

一、道德与道德教育

麦罗(R. D. Milo)认为,不道德(immorality)有三个来源[①]:一是不良偏好(或价值观):设想为反常的恶(perverse wickedness)或偏于恶(preferential wickedness)。二是缺乏对他人利益的关心:由超道德和道德冷淡构成。前者没有对和错的感觉;后者对错事淡然。三是缺乏理性的自我控制:由道德疏忽(moral negligence)和道德缺乏(moral weakness)构成,前者未能防止情绪和欲望歪曲自己的判断;后者善意避免缺点但做错事的欲望更强烈。可见,道德作为人类行为的规范和伦理规则,其表现是很复

[①] 参见约翰·马丁·里奇等:《道德发展的理论》,姜飞月译,黑龙江人民出版社2002年版,第159—165页。

杂的。

涉及道德概念的术语有：道德（morality），是建立在道德规范原则基础上的行为系统；态度（manners），是建立在判断基础上的行为系统；风俗（mores），是一定团体的固定化的、结合了道德的传统习惯；非道德（amoral），是对遵守道德规则不感兴趣或缺乏道德敏感的人，如婴儿；道德无关（nonmoral），等同于非道德；亲社会道德行为（prosocial moral behavior），指儿童好的道德；道德发展，指个体辨别正误、形成伦理、具备实际道德行为的能力之成长；社会化（socialization），是向个体灌输社会价值观和获得社会角色的过程；无为（good will），指顺从自然的美德；社会要素，是涂尔干提出的道德内化过程中的三种基本成分，即权利和纪律精神、对社会团体的情感、自主性和自我决策。

但丁曾说过："道德常常能填补智慧的缺陷，而智慧却永远填补不了道德的缺陷。"[①]在德、智、体、美、劳、法、心等教育目标或内容中，德育始终是放在首位的。可以说，没有一种教育比儿童的德育更重要了。道德品质是指依据一定的道德行为准则行动时所表现出来的某些稳定的心理特征。对幼儿进行道德教育，无非就是培养幼儿的优秀品德。

二、道德与其他领域的关系

了解道德与其他领域的联系对开展幼儿品德教育是有意义的。

（一）道德与宗教

道德与宗教关系是长期争论的问题。请求将上帝和祈祷搬进

---

① 茅于轼：《中国人的道德前景》，暨南大学出版社1997年版，第324页。

学校课堂,是认为"道德和宗教不可分"的古老而长期的信仰。宗教所倡导的信仰有时也是符合道德规定的,像不偷窃、不诽谤等。总之,道德教育可以与宗教道德教义相协调,但不可依赖它。

(二)道德与个人自由

美国前总统小布什(1990)说过:"我不喜欢花菜,从小时候起就不喜欢,但母亲让我吃,现在我成了美国总统,再也不用吃花菜了。"这句话就反映出道德与个人自由的冲突问题。

奥古斯汀、康德和弗洛伊德等人的基本观点是,道德是以自我为中心的自私欲望与对待他人理性与合法的关心二者之间的斗争。以幼儿为例,幼儿喜欢穿漂亮衣服,不喜欢穿园服,于是穿园服规定与儿童穿衣选择之间就出现了冲突。

(三)道德与习俗

道德的核心是对公平和人类幸福的关注。道德知识的起源可追溯到儿童对影响自己或他人权利和幸福行为进行的早期交流,涉及习俗问题。

如何把10美元分给4个人,这是一个道德问题;要对物品公平分配,这也是一个习俗的数学问题。同样,排队购买电影票,这是显然的社会习俗;如果排队时有人插队,影响了公平的原则,于是出现道德问题。有时,习俗与道德也会产生矛盾。

道德与习俗的冲突,即"第二秩序道德事件",指违反根深蒂固的习俗规定给习俗遵守者带来心理上的伤害(受到侮辱、感到难过)。[1] 如在西方文化里,身穿浴衣出席丧礼不仅是对习俗的违

---

[1] 参见拉瑞·P.纳希:《道德领域中的教育》,刘春琼等译,黑龙江人民出版社2002年版,第96页。

反,而且是对逝者不敬的道德问题。

(四)进化与道德

弗朗斯(Frans,1996)证实,灵长类动物在不同程度上具有与人类相似的道德行为。如:在黑猩猩身上可发现分享、互惠、报复等亲社会行为。在某种意义上说,人类的行为从战争到轻率的婚姻、到道德等方面已退化到灵长类动物的水平。

第二节 儿童道德发展的理论

一、精神分析理论

(一)弗洛伊德对自我的关注

道德任务是不快乐的、几乎不可预测的和矛盾冲突的。本我(性的冲动)在幼儿期和儿童早期发展起着支配作用,影响着其终生人格之发展。为了使本我平衡,他提出自我概念,通过自我调节来控制本我。随着儿童成长与成熟,自我功能才能逐渐缓慢地变得精确、高尚。

另外,超我的作用对道德发展而言也是十分重要的。超我作用来自于外部的社会力量,最初是父母后来是教师和其他权威人物。通过超我的作用对儿童进行约束、限制和禁止。为此,儿童形成自我,理想和良心是很重要的。[1] 如果没有内疚和良心,生命会堕入竭力生存的泥潭。而过度的内疚会使个体无法行动,极可能导致"神经症"。良心的形成发挥着道德审查机构的作用。

---

[1] 参见约翰·马丁·里奇等:《道德发展的理论》,姜飞月译,黑龙江人民出版社2002年版,第25—34页。

(二)阿德勒强调社会兴趣

作为弗洛伊德的学生,阿德勒放弃了还原论的性本能理论,强调社会的影响。他认为,一个人以一个自卑的姿态进入世界,像婴儿,也要面临无助和依赖。从生命最初起,个体都努力克服一种无能感,即为优越而努力。

社会兴趣设想为既是天生的,随着儿童成长和成熟,又是可以培养和发展的。因此,培养儿童的社会兴趣,在依赖儿童成熟标准的同时,应该赋予他们社会任务和行为责任。家务杂事、学校义务都可作为培养道德行为的模式,使儿童养成一个独立的习惯。

波普尔怀疑逻辑实证主义的归纳使用对道德问题的解释,[①]他认为案例不足以说明问题。例如:一个男人把一个儿童推进水里,试图淹死他;另一个男人冒着生命危险救起了这个儿童。对弗洛伊德而言,第一个男人遭受了压抑,第二个男人获得了升华。对阿德勒而言,第一个男人经受了自卑(证明自己犯罪之需要),第二个男人同样如此(证明自己勇敢)。表面上理论力量很强,实际上是有弱点的。

(三)荣格认为道德发展是从幻想到现实

作为弗洛伊德的弟子,也是背叛者,荣格把道德成长假设为一个毕生的过程,这个过程只有极少数个体到中年期后才自我实现。他强调,道德发展的任务是区别那些有利于精神生活平衡的潜意识,提炼到个体自我加以利用的程度。他认为儿童3岁前几乎没有什么意识或保留了自己大部分潜意识,儿童显示出许多动物表

---

① 参见拉瑞·P.纳希:《道德领域中的教育》,刘春琼等译,黑龙江人民出版社2002年版,第96页。

现。3至5岁儿童才知道意识连续统一体。在儿童期,学校作用在于提炼本能和使本能淡化,使儿童从原始的冲动中分化出来,使他们与存在的文明更为一致。

荣格对儿童道德教育的建议是,应该小心地、逐渐地使年幼儿童接触生活现实,既接触善良的一面,也接触邪恶的一面。

二、班杜拉的社会学习理论

班杜拉强调观察学习对儿童道德行为的影响。儿童通过观察生活中的重要人物而学习社会行为,观察有助于儿童把模仿行为的心象和符号表征储存起来。儿童模仿的行为,可以是助人等亲社会行为,也可以是攻击、不诚实和欺骗等不受欢迎的行为。例如影视中的暴力人物对于儿童攻击行为是有影响的。

模仿行为有三类:一是抑制—非抑制效应,指观察到他人因为出现与自己类似行为而伴随不愉快结果,反应就会受到抑制;二是引出效应,榜样通过影响观察者已经出现的各种反应技能而发生作用;三是模仿效应,个体可能有帮助无家可归者的倾向,但直到观察到朋友参加这样的活动时才会去做。①

依据社会认知理论,道德思想对行为的影响表现为自我调节机制。其功能为:行为的自我监督、依据个人标准和环境状况进行行为判断、情感反应。在自我调节中,自我效能感是很重要的,自我效能感越强,越具有坚持性,对违反道德标准的诱惑有更高的抵抗力。

三、皮亚杰的道德认知发展理论

---

① 参见约翰·马丁·里奇等:《道德发展的理论》,姜飞月译,黑龙江人民出版社2002年版,第44—47页。

皮亚杰认为,一个人道德上的成熟,主要表现在尊重准则和社会公正感两个方面。一个有道德的人,就应该能按社会规定的准则公平地、公道地对待别人。皮亚杰研究了儿童对规则的态度和对行为责任的道德判断,把儿童道德认知分成两种水平:一是他律水平,二是自律水平。儿童道德认知的发展表现为[①]:

(一)儿童从单纯的规则到真正意义的准则

年幼儿童在一起玩弹子游戏时,虽然都在按照游戏规则进行比赛,但却各自按照自己的想象去执行规则。他们还没有把规则当做一种有义务去遵守的实在,年长儿童则把规则看做大家在游戏中应该共同遵守的行动准则。

(二)从客观责任到主观责任

从客观责任到主观责任这一道德认识发展进程是皮亚杰在研究儿童对行为责任的道德判断中发现的。年幼儿童往往根据行为者行为在客观上造成的后果,即行为的客观责任去做出判断;年长儿童则往往根据行为者行为的主观意向性,即行为的主观责任去做判断。

(三)从服从的公正到公平和公道的公正

年幼儿童对公正概念尚不理解,他们以成人的是非为标准。好坏标准取决于服从不服从,认为听话就是好的行为,按自己的意愿行事就是坏的行为。10岁左右儿童道德判断的内在基础发生了质的变化。这一时期儿童的公正判断不再以服从不服从为标准,他们已能以公平不公平或平等不平等作为是非的标准了。13

[①] 参见李伯黍等主编:《教育心理学》,华东师范大学出版社1993年版,第27—34页。

岁儿童已能用公道不公道这一新的标准去判断是非,认识到在依据准则去判断是非时,应先考虑他人的一些具体情况,从关心和同情出发去做出他的道德判断。

(四)从抵罪性惩罚到报应性惩罚

有两个问题:一是在儿童心目中什么样的惩罚最为公正?在儿童看来什么样的惩罚最有效?皮亚杰发现,年幼儿童往往认为,应该用强制手段使犯过者遵从成人的命令或规定。他们认为惩罚要严厉,最严厉的惩罚将是最公正有效的。如,小孩不听话就不给看小人书,他们认为犯过内容与惩罚性质之间没有必然联系。这种惩罚观皮亚杰称为抵罪性惩罚。年长儿童已认识到行为准则与同伴行为之间的关系。在年长儿童心目中,谁犯过谁就会遭到同伴群体的报应。这是一种报应性惩罚。

皮亚杰认为,抵罪性惩罚是儿童在成人的约束和强制条件下的产物,带有专断的性质,是他律道德的表现;报应性惩罚是儿童同伴间社会交往和社会合作的产物,不带有专断的性质,是自律道德的表现。

(五)理论的概括:从他律到自律

根据以上观点,年幼儿童的道德判断具有强烈的尊重准则倾向。这些准则在儿童心目中都是权威人物,如上帝、警察、父母、教师等制定的准则是神圣的,不可改变的,每个人都必须遵从的。这些儿童的道德观念是他律道德。

随着年龄增长,儿童认识到社会准则是共同约定的,在道德上不是绝对的,是为了保障他人的需要,是可以改变的。

四、柯尔伯格的道德认知发展理论

按照柯尔伯格的看法,道德认知是对是非、善恶行为准则及其执行意义的认识,并集中在道德判断上。道德判断是一个人根据道德原则对正确或错误行为进行的判断,即道德评价。儿童的道德成熟首先是道德判断的成熟,然后与道德判断相一致的道德行为上的成熟。儿童有着属于他们自己的生活,有着他们形成正确的思想道德价值的独特过程。儿童是道德哲学家,有他们自己关于价值观问题的思考方式,能主动形成他们的道德观念,这些道德观念又形成有组织的思维方式。柯尔伯格强调个体思维方式即道德认知是不断发展的。

受皮亚杰的影响,他把儿童道德认识发展划分为三种水平六个阶段:

(一)前习俗水平。此时儿童道德判断的依据是行为结果的后果,没有内在的道德标准。包括服从、避免惩罚和朴素的利己主义两个阶段(第一、二阶段)。前一阶段儿童的道德判断以成人的意志为转移,认为凡不会受到惩罚的行为都是好的;后一阶段儿童道德判断是以能否满足自己的需要为依据。

(二)习俗水平。此时期道德判断及其标准是普通成人所具有的。包括谋求允许和服从法律、维护权威两个阶段(第三、四阶段)。前一阶段儿童认为凡得到别人允许的行为就是好的,反之则是坏的,道德判断行为以是否被允许为衡量标准;后一阶段儿童以遵守法则、尊重权威为道德评判标准。

(三)后习俗水平。这一水平的道德判断超出习俗的法律与权威的标准,以普遍的道德准则和良心为行动的基本原则,包括力求担负道义责任和以内在道德理想、道德信念判断是非两个阶段(第五、六阶段)。前一阶段的儿童在判断是非善恶时,认为自己对社会、对他人都负有一定道义的责任,只有兼顾他人利益的行为才是道德的；后一阶段儿童以既有道德标准和普通道德原则为评价标准，不受外在法律、规则等的约束。柯尔伯格认为道德认识的发展是按上述三种水平、六个阶段依次发展的，这种发展的顺序既不会超越更不会逆转。

总之，在现实德育中，强调"美德袋"，一组特殊的价值观和道德特质，如美德范围从亚里士多德的节欲、心胸开阔、自尊、好脾气、坦率和公正等，强调用劝告、实例和教训的方法实施德育。科尔伯格反对这种做法，认为这样的德育是没有好处的。应关注儿童对道德问题的思考方式，①强调使用公共团体策略来培养儿童道德。

公正团体策略不再像道德讨论法策略使用类似苏格拉底的对话法，而是像柏拉图的《理想国》主张对人们实施公正教育，即"新柏拉图模式"。公正团体策略的最突出特征，就是强调建立一种集体意识，通过民主参与培养儿童的集体感，通过民主决定和公正地解决实际问题，促进儿童的道德推理和道德行为的发展。公正团体法建立一种参与制度，通过民主讨论解决学校的实际问题。

第三节 幼儿道德心理及教育指导

一、幼儿道德认知特点及教育指导

（一）幼儿道德认知的特点

1. 道德认知发展是一个长期教育、不断积累的过程。幼儿道德认知水平较低，道德认识较肤浅，概括能力较差。

---

① 参见约翰·马丁·里奇等：《道德发展的理论》，姜飞月译，黑龙江人民出版社2002年版，第102—108页。

2. 幼儿道德是非观念处不稳定状态,缺乏道德认识的一致性。

3. 幼儿道德评价带有很强的情绪性和受暗示性,常以自己情绪或成人标准来进行评价。

(二)幼儿道德认知的教育指导

1. 要教给幼儿相应的道德知识。只有具备一定的经验,掌握了社会行为规范,懂得待人接物的要求、集体生活中的规则,才能明是非、有良知。

2. 要选择符合幼儿心理特点的、能感染人的、生动的德育内容,渗透到有趣的故事、童话、图片等文学艺术作品中,弄清是非,明白道理,以此来影响和塑造儿童的心灵。

3. 教育者对幼儿道德行为应及时提出要求并进行评价。在幼儿道德行为之前提要求,在行为之后进行评价,有助于幼儿将道德认识与行为结合起来。

二、幼儿移情、内疚发展及道德情感教育指导

(一)移情与内疚的发展

1. 幼儿移情的发展

移情是个体对另一个人产生同感的情绪反应,是对另一个人内在状态的认知觉察。内在状态指思想、感受、知觉和意图。移情的作用不仅能促进助人行为,而且会阻止攻击行为和控制他人能力。塞基和霍夫曼(Sagi & Hoffman,1976)认为,移情的发展表现为[①]:

(1)最初的移情反应。当几个月的婴儿听见另一婴儿哭泣时,他就开始哭泣,这种反应性哭泣并不是毫无感情成分的简单的声

---

① 参见马丁·L.霍夫曼:《移情与道德发展:关爱和公正的内涵》,杨韶刚等译,黑龙江人民出版社2003年版,第73—87页。

音模仿反应。另外,6个月婴儿A哭泣,开始忧伤时,另一个婴儿B通常观看但很少哭泣。但积累的效果是,当A几次出现忧伤,婴儿B也开始变得忧伤并开始哭泣。在哭泣之前,B先把嘴唇噘起来,隐约感到自己的身体与他人的不是一个,他人变成一个真正的他人。

(2)自我中心的移情忧伤。当一个10个月女孩看到一个小朋友跌倒并哭泣时,她开始注视她的朋友并开始哭起来,然后把大拇指放进她的嘴里,把头埋进母亲的衣服里,就像她自己受伤时所做的那样。婴儿表现出强烈的移情反应,但她混淆了谁在真正忧伤。婴儿对另一个的忧伤和他对自己的忧伤做出反应相同时,就称之为"自我中心"移情忧伤。

(3)准自我中心的移情忧伤。1岁后,婴儿的移情哭泣和注视他人经常出现了,从移情忧伤到同情忧伤发生了质变。他开始向受害者走去,做出援助的移动。在一个追踪研究中这样描述:"玛丽看到一个来访的女孩在哭泣。她小心翼翼地观看着她。在她旁边转来转去,不断把认为很有价值的玩具娃娃以及其他东西递给她,如她喜欢的瓶子或带线的珠子。"

(4)真实的移情忧伤。1岁半后,儿童开始觉察别人具有的内在状态(思想、情感要求),另一个人的内在状态有可能不同于自己的内在状态。莎拉2岁3个月,她正和表弟坐在汽车里。当表弟找不到他的玩具时就哭起来。有人说,玩具在汽车车尾行李箱里,回到家就可取出。10至15分钟后,汽车回到房子前,莎拉说:"现在你可以拿到玩具了。"当莎拉3岁时,她把唐老鸭帽子送给朋友作永久纪念,用这顶帽子来取代她朋友几天前丢失的帽子。可见,这个阶段儿童,不仅对他人忧伤确实产生移情,还能选取受伤者的角色,并知道受伤者在这种情境中的独特需要。

(5)学龄前儿童已认识到,同一件事在不同人身上产生不同的情感。

(6)6至7岁儿童对自己情感和他人情感之间联系,表现出相当复杂的理解。

(7)大一些的儿童有了成熟的移情。这种里程碑式的进步是:一是获得了认知感,把自己和他人看做具有超越当前情境的独立内在状态,把发生在他人身上的事件与发生在自己身上的事件区分开来。如果受害者痛苦或不幸归咎于自然原因,或者超出受害者的控制,移情忧伤可能转变为同情忧伤。二是了解大多数人处在他人情境中的感受。三是知道他人的外部行为所反映的内心感受。如移情愤怒,受害者对施虐者感到愤怒,而观察者通过移情唤起机制发现了那种愤怒,并且感受到移情愤怒。

2. 内疚的发展

内疚是个体对想象到的过错行为应该受到责备的感受。霍夫曼认为,内疚是对自己的一种痛苦的厌恶感,通常伴随紧迫感、紧张感和悔恨感。内疚往往会产生一种行为上的补偿。如,一个2岁儿童拽住了她表姐的头发,母亲告诉她不要这样做。于是她爬到表姐跟前说:"我拽了你的头发,请不要哭,"并且吻了表姐一下,以表达自己的内疚。

马斯克洛等(Mascolo et al.,1995)对内疚发展的文献进行概括[①]:

---

① 参见马丁·L.霍夫曼:《移情与道德发展:关爱和公正的内涵》,杨韶刚等译,黑龙江人民出版社2003年版,第136—139页。

(1)8至9个月儿童对于有目的打人使某个人哭起来,就会产生移情忧伤。到1岁半后,就表现出内疚感的迹象。如:有个成人抱起21个月的妮妮,高高举起,又轻轻放下,后来累了就不举了。但妮妮还想让他举,就跑过来,当时成人正弯着腰,刚好妮妮的头碰到了他的下巴和嘴唇。妮妮哭了,而成人当时嘴在流血。当妮妮看到流血的情景,马上就停止了哭泣,说:"叔叔,妮妮把你的嘴给弄破了。妮妮给你吹吹。"一边吹还一边说:"妮妮对不起。"

(2)4至5岁儿童开始建构更复杂的表象,包括社会互惠性要求。有时儿童会对没有进行互惠感到内疚,如:马克给了小丽一块糖吃,而马克向小丽要一块饼干吃,小丽没有给他。此时小丽感到一种互惠的内疚。

(3)6至8岁儿童是对没有尽到某次义务而感到内疚,如:对一个生病朋友的食言而使自己苦恼。

(4)10至12岁儿童对违背道德规则感到内疚。如:违背了朋友要兑现的协议而感到内疚。在道义上应陪一个心里痛苦的朋友去吃饭,但却以种种借口推辞而感到内疚。

3. 道德情感教育的移情唤醒方法

(1)模仿状态

模仿状态是指一个人观察到另一个人的表情并会自动模仿他的表情,然后大脑开始发挥作用,使一个人感受到另一个人所感受到的东西。詹姆士(James,1893)假定,反馈是所有情绪体验的关键,"我们因为哭才感到悲哀,因为打才感到愤怒,因为发抖才感到害怕"。一个世纪前的观点,今天才得到了证实,特别对幼小儿童。当婴儿看到母亲微笑会感觉很好。沙利文(Sullivan,1940)把移情定义为母亲与婴儿之间的"非言语的感染和交流"[①]。

有研究者(Scotland,1969)认为,以自我为焦点的角色选取比以他人为焦点的角色选取会产生更强烈的移情。前者是想象自己处在他人的位置;后者是把关注焦点集中在他人的感受上。

(2)给儿童更多情感呵护

关注儿童的情感,有利于其更好感受自我,也有利于了解他人需要,而不是只顾自己,情感淡漠。另外,让儿童多接触榜样有助于形成亲社会行为,帮助那些需要帮助及处于忧伤中的人,《圣经》上说:"我们必须给饥饿的人以食物,给没有衣服的人以衣裳,给无家可归者以住处。"

(3)诱导对亲社会行为的影响

频繁诱导、适时压制和提供亲社会典范在教育情境中会发挥作用。母亲的压制力对儿童移情无效。另外,成人也要为儿童树立榜样。有心理学家说过:"儿童种种复杂的情感、情绪、态度和观点,从中可看到成人价值观的影子;而且我发现,儿童价值观的模棱两可、变幻莫测、自相矛盾也都是从成人世界继承而来。"

(二)幼儿道德情感的教育指导

1. 要创设一个良好的气氛与环境

幼儿园应创设一个充满关爱、信任、同情以及民主的人际交往环境。教师要积极地、适时地给幼儿情感回应。幼儿没有成熟的自我评价能力,因此为幼儿创设一个具有是非善恶的评价标准、情

[①] 马丁·L.霍夫曼:《移情与道德发展:关爱和公正的内涵》,杨韶刚等译,黑龙江人民出版社 2003 年版,第 52 页。

感态度以及由此构成的道德情感氛围,以作为幼儿道德情感发展的参照系。

2. 道德认知教育与情感教育相结合

要不断丰富幼儿有关的道德认识,将认识和各种情感体验结合起来。要防止移情过度被唤醒,因为忧伤线索越强烈或突出,观察者的移情就越强烈。如果移情过于强烈,观察者的移情忧伤就会变成厌恶。

3. 注意调节幼儿的情感

让幼儿有机会表达自己的内心感受,自由抒发感情。成人要珍惜和尊重儿童的情感,疏导幼儿的消极情感。幼儿控制情感的能力较弱,自制力发展要依靠成人引导。要防止幼儿同情疲劳,因为同情疲劳是一种习惯化积累效应,个人移情忧伤减弱会对受害者变得漠不关心。如社会感化摄影有效性降低的例子:观察穷人、洪水、地震、灾民、儿童悲惨生活等图片能激发人们的亲社会行为,但这些图片随处可见、司空见惯,会使观察者变得无动于衷(Goldberg,1995)。

三、幼儿道德行为的发展特点及教育指导

(一)幼儿道德行为的发展特点

道德行为是符合一定道德标准的行为表现,反映道德认识和道德情感的效果水平,是道德教育的最终目的。阿森诺(W. Arsenio,1988)认为,儿童的道德行为包括:主动的道德,阻止伤害他人的行为,如阻止打人;公平分配的道德,如打扫花园,分发给每个小朋友报酬;亲社会性道德,做帮助他人的事,帮助老人提东西;禁止的道德,禁止对他人有伤害的行为,如偷窃。根据研究,儿童道德行为发展大致分以下阶段:

1. 前道德时期或适应性社会行为发展阶段

1岁半以前的婴儿,不可能有道德认知,不可能有意地做出任何道德行为,当然他们会与照料者之间产生亲密的感情联系,接触到像"好"、"不好"等词汇,婴儿就产生相应的一些行为。

2. 萌芽性道德行为发展阶段

1至2岁儿童"好"、"坏"观念从模糊向逐步明确发展。这个阶段儿童能理解一些"好"、"坏"行为的简单要求,并做出一些合乎成人要求的道德行为。

3. 情境性道德行为发展阶段

3至4岁儿童容易受到情境的暗示,因此其道德情感带有偶发性、情境性、不稳定性。由于好动好奇又缺乏社会经验和技能,这个阶段儿童过失行为特别多,冲动和模仿使他们言行经常违犯规则。

4. 服从性道德行为发展阶段

5至7岁儿童对"好"、"坏"的理解逐渐观念化、明朗化、复杂化,但自我控制能力有限,其道德行为常受在场的权威人物和人际关系的影响。关于儿童的道德行为的表现,苏第尔(Sodian,1988)认为,儿童是"高兴的侵犯者",即学前儿童倾向于认为道德违背行为的犯罪者能体验到积极的情绪。他研究了4至8岁儿童的道德行为:给儿童展示一幅画,画的是一个儿童正琢磨是否从另一个儿童的衣服口袋里偷糖果的场面,衣服挂在没有人照看的衣帽间。一个场面的儿童拒绝诱惑没有去偷;另一个场面的儿童偷了糖果。被试回答的问题是:在某种情况下,你会怎么想?为什么会这样想?结果:幼小儿童的推理解释集中于行为的结果,说故事中儿童得到糖果会高兴或者没有拿到糖果心里有一点难过,因为没有拿到糖果。只有较大的8岁儿童,集中于道德的结果,认为偷了朋友的糖果而感到难过,或者没有去拿糖果他会感到高兴。

(二)幼儿道德行为的教育指导

长期以来,学校承担着社会文化价值维持与传递的功能,教师依据社会要求和教育大纲代表着社会,将文化价值有计划有系统地传递给儿童。儿童似乎就是一个"生物受体",被动地接受由教师灌输的社会文化价值。似乎这样就能发展儿童的社会性人格,就能使他们成为一个懂得真、善、美的人,就能教会他们在社会生活中采取正确的道德行为。实际上儿童道德行为的形成,单靠说教是不够的,必须进行适时的道德行为培养。

1. 要进行道德行为训练

可为儿童提供榜样,通过练习形成其良好的道德行为。遇到冲突的情况,让幼儿有锻炼行为的机会。如有的儿童玩秋千,占据秋千不让别人玩,不讲道理,就让幼儿尝试去处理这样的问题。

2. 要激发幼儿良好的行为动机

对儿童所表现出的亲道德行为要及时强化和鼓励。

3. 要培养幼儿言行一致的品质

注意培养幼儿在实际行为中克服挫折,抗拒诱惑,言行一致,具有一定的意志力。

4. 制定纪律

制定纪律,通过惩罚不良的行为使幼儿分清是非,通过鼓励支持积极的行为,对表现更多"美德"的儿童奖小红旗。

5. 成人要控制自己的行为

幼儿容易接受成人的关心,也易受到成人愤怒的负面影响,因此幼儿成长过程中,成人要调节自己的脾气、控制情绪的爆发,避免对儿童喊叫。一个古老而恒久的命题：身教远远胜于言传。[①]

6. 记住名言的启示

奥古斯汀说过，让我们再来高歌一曲，不是用双唇，而是用整个生命。康德说过，人类永远对两件事深感敬畏，一个是灿烂的星空，另一个是人心中的道德体验。无名氏说过：幼儿道德教育的心理研究应切近儿童之生活。理论是苍白的，而生活之树是常青的。

总之，道德教育的目的是促进儿童道德水平的发展。只有遵守儿童道德自然发展规律，给予符合其道德认知的指导、教育，培养儿童公正团体概念，促进儿童道德水平发展，才能实现儿童行为的道德化。

问题与思考

1. 如何理解柯尔伯格的道德认知发展理论？
2. 儿童移情与内疚的发展的特点是什么？
3. 道德情感教育的移情唤醒方法有哪些？
4. 如何对幼儿道德情感进行教育指导？
5. 如何理解幼儿道德行为特点及教育指导？

术语及定义

第二秩序道德事件：违反根深蒂固的习俗规定给习俗遵守者带来心理上的伤害（受到侮辱、感到难过）。

道德品质：依据一定的道德行为准则行动时所表现出来的某

[①] 参见罗伯特·科尔斯：《道德智商》，姜鸿舒、刁克利译，北京出版社1998年版，第1页。

些稳定的心理特征。

超我：作用来自于外部的社会力量，最初是父母后来是教师和其他权威人物。通过超我的作用，以对儿童进行约束、限制和禁止。

抑制—非抑制效应：观察到他人因为出现与自己类似的行为而伴随不愉快的结果，反应就会受到抑制。

抵罪性惩罚：儿童在成人的约束和强制条件下的产物，带有专断的性质，是他律道德的表现。

报应性惩罚：儿童同伴间社会交往和社会合作的产物，不带有专断的性质，是自律道德的表现。

道德疏忽：缺乏理性的自我控制，未能防止情绪和欲望歪曲自己的判断。

道德缺乏：缺乏理性的自我控制，善意避免缺点但做错事的欲望更强烈。

关爱：对个体存在的关注——衣食住行、自尊，并帮助那些需要帮助及处于忧伤中的人。

公正：当人们之间存在不同意见与呼声以及利益冲突时所表现出来的一种公平性。

内疚：对想象到的过错行为应该受到责备的感受。

移情过度唤醒：忧伤的线索过于强烈或突出，观察者的移情就越强烈，如果过于强烈，观察者的移情忧伤就会变成厌恶，而不能转化为个人忧伤的感受。

同情疲劳：一种习惯化积累效应，个人的移情忧伤减弱而对受害者变得漠不关心。

模仿状态：一个人观察到另一个人的表情，会自动模仿他的表情,然后大脑开始发挥作用,使一个人感受到另一个人所感受到的东西。

道德行为:符合一定道德标准的行为表现,反映道德认知和道德情感的效果水平,是道德教育的最终目的。

第五编 教学原理

本编探讨教学心理。第三十章探讨如何制定教育目标、分析学习任务,如何进行幼儿活动设计与指导。第三十一章探讨幼儿活动室的管理心理及环境设计。第三十二章探讨技术及幼儿教育。第三十三章探讨教育评价问题,真实性评价为当今教育评价发展的趋势。第三十四章探讨师幼互动和教师心理,阐述专家幼儿教师的成长问题。

第三十章 教学目标、学习任务及幼儿教育活动设计

课堂教学是一项社会必须的、复杂琐碎的、知识和技能要求很高的专业:它能满足全班所有孩子学习的需要。

——怀特布雷德

第一节 教学目标陈述

一、教学目标的功能

(一)指导教学方法的选择与运用

在现实教学中,教学方法、技术、媒体的选择与运用取决于教学目标。皮连生等(1997)研究表明,如果教学目标侧重知识或结果,则宜于选择接受学习,与之相应的教学方法是讲授法;如果教学目标侧重于过程或探索知识的经验,则宜于选择发现学习,与之相应的教学方法是教师指导下的发现法。[1]

历史上也有讲演法与讨论法的优劣之争。研究表明:讲演法适合于传递信息,讨论法适合于改变人的信念或观念,所以,离开了教学目标,就很难比较教学方法的优劣。

---

[1] 参见皮连生主编:《学与教心理学》,华东师范大学出版社1997年版,第227—228页。

（二）指导教学结果的测量与评价

一个活动、一个教学主题或一个教学单元结束后，教师应该通过作业、自编测验题来考察教学效果。唯一最可靠和最客观的标准就是教学目标是否达到，教学结果的测量必须是以教学目标为基础。

（三）指导儿童学习

儿童学习一般是通过教学目标而引导的。上课开始，教师清晰地告诉儿童学习目标是什么。教学目标可以引起儿童的注意，使他们把注意力集中在要求达到的教学目标上。

二、加涅和布卢姆的教学目标理论

美国以布卢姆（B.S.Bloom）为首的一个委员会先后公布认知、情感和动作技能三个领域的教育目标分类。加涅根据学习结果也提出了一个学习分类理论。对这两个理论比较如下。

表30-1：布卢姆的教育目标分类与加涅的学习结果分类比较

布卢姆的分类系统	加涅的分类系统
认知	认知
知识	言语信息
智慧技能	智慧技能
运用	辨别
分析	概念
综合	规则 高级规则 认知策略
情感	态度
心因动作	动作技能

由上表30-1可见，这两个分类系统在三个大领域的划分上

完全相同，所不同的只是在用词上的差异。布卢姆的认知领域与加涅的认知领域在用词上和所涉及的范围上基本一致；布卢姆讲的情感即加涅讲的态度。布卢姆的心因动作也就是加涅讲的动作是学习的结果，而非天生的反应形式。加涅在动作之后加技能两字，指此处的技能是后天学习的结果。这两个理论所不同的是，认知领域内部各亚类的划分标准和目的不同。布卢姆区分认知领域六级目标是为了指导教学结果的测量和评价。从目标导向教学的观点看，布卢姆的分类系统中并未阐明知识和智慧技能是怎样习得的，所以用它来指导教学也是有困难的。

三、教学目标的陈述：必须克服含糊性

传统方法陈述的教学目标含糊不清，使人无法捉摸，被心理学家称之为用魔术（magic word）陈述的目标。这样陈述的目标很难指导儿童学习。为此，在西方教育心理学界曾发起过克服教学目标含糊性的运动，以《准备教学目标》（Mager，1962）一书[1]的出版为标志。

（一）常见的三种教学目标

1. 行为目标

行为目标（behavioral objectives）是行为主义心理学家马杰提出的概念。他认为，行为目标有时也称为作业目标（performance objectives），指使用可观察和可测量的行为陈述的目标。马杰提出，表述较好的行为目标应具有三个要素：

一是说明通过教学后儿童能做什么（或说什么）；

---

[1] R. Mager（1962），*Preparing Instructional Objectives*，Palo Alto，CA：Fearon.

二是规定儿童行为产生的条件；

三是规定符合要求的作业标准。

假设教师在教学目标中说"通过教学培养幼儿的分析能力"，这是一种十分含糊的说法，不可能给教学及其评价提供具体指导。行为主义教学目标陈述的优点是突出的，它明晰地告诉人们：这里的分析能力意味着什么以及如何观察和测量这种能力。当然，行为目标虽然避免了用传统方法陈述目标的含糊性，但它本身也有缺点。它过于强调行为结果而未注意到内在的心理过程，教师可能因此只注意到幼儿外在的行为变化，而忽视内在能力和情感变化。

2. 内部过程与外显行为相结合的目标

认知心理学家认为，学习实质是内在的心理变化。教育的真正目标不是具体的行为变化，而是内在能力或情感的变化。教师在陈述教学目标时，应该明确陈述诸如记忆、知觉、理解、创造、欣赏、热爱、尊重等内在心理的变化。但这些内在变化不能直接进行客观观察和测量。为了观察和测量到这些内在变化，需要举出反映这些内在变化的行为样品。

3. 表现性目标

在品德教育方面，这种情况尤为明显。为了弥补上述两种陈述目标的不足，艾斯纳（E. W. Eisner）提出了表现性目标（expressive objectives）。这种目标要求明确规定儿童应参加的活动，但不具体规定每个儿童应从这些活动中习得什么。心理学家认为，这种目标只能作为教学目标具体化的一种可能的补充。

(二)克服教学目标含糊性的方法

1. 教学目标陈述的是儿童的学习结果，包括言语信息、智力能力、认知策略、动作技能和情感或态度。教学目标不应该陈述教师应做什么。

2. 教学目标的陈述应力求明确、具体,可以观察和测量。在此,应尽量避免用含糊的和不切实际的语言陈述目标。

3. 教学目标的陈述应反映学习结果的层次性。认知领域的教学目标一般应反映记忆、理解与运用(包括简单运用与综合运用)三个层次。当然,简单的目标容易具体化,高级目标如创造性思维、高级情感等难以具体化。人本主义心理学家认为:个人的感情和信息的个人意义是不能用行为术语来测量的。

第二节 学习任务分析

一、任务分析的理论

(一)加涅的学习分类理论

加涅认为,儿童的学习结果不外乎五种类型:言语信息(也叫语义知识)、智慧技能、认知策略、动作技能和态度。运用加涅的学习结果分类理论可以分析儿童的学习类型。另外,运用加涅的学习分类理论也可以分析学习的条件。加涅把学习条件分为:

1. 必要条件,这是学习中不可缺少的条件。缺少必要条件,相应的学习便不能出现。

2. 支持性条件,是学习产生加速或减速作用的条件,缺少了这个条件,学习不一定不能发生,但其效率不高。

不同类型的学习的必要条件和支持性条件既有相同点也有不同点。与智慧技能不同的是,认知策略是某些基本心理能力的必要条件,例如:记忆策略需要有心理表象能力,在解决问题时需要有把问题分成部分的能力。学习的支持性条件是言语信息和力求用新方法解决问题的态度。

表30-2：五种学习结果的必要条件和支持性条件[①]

学习结果分类	必要条件	支持性条件
智慧技能	较简单的智慧技能构成成分（规则、概念、辨别）	态度、认知策略、言语信息
言语信息	有意义组织的信息	语言技能、态度、认知策略
认知策略	某些基本心理能力和认知发展水平	智慧技能、态度、言语信息
态度	某些智力技能和言语信息	其他态度、言语信息
动作技能	部分动作技能、某些操作规则	态度

（二）奥苏伯尔的同化学习论

奥苏伯尔同化学习理论又叫同化论。该理论只涉及认知方面的学习，但它阐明了认知领域内各种类型学习的性质、过程和条件，也是进行教学任务分析的良好工具。[②] 奥苏伯尔将学习分为：

1. 机械学习

机械学习其实质是形成文字符号的表面联系，儿童不理解文字符号的实质，其心理过程是联想。机械学习在两种条件下产生：一是学习材料本身无内在逻辑意义（如无意义音节、电话号码、孤立的历史年代等），在这种条件下必然产生机械学习；二是材料本身有逻辑意义（如古诗、乘法口诀等），但儿童原有认知结构中没有适当的知识基础可以用来同化它们，在这种条件下也会产生机械学习。

---

① 参见皮连生主编：《学与教心理学》，华东师范大学出版社1997年版，第244页。

② 参见施良方：《学习论》，人民教育出版社1994年版，第231—254页。

2. 有意义学习

有意义学习实质是个体获得文字符号所包含的意义。这种个体获得的意义又叫心理意义，以区别于材料的逻辑意义。可以说，有意义学习过程就是个体获得对人类有意义材料的心理意义的过程。教师在教学中要考虑到儿童学习是属于哪种类型，并采取相应的教学对策。

二、学习任务分析

（一）了解儿童原有的知识基础

任务分析是进一步揭示最终教学目标得以实现的先行条件。儿童在进入新的学习单元或新的学习课题时，其原有的学习习惯、学习方法、相关知识和技能都对新的学习成败起着决定性作用，所以教师在确定最终教学目标后，必须分析并确定儿童的起点状态。

为了确定儿童起点状态和知识基础，教师可以利用儿童的作业、小测验或课堂提问并观察儿童的反应等方法，了解儿童的原有认知结构。技能形成比知识习得所需要的时间要长，所以在教授新的技能之前，一旦发现儿童缺乏应有的先行知识或技能，补救起来就较为困难。

（二）分析使能目标和其他支持性条件

在起点状况确定以后，任务分析的另一项任务是鉴别从起点到终点之间所必须掌握的先行条件。先行条件分为两类：

1. 必要条件，这是决定下一步学习必不可少的条件，即使能目标。必要条件（使能条件）是构成高一级能力的组成部分。从终点目标出发，一步一步揭示其必要条件的分析方法叫递推法。

2. 支持性条件，它虽不是构成新的高一级的能力的组成部分,但它有点像化学中的催化剂,有助于加快或减缓新能力的出现。高一级能力的形成需要两个支持性条件:(1)儿童的注意或学习动机的激活。儿童的唤醒水平高,注意力高度集中,可以加速新的能力形成;反之,会减缓新的能力出现。(2)儿童的认知策略。这种推理策略虽不是构成能力的组成成分,但它可以促进新能力的习得。

第三节 幼儿教育活动设计、指导

一、幼儿教育活动的设计

(一)幼儿教育活动的含义

幼儿教育活动是实现教育目的的手段,是有目的、有计划地引导幼儿主动参与多种形式活动的教育过程。通常有三种教育组织形式,即集体活动组织形式、小组活动组织形式和个别活动组织形式。[①] 幼儿教育活动的类型包括:生活教育活动、游戏活动和教学活动;自由游戏、活动区游戏和集体游戏。

(二)教育活动设计程序的观点

1. 媒体观(media view):系统设计主要看做媒体选择的过程,把教育活动设计者看成通晓不同媒体特征与效果的专家。

2. 胚胎期系统观(embryonic systems view):同媒体观非常接近,只是突出了媒体制作过程,即确定目标—制定评估策略—选择媒体—制作媒体。

---

① 参见曹中平主编:《幼儿教育心理学》,辽宁师范大学出版社 2002 年版,第 336—339 页。

3. 狭义系统观(marrow systems view)：开始将系统方法真正引入到教育活动设计中，尤其提出了任务分析、目标确定、测验编制等设计步骤。

4. 标准系统观(standard system view)：大体上反映了硬系统思维的特征，形成一个较为严密的设计程序。

5. 理论观：强调教育活动设计应密切关注教育理论与研究的进展。

按照教学设计论，教育活动设计是为达到预期的教育目标而进行编制处理。

(三)幼儿教育活动设计的特征

1. 必须以幼儿的发展心理和学习心理中的相关理论观点为基础。哲学、心理学和社会学等理论，影响幼儿教育活动设计的目标、内容、实施和评价等一些基本领域。

2. 必须具有帮助幼儿身心发展的价值。

3. 设计应包括短期和长期的两种目标。

4. 幼儿教育活动设计的完成必须经由系统的方法。

5. 活动设计不以解决全部幼儿的发展问题为目的，应该有针对性地指向某一部分幼儿。

(四)幼儿教育活动设计的模式

1. 递进式，将一个内容分成若干阶段，逐步推进的教育活动设计模式。

2. 放射式，指通过各种渠道完成一个主要内容的教育活动设计的形式，其主要内容含义与深化式设计模式相同。

3. 立体式，指将一个主要内容分解成为若干个子内容，子内容再分解为若干个次子内容的教育活动设计形式。

4．网络式，指将递进式、放射式和立体式结合起来形成的教育活动设计形式。

二、幼儿教育活动的指导

(一)幼儿教育活动指导的趋势

幼儿教育活动指导可分为外部指导和内部指导两个层次，即幼儿园教师对幼儿学习的指导和幼儿的自我指导。幼儿教育活动指导的趋势是由具有传统教育理念的典型特征的指令性指导，到作为现代教育发展基本趋势的指向性指导过渡，表现为：

1．教育过程已由教师向幼儿的垂直传授转向教师与幼儿之间的平等对话。

2．幼儿学习已开始由被动接受转向主动构建。

3．在现代教育活动中，教师的角色发生了很大的改变，强调教师指导的主导作用。

(二)幼儿教育活动指导的基本模式

1．对应于教育目标的活动指导模式

乔以斯(B. R. Joyce)等人将教育活动模式分为四类：信息加工类、社会交往类、个人发展类和行为训练类，应根据不同活动模式进行相应的教育指导。

2．对应于知识类型的指导模式

皮特斯(J. M. Pieters)认为，知识可分为陈述性知识、程序性知识和条件性知识三类，因此相应地教育活动指导模式也可分成相应三类[①]：

[①] 参见曹中平主编：《幼儿教育心理学》，辽宁师范大学出版社2002年版，第366—369页。

(1) 呈现模式

呈现模式由菲茨在 1969 年提出。在教育活动指导中,它主要涉及呈现信息和操练技能等知识的教育活动指导,具体分为认知、联系或整合与自动化三个阶段。在认知阶段,幼儿要理解任务和要求;在联系或整合阶段,教师可以采用集中练习和分散练习的策略;在自动化阶段,主要是教会幼儿熟练连贯地完成技能。总之,这一教学模式采用的是陈述性策略:首先呈现知识,然后转换成程序,最后在任务情境中操练、检测和迁移。

(2) 行动模式

行动模式常用于培训情境,强调的是模仿学习和遵循示范,即当学徒。近年来,这种模式也称为认知学徒法,其依据在于知识技能学习发生于其运用的情境中,强调归纳相关的认知过程和练习,让幼儿在环境中解决真实的问题。

(3) 探究模式

探究模式强调创设幼儿自由探索和实验的学习环境。此时幼儿需要提出假设,分析问题和检验解决方案的合理性。这个模式关注幼儿概括、迁移能力的培养,重视将现有问题解决技能运用到新的情境中,突出条件性知识对探究过程的调节作用,重视幼儿在教育活动中的主动性和自觉性,鼓励幼儿承担自主学习的责任。

(三) 幼儿教育活动指导的理论

1. 学习过程的指导理论

根据加涅的理论,学习的内部过程可概括为九项:

(1) 期望;

(2) 接受;

(3) 选择性知觉;

(4)短时记忆；

(5)语义编码；

(6)长时记忆；

(7)检索提取；

(8)行为表现；

(9)反馈。

加涅根据以上学习的内部过程，提出了适合于指导幼儿学习相应的九类教学事件：

(1)引起注意，唤起幼儿对学习的注意。

(2)告知目标，让幼儿明白教育活动的目标，激发他们对新的知识技能学习的期望。

(3)刺激回忆先前知识，把新旧知识联系起来。

(4)呈现刺激，让幼儿学习新的内容。

(5)提供学习指导，根据幼儿学习结果的不同提供不同的指导方法。

(6)引发行为表现，通过提问等方式检验幼儿是否学习到了知识。

(7)提供反馈，在幼儿需要时及时给以反馈。

(8)评价行为。

(9)促进记忆与迁移，通过复习巩固所学习知识，并将所学习知识运用于实际中去。

2. 个性化教育的指导原理

(1)个性化教育原理

所谓个性化教育是指承认幼儿的能力差异，并按照不同的能力制定不同的教育目标，充分发挥每一个幼儿的潜力，发展每一个幼儿能力的教育活动过程。个性化教育存在着两种不同倾向的指导原理,即掌握学习原理和继续进步原理。

掌握学习原理表明,不论幼儿在学习方法或学习能力上的差异有多大,他们都应该获得公平的机会达到教育的目标。学习较慢的幼儿在某一段时间内的教育目标可以低些,但允许他们花更多时间去最终达到同一目标。继续进步原理表明,为了使幼儿在一定时间内取得最大限度的发展,每个幼儿都应不断接受新的学习任务。每个幼儿都不应浪费时间去重复学习已经掌握的知识,也不应要求学习快的幼儿人为地等待学习慢的幼儿。为幼儿提供他们适宜的、能够完成的学习任务;为幼儿提供丰富多彩的教育活动,以使学得快的幼儿扩大学习的范围,达到更高的教学目标。

(2)个性化教育的指导类型

有研究者(Glaser,1990)对教学中的学习指导问题进行了研究,[1]强调个别差异原理在教育中的重要性,提出了个别化教育的具体方法:

类型一:限定选择支的方法。在开始进行教育活动时,教师应考虑到每个幼儿是以一个具有一定能力和适应的个体进入教育活动中的,这是前提条件。当然有人批评这是一种缺乏灵活性的方法。

类型二:发展初始能力的方法。幼儿必须按照一定的教育活动进行学习,为此就要求幼儿具有一定的能力。如果幼儿初始能力对这种学习是不足的,就有必要进行对症治疗。

---

[1] R. Glaser(1990),"The Reemergence of Learning Theory within Instructional Research", *American Psychologist*, 45, pp.29-39.

类型三:适合不同学习类型的方法。为达到同一教育活动目标,可采用各种不同的途径。把个人能力和学习方式中存在的各种实际情况作为前提,考虑采用适合于不同情况的各种教育方法。

类型四:适合于初始能力发展和不同学习模式的方法。一方面考虑到要发展初始能力,另一方面考虑到按照幼儿学习方式的不同而改变教育方法。

类型五:承认多种成就的方法。按幼儿的不同发展情况确定不同的教育活动目标。个体能力是多种多样的,一个健全的社会就应使所有幼儿发挥自己的最大才能。

(3)程序教学和计算机辅助教学

程序教学(programmed instruction)概念由研究者(S. Pressey)提出,但贡献最大者是斯金纳。[1] 这是一种个别化的自我教学形式,强调呈现学习课题时的有序性、明晰性和不同难度;强调证实和反馈;强调巩固性和教材准备;强调务必控制好一切练习、作业以及与课题内容习得和保持有关的迁移变量。

计算机辅助教学(Computer Assisted Instruction,简称CAI),是将程序教学的基本思想和方法与计算机结合起来的一种个别化教学形式。其教学作用表现为:一是能通过计算机程序呈现教学过程;二是能对幼儿学习进行预测,决定教学起点与教学目标的差距;三是能根据对作业分析,判断幼儿掌握知识的情况;能提供大量机会让幼儿训练和练习;能通过模拟和游戏,培养幼儿分析问题和推理能力。

---

[1] 参见乐国安:《从行为主义研究到社会改造——斯金纳的新行为主义》,湖北教育出版社1999年版。

程序教学和计算机辅助教学作为个别化教学的方式,对幼儿教学和幼儿学习产生极其深远的影响。目前幼儿园有许多学习、游戏软件,对幼儿有很大的吸引力,在开发幼儿智能方面和学习方面起到了很大的作用。

(四)幼儿教育活动情境的创设及教师的作用

1. 教育活动情境的创设

(1)背景型教育活动情境的创设

背景型教育活动的创设是指以某个主题或某个单元教育活动主题在一定时间单位里对教育活动情境的设置,涉及的范围广、内容多,给幼儿的刺激比较持久。背景型教育活动情境应充分考虑以下教育要素:

A. 教育活动的空间。适当提供幼儿活动空间,可以提高教育活动的质量。

B. 教育活动时间。教师要根据活动内容、形式、幼儿的兴趣和能力等因素提供充足的活动时间。

C. 教育活动内容。要考虑到各个学科内容,让幼儿有选择的机会,为不同发展水平的幼儿提供不同内容。

D. 材料。投放的材料要适时、适量和有指向性。应注意:一是不同的情况提供不同的活动材料;二是有条理地摆放物品,培养幼儿的规则意识、主动性和责任感;三是尽可能地使用废旧物品作为制作材料。

E. 教育活动形式与气氛。应注意:一是提供数量足够的,摆放有序的材料以避免幼儿的急抢。二是建立必要的活动规则,如设置进区活动卡,用完的材料要放回原处,活动时不能高声交谈或干扰别人的活动等等。三是在教师与幼儿之间,幼幼之间创造一种互相尊重、互相关心、互相帮助的合作气氛。

(2) 对象型教育活动情境的创设

A. 认知型教育活动情境的创设,是以幼儿认知活动内容为线索,通过设置有关自然方面的场景,让幼儿获得知识。

B. 行为型教育活动情境的创设,是为了更好地实现幼儿教育的社会价值而创设环境。

C. 能力型教育活动情境的创设,是以培养幼儿各种能力和良好个性为目标进行环境创设,这是幼儿教育的个体价值。

2. 教师在幼儿教育活动情境创设中的作用

(1) 建构教育活动情境

教师要确立以幼儿为主体的地位,要面向全体幼儿创设一个开放式的教育情境。

(2) 监控教育活动情境

为了有效实施教育活动,教师要对各种因素进行监控:

A. 以物质情境为媒介,把教育目的贯穿到准备材料中。

B. 以幼儿的群体为媒介,利用幼儿的相互影响,实现教育目标。

C. 以教师自身为媒介,教师努力提高自身修养,以言行来影响幼儿。

D. 实行教师角色转换,教师可以由一个指导者,转变为一个观察者和记录者。

(3) 调节教育活动情境

教师还应及时对教育活动进行调整,包括调节物质环境和教育活动情境气氛。

问题与思考

1. 对应于知识类型的三种教育指导模式是什么？
2. 加涅提出的指导幼儿学习的九项外部条件是什么？
3. 如何进行背景型教育活动情境的创设？
4. 个性化教育的指导原理的教学意义是什么？

术语及定义

行为目标：是根据行为主义心理学提出的概念，也称为作业目标，指使用可观察和可测量的行为陈述的目标。

表现性目标：要求明确规定儿童应参加的活动，但不具体规定每个儿童应从这些活动中习得什么的目标。

机械学习：形成文字符号的表面联系，儿童不理解文字符号的实质，其心理过程是联想。

心理意义：有意义学习其实质是个体获得文字符号所包含的意义，即心理意义。

行动模式：也称为认知学徒法，常用于培训情境，强调的是模仿学习和遵循示范，即当学徒。

探究模式：强调创设让儿童自由探索和实验的学习环境，要求儿童提出假设，分析问题和检验解决方案的合理性，关注儿童概括、迁移能力的培养。

个性化教育：承认幼儿的能力差异，并按照不同的能力制定不同的教育目标，充分发挥每一个幼儿的可能性、发展每一个幼儿能力的教育活动过程。

掌握学习原理：不论各个儿童在学习方法或学习能力上的差

异有多大,他们都应该获得公平的机会达到教育的目标,学习慢的儿童在某一段时间内的教育目标可以不同,允许他们花更多时间去达到最终的同一目标。

继续进步原理:为了使儿童在一定时间内取得最大限度的发展,每个儿童都应不断接受新的学习任务,每个儿童都不应浪费时间去重复学习已经掌握的知识,也不应要求学习快的儿童人为地等待学习慢的儿童。

程序教学:一种个别化的自我教学形式,强调呈现学习课题时的有序性、明晰性和不同难度;强调证实和反馈;强调巩固性和教材准备;强调务必控制好一切练习、作业以及与课题内容的习得和保持有关的迁移变量。

计算机辅助教学:将程序教学的基本思想和方法与计算机结合起来的一种个别化教学形式。

第三十一章 幼儿活动室管理心理及环境设计

> 连贯流畅、富于洞见,以及像艺术家和工匠大师那样近乎直觉的判断,是富于经验的专家教师所具有的特点。
> ——麦克恩塔普

第一节 活动室管理心理概述

一、活动室(教室)管理的作用

近期的认知心理学研究提出了一个心理生态观,认为人的认知是通过学习者和具体环境的属性二者之间关系进行的(Young,1993),[①]即成功学习是与学习发生的情境分不开的。所谓活动室(教室)管理是指教师通过协调活动室内的各种人际关系而有效实现预定教学目标的过程。幼儿园教学通常都在活动室内进行。活动室教学效率的高低,取决于教师、幼儿和活动室情境三大要素的相互协调。如果活动室里的人际关系紧张,就容易导致纪律问题,发生问题行为,干扰日常教学的进行。

为此,教师在活动室教学中创设必需的环境条件和活动程序,

[①] M. F. Young(1993), "Instructional Design for Situated Learning", *Educational Technology Research ND Development*, 41(1), pp.43-58.

吸引幼儿积极参与活动室活动,使他们与教师主动合作,消除活动室内发生的冲突,矫正问题行为。活动室管理始终制约着教学和评价的有效进行,具有促进和维持的功能。

(一)活动室管理的促进作用

活动室管理的促进功能是指教师在活动室里创设对教学起促进作用的组织和良好的学习环境,满足活动室内个人和集体的合理需要,激励幼儿潜能的释放以促进幼儿学习的发展。主要途径如下:

一是形成协作的师幼关系、和睦相处的同伴关系。

二是培养良好的活动室风气,促进幼儿遵从活动室规范。

三是明确群体目标,促进群体对其成员的吸引力,增强群体内聚力。

四是正确处理正式群体与非正式群体的关系,促进班集体结构的完善。

(二)活动室管理的维持作用

在活动室教学中要维持良好的内部环境,使幼儿心理活动始终保持在学习和游戏活动上,以保证学习任务的顺利完成。为此,活动室管理要有助于活动室里产生良好的氛围,从而帮助幼儿适应环境的变化;要有助于缓解与解决各种冲突,维持和谐的人际关系;要有助于调节活动室教学过程中的过度紧张和焦虑,维护身心健康,矫正问题行为。

二、活动室管理的影响因素

(一)园长的领导类型

园长的领导类型对教师的活动室管理有直接的影响。参与式领导注意创造自由空气,鼓励自由发表意见,不把自己的意见强加于人;而监督式管理则待人冷淡,只注重于集体讨论的进程,经常监督人的行为有无越轨。如果园长对教师是专断的或带有威胁性的,教师就会把自己紧张不安的情绪以一种微妙的方式传递给幼儿,不可能在活动室里形成赞许的、愉快的气氛。

(二)班集体的规模

班集体的大小是影响活动室管理的一个重要因素。首先,班级集体的大小会影响成员之间的情感联系。集体越大,情感纽带的力量就越弱,每个幼儿并不感到其他同伴都是很亲切的,少数幼儿可能被冷落。其次,班内幼儿越多,幼儿间个别差异就越大,难免发生争论,产生冲突,活动室管理所遇到的阻力也可能越大。再次,班级集体的大小也会影响交往模式。班级越大,成员间相互交往的频率就越低,相互间了解就越少,建立集体规范也会越困难,幼儿不太容易接受集体的任务。最后,班级集体越大,内部就越容易形成各种非正式小群体。目前幼儿园大班的人数约30人,实际上从班级规模来说是较大的,这对于教学开展和幼儿发展都是不利的。

(三)班集体的性质

影响活动室管理的另一个情境因素是班级集体本身的性质。不同的班级往往有不同的群体规范和不同的凝聚力。一个好的班风形成必须具有较好的、一致的行为规范,具有较好的凝聚力。

(四)定型期望

定型期望是指幼儿对教师理应表现的行为,及其所具有的动机和意向的期望。即使某一位教师的外貌谈吐并不符合这种固定的看法,幼儿还是会按照这种固定的看法去看待和解释教师的行为。班内的幼儿对教师在活动室中的行为同样会形成定型的期望,期望教师以某种方式进行教学和活动室管理。

如果教师的实际行为与幼儿定型的期望不一致,幼儿就会产生不愉快或不满的情绪,所以教师接受教学任务后,必须知道班内儿童对自己的期望是什么,尽量使自己的活动室管理与幼儿的期望相一致。

第二节 活动室的群体管理心理

一、活动室里的群体及其对个体的影响

所谓群体是指人们以一定方式的共同活动为基础而结合起来的联合体。它的基本特征有三个:

一是群体由两个以上的个体组成。

二是群体成员根据一定目标承担任务,相互交往,协同活动。

三是群体成员受共同的社会规范制约。

在活动室内,儿童群体会对个体行为产生巨大的影响。1920年,阿尔波特(F. H. Allport)让被试分别在单独情境和社会情境里进行作业,结果表明,被试在社会情境里进行连锁联想、乘法运算、解决问题以及思维判断等活动所取得的成绩要比单独一个人活动好。像这种群体对个人活动所起的促进作用,称为社会助长作用。可是,有时群体会对个人活动起社会促退作用,即社会致弱作用。

儿童群体对个体活动是产生助长作用还是致弱作用,取决于四个因素:

一是活动的难易。如果儿童所从事的是像打扫卫生等简单的手工操作,其他成员在场,会使操作者工作得更加出色。如果所从事的是像画画、阅读等那样复杂的活动,其他成员在场则会产生致弱作用。

二是竞赛动机的激发。当他人在场时,个体的求成动机容易转化为竞赛动机。一旦个体希望自己做得比别人好,容易产生社会助长作用。

三是被他人评价的意识。

四是注意的干扰。如果其他成员在场会引起活动者的注意分散,容易发生致弱作用。

二、正式群体与非正式群体的协调

(一)正式群体

正式群体是由教育行政部门明文规定的群体,其成员有固定的编制,职责权利明确,组织地位确定,像幼儿园的班级。正式群体的发展经历松散群体、联合群体和集体三个阶段:

1. 松散群体。儿童只在空间和时间上结成群体,但成员间尚无共同活动的目的和内容。

2. 联合群体。成员的活动已有共同目的,但活动还只具有个人意义。

3. 集体。群体发展的最高阶段,成员共同活动对每个成员有个人意义,还有重要的社会意义。

(二)非正式群体

在正式群体内部,儿童会在相互交往的基础上形成以个人好恶、兴趣爱好为联系纽带,具有强烈情感色彩的非正式群体。活动室里的非正式群体主要是同伴群体,比较常见的有:

1. 朋友关系。儿童在共同兴趣爱好的基础上形成比较持久、稳定、密切的关系。

2. 小集团。朋友关系稳定化就是小集团,具有相互交流信息和共同决策的目标。

3. 帮派。与小集团的主要区别在于,帮派成员更重视集体活动且具有一定的结构。

4. 群体。松散的结合组织,通常由几个小集团组成,规模较大,且有相对的独立性。

非正式群体对个体的影响是积极的还是消极的,主要取决于非正式群体的性质,以及它的目标与正式群体目标的一致程度。

(三)协调正式与非正式群体之间关系的措施

1. 要不断巩固和发展正式群体

为了使班内儿童之间形成共同的目标和利益关系,产生共同遵守的群体规范,要协调大家的行动,满足成员的归属需要和彼此之间相互认同,从而使班级成为坚强的集体。

2. 要正确对待非正式群体

对于积极型的非正式群体,应该支持和保护。可以利用其成员间感情密切的特点,引导他们相互学习,取长补短;利用其成员相互信任、说话投机的特点,引导他们开展批评与自我批评;利用其成员间信息沟通迅速的特点,可以及时搜集儿童的反应;利用其归属感强、爱好社交的特点,把正式组织无力顾及的工作交给儿童去完成;利用其自发形成的领袖人物威信高的特点,可给予适当的合法权利,使之纳入班级目标的轨道。

3. 慎重对待中间群体

对于中间型的非正式群体,要持慎重态度,积极引导,联络感情,加强班级目标导向。对于消极型的非正式群体,要教育、争取、引导和改造。

三、群体心理的动力心理作用表现和利用

不管是正式群体还是非正式群体,都有群体凝聚力、群体规范和压力、群体气氛,以及在相互交往基础上形成的吸引与排斥、竞争与合作等人际关系,这些影响群体与成员个人行为发展变化的力量的总和就是群体心理的动力。

(一)群体凝聚力和群体规范

贾尼斯(Janis,1972)认为,团体中服从结果趋于行为的一致性,容易出现团体思维(groupthink),使团体具有很高的凝聚力。[①]群体凝聚力指群体对每一个成员的吸引力。有关的研究表明,关系融洽、凝聚力强的班级会使儿童产生强烈的自豪感和认同感,顺利完成活动室教学任务。而同学间相互摩擦、关系紧张、凝聚力弱的班级会使其成员灰心丧气、离心离德,不利于教学任务的完成,所以,凝聚力常常成为衡量一个班级集体成功与否的重要标志。群体规范是约束群体内成员的行为准则。规范形成是成员们约定俗成的结果,受模仿、暗示和顺从等心理因素的制约。群体规范的形成经历三个阶段:

1. 成员相互影响,每个成员发表自己对某一事物的评价与判断。

2. 出现一种占优势的意见。

3. 由于趋同倾向而导致评价、判断和相应行为上的一致性。

---

① 参见 Lynne Millward:"社会心理学Ⅱ",载 M.艾森克主编:《心理学——一条整合的途径》,阎巩固译,华东师范大学出版社1999年版,第599页。

在群体压力下,成员有可能放弃自己的意见而采取与大多数人一致的行为,这就是从众。从众现象的发生有两个原因:一是人们往往相信大多数人的意见是正确的,觉得别人提供的信息将有助于他;二是个人往往不愿意被群体其他成员视为越轨者或不合群者,为了避免他人的非议或排斥,避免受孤立,因而发生从众。

在活动室教学中,教师应自觉地帮助幼儿形成良好的规范。一方面,要考虑规范对群体成员的适应性,尽量使群体规范与成员的个人价值趋同。另一方面,又要考虑群体规范与社会规范的一致性,使每个儿童都能正确处理个体与群体的关系。

(二)活动室气氛

教室里的座位和布置等可以说是硬情境,而活动室气氛则是软情境,通常是指活动室里某些占优势的态度与情感的综合状态。活动室气氛影响师幼之间的互动。[①] 在通常情况下,活动室气氛可以分成三种类型:

1. 积极的活动室气氛是恬静与活跃、热烈与深沉、宽松与严谨的有机统一。

2. 消极的活动室气氛通常以紧张拘谨、心不在焉、反应迟钝为基本特征。

3. 对抗的活动室气氛是失控的气氛,幼儿过度兴奋、各行其是、随便插嘴、故意捣乱等。

(三)教师在群体动力中的作用

1. 教师的领导方式

---

① 参见戴尔·H.申克:《学习理论:教育的视角》,韦小满等译,江苏教育出版社2003年版,第414页。

教师用来行使权力与发扬其领导作用的行为方式。勒温(1939)将教师的领导方式分为集权型、民主型和放任型三种类型。民主型教师会起到积极的作用。

2. 教师的移情

教师的移情是指教师将自身的情绪或情感投射到幼儿身上，感受儿童的情感体验，并引起与儿童相似的情绪性反应。移情能力强的教师会使儿童更多地参与活动室活动，获得较高的成就。教师的移情有赖于设身处地为幼儿着想，有赖于师幼之间产生共鸣性的情感反应，儿童快乐，教师也快乐；儿童痛苦，教师也痛苦。

3. 教师的期望

教师期望影响活动室气氛有四个途径：

一是接受。教师通过接受幼儿意见的程度，为高期望幼儿创造亲切的社会情绪氛围，为低期望幼儿制造紧张的社会情绪气氛。

二是反馈。教师通过输入信息的数量、交往频率、目光注视、赞扬和批评等向不同期望的幼儿提供不同的反馈。

三是输入。教师向不同期望的幼儿提供难度不同、数量不等的学习材料，对问题做出程度不同的说明、解释、提醒或暗示。

四是输出。教师允许幼儿提问和回答问题、听取幼儿回答问题的耐心程度等等，都会对活动室氛围产生不同的影响。

4. 教师的焦虑

焦虑是教师对当前或预计到对自尊心有潜在威胁的任何情境，所具有的一种类似于担忧的反应倾向。教师的焦虑过低，就会缺乏激励力量，对教学、对幼儿容易采取无所谓的态度，师幼之间很难引起情感共鸣，容易形成消极的活动室气氛；教师的焦虑过高，在活动室里总是忧心忡忡，唯恐幼儿失去控制，害怕自己的教学失误,处处小心谨慎,一旦幼儿发生问题行为,为了保全自己的面子,常做出不适当的反应,同样会造成消极、紧张的活动室气氛。

(四)人际关系的心理实质

人际关系是人与人之间在相互交往过程中所形成的比较稳定的心理关系或心理距离。如果交往双方都能满足对方的需要,相互间容易形成接近、友好、信赖的心理关系,这种和谐的人际关系使双方都心情舒畅;如果双方不能满足需要,就会形成疏远、回避甚至敌视的心理关系,使双方忧虑和苦恼,甚至影响心理健康。人际关系表现为:

1. 人际之间吸引与排斥

人际吸引是指交往双方出现相互亲近的现象,它以认知协调、情感和谐及行动一致为特征。人际排斥则是交往双方出现关系极不融洽、相互疏远的现象,以认识失调、情感冲突和行动对抗为特征。人缘好的幼儿是在活动室里最受幼儿欢迎的,吸引力强的幼儿,情绪高涨而稳定,有较高的安全感和自信心,容易产生与班级集体相同的价值观和道德观;被人嫌弃的幼儿是活动室里最不受欢迎、被排斥的,他们常常感到不安与气愤,并由此而与集体对立,甚至产生敌意和对抗,很有可能离开班级集体而加入落后的小集团;而遭受孤立的幼儿则被同伴冷落在一旁,既没有欢迎者,也没有反对者,很少与人交往,他们常因失意而埋怨班级集体,甚至迁怒于教师。

2. 人际之间合作与竞争

合作是指幼儿为了共同目的在一起学习或者完成某项任务的过程。合作作用表现为:

一是在解决新的复杂问题时,往往需要提出各种可供选择的假设,儿童合作显然要胜过个人的努力。

二是合作能促进幼儿智力的发展。

三是合作能使能力较差的幼儿学会如何学习,改进学习方法。

四是合作有助于幼儿发展良好的个性,增强群体凝聚力,形成和谐的活动室气氛。

但是,活动室里的合作也有不足之处。首先,如果学习慢的幼儿需要得到学习快的幼儿帮助才会有进步,那么对于学习快的幼儿来说,在一定程度上就得放慢学习进度。其次,能力强的幼儿或活泼好动的幼儿有可能支配能力差或沉默寡言的幼儿,特别是在规模较大的班级里更是如此。第三,合作容易忽视个别差异,感到不自然或焦虑的幼儿学习进步会受影响。

竞争指个体或群体充分实现自身的潜能,力争按优胜标准使自己的成绩超过对手的过程。竞争必须具备三个基本条件:一是有共同争夺的目标;二是竞争的各方面必须争夺同一对象;三是竞争的结果必使一方获胜。

竞争一般能激发个人的努力,提高成就动机和抱负水平,缩小个人的能力与成绩之间的差距,提高学习效率。竞争也能使幼儿对学习与工作产生兴趣,使集体生活更富有生气,因而适量和适度的竞争不但不会影响同伴间的人际关系,而且还会提高学习效率。由于竞争比较强调优异的成绩,因而容易忽视活动的内在价值和创造性。此外,由于优异的成绩总是与某个具体的人联系在一起,因而参加竞争的幼儿往往把别人的成就看做对自己的威胁,千方百计想胜过对方,导致竞赛动机过于强烈,因而对学习和工作造成不利的影响。

第三节 活动室常规的管理心理

一、活动室常规的概念及功能

为了维持正常的教学秩序,协调幼儿的行为,以求活动室目标的最终实现,必然要求幼儿共同遵守活动室行为常规,从而形成活动室常规。常规是对幼儿活动室行为所施加的准则与控制。若从外部施加准则与控制,就是外在常规,即他律。若幼儿从内部向自己施加准则与控制,就是内在常规,即自律。常规的发展是从他律转化为自律的过程。

(一)活动室常规的功能

1. 活动室常规有助于幼儿的社会化,它使幼儿了解在各种场合受赞同或默许的行为准则。

2. 活动室常规有助于幼儿人格的成熟,使幼儿在对持续的社会要求与期望做出反应的过程中,形成独立、自信、自我控制、坚持忍受挫折等成熟的人格品质。

3. 活动室常规有助于幼儿道德准则和道德义务的内化,使幼儿把外部的行为准则与自己的自觉要求有机地结合起来。

4. 活动室常规有助于幼儿产生情绪安全感,避免对自己行为的迷惑和担心,降低过度焦虑。

(二)活动室常规的类型

根据活动室常规形成的原因,可以将活动室常规分为四种类型:

1. 教师促成的常规

为了给予儿童较多的监督和指导,教师为他们的学习设置一个有结构的情境,即组织一个良好的集体结构。这样的结构就是教师促成的常规。这种常规包括同情、理解、调解、协助、支持、征求和采纳幼儿的意见等对幼儿体贴。

2. 集体促成的常规

同伴集体在幼儿社会化方面起着越来越大的作用,表现为:一是因为同伴集体不仅为其提供了一种新的价值观念与行为准则,而且还为其提供了作为一个独立自主的人来行事的体验,找到了保持自己安全感的新源泉;二是同伴集体的行为准则为幼儿提供了道德行为的新参照点,结束了幼儿在思想、情感和行为方面的不确定性、无决断力、内疚感和焦虑。

3. 任务促成的常规

儿童卷入任务的过程就是接受常规约束的过程。

4. 自我促成的常规

幼儿能够正确地评价自己的和集体的行为准则,并在此基础上发展新的更好的集体准则,这时,幼儿已经形成了自我促成的常规。当这种外部的常规控制被个体内化之后成为个人自觉的行为准则时,自律便出现了。

二、活动室结构与常规

在教师指导下进行学习的幼儿、学习过程和学习情境是活动室的三大要素。这三大要素的相对稳定的组合模式就是活动室结构,它包括活动室情境结构与活动室教学结构。

(一)活动室情境结构

1. 班级规模的控制

心理学研究表明,班级规模越大,幼儿的平均成绩便越差。当班级规模超过 25 人时,班级规模对教师态度的消极影响更加明显,说明过大的班级规模限制了师幼交往和幼儿参加活动室活动的机会,阻碍了活动室教学的个别化,有可能导致较多的常规问题,从而间接地影响学习成绩。

目前在我国幼儿园的班级里,大班30人甚至更多,由一个教师带班,似乎班级规模过大,不利于开展教学活动。

2. 活动室常规的建立

活动室常规是每个幼儿必须遵守的最基本的日常活动室行为准则。上课、发言、作业、写字姿势、教室整洁等方面的常规赋予幼儿的活动室行为以一定的意义,使幼儿明白行为所依据的价值标准,具有约束和指导幼儿活动室行为的功能,从而使活动室行为常规化。然而当活动室常规真正为幼儿所采纳和接受时,便逐渐内化为自觉行为的内部观念。

3. 儿童座位的分配

分配儿童座位时,教师主要关心的是减少活动室混乱(A. Schwebel,1972)。人际关系和谐会有助于活动室常规的维持。当幼儿的座位被调到前排或中间位置时,大多能感受到教师的关注和重视,体验到教师对自己有较高的期望,容易集中注意。而当座位被调到左右两边或后面时,幼儿常有被教师忽视之感。同样,让调皮的男孩与性格文静的女孩坐在一起,可能会比较有效地控制男孩的行为。[①]

(二)活动室教学结构

1. 教学时间的合理利用

[①] 参见皮连生主编:《学与教心理学》,华东师范大学出版社1997年版,第334—336页。

幼儿在活动室里的活动可以分为学业活动、非学业活动和非教学活动三种类型。在通常情况下,用于学习活动的时间越多学业效果便越好。由教师支配的时间分为四种类型:

一是教师支配的总时间,这是幼儿园为完成学习任务安排给教师的时间。

二是教学时间,这是教师在完成活动室常规和教学组织后用于教学的时间。

三是幼儿参与的时间,指在教学时间中引起幼儿积极关注或学习的时间。

四是学习时间,指幼儿花费在学习任务上并取得成长的时间,不包括幼儿听不懂或理解错误的时间。

在日常教学管理中建立完善的活动程序,能有效地将幼儿吸引到学业学习上来,使花费在维持常规上的时间减少到最低限度。

2. 日程表的编制

日程表是使活动室教学有条不紊进行的重要条件。日程表的编制,首先,尽量将语言、数学和外语等核心教育活动安排在幼儿精力最充沛的上午,将音乐、美术、体育等教学活动安排在下午。其次,将形象性的与抽象性的学习活动交错安排,避免同类刺激长时间地作用于大脑皮层的同一部位而导致疲劳和厌烦。

3. 教学过程的规划

教学过程中的合理规划是维持活动室常规的又一个重要条件,不少常规问题是因教学过程的规划不合理造成的。

第四节 幼儿活动室教学环境设计

一、教学环境设计的有关理论

社会文化理论认为,知识是教师和幼儿共同使用学习的文化工具,活动室实际状况既是幼儿学习的体现,也是学习的具体支持,知识是被分配给共同参与活动的人,而不是表明某些幼儿具有固定的学习潜能。幼儿学习是在多种技术手段以及认知、社会交往活动的支持下进行的。

环境心理学理论认为,人的心理是受周围环境影响的。这个理论关注人们对实际环境的认识与理解,以及与人们生活的物质世界和社会环境的整体关系。

教师可以运用这些心理学原理来组织活动室的物理环境。[①] 诺曼(Norman)认为,教师在活动室环境设计上应注意以下几点:

(一)有利于儿童在某一时间应采取的行为;

(二)使学习内容具体、直观,包括系统的观念模型,提供可选择的行为方式及行动的后果;

(三)便于评估当前状态与系统;

(四)依循目的与所需行为、行为与结果之间以及可视化信息与系统解释之间的自然路线。

二、幼儿活动室环境设计的教育指导

活动室是吸引人注意的场所,要考虑到色调、气味、噪声以及

[①] 参见 David Whitebread:《小学教学心理学》,赵萍、王薇译,中国轻工业出版社2002年版,第19—61页。

幼儿活动室里的常规活动。影响活动室设计的因素很多，如幼儿园周围的社区及其文化教育的价值观和期望。另外，活动室的安排也代表了教师的观念。

(一)活动室环境设计的原则

幼儿参与教学活动的整体设计具有以下原则：

一是使用不同方式表述教学内容，如：文本、图片、音效、模型等；

二是提供多种表达与调控的方式，把写作、美术、摄影、戏剧、音乐和计算机技术等作为教学工具；

三是通过多种途径吸引幼儿注意，激发幼儿动机，发展兴趣爱好，提出目标和挑战，变化认知支架和反馈等来实现。

(二)活动室环境设计的要求

密格纳诺等(Mignano et al.)认为，为了促进幼儿的自信心、自我约束能力、社会行为、性别认同表达能力、逻辑思维能力、创造力和问题解决能力，幼儿活动室环境设计应注意：

1. 提供柔软、带响声的物品，提高幼儿的心理安全感，使用可组合家具，在需要的时候为幼儿创造安静、舒适的私人空间。

2. 使用各种装饰品使活动陈设更个性化，使其在各方面代表该活动室中的成年人与幼儿。

3. 保证活动室反映每个幼儿的特点，并且要使活动室的陈设显得与幼儿亲近，能为幼儿所理解，并以此增强幼儿的自信心。

4. 提供足够的空间以及充足而适宜的物品，便于开展小组活动，促进幼儿社会性发展，最大限度减少冲突。

5. 借助角色扮演，提供非结构性的、需要探索的物品发展幼儿的具体思维能力和表达能力。在活动室悬挂印刷图片、手工绘画或肖像作品。

6．使用可以适应不同的尺寸、能力和竞争要求的可调节的活动装备，以及帮助幼儿评价自己的技巧与进步，并继续努力用设备来提高儿童的动机水平。

7．使材料贴近幼儿，在活动室中安排快速通道，把彼此不同的活动区分开，以减少对幼儿的干扰，同时使幼儿更容易获得教学材料从而全心全意投入到学习中去。

大卫(David)也强调幼儿空间环境的设计的心理因素：

1．培养个人的认同感。

2．鼓励竞争意识的发展。

3．提供成长的机会，即提供认知、社会性和动机发展的机会。

4．增强安全感和信任感。

5．有利于幼儿的社会交往，同时保留私人空间。

活动室设计要考虑是否符合幼儿的需要，是否符合教学的要求，材料安排是否有足够的弹性，应以幼儿发展的水平为依据，还要征询幼儿的意见。

问题与思考

1．如何理解人际关系的吸引与排斥、合作与竞争？

2．活动室常规的功能和类型有哪些？

3．影响活动室管理的因素有哪些？

4．如何协调正式群体与非正式群体之间的关系？

5．如何运用心理学理论来增强活动室设计的科学性？

术语及定义

活动室(教室)管理：教师通过协调活动室内的各种人际关系而有效地实现预定教学目标的过程。

定型期望：人们对教师理应表现的行为及其所具有的动机和意向的期望。

群体：幼儿以一定方式的共同活动为基础而结合起来的联合体。

凝聚力：群体对每一个成员的吸引力，凝聚力强的班级会使儿童产生强烈的自豪感和认同感。

从众：在群体压力下成员有可能放弃自己的意见而采取与大多数人一致的行为。

活动室气氛：活动室里某些占优势的态度与情感的综合状态。

教师移情：教师将自身的情绪或情感投射到幼儿身上，感受幼儿的情感体验，并引起与幼儿相似的情绪性反应。

人际关系：人与人之间在相互交往过程中所形成的比较稳定的心理关系或心理距离。

人际吸引：交往双方出现相互亲近的现象，它以认知协调、情感和谐及行动一致为特征。

人际排斥：交往双方出现关系极不融洽、相互疏远的现象，以认识失调、情感冲突和行动对抗为特征。

合作：幼儿为了共同目的在一起学习或者完成某项任务的过程。

竞争：个体或群体充分实现自身的潜能，力争按优胜标准使自己的成绩超过对手的过程。

常规：对儿童活动室行为所施加的准则与控制。

教师促成常规：为了给予儿童较多的监督和指导，教师为儿童学习设置一个有结构的情境，即组织一个良好的集体结构。

自我促成常规：儿童能够正确地评价自己的和集体的行为准则，并在此基础上发展新的更好的集体准则。

活动室常规：每个儿童必须遵守的最基本的日常活动室行为准则。

第三十二章　技术及幼儿教育

　　与儿童一起使用电脑是一个探究与发现的过程,认识到这一点,对你以及儿童来说,都十分重要。

——豪兰德

　　当今世界,科学技术突飞猛进,知识经济已见端倪,国力竞争日趋激烈。特别是随着以计算机和网络技术为核心的信息技术的飞速发展,以及现代社会对人才质量的高要求,现代教育技术应运而生,并逐步走入大中小学课堂。现代教育技术力求以信息论和系统论思想为指导,以现代教育技术中的多媒体计算机为核心,以计算机网络为渠道,以解决教育教学问题中比较抽象的认知内容和方法背景为重点,充分发挥了资源优势,体现出了信息传递的丰富性、多样性、立体性、灵活性、再现性等特点。

　　根据教育技术的原理,通过合适的制作和配置,将多媒体技术应用到幼儿教育中去,为幼儿提供了一个动态的、充满活力的、图文并茂、有声有色的教育情境,帮助幼儿了解离生活实际较远、比较抽象的内容,促进幼儿知识获取的全面性和丰富性,同时也为幼儿教师提供了一个多样化的教学平台,极大地扩展了幼儿教育资源的利用,有利于幼儿教育朝向更深入、更全面的方向发展。

第一节 技术与幼儿教育技术

（一）技术的概念

技术的英文为 technology，其本义是"对纯艺术和实用技巧的论述"，意味着"艺术和手工技巧"。我国学术界则有两种解释，一种是以《辞海》为代表的解释：(1)泛指根据生产实践经验和自然科学原理而发展成的各种工艺操作方法与技能；(2)除操作技能外，广义的还包括相应的生产工具和其他物质设备，以及生产的工艺过程或作业程序、方法。[①] 另一种是《科学辞典》和《科技词典》为代表的解释：是为社会生产和人类物质文化生活需要服务的，供人类利用和改造自然的物质手段、智能手段和信息手段的总和。第一种定义范围较小，只局限于技术的有形的物质性方面，在这种理解下，教育技术就是教育媒体，这是不全面的。后一种定义比较全面，"技术"包含的内容除了有形的物质性方面之外，还包含无形的非物质性方面，后者作用甚大。因此，我们对"技术"的含义应该理解为"有形技术和无形技术的总和"。

（二）教育技术的概念

教育技术就是教育中的技术，是人类在教育活动中采用的一切技术手段和方法的总和。根据对技术概念的解释，教育技术也分为有形和无形两大类，即物化形态和智能形态。物化形态的技术指的是凝固和体现在有形物体中的科学知识，它包括一些实际物体或称为硬件，是指一切可用于教学的器材、设施、设备，比如幻

[①] 参见《辞海》，上海辞书出版社 1979 年版，第 669 页。

灯、投影、电影、电视、计算机以及黑板、粉笔等,这些通常也被认为是媒体技术;而智能形态的技术指的是以抽象形式表现出来的功能形式,作用于教育实践的科学知识,如系统方法或称为系统技术。所以,可以把教育技术理解为解决教育、教学问题中运用的媒体技术和系统技术。

(三)幼儿教育技术的发展

幼儿期是形象思维、直接兴趣、动作技能、口头语言等心理现象发展的关键时期,因此,幼儿教育要突出准确、直观、形象、生动、有趣的认知特征。现代教育技术,尤其是电脑多媒体技术,能够运用有趣的图形、悦耳的声音、生动的画面等形式,将科技教育过程中许多抽象的和难以理解的内容变得具体化和易于理解,这与幼儿的认知特征非常吻合,能够有效快捷地帮助幼儿获取相应的知识。因此,幼儿教育的技术化进程势在必行。

20世纪80年代中期以后,如何把以计算机为核心的信息技术引入幼儿园,开始成为欧美学界关注的热门课题。上海市在20世纪80年代中期已经有个别幼儿园创立了学习LOGO语言的课程实验。我国一些高等院校的学前教育专业也开始关注计算机如何应用于早期教育。黄人颂(1991)编辑出版的《学前教育学参考资料》,就编译了美国克莱门茨教授的文章"计算机和年幼儿童研究评述"。20世纪90年代后,随着整个社会信息化步伐的加快,越来越多的幼儿园引进了计算机,各级各类的研究课题和项目也开始关注信息技术在幼教领域的应用。媒体技术环境资源已经成为幼儿教育的主要资源。课程形式已经从原来单纯的CAI计算机辅助教学到目前信息技术与课程的有机整合,信息技术教学应用已经进入了新的理论与实践发展阶段。

随着现代信息技术在家庭教育、学校教育等教育各领域的不断渗透，如何看待信息技术对早期儿童的影响，怎样使计算机技术更好地服务于早期儿童的发展与教育，已经成为各方关注的焦点。对此，全美幼教协会（简称 NAEYC）在 1996 年提出了一份评述报告，阐述了 NAYEC 有关信息技术应用于幼儿教育的基本立场。NAEYC 的评述报告明确提出计算机只能辅助而不能替代已有的颇具价值的幼儿教育活动和材料。计算机与其他活动，如艺术活动、建构活动、阅读活动、利用书写材料进行的探索和游戏等一样，可以成为幼儿教育的一种有价值的活动，但绝不能替代已有的、久经检验的、对早期儿童发展非常有利的活动和材料。计算机的使用应有效地推动传统的幼儿教育活动的开展，使传统的教育活动的功能得以淋漓尽致的发挥。因此，越来越多的呼声要求把技术学习作为一个核心学习领域纳入到基础教育中，人们对于技术内容的教育价值和重要性已经达成了广泛的共识。[①]

第二节 技术在幼儿教育中的心理价值与教学价值

一、技术在幼儿教育中的心理价值[②]

（一）现代教育技术的注意优势

注意是人的心理活动指向并集中于某一对象，使这一对象得

[①] 参见国际技术教育协会：《美国国家技术教育标准——技术学习的内容》，黄军英等译，科学出版社 2003 年版。

[②] 参见王道福、曾云华："论现代教育技术的认知心理优势"，《教育与职业》2007 年第 3 期，第 147—149 页。

到更好的反映,它伴随在人的心理活动过程中。良好的注意品质是学习的重要保证。恰当地运用现代教育技术,可以激发幼儿的好奇心、求知欲,减少注意活动中意志成分参与所需的认知负荷,对培养幼儿良好的注意品质具有不可替代的优势。在上课之初,由于幼儿刚进入教室,情绪尚未稳定,甚至还沉浸于课间的欢声笑语和趣味活动之中,急需将注意转移到教师的教学上来。传统教学主张教师"三停、三看",通过行政命令组织教学。如果借助现代教育技术,选择与教学内容相关的音响、画面等刺激幼儿感官,使其产生兴趣,能加快注意的转移,激发学习动机,减轻应用意志努力转移注意所需的认知负荷。这是优化教学过程常用的方法,实践证明行之有效。在教学过程中,需要幼儿把注意力较长时间地保持在某一认识活动对象上,由于幼儿注意的稳定性和持久性比较薄弱,有意注意的时间有限,要实现长久注意,只有利用现代教育技术声像结合、图文并茂的特点,给幼儿创造一种生活情境,产生生活体验,引发与教材意境相容的情感,使之完全投入到学习内容的情境中去,以此维持注意。

(二)现代教育技术的兴趣、情感优势

兴趣和情感都是客观对象是否符合主体需要而产生的主体对客观对象态度的反应。教学过程中如能调动幼儿学习兴趣和积极情感的参与,就能减轻幼儿的认知负荷,达到提高教学质量的效果。

传统教学是通过教师精彩的演讲来感染幼儿,现代教育技术开辟了兴趣、情感激发的广阔途径:一是以形象的画面直接展示学习材料的意境,把大自然的奇异景观引进课堂,把事物的内部联系模拟出来,填补因时空限制而造成的幼儿感官上的空白,使幼儿在身临其境的感受中理解学习材料,产生学习的兴趣。二是以丰富的画面信息拓展学习材料的内容。传统的教学方法中,学习材料大多以概念的方式呈现,具有概括性,幼儿已有的认知表象往往不能满足理解和感受学习材料的需要。运用现代教育技术可以把学习材料的各个方面展示出来,让幼儿全面透彻地了解。三是借助网络技术开展自主学习、合作学习,指导幼儿进行交互活动,调动幼儿参与学习的积极性。

(三)现代教育技术的感知优势

感知是主体认识客观事物的基础,是幼儿原有认知基础与"最近发展区"联结的纽带。如果感知客观事物的材料不真实、不完善,幼儿就难以实现对事物的概括和抽象,认知发展水平就要受到制约,认知负荷就要加大。现代教育技术提供了多方位、多角度感知客观事物的条件,能满足幼儿认知建构的需要,减小认知负荷,提高教学质量。在教学活动中,主要表现为:一是运用现代教育技术多角度地展示事物的属性、结构,引导幼儿精细观察,从而帮助幼儿概括出事物的特征;二是多方位地展示事物的内部联系,通过模拟事物结构,以虚变实,减小认知建构的层次差距,帮助幼儿理解学习材料;三是对那些微小的容易忽视的重要细节或特定对象进行特写,通过放大、定格或夸张的手法增强幼儿感知的效果,减少幼儿感知选择的误差,实现注意分配的有效性;四是运用现代教育技术可以促进多种感官共同参与,产生通感或移情的效果。这种效果一方面是教师运用现代教育技术调动幼儿视、听、触等感觉器官的直接参与,同时通过媒体反映的画面、情境调动起嗅觉、味觉的间接参与,达到多种感觉共同参与的效果。另一方面,对某些言辞的理解又应从整体效果中分解出来,客观反映言辞所表现的现实场景。

(四)现代教育技术的思维优势

培养幼儿的思维能力是教学的一项重要任务,传统教学达到的程度有限。如果运用现代教育技术恰当地创设问题情境,有利于触发幼儿的灵感,出现更多的思维支撑点,使思维能力得到有效的培养和发展。现代教育技术对思维发展的优势主要表现在:一是运用现代教育技术进行设疑训练,设置不同程度的问题有利于培养思维的层次性,实现赞可夫论述的使全体幼儿包括"差生"都得到发展;二是运用现代教育技术设置问题情境,展示事物的各种特征和属性,启发幼儿抽象概括事物的本质,有利于培养思维的概括性,实现布鲁纳论述的"发现学习";三是运用现代教育技术把事物发展、变化的过程直观而又相对集中地再现在幼儿面前,使幼儿理解学习过程,有利于培养思维的灵活性;四是运用虚拟现实技术进行模拟设计,启发幼儿多方位、多角度地思考问题,有利于培养创新思维和发散思维。

二、现代教育技术在幼儿教育中的教学价值

(一)现代教育技术作为教学的演示工具

教师可以利用 Powerpoint 或其他一些多媒体制作工具,结合现有的计算机辅助教学软件(Computer Assisted Instruction,简称 CAI)或多媒体素材库,选择合适的内容设计成 CAI 课件,实现了幻灯、投影、粉笔、黑板等传统媒体无法实现的教育功能。

(二)现代教育技术作为情境探究和发现学习的工具

教师根据幼儿学习的内容,利用多媒体集成工具,将需要呈现的学习内容以多媒体方式进行集成、加工、处理,转化为学习资源,并根据教学的需要,创设一定的情境,并让幼儿在这些情境中进行探索、发现,通过幼儿对设置的问题情境思考、探索,从中学习发现问题、解决问题的能力,幼儿在虚拟的环境中实际操作、观察现象,并进行分析,培养了幼儿初步的科学研究的态度和能力,帮助他们学习逐步领略科学探索的方法与途径。

(三)现代教育技术作为教学的协作工具

主要是指师幼之间、幼幼之间的合作。幼儿在与计算机进行交互作用时,当他遇到困难或是取得成功时都非常愿意与他人合作,克服困难,或分享成功的喜悦。

第三节 技术在幼儿教育中的运用

一、运用技术促进幼儿学习

信息时代的到来,给幼儿的学习打开了一个新的窗口。教育技术化的发展,给幼儿提供了新的学习媒介和学习形式。多媒体技术与幼儿园游戏化主题课程的整合,让幼儿在新颖的学习环境中获取最佳的学习效果。幼儿在学习中运用技术可采用"四结合"模式:做、认、导、玩的"四结合"模式。

"做"是指与幼儿做游戏。活动开始时幼儿做游戏,以引起幼儿活动兴趣,并将游戏导入到幼儿电脑活动过程中。

"认"是指幼儿的认知活动。幼儿在活动中掌握一些简单的电脑运用知识,如鼠标的单击、移动、拖动,字母键、数字键的正确敲击指法等。

"导"是指导入,引入活动。幼儿在掌握了一些简单的多媒体运用知识后,就这些技能导入到幼儿园的五大领域之中,使幼儿主动积极地参与到多媒体环境下的主题教学活动中,成为活动的主体。

"玩"是指幼儿上机操作、玩耍。幼儿在计算机上与之进行适宜的交互,并在老师提供的游戏平台中进行操作、玩耍,从而进一发展的协作式学习。

在幼儿园运用多媒体计算机技术,确实特别适合幼儿进行"自主发现、自主探索"式学习,构建新的课堂教学模式,优化幼儿园课程,深化教学改革,把幼儿培养成具有高度创新精神、高度信息能力的符合新世纪需求的、全面发展的新型人才。

二、教师运用技术开展教学

技术的表现形式多种多样,教师在实际的教学中要善于掌握各类教学技术,并将其恰如其分地运用到幼儿教育中。

(一)教学幻灯片的制作

教师可以在计算机上运用 Powerpoint 软件制作教学幻灯片、课题成果汇报幻灯片、家长会幻灯片和各种讲座幻灯片等,供人参观及辅助教学。

(二)教学资源的共享

教师可以将自己多年积累下来的优秀教育活动设计、科研成果、评价量表等相关教学资料储存起来,建立幼儿园教育教学资料库并推进资源共享,精彩的课件、教案都能实现网络共享,扩大了教学的影响范围,有利于幼儿教师彼此交流教学心得和互相交换教学意见。

(三)教学软件的选择

教师在多媒体教学中应当根据幼儿的学习特点和发展规律来评价和选择技术环境下的教学软件,在充分了解所选软件的潜在教育价值的基础上,认真观察儿童使用软件的情况,弄清楚可能存在的问题,然后循着适于幼儿发展的方向引导和调整。选择合适的教育软件是保证幼儿能够成功应用信息技术的关键。

（四）辅助教学

多媒体技术，运用多种现代手段，对信息进行加工处理、显示与再现。模拟、仿真与动画技术的应用，可以使一些普通条件下无法实现或无法观察到的过程与现象生动而形象地显示出来。多媒体技术将图、文、声、像融为一体，其传输信息的方式突破了传统媒体的线性方式，以全方位方式进行，具有形象生动、信息刺激性强、时空宽广等特点。在幼儿教育中采用多媒体技术实施教育，对优化教育过程，提高教育的有效性，影响甚大。

教育培训不能仅仅在技术层面关注教师对现代技术的掌握，更重要的是让他们明确技术与幼儿发展的基本观点。提供信息技术与课程整合的理念、策略及典型范例，让教师深入了解如何在幼儿教育情境中适宜地应用信息技术。

现代教育技术的应用能使教师的综合素质得到提高。教师们在实践中不但丰富了现代科技知识，提高了科技教育能力，而且使教学向高层次技术手段发展。用现代教育技术支持的现代科技教育，才是"完整"的教育，运用现代教育技术的教师才是称职的教师。

三、父母运用技术协助督导

技术已经改变了幼儿教师的教学方式和幼儿学习的方式，与此同时，它也改变了父母的角色。在技术的帮助下，父母现在拥有更多的参与、监督与指导幼儿教育的资源。他们也拥有额外的职责，例如，要确保他们的幼儿在家庭中网上冲浪时接触到的是具有"发展适应性"的信息。

（一）父母积极参与对幼儿的技术指导

父母是孩子的第一任教师，他们对幼儿的教育起着关键的启蒙作用。但是随着幼儿年龄的增加,其必须回归于学校教育,父母也因工作的时间安排而不能花费大量的时间在幼儿的养育工作上。这就造成了父母对幼儿的养育质量和幼儿学习成绩的担忧。此外,很多父母在参加学校家长会议、教育方案与援助方面,面临着时间与机动性上的局限。而现代技术则提供了大量交流信息、获得信息以及得到帮助与援助的新方式,为有效解决父母与幼儿园交流的时间和地域上的局限性问题提供了可能,可以帮助父母随时随地了解幼儿在学校的各项表现,促进亲子关系的更优化发展。

(二)父母对幼儿保育进行监督的技术

技术将会改变父母了解有关他们孩子信息的方式。传统的保育信息只能根据保育员的定期报告来让父母了解幼儿的保育情况。信息技术的发展,提供了一种全新的、实时的保育新体验。"看着我成长"等因特网支持下的幼儿园与日托保育方案系统能够快速定期地更新保育方案的图片,从而让父母通过特定的用户ID和密码来了解他们孩子的活动情况。这种方式的提倡者认为,这些网络系统使父母了解到幼儿正在进行的活动,促进了父母与保育方案之间的交流,使父母与幼儿之间的纽带关系更加接近,并且是一种防止幼儿受到虐待的保护性措施。值得注意的是,如果父母在对待密码上粗心大意或者无意泄露了密码,没有经过授权的人进入了系统,就会影响幼儿的发展。

(三)父母对幼儿使用技术的监督

这种教育技术同样是把双刃剑,它能提供丰富的和有价值的教育信息和资源来帮助幼儿成长,如果使用不当也会导致幼儿长期沉浸于不良的技术信息中不能自拔。为了保证幼儿技术使用的正确性,父母一方面可采取不断监督幼儿的上网内容的方式,但这是不现实的。另一方面,可以采用"过滤器"的监督方式,这是一种拒绝让幼儿接近父母认为不合适网站的电脑程序。它能分层次地控制幼儿上网的内容,在一定程度上限制了幼儿进入因特网的自由,但同时减少了不良信息对幼儿的影响。

四、技术与幼儿教学的融合

所谓信息技术与教学课程的整合,从教育活动实践的角度看,是指信息技术(主要指计算机)作为一种工具、媒介和方法融入到包括教育活动的准备,实施过程以及评价等在内的教育活动的各个层面中。教师应当根据活动计划日程表和活动主题来统筹安排,使计算机技术无论从环境上、功能上还是理念上都能被完全整合到幼儿教育实践中去。教育技术作为辅助课堂教学的工具,最终是用来为教学服务的。如何实现教育技术与幼儿教学的有效融合呢?应做到以下三点:

(一)重新定位教学过程各要素的关系

教学过程的四个基本要素是教师、幼儿、教材(内容)和教育技术。教育技术与课堂教学融合,必须重新定位教学过程各要素的关系。

1.教师角色的转变

在转变角色的过程中,首先要克服教师对教育技术的焦虑感,并掌握基本的教育技术知识和操作技能。使他们认识到,他们只需掌握教育技术的初步知识和操作技能,了解一些常见的应用软件,就可以在课堂上使用教育技术了。其次是要转变教学理念,从教学实际需要出发,根据学习心理学原理,挑选、组合教学软件,合理地安排教学活动进程,做好完整的教学计划,使教育技术有机地融合在教学中,整个教学过程浑然一体,并且能从教育技术的角度进行自我评价和反思教学过程,从而加以改进。只有这样,才能真正逐步做到角色转变。

2.幼儿地位的转变

基于教育技术的教学结构,教学活动的形式是多样的,相应的幼儿课堂行为表现也存在很大的差异,要充分利用教育技术在交互性、即时反馈和个别化方面的潜在优势,保证幼儿从被动接受的地位,转变为主动参与、发现、探究和知识建构的主体地位。

3.教学内容的转变

在传授课本知识的同时,要重视能力的训练和情操的培养,尤其要重视学习能力和学习方法的培养。在教学内容中应包含"学会学习,管理自己的学习"这一类的信息,让每一个幼儿成为策略型的学习者,从而能对自己进行自我调节,以适应社会发展的需要。教育技术为这类信息的传播提供了平台。

4.媒体作用的转变

教育技术由作为教师讲解的演示工具转变为教师活动的体现者和幼儿的认知工具。比如,基于网络的教学系统,在教学内容的承载、课程的快速生成、课程的网上发布、教学活动设计和管理、自动测试、自动判题等方面已经很成熟;在幼儿的学习和探索方面,搜索工具、幼儿学习记录、讨论和协作、幼儿跟踪系统等已经进入实用性阶段。教育技术提供了若干种支持幼儿之间、师幼之间交换信息和讨论的工具,信息交换更方便、快捷、灵活。

(二)要认真进行课堂教学设计

许多教师反映,每一堂真正成功的课,教学过程都与预期的设计有很大差异。即对于那些气氛活跃、有创造性的课,教师总是部分地甚至完全放弃了原教学设计方案,而根据当时的情境展开教学。对于这种现象,即教师的授课无法完全符合备课时的设计方案,原因在于设计是静态的而教学则是动态的。可目前教学设计的理论和方法并没有为教师控制教学提供多少实质性指导,静态设计的完备反而增加了动态教学的难度。如果教学真的按原设计展开,那么,这种教学将扼杀教师和幼儿宝贵的创造精神,泯灭了教和学本身所固有的艺术性。因此,如果简单套用原有理想的设计模式,就无法产生活生生的课堂教学。相反,采取更为现实的态度,对课堂教学进行动态的设计,实时关注教学中各个要素的状态,在教学问题产生的同时设计相应的方案,更有利于创造性人才的培养。这种设计要求教师认真、深入理解并把握教学设计的内涵。

(三)要关注教育技术的人文影响

教育技术为教育带来了无限广阔的前景,然而,也应看到教育技术的一些潜藏的负面效应。比如,技术对人的潜能的影响,许多本来由人完成的动作,现在可以利用技术完成,人们对技术的依赖性日益增强;另外,现代通信技术表面上拉近人的距离,无意中却使人的心理距离越来越远,感情越来越淡漠。还有,如果想引导幼儿对某事物有执著的追求,只简单地培养兴趣是不够的,需要对该事物的本质有所了解,对事情进行价值判断、目的意义的正确把握,简单地依靠教育技术丰富的表现力,能否完成这类人文教育的内容很值得思考。教育技术的人文影响,在融合过程中都属于内隐因素,不容易观察、测量,也不直接作用于教学效果,但是它们却影响着教育技术在教育中的地位和教育功能的发挥,影响着管理者的决策,甚至幼儿的未来发展,所以教育工作者要关注教育技术的人文影响。

技术以及它的应用不是对课程的附加,不是仅仅有时间才去开展的活动,不是对良好行为或者成绩的奖赏。硬件与软件技术,就像课文书本材料一样,都是帮助幼儿完全实现潜力的工具,应当是幼儿早期教育方案的整体组成部分之一。[①] 在幼儿教育中应用现代教育技术,是幼儿园教育现代化的重要途径。建设现代化的新型幼儿园,要让幼儿受到现代科学技术良好教育,迎接新知识新技术的挑战。

问题与思考

1. 教育工作者如何对幼儿早期的学习环境进行技术整合?意义是什么?

2. 技术如何改变父母在幼儿教育中的角色?

术语及定义

多媒体技术:指运用多种现代手段,对信息进行加工与处理,显示与再现,通过模拟、仿真与动画技术的应用,使一些普通条件下无法实现或无法观察到的过程与现象生动而形象地显示出来。

技术与课程整合:从教育活动实践的角度看,是指信息技术(主要指计算机)作为一种工具、媒介和方法融入到包括教育活动的准备、实施以及评价等在内的教育活动的各个层面中。

---

① 参见 George S. Morrison:《当今美国儿童早期教育》,王全志、孟祥芝等译,北京大学出版社 2004 年版,第 380 页。

第三十三章　幼儿教育的评价

　　如果能敏锐地处理并消除先前困难所设置的障碍（不论是认知失败还是个人信心丧失），所有孩子都能够有效学习。

——威廉姆

第一节　从传统测验走向真实性评价

一、传统测验与评价的问题

传统测验涉及以下术语：如成就测验、态度测验、能力测验、智力测验、项目分析、平均数、常模、正态分布曲线、百分点等。这些术语基本属于标准化测验范畴。[①] 传统测验的结果，在评价中使用的是常模参照，即评价结果与总体的统计分布特征联系。这种评价的假设是建立在所有的评价项目、设施或情境的总体都是同质的前提上，因此这种评价是有问题的，像了解一个儿童的焦虑水平，需要对该个体及引起焦虑的特定情境进行分析。

韦伯等（Weber et al., 1995）认为，传统测验与评价的误区是：

（一）测验可以激励儿童，但负面影响更大。在测验中存在文

[①] 参见 Ellen Weber：《有效的学生评价》，董奇等译，中国轻工业出版社2003年版，第207—209页。

化方面的偏差,有些儿童付出了极大努力却得到很低的分数,这种评价将挫伤儿童学习积极性。

(二)测验的成绩作为评定教师工作的标准,实际上对教学产生不利影响。因为这种评价结果使教师产生了压力,他们不得不为应付测验而进行教学。

(三)给家长明确的判定儿童学习成绩的指标,实际上是不全面的。应该强调测验儿童实际应用、问题解决等能力,以及评价儿童在学校里各方面的表现。

(四)标准化测验所测查的知识是很明确的,其实会误导教师。在这种情况下教师不得不为测验分数而教,从而失去师幼互动的机会。

(五)标准化测验被认为是促进儿童智力发展和取得进步的有效方法,实际情况并非如此。最新的脑科学研究推翻了以上说法。因为学习是基于:一是学习者积极参与,二是允许学习者以不同方式和不同速度学习,三是学习既是个体活动也是团体活动。

总之,传统标准化测验和评价成了学习的一种障碍,因为所得出的几乎都是消极的评价,影响了儿童创造的积极性。

二、真实性评价:一个新的趋向

(一)真实性评价的含义

儿童发展和学习的评价趋向,是从传统评价走向真实性评价。

真实性评价:指在真实环境中评价儿童的表现,它与课堂实践联系密切,其评价任务是学习过程中有意义的、重要的经历。真实性评价的特点为:

1. 实施多种模式的评价;
2. 奖励多种形式;

3. 容忍矛盾性观点的答案；

4. 激活儿童学习知识的各种途径；

5. 针对现实生活问题的解决。

真实性评价的结果对儿童发展是有益的,表现为：

1. 儿童掌握应用于真实生活世界的知识；

2. 评价结果不是反映儿童的天赋和能力,而与儿童的努力相联系；

3. 儿童通过联系现实生活来牢固地记忆所学的知识；

4. 合作的学习方法成为激励儿童学习的动力；

5. 所考查的内容与儿童课外生活紧密相连；

6. 儿童有愿望学习更有意义的主题；

7. 激发儿童的批判性思维。

(二) 真实性评价的形式

1. 运用成长记录袋

在建立成长记录袋的过程中,可了解在具体的课堂教学中儿童获得了什么？从儿童作品中我们了解到了些什么？这种评价方法可以评价儿童的个别差异,可以使儿童在了解自己学习的过程中获得自信。在进行作品评定中,儿童与教师可以获得充分的沟通与交流,将学习主题与儿童生活联系起来。成长记录袋的过程[①]：

(1) 将儿童分成小组,集体讨论提出与教学有关的问题。

(2) 将问题列出来,每一个问题都要让儿童去讨论。

(3) 让儿童修改他们所选择的问题,明确问题并找出问题的

[①] 参见 Ellen Weber：《有效的学生评价》,董奇等译,中国轻工业出版社 2003 年版,第 87—94 页。

关键。

(4) 教师与儿童协商,并让儿童对问题做出回应。要让儿童知道,每隔一段时间教师就会要求儿童做一学习上的汇报。

(5) 最终建立一份自我评价表。让儿童自己打分数,该分数占总分的10%—15%。

成长记录袋也可包括各种学习上的证据,如录像、光盘、作业本等。运用这种评价方法可使儿童获得极大的进步。

2. 制定学习契约

学习契约是在课堂中进行的真实性评价,是关于儿童学习所达成的共识和预期。通过契约,儿童、教师和家长都能意识到要完成的工作、需要达到的预期结果和所采取的评价标准。传统课堂中真实性评价采用制定学习契约的方法,从而使评价适应每个儿童的独特学习需要。学习契约的内容包括:

(1) 学习的结果是什么?

(2) 儿童预期要完成的任务是什么?

(3) 新的知识、技能是怎样呈现的,儿童怎样掌握这些内容?

(4) 为学习任务的完成制定日期。

(5) 制定学习的评价标准。

特别要儿童进行定期的反思。如以下问题:

(1) 哪些问题还没有解决?

(2) 遇到了哪些问题?

(3) 个人的能力和兴趣如何?

(4) 认识到自己有哪些不足之处?

(5) 对原来的学习计划有无改变?

这种契约包括教师评价和儿童自我评价两方面。特别是儿童的自我评价,可以使儿童更全面地了解所学课程的内容和知识点,可以发现自己的优缺点,重视自己的智慧进步。

3. 个人表现与小组成就相联系

(1)学习小组内部冲突的解决

在小组学习中,难免会出现学习上的分歧和争论。解决好冲突会使小组的凝聚力强,大家会在思想上进步,并获得对问题的深刻的理解。解决小组冲突的方法有:

一是聆听每位成员的声音。真诚的聆听可以增强人们的自信心、认同感和成功感。当人们以开放的思想倾听他人的观点时,问题就容易解决了。要接纳每个人的至少一个想法,鼓励每个人发表意见。

二是明确责任。明确每个儿童应该做的事情和时间。

三是尊重每个人的价值。能够描述每个人的长处。确认每个人喜欢做的事,鼓励每个人克服短处、发挥长处。

四是树立榜样。每个人都显示最佳工作的机会。每个人都显示最佳工作的结果,树立共同的最高目标。

五是幽默。同伴们在一起大笑。不嘲笑彼此的缺点。

(2)检查记录卡相互进行评价

在小组学习中,儿童之间检查记录卡,彼此分享不同的观点,互相评价彼此的作品。儿童比较喜欢在小组活动中进行个人与同伴评价。通过与同伴在各方面的比较,使儿童更全面地了解自己的优缺点。

三、高质量评价的关键条件

赫尔曼等(Herman et al.,1992)认为,任何一种高质量的评价模式,必须满足十个关键条件:

（一）评价必须与教学目标一致。

（二）应该包括对学习过程和结果的测查。

（三）表现性评价活动不是评价本身。

（四）认知学习理论及其知识习得的建构方法都认为，应该将评价方式与教学结果、课程内容整合到一起。

（五）儿童学习的整合和活动观要求评价综合化和复杂化。

（六）评价方案的设计取决于评价目的，用于评分和监控儿童进步的方案与用于诊断和提高的方案之间存在一定的区别。

（七）一次有效评价的关键是任务和预期的儿童学习结果间的匹配。

（八）评价儿童表现的标准很重要，没有标准，评价仍将是独立的、插曲式的活动。

（九）良好的评价能够为儿童学习情况提供大量的反馈信息，教师可以根据这些信息做出决策。

（十）最能反馈儿童情况的评价系统包括过去一直使用的多种方法。

第二节　幼儿教育的测验与评价

一、幼儿教育评价的含义

幼儿教育评价，是把教育活动中幼儿所有行为和人格的变化，对照一定的标准进行判断的过程。幼儿教育评价应该有三个特点：

一是主体多元化，对幼儿教育活动评价，来自于园长、教师和家长的评价。

二是评价内容生活化,幼儿一日生活、学习、游戏诸方面皆作为评价内容。

三是评价技术多样化,定性、定量测验相结合。

要构建一个较为完整的幼儿教育评价框架,必须把握以下三点:

(一)幼儿有其独特的需要、生活背景、兴趣和学习方式,幼儿教育不像小学教育一样,有预先的教科书、课程指南和严格的时间安排。

(二)幼儿学习偏于做中学和发现学习,幼儿的接受学习比起小学生来淡化了许多,因此对学习过程的评价是很重要的。

(三)幼儿教育重视幼儿的整体发展,包括认知、情感、社会、身体诸方面发展,而小学教育较重视认知的发展。

二、幼儿教育活动过程的评价

(一)幼儿教育活动过程的三种评价

1. 诊断性评价[①]

诊断性评价也称准备性评价或配置性评价,在教育活动之前进行,摸清幼儿的底细,以便更好地安排活动。评价的内容除认知外还有情感,即了解幼儿学习的动机、态度和自信心等。

2. 形成性评价

形成性评价也称诊断进步评价或进展评价,在教育活动过程

[①] 参见皮连生主编:《学与教心理学》,华东师范大学出版社 1997 年版,第 345—347 页。

中进行,目的在于了解教育目标是否达到,幼儿学习是否有困难,以便对教育活动进行调整,采取补助措施。形成性评价,能够指导以后教学和学习的评价,帮助幼儿发现不清楚的知识点。

3. 终结性评价

终结性评价也称总结性评价,在教育活动结束后,目的在于评定所规定的教育目标是否达到,检查教育活动的指导方法是否得当。可以预测幼儿以后的学习活动。

对三种评价的比较情况见表33-1。

表33-1:三种教育活动过程评价的比较

名称	诊断性评价	形成性评价	终结性评价
时间	活动前	活动中	活动后
目的	准备	调整、补助	预测

(二)形成性评价和终结性评价的区别

1. 形成性评价能及时发现问题,终结性评价在学习完成后进行。

2. 形成性评价定期进行,终结性评价在一段较长时间后测查最终结果。

3. 形成性评价能发现个人的学习目标,终结性评价通常包括长期的学习目标。

4. 形成性评价能反映幼儿个人进步,终结性评价则是对不同幼儿成绩间的比较。

5. 形成性评价测查的是一个单元的学习,终结性评价测查的是几个单元的学习。

三、幼儿发展性评价

根据不同标准和解释方法,幼儿发展性评价可采取以下方式:

(一)相对评价

相对评价也称常模参照评价。个体成绩与同一团体的平均成绩或常模相互比较,从而确定其成绩的适当等级的表示方法,像智力测验、创造力测验。相对评价的优点是:

1. 教育活动中评价往往缺乏明确标准,这种成绩测试会减少教师的主观判断。

2. 所有幼儿皆可达到教育目标,但由于个体发展程度不同,因此这个测验可以发现个别差异。

3. 可以激发幼儿学习的外部动机,亦可为编班、选材的依据。

当然,相对评价的缺点是,不太重视幼儿所表现出来的努力状况及进步程度。

(二)绝对性评价

绝对性评价,其参照标准是根据教育活动目标,并在测量之前就确定了,其目的在于了解幼儿是否达标和达标的程度如何,一般是有:优秀、良好、中、及格。这种评价的优点是:

1. 有助于了解幼儿完成教育活动目标情况;

2. 有助于了解学习内容具体完成的情况;

3. 有助于刺激幼儿的竞争心。

(三)个人内评价

个人内评价是指比较同一个体在同一教育活动中或不同教育活动之间成绩或能力差异的评价。不是像绝对评价和相对评价具有某种共同标准,而是依据个人标准进行的。其优点是有利于教师深入理解幼儿的个别差异,也可作为因材施教和个别化教育指导的依据。个人内评价包括两种情况：

1. 横向评价，指在同一时间里，对幼儿在教育活动中所具有的特性进行比较。包括：

(1)态度、兴趣、能力等比较；

(2)在不同主题活动中成绩比较；

(3)同一主题中的能力比较。

2. 纵向评价，指对幼儿两个或多个时期内在教育活动中的表现之前后比较，可以使教师了解幼儿进步稳定之状况。

四、幼儿教育活动情境或环境的评价

(一)幼儿教育活动情境

幼儿园教育活动情境或环境，是根据教育活动目标和内容所设置的教育活动场景。根据对幼儿影响的直接性或间接性，可将教育活动场景分为两种：

1. 显性的教育活动情境

显性的教育活动情境指外显的、直接的对幼儿产生影响的活动场景。如活动室大小、教育活动器材的多少和幼儿园的整体环境等。

2. 隐性的教育活动情境

隐性的教育活动情境指幼儿园教育活动中对幼儿产生影响之内隐的、间接的教育活动场景。如教师之间、师幼之间关系、教师文化素质等对幼儿产生潜移默化的影响。

(二)学习情境或环境及课堂行为评价

学习情境或环境是幼儿教育的核心成分，主要指幼儿的课堂学习环境。威斯克·戴(Wasik-Day)建立了开放型与传统型学习环境及幼儿课堂行为测定量表。这个量表为考察幼儿行为与多种环境变量的关系提供了有效的评价机制。① 这个量表的学习环境包括：

1. 场所，指教学区、学习区、中心区、一般室内空间等；

2. 小组领导人，在幼儿园教育活动中，主要的小组领导人有教师、助手、实习员、专门教师、家长、同伴等；

3. 组内人数，幼儿教育活动中小组的规模，通常有1个、2个、3至8个、9至15个、16至25个和25个以上。

这个量表中的课堂行为的主要指标包括：

1. 幼儿动作，包括坐、站、移动、躺下等；

2. 学习行为，包括读、写、算、观察等；

3. 幼儿的交往，包括听、讲、行动等，并且不同的交往行为可能会有不同的对象，如：教师、同伴、小组等。

课堂行为分为适宜性行为和不适宜性行为，前者是按教师的要求主动积极地参与课堂学习的所有行为表现，如：听、说、读、写和提问、回答等，后者则指课堂中无成效的、与课堂学习无关的所有学习活动。

五、幼儿个人发展鉴别评价

幼儿个人发展鉴别评价，具有诊断性和鉴别性的目的，能为设计、实施及改进适合于幼儿学习的教育活动提供依据。特别对那些发展有障碍的幼儿来说，可以进行及时补救。教育评价的数据来源有十个方面（见表33-2）。

---

① 参见曹中平主编：《幼儿教育心理学》，辽宁师范大学出版社2002年版，第403—404页。

表 33-2:教育评价的数据来源(Pawlik,1998)

	数据来源	数据形式			获取途径		反应客观性
		意识表征	行为	心理生理学	实验室	现场	
1	真实的/传记性记录		×			×	+
2	行为轨迹		×			×	+
3	行为观察		×		×	×	+/-
4	行为等级评定	×			×	×	+/-
5	表现性行为		×		×	×	+/-
6	投射技术		×		×		-/+
7	访谈	×	(×)		×		-
8	问卷	×	(×)		×		-
9	客观性测试		×		×		+
10	心理生理数据		(×)	×	×	×	+

注:+表示客观性很满意;+/-表示客观性较满意;
-/+表示客观性不够满意;-表示缺乏客观性。

行为轨迹,指手迹、艺术作品(绘画、作文、诗歌等文学作品),儿童玩耍后留下的情况、家庭居住的环境类型(整洁、有序或杂乱无章),个人的言行举止(咬指甲)和穿着特征等。

个人发展鉴别的工具主要有:

(一)皮博迪图画词汇测验(PPVT)

这个量表主要评估个体的接受性词汇水平。以个别方式进行,向每一个幼儿呈现四幅不同的关于熟悉物品的图画,主试为其中一幅题名,要求幼儿指出是哪一幅。

(二)学前语言量表(PLS)

这个量表设计了调查语言发展的五项概念和经验相结合的领域:视觉与有声的结合、词汇、听觉反应、听觉记忆与有区别能力的视觉听觉记忆相结合。

(三)视觉、动作综合发展测验(VMI)

这项测验给教师提供一个预测幼儿读、写问题的视觉动作综合能力的大体标准,让幼儿照着量表要求的范例画写。

(四)房、树、人测验(H-T-P)

用来测量视觉动作技能水平。分别让幼儿画出房、树、人,以确定其发展水平。

总之,通过对幼儿发展状况进行鉴定,可以对幼儿学习问题的疑点进行证实或否定,把问题可能性较大的幼儿纳入训练方案,以改善其学习状况,预防学业上的失败。

六、幼儿教育评价的发展趋向

(一)学习和评价从行为主义观点转向了认知观点(Herman et al.,1992)

1. 由原来的一味强调幼儿学习结果转向关注学习过程。
2. 由被动反应转向积极的意义建构。
3. 从具体的、独立技能评价转变成整体和跨学科评价。
4. 注重元认知和认知技能的评价。
5. 转向注重知识和技能的应用。

(二)从纸笔测验到真实性评价

1. 关注与幼儿有关的、有意义的问题。
2. 关注情境化问题。
3. 强调复杂的技能。
4. 不以幼儿一个正确答案为依据。
5. 事先知道的公正的标准。
6. 强调个人的步伐和进度。

(三)从一次性评价到定期取样评价:建立成长记录袋

1. 以此作为教师评价的基础。
2. 以此作为幼儿自我评价的基础。
3. 以此作为其他人评价的基础。

(四)单一归因到多维度评价

1. 认识到幼儿的多种能力与才能。
2. 逐渐认识到幼儿的潜力。
3. 给予幼儿发展和展示各种能力的机会。

(五)从几乎只强调个人评价到小组评价

1. 强调群体合作的评价技能。
2. 强调合作学习的评价结果。

问题与思考

1. 传统测验与评价的误区是什么?
2. 真实性评价的含义及特点是什么?
3. 如何运用成长记录袋对幼儿进行评价?
4. 如何理解幼儿学习情境或环境评价?
5. 幼儿教育评价的发展趋向是什么?

术语及定义

标准化测验:使用常模参照,把评价结果与总体的统计分布特征相联系。

真实性评价:在真实环境中评价儿童的表现,它与课堂实践联系密切,其评价任务是学习过程中有意义的、重要的经历。

成长记录袋:这是一种评价儿童学习的方法,将学习主题与儿童生活联系起来,在进行作品评定中儿童与教师可以获得充分的沟通与交流。

学习契约：关于儿童学习所达成的共识和预期，通过契约，儿童、教师和家长都能意识到要完成的工作、需要达到的预期结果和所采取的评价标准。

幼儿教育评价：把幼儿园教育活动中儿童所有行为和人格的变化，对照一定的标准进行判断的过程。

个人内评价：比较同一个体在同一教育活动中或不同教育活动间成绩或能力差异的评价。

诊断性评价：也称准备性评价或配置性评价，在教育活动之前进行，目的是了解幼儿的现有水平，以便更好安排教学活动，评价内容除认知外，还有学习的动机、态度、自信心等。

形成性评价：也称诊断进步评价或进展评价，在教育活动过程中实验，目的在于了解教育目标是否达到，幼儿学习是否有困难，以便对教育活动进行调整，采取补助措施。

终结性评价：也称总结性评价，在教育活动结束后，目的在于评定所规定的教育目标是否达到，检查教育活动的指导方法是否得当，可以预测幼儿以后的学习活动。

相对评价：也称常模参照评价，个体成绩与同一团体的平均成绩或常模相互比较，从而确定其成绩的适当等级的表示方法。

绝对性评价：参照标准是根据教育活动目标，在测量之前确定，其目的在于了解幼儿是否达标和达标的程度如何。

显性的教育活动情境：对幼儿产生影响的、外显的活动场景，如活动室大小、教育活动器材的多少和幼儿园的整体环境等。

隐性的教育活动情境：对幼儿产生影响的内隐育活动场景，如教师之间、师幼之间关系、教师文化素质等。

第三十四章 师幼互动及专家型幼儿教师的成长

> 世界上最激动人心的、最富挑战的人类事业之一,也可能成为令人疯狂的苦役,这就是教师的教学。
>
> ——麦克恩塔普

第一节 师幼互动

一、互动与师幼互动的内涵

(一)符号互动论

互动也称相互作用,是人与人之间的心理交互作用或行为相互影响。它起源于 20 世纪 30 年代米德(G. H. Mead)的符号互动论(symbolic interactionism),又称符号互动主义。[①] 符号互动论的观点如下:

1. 互动是人类个体生存发展的前提,是社会生活的基础。
2. 符号是人际互动的媒介,个体是其自身行为的建构者。
3. 个体的心灵与自我是互动的产物。
4. 社会的形成与变化是互动的结果。

---

① 参见刘晶波:《师幼互动行为研究——我在幼儿园里看到了什么》,南京师范大学出版社 1999 年版,第 12—17 页。

(二)师幼互动的模式

师幼互动是指教师与幼儿之间的相互作用,是幼儿园人际关系的核心。皮亚塔(Pianta,1992,1995)认为,亲密、矛盾和依赖是师生相互作用和影响的主要方面。林奇等(Lynch et al.,1992)将情感质量和心理接近渴求程度看成是师幼互动的主要方面。[①] 互动过程可看做教师与幼儿之间的一种社会交往,具有相对明确和固定的模式,可表达为:

1. 迎接。教师进教室后,师幼双方都认识到对方的存在,则某种社会交往就产生了。

2. 确立一种对话关系。教师对幼儿讲话,幼儿提出问题,确立了一种对话关系。

3. 进行教学任务。在师幼互动中开始了学习活动。

4. 确定关系。一旦学习活动结束,教师则要求幼儿对自己集中注意,评价学习结果。

5. 分离。教师和幼儿分别离开活动室。

(三)构成师幼互动行为的要素

1. 外显行为要素

(1)师幼互动行为的主体

师幼互动行为的主体包括施动者与受动者。任何一个师幼互动行为事件的发生、发展总是由一方主体向另一方主体发出启动行为的信息,从而引发对方的反应,经过双方主体间行为上的往来而形成的。

---

① 参见庞丽娟主编:《教师与儿童发展》,北京师范大学出版社2001年版,第159页。

(2)师幼互动行为的性质

其一,就行为实现的方式而言,师幼互动行为在性质上可分为两种:言语型行为与非言语型行为。

其二,就行为主体的情感特征而言,师幼互动行为因其发起的主体不同可以区分为教师行为和幼儿行为:

A. 三种教师行为:正向、负向、中性。

正向教师行为是指教师发出的行为中对幼儿体现出明显的和蔼、亲切、友好、喜爱的倾向。负向教师行为是指教师行为中对幼儿带有明显的不满、厌恶,甚至恼怒、愤恨的情感特征。中性教师行为指教师行为中表现出情感色彩相对平淡,介于正向与负向之间。

B. 幼儿三种行为:进取、畏惧、平和。

进取的幼儿行为是指幼儿指向教师的行为中表现出明显的大胆、不畏惧的情感特征;畏惧的幼儿行为指对教师表现出胆怯、害怕的行为倾向;平和的幼儿行为指幼儿行为中无法看出鲜明的进取或畏惧的情感特征,语气、神态都比较平静。

(3)互动行为的主题与结果

施动行为的目的倾向、受动行为的反应选择都是互动行为主体内在意愿的体现,可以把前者称为施动行为目的,后者称为反馈行为取向。对一切师幼互动事件来说,其结果都可以归结为两种情况:要么接受施动者的行为目的,要么对之加以拒绝。

(4)互动行为的类型

师幼互动行为的类型包括:言语型互动,指以语言为主要手段,附带有目光、表情、姿势、动作的互动;非言语型互动,指单纯借用目光、表情、姿势、动作,而不伴有言语的互动。

2．互动行为的内隐要素

(1)场景界定

场景界定主要是指行动者个体(施动者和受动者)对其行为发生的外在环境，包括对时间、地点和场合的认识。

(2)角色认知

角色认知是指互动双方行为主体对自身及对方在互动进程中所应扮演角色的理解与选定，在三种内隐心理要素中处于核心地位。

(3)行为期待

行为期待作为一个具体行动方案的构想过程在互动中是必不可少的，它是互动行为主体对自己与对方所采取具体行为的期望，是互动双方可能采取的具体行为在个体心理空间的假设性预演。

二、互动行为的影响因素及教育指导

(一)影响师幼互动行为的因素

1．幼儿自身所具有的特征

(1)气质倾向与行为特征

开朗、外向且行为积极的幼儿受到教师的关注与反馈的机会最多，而比较内向、不爱表现的幼儿得到的关注、反馈最少。班级中与教师关系亲近的幼儿多是积极追随教师的，遵守班级规则，并且能够控制自己行为；行为被动、不愿多接触教师的幼儿会导致教师对他们漠不关心；而过度活跃、出现纪律问题的幼儿多处于被拒绝的消极状态。

(2)早期人际关系经历

在所有早期的人际关系经历中，幼儿与父母之间形成的亲子关系状况，是师幼关系的基础。幼儿的早期人际关系影响以后与教师的关系是否密切。

2. 教师自身所具有的特征

(1)教育观念。与奉行以教师为中心观念的教师相比,奉行以儿童为中心教育观念的教师,与单个幼儿或小组幼儿进行互动的时间更长,频次更多,对幼儿的行为更为敏感,反馈较为及时。

(2)受教育水平。受教育水平较高的教师对幼儿更细心、更亲近一些,而受教育水平低的教师则可能较为粗心,对幼儿比较疏远。

(3)反省能力。对教师有重大影响的是其反省能力。如果教师能考虑到幼儿园内发生的每件事情对于幼儿发展的意义,那么就会对幼儿采取积极的支持性行为,会与幼儿形成和谐的师幼关系;反之则不然。

3. 师幼互动行为的外部特征和客观环境

师幼互动的频次与时间是影响师幼关系形成的两个主要外部特征。高频率的、积极的师幼互动行为,是师幼之间安全依恋关系的典型标志。影响师幼关系形成的客观环境,主要涉及幼儿园的班级规模、教师和幼儿人数的比率和教师人选的稳定性等方面。

(二)我国当前师幼互动行为的基本特征

在我国幼儿园的师幼互动中,教师更多表现为一个主动者,根据自己的意愿向幼儿发出施动行为或反馈行为,很少去考虑幼儿的意愿,而幼儿则多处于一种等待状态,没有明确的计划,行为的发出完全以教师的行为内容为依据。我国师幼互动行为的基本特征是教师主导而非幼儿主导,具体表现为[1]:

---

[1] 参见刘晶波:《师幼互动行为研究——我在幼儿园里看到了什么》,南京师范大学出版社1999年版。

1.师幼互动行为的主导动因是履行事务性职能而非关注情感。教师意识到自己指向幼儿的情感特征与幼儿指向自己的情感特征是相关的,但他们的行为性质仍然以对幼儿不满、厌恶的负向情绪居多,喜欢、赞许的正向情感较少。

2.师幼互动行为的主导形态是教师主导而非幼儿主导。

3.师幼互动行为的主导内容是传授固有知识技能、维护既存规则规范。

4.互动主体的主导行为是高控制、高约束对高服从、高依赖。作为师幼互动行为事件的主要开启者、互动进程的把握者,教师在互动中的主导行为是对幼儿高度的控制和约束,而幼儿则表现出高服从、高依赖。

(三)我国当前师幼互动行为的功能分析

师幼互动行为对幼儿身心发展具有促进或阻碍两方面的作用,即正向功能或负向功能。[①]

1.正向功能

(1)有利于幼儿稳定地学习与养成良好的生活秩序。

(2)有利于幼儿习得知识,获得社会规范。

2.负向功能

(1)不利于幼儿的社会适应性发展

一是现在师幼互动行为的内容偏重于知识与技能的传授,轻视对幼儿社会适应性的培养。二是现在师幼互动过程中所普遍存在的教师武断、强制等负向示范行为对幼儿社会适应性的发展的

---

① 参见刘晶波:《师幼互动行为研究——我在幼儿园里看到了什么》,南京师范大学出版社1999年版。

影响是倒退而非促进的。

(2) 不利于发挥幼儿的主动性与创造性

幼儿主动性与创造性的发挥需要有一个相对宽松自由而充满安全感的外部环境。师幼互动的现状是教师对幼儿的主体能动性和个别差异性比较轻视,过分重视模仿、范例的作用而忽视幼儿独特的自我表现。

(3) 不利于幼儿形成健全的人格

师幼的整体状况是,教师处于控制者、约束者的地位,幼儿则对教师的权威有着高度的服从与依赖。教师对幼儿行为的否定与批评影响着其情绪与行为。这些在很大程度上导致了幼儿畏缩、胆怯、过分依赖、过分顺从的人格特征,无益于健全人格的形成。

(4) 不利于幼儿情感的健康发展

这些带有负向性质的行为方式,对于幼儿情感发展的负面影响是显而易见的。它不仅给幼儿带来不快与不安,使其产生惧怕、焦虑等消极情绪体验,而且在某种程度上剥夺了幼儿的被爱感、自尊感、安全感和信任感,助长其自卑感等,从长远来说,不利于情感的健康发展。

(四) 建立和谐师幼互动的初步构想

1. 改变教学理念

(1) 从偏重关注事务到兼重关注情感。

(2) 从教师单一主导到师幼双重主体。幼儿既是教育对象,又是学习与自我发展的主体。

(3) 从严格控制约束到适度自主自由。

(4) 从谋求整齐划一到崇尚个性差异。

(5) 从单纯重视知识传授到促进全面成长。

2. 有效的互动教师的心理特征

(1) 教师对幼儿宽容、尊重

对幼儿的学习采取一种不苛求的态度可能就是这些品质之一。一个总受到教师批评的幼儿,尤其是如果他们已经倾向于有较低的自尊,将对自己的能力失去信心。①

(2) 教师在情绪上的安全感

情绪上的成熟应是有效互动型的教师所具有的另一种品质。情绪上的安全感是与自我力量有关。自我力量是高度自尊与自信的结合,它包含着镇静的内容,保证人们平静和客观地处理问题。这对教师有效地处理教育问题是非常重要的。

(3) 教师的职业态度

良好的职业态度意味着他们对责任感和勤奋工作有积极的态度。

(4) 教师的教学风格

师幼互动研究较多的方面是了解教师偏爱的技术(即教学风格)。有人认为,教师在正规的教学方法中强调所教的课程,引导幼儿学习课程的内容;教师在非正规教学方法中强调的是幼儿,在教学中满足的是幼儿的需要。实际上,教师应同时会使用多种教学方法。另外,教师与幼儿的高频率谈话、教师的高创造性也是十分重要的。

(5) 灵活使用不同的教学方法

应根据不同性质的教学内容采取不同的方法。如果教师思想

---

① 参见庞丽娟主编:《教师与儿童发展》,北京师范大学出版社2001年版,第323页。

过于僵化,或坚持认为自己的方法是最正确的,那些怀疑自己的人都是错的,就会剥夺幼儿许多可能的学习经验,并造成儿童发展的不利。

从教师之角色来说,幼儿教师应该是:家长代理人、养护者、知识传授者、教导者、辅导者、模范公民、决策者和纪律维护者。

第二节 有关教师特征及期望效应的研究

一、教师特征的研究

(一)几个研究:儿童喜欢和不喜欢的教师特征[①]

研究1:国外学者于1940年对47000名儿童展开问卷调查,归纳出:有效教师的特征是合作民主、仁慈、体谅、能忍耐、兴趣广泛等;无效教师的特征是脾气坏、无耐心、不公平、偏爱、不愿帮助同学等。爱默生指出,教育的关键在于尊重儿童。

研究2:国外学者1960年做过类似的调查,分析表明:有效教师的特征是机敏、热心、关心儿童及班活动,愉快、乐观;无效教师的特征是呆滞、烦恼,对儿童以及班级活动不感兴趣等。只有在教师接受的挑战与儿童相同时,儿童才会接受(Joe Wittmer)。

研究3:我国的谢千秋以儿童喜欢怎样的老师为题调查了4415名儿童,归纳出幼儿喜欢和不喜欢的教师特征各十项。从此研究可以看出,儿童喜欢的教师特征主要在于教师的教学、学识;而不喜欢的教师特征主要是人格方面。有研究者(Karl Men-

---

[①] 参见皮连生主编:《学与教的心理学》,华东师范大学出版社1997年版,第3—5页。

niger)指出,教师是什么样的人要比他教授什么更重要。

最近研究表明,教师应具备的品质:耐心、组织能力、管理技能、情感上和身体上的耐力;不能低估教师职业对情感和精力上的消耗。作为教师来说,诸如自我评价、个案研究、教学反思、教学之魅力、时间选择、教学回报等概念都是重要的。

(二)教师特征与其职业成就之间关系

1. 教师认知特征与其职业成就之间的关系

(1)智商(IQ)

有研究者(J. E. Morsh et al.,1954;A. S. Barr et al.,1958)认为,教师的教学效果与其 IQ 分数之间相关系数很低。可以说,教学工作是一项复杂的脑力活动,教师必须具备最低限度的智力水平,但当智力超过某一关键的水平以后,它就不再起显著作用了。

(2)知识

教师应该是一个知识渊博的人,即我们常说教师要给儿童一杯水,自己先要准备一桶水。但国外研究表明,教师的知识水平与教学效果也无显著的相关。有研究者(B. Rosenshine,1971)指出,4 至 6 年级儿童的英语成绩与教师的知识水平无显著相关。同样的结果在中学物理学科中也同样存在。对这种研究结果,一种可能解释是,也许有测量误差,因为教师知识水平难以测量;另一种解释是,教师知识水平超过某一关键水平后就不再起作用。

(3)教师的专业能力

有研究者(D. Solomon et al.,1964)认为,儿童知识学习与教师表达的清晰度有显著相关。教师思维的流畅性与教学效果有显著相关(D. M. Knoell,1953)。许多研究表明,教师的表达能力、组织能力、诊断儿童困难的能力,以及思维的条理性、系统性、合理性与教学效果有较高相关。

2. 教师人格特征与职业成就之间的关系

许多研究表明,教师人格特征中有两个特征对教学效果有显著影响:

一是教师的热心和同情心。研究表明,当儿童觉得教师有较高的同情心时,课堂内儿童之间更能体会到喜爱的感情(R. Schmuck,1966)。

二是教师激励和想象的倾向性。爱默生就曾经说过,没有热情,任何事情都不成功。当教师热情鼓励的时候,儿童具有更高的创造性(D. Sears,1963)。裴斯泰洛齐认为,教育除了由榜样和爱组成之外没有别的。

二、教师期望效应的研究

哈佛大学罗森塔尔等人对教师的期望效应[1]做过一个经典研究。其步骤如下:

(一)对全班儿童做一个所谓学习潜力的测验,实际上是普通智力测验。

(二)然后随机在各班抽取少数儿童。

(三)故意告诉教师说,这些儿童是班里最有发展潜力的儿童。

(四)并要求教师注意长期观察,但不要告诉儿童本人。

结果,5至8个月以后,这些儿童的学习成绩和智力确实比其他儿童进步快。这种由研究者提供的假信息所引起的教师对儿童的期望产生了自我预言效应。也就是说,教师的期望或明或暗地传递给儿童,儿童会按照教师期望的方向来塑造自己的行为。罗

---

[1] T. L. Rosenthal & L. Jacobson(1968), *Pygmalion in the Classroom*, New York: Holt, Rinehart & Winston.

森塔尔借用古希腊神话中的典故,把这种期望的自我预言效应称为皮格马利翁效应。

期望作用表现为四方面:

一是制造心理气氛。为受期望的儿童创造了亲切的、肯定的心理气氛。

二是提供反馈。教师通过交往频率、目光注视、赞扬等向儿童提供不同的反馈。

三是输出信息。教师对不同期望的儿童提供难度不同的学习材料,对问题做程度不同的解释、提示。

四是输入信息。教师对不同期望的儿童提出问题的机会、听取儿童回答的耐心程度不同,从而使儿童获得不同期望的信息。儿童便会归因,产生自我认知与自我评价,从而强化了教师原有的期望,于是,被寄予高期望的儿童会变得越来越好。

第三节 幼儿专家型教师的成长

一、从新手到专家型教师的成长过程

(一)教师:首先是一种职业

作为一种职业的成长,需要大量训练和专业学习,需要了解所从事的专业工作与其他行业是不同的。职业需要大量的专业知识,也需要取得政府的资格认可。职业并不意味着自然就成为专业人员,需要具有一种职业的态度与职业的行为。如果某位教师认为,懒惰的儿童仅仅是需要休息一下即可,这种态度是非专业性的典型。作为教师来说,教学工作就是把自己的态度、才智、能力、技能转变为能带来荣誉或尊重的行为。拉丁语的谚语说过,"幸运喜欢勇敢",决定做一名教师是需要勇气的。

(二)教师职业的发展过程

教师的生活周期远景,经过六个阶段(Steffy et al.)[①]:

(1)新手是刚踏进学校的新教师。

(2)工作头1至2年便是学徒期。

(3)能够很好胜任教学便成长为专业教师。

(4)如果成为国家教学专业委员会的成员便是专家。

(5)对于那些影响课堂教学政策的教师便是著名教师。

(6)在教育领域做出重大贡献、退休后仍能发挥余热者便是退休名誉教师。为教师职业发展的最高峰。

新手—学徒—专业教师—专家—著名教师—退休名誉教师,这实际上是一个从低到高的台阶,代表教师一生的成长过程,大部分人只能走到最初几个台阶。

(三)教师是一项具有高回报的职业

在美国,1997年统计教师的年龄平均为43岁,其中女性占75%。从业最多的人种是白人和西班牙裔人。教师仍是人们向往的一种职业。教师以儿童的发展和成就为自豪,教师自己也在发展,可以说是一项具有高回报的职业。

近代大教育家夸美纽斯说过,太阳底下再没有比教师职业更伟大的职业了。史怀哲(Albert Schweitzer)说过,真正幸福的人是那些追求和知道如何为他人服务的人。柯尔(Herbert Kohl)认为,教育的美丽之处在于作为一名教师,其发展是无限的,正如你

---

① 参见 Lynda Fielstein & Patricia Phelps:《教师新概念》,王建平等译,中国轻工业出版社2002年版,第310—313页。

事先并不知道儿童能学多少东西一样。

(四)专家教师的成长

巴斯(Roland Barth)认为,当教师停止进步,儿童也就停止了进步。教师的不断学习与成长是教师职业的一个基本的要求。

1. 新手和专家教师

所谓新手即新教师,指刚走上工作岗位的教师或实习阶段的师范生。而专家教师,指研究教学领域内有经验的和有成效的教师。专家教师通过两种方法选出:一是通过儿童的成绩。在一定时间内,儿童的增长分数在一定地域范围内居前15位。二是通过领导选定。根据专家教师特征,由校长或督学评出。

舒尔曼(L. Shulman,1987)认为,专家教师具有七个方面的专门知识:

(1)所教的学科知识;

(2)教学方法和理论以及适应于不同学科的教学策略;

(3)课程材料以及适用于不同学科和年级的程序;

(4)特定学科所需要的知识,如数学中以最佳方法解释什么是负数;

(5)学习者的性格特征和文化背景;

(6)儿童的学习环境,包括同伴、小组、班级、学校、社区;

(7)教学的目标和目的。

2. 教师的成长阶段

早期研究表明,教师在不同发展阶段对自己所关注的焦点问题是不同的。教师成长过程所关注的焦点分为三个阶段[①]:

---

① 参见陈琦、刘儒德主编:《当代教育心理学》,北京师范大学出版社1997年版,第2—3页。

(1) 关注生存阶段

这个阶段的教师非常关心自身生存的适应性,时刻关心这样的问题:儿童喜欢我吗?同事喜欢我吗?领导是否觉得我干得不错?

(2) 关注情境阶段

当教师感到自己完全能生存时就进入了关注情境阶段。教师开始越来越关注儿童的学习成绩。如何安排好一堂课的内容?班级大小、时间压力和备课材料是否与教学情境有关。

温曼(Venman,1984)认为,这个阶段的教师比较关心八个问题:

A. 课堂纪律;

B. 激发动机;

C. 因材施教;

D. 评价学习;

E. 与家长关系;

F. 教学组织与管理;

G. 备课;

H. 处理学习个别问题。

(3) 关注儿童阶段

这一阶段,教师开始考虑个别差异,认识到不同儿童有着不同的社会和情感需要,有些材料不适合于某些儿童。总之,教师成长过程实际就是从新手到专家型教师的成长过程。

3. 新手与专家型教师的区别

(1) 课时计划的差异

专家型教师课时计划更多在头脑里,简洁灵活,并以儿童为中心,有一定预见性。而新教师课时计划更多在一些细节上。

(2)课堂过程的差异

A. 课堂规划。专家型教师制定的课堂规则明确并能坚持执行,而新教师则较为含糊,有时不能坚持下去。如,上课关键阶段有人进来教室,新教师就难以应付。

B. 吸引儿童注意力。专家型教师有一套完整的方法来吸引儿童的注意。

C. 教材呈现。专家型教师通常以导入的方式将先前知识与现有知识联系起来。

D. 课堂练习。专家型教师把课堂练习当成检查儿童学习的手段,而新教师把练习当成必经的步骤。在辅导中,新教师往往时间把握不准或延时,只顾自己关心的儿童,忽略其他儿童,练习无反馈,把儿童安静当成最重要的事。

E. 家庭作业检查。专家型教师有一套检查儿童作业的规范化、自动化的常规程序。

F. 教学策略的运用。专家型教师提的问题更多并给予反馈,也能根据儿童的非语言线索来判断和调整教学。如,对待儿童分心的问题。

(3)课后评价的差异

新教师多关注对问题是否解释清楚,板书如何。而专家型教师多讨论儿童理解新材料的情况如何,很少关注课堂管理。

4. 如何缩小新教师与专家教师之间的差异?

(1)训练新手

尼利(A. M. Neely,1986)认为,对新教师备课的认知控制,主要是通过教学策略训练,并具有积极的效果。他以 76 名主修早期幼儿教育的学生为被试,分为 8 组安排到学校里见习。实验小组进行认知控制训练,包括定向、模仿和复述。结果表明,受过教学策略训练的教师,教学效果比较好。[①]

(2)对教学经验的反思

反思性实践(reflective practice)或反思性教学(reflective teaching)对教师的成长十分重要。帕纳(G.J.Porner,1989)提出一个教师成长公式:经验+反思=成长。如果教师满足于获得经验而不对经验进行深入思考,那么其发展将受到极大限制。皮特森指出,正是教师专业知识的质量和反思能力使他们成为了专家教师。

这里有四种值得借鉴的反思方法:

A. 写反思日记。

B. 观摩与分析,与其他教师交换意见。

C. 职业发展,进行讨论。

D. 行动研究,教师对课堂上遇到的问题进行调查研究。

(3)外部支持

A. 合作教师(cooperating teacher)。将新教师安置到那些经验丰富而又肯于指导合作教师的班上,使新教师得到支持、指导和反馈。

B. 大学指导教师(university supervisor)。从理解角度,帮助新教师把教学实践与各种知识基础联系起来形成关于教学的有效图式。

[①] 参见皮连生主编:《学与教心理学》,华东师范大学出版社 1997 年版,第 18—23 页。

总之,教师是教人者(teachers)也是学习者(learner),更是自我教育者(self-educators),也是研究者(researchers),这是专家教师的内涵所在。

二、幼儿专家型教师的成长:几个重要条件

(一)加强职前和职后培训

全美教学与美国未来委员会(The National Commission on Teaching and America's Future,1996)认为,职前教师教育课程存在的问题:(1)时间不足;(2)课程内容相互脱节:基础课、发展心理的方法、实习之间不沟通;(3)教学缺乏创意:以讲座和记忆为主,致使他们可能这样教未来自己的儿童;(4)课程内容肤浅:教学研究缺乏深度。

教师在走向岗位之前应加强理论学习,应了解20世纪的哲学传统(Zeichner & Liston,1990),[①]包括:

1. 学术性传统,强调教师学科知识及促进儿童生理能力。

2. 社会效率传统,强调教师把通过研究得出的有关知识库创造性地应用到教学实践中去的能力。

3. 发展主义传统,强调教师根据儿童直接经验进行教学的能力。

4. 社会重建主义传统,强调教师分析社会环境的能力。

教师走向工作岗位后,就成了一线教师(practicing teachers)。培训包括以下四种情况:

1. 学习者为中心环境,把学习环境建立在学习者的力量、兴

---

① K. Zeichner & D. Liston(1990), *Reflective Teaching: An Introduction*, Mahwah, NJ: Erlbaum.

趣、需要之上。

2. 知识中心环境,学习学科教学法。

3. 共同体中心环境,鼓励合作研究、教研。

4. 评价为中心,教师学会反思与评价。

还要通过行动研究提高教师的素养。如,可让教师花一年时间,在教学实践中研究班级存在的教学、管理问题。

(二)教师应具备一定的教育监控能力

教育的监控能力,指教师为达到预定的教育目标,在教育过程中将自己所进行的教育活动和行为本身作为意识的对象,不断进行积极、主动、自觉的计划、监察、反馈、评价、反思和调节能力。[①]按照维果茨基的理论,在自我调节与控制过程中,言语或符号在很大程度上扮演着一种行为先行者的角色。社会言语不断向内部言语转化,语言符号变得隐蔽、快速和简约,形成个体的内部言语来指导和控制自己的活动和行为。

元认知理论,强调教师的教育自我监控能力的重要性。根据弗拉维尔(Flavell,1982)的研究,教育监控能力划分为:(1)计划与准备能力;(2)反馈与评价能力;(3)控制与调节能力;(4)反思与校正能力。根据坎佛(Kanfer et al.,1991)的研究,人类的自我监控能力包括五种成分:(1)目标或标准;(2)自我监视;(3)反馈;(4)自我评价;(5)校正行为。

当教师具备了自我监控能力就能为儿童制定适宜的活动;能对自身的教育行为和儿童发展进行监控与反馈;并对全部教育行

[①] 参见庞丽娟主编:《教师与儿童发展》,北京师范大学出版社2001年版,第238页。

为进行自我反思。辛涛(1997)研究表明,教师的自我监控能力越高,教育教学的效率就越高,这样就能促进儿童的学习与发展。

(三)加强教师的自我效能感

自我效能(self-efficacy),由班杜拉(Bandura,1997)提出,指个体应对或处理环境事件的有效性。自我效能感(sense of self-efficacy)指个体在执行某一行为操作时对自己能够在什么水平上完成该行为活动所具有的信念、判断或主体自我把握与感受。教师的自我效能感至少包括以下几点:

1. 在认知和情感方面,教师对自己所从事工作价值的认识以及对教师主体的主观判断和自我把握。

2. 教师对自己教育能力的信念。相信自己有能力的教师,可以积极、有效地影响幼儿。

3. 教师在教育活动中认识到自己的主体性、积极性和创造性。

另外,个人教育效能感是一个重要概念,指教师对自己是否具备能够有效地教育、引导幼儿,给予其积极的影响,从而促进幼儿良好发展的教育能力的知觉、信念或自我把握与感受。个人的教育效能感与一般的教师教育效能有时是不一致的。如新教师,他们一般的教育自我效能感很高,甚至过高,但个人教育效能却较低。

为了提高教师自我效能感应注意:

1. 积累成功的教学经验;

2. 替代性经验,通过观察学习或想象那些和自己能力接近的教师教学,也能够提高自我效能感;

3. 他人言语劝说和评价,特别是鼓励;

4.保持良好的情绪和生理状态,因为紧张或焦虑会降低教师的自我效能判断。

(四)要适应幼儿 e-learning 时代的挑战

以多媒体、网络技术为代表的信息技术的迅速发展,出现了幼儿 e-learning 时代。为此,教师的作用不是降低了,而是应该加强。这里有以下原因:一是教育资源对幼儿来说有很多,教育软件只是其中一种静态的资源;二是教育软件具有提供信息的强大能力,但是教育信息提供的只是一个辅助方面;三是多媒体和网络技术虽然可以为幼儿提供虚拟和互动,但不可能代替真实的生活和教师现实的指导作用。

在 e-learning 新时代,[①]幼儿学习资源极大丰富。教师不仅是幼儿信息的提供者,而且是信息学习的引导者、信息筛选与组织的指导者;教师不仅是学习的评价者,更是幼儿学习过程的设计者、学习问题的诊断者和帮助者。幼儿专家型教师应该面对这种新技术时代发展的挑战。

(五)教师要转换角色

幼儿教师要成长为专家型教师,必须适应现实教学改革的新形势,转换教师的角色。[②] 包括:

1.从传授者到促进者。教师要为幼儿学习创造一个良好的材料丰富、气氛热烈的环境,激发幼儿的求知欲和好奇心,幼儿在探索中可以犯错误,让幼儿在发现中学习。

2.从控制者到引导者。教师的任务不在于消极的禁止,而在

---

① 参见陆宏、庞守兴:"基于网络的教学研究",《中国远程教育》2000 年第 4 期。
② 参见郑金洲:《基于新课程的课堂教学改革》,福建教育出版社 2003 年版,第 246—253 页。

于如何把幼儿的各种行为和活动转化为教育资源,意识到幼儿是一个完整生命的个体,引导其积极参与、主动思考、善于发问。

3. 从独白者到对话者。学习活动人人参与、人人平等,教学活动师幼之间平等对话,教师与幼儿一起参与到活动中去。

4. 从教学者到研究者。自20世纪60年代教育界即呼吁"教师即研究者"(teacher as researcher)。传统教师关注教学是否达到了教学目标,而很少对动态的、偶然的课堂因素关照与反思。新时代要求教师可以参与行动研究,在教育理论与教学实践之间建立一座沟通的桥梁,并最终走向幸福的研究发展之道,成为真正的专家型教师。

问题与思考

1. 如何理解教师特征与其职业成就之间关系?
2. 如何理解新手与专家型教师之区别?
3. 如何缩小新教师与专家型教师之间的差距?
4. 师幼互动的外显行为要素和内隐心理要素有哪些?
5. 教师期望对儿童会产生积极的效果,道理何在?
6. 怎样成长为一名幼儿专家型教师?

术语及定义

互动:也称相互作用,是与人之间的心理交互作用或行为的相互影响。

符号互动论:又称符号互动主义,其出发点在于从社会上时时刻刻互动着的个人的角度来阐述人与社会的关系,解释人与社会的生成与变迁。

正向教师行为：带有明显的对幼儿和蔼、亲切、友好、喜爱倾向的教师行为。

负向教师行为：带有明显的不满、厌恶甚至恼怒、愤恨的情感特征的教师行为。

言语型互动：以语言为主要手段，附带有目光、表情、姿势、动作的师幼互动。

非言语型互动：单纯借用目光、表情、姿势、动作而不伴有语言的师幼互动。

场景界定：行动者个体（施动者和受动者）对其行为发生的外在环境，包括对时间、地点和场合的认识。

角色认知：互动双方行为主体对自身及对方在互动进程中所应扮演角色的理解与选定。

行为期待：互动行为主体对自己与对方在互动行为进程中所采取的具体行为的期望，是互动双方可能采取的具体行为在个体心理空间的假设性预演。

皮格马利翁效应：教师的期望或明或暗地传递给儿童，儿童会按照教师期望的方向来塑造自己的行为，罗森塔尔借用古希腊神话中的典故，把这种期望的自我预言效应称为皮格马利翁效应。

新手教师：新教师，指刚走上工作岗位的教师或实习阶段的师范生。

专家型教师：研究教学领域内有经验的和有成效的教师。

教育监控能力：教师为达到预定的教育目标，在教育过程中将自己所进行的教育活动和行为本身作为意识的对象，不断进行积极、主动、自觉的计划、监察、反馈、评价、反思和调节能力。

自我效能：个体应对或处理环境事件的有效性。

自我效能感：个体在执行某一行为操作时，对自己能够在什么水平上完成该行为活动所具有的信念、判断或主体自我把握与感受。